Antiguas civilizaciones mediterráneas

Una guía fascinante sobre Cartago, los minoicos, los fenicios, los micénicos y los etruscos

Tabla de contenido

Primera Parte: Cartago

Una guía fascinante del Imperio cartaginés y sus conflictos con las antiguas ciudades estado griegas y la República romana en las guerras sicilianas y púnicas

Introducción

Muy pocos de los antiguos imperios y naciones fueron capaces de desafiar a los romanos, que eran famosos por su poderío militar y más tarde se convirtió en un vasto imperio. Incluso menos fueron capaces de hacerlos temblar con solo mencionar su nombre. De hecho, solo un enemigo de Roma logró grabar tal miedo en sus huesos. Ese fue Cartago, a veces llamado el Imperio cartaginés. Era un estado formidable que se extendía a través del norte de África, desde Argelia y Túnez hasta las costas de Marruecos y el sur de España. En su apogeo, era una fuerza formidable que controlaba gran parte del Mediterráneo occidental. Como tal, fue el primer obstáculo real para el surgimiento del estado romano, el único que casi lo derribó antes de que se convirtiera en una antigua superpotencia. Aníbal Barca, el líder cartaginés más famoso, estuvo en un momento dado frente a las puertas de Roma.

Debido a eso, el Imperio cartaginés, usualmente personificado por el mismo Aníbal, es típicamente visto y descrito como el gran enemigo de Roma, uno de los raros oponentes desalentadores que los romanos enfrentaron.

Sin embargo, a pesar de la verdad detrás de tales sentimientos, Cartago era mucho más que un simple enemigo de Roma. Era un estado próspero, con su propia cultura y forma de vida. Su gente era más que solo soldados. Entre ellos había comerciantes, artistas, artesanos, sacerdotes, granjeros y mucho más. Construyeron templos y palacios, casas y mercados, y erigieron ciudades enteras a lo largo de su no tan pequeño imperio. De hecho, detrás del rostro de Cartago como adversario de los romanos se encuentra toda una civilización digna de nuestra atención. Descubrirla desde los velos del pasado no solo nos ayudará a entender la propia Cartago, así como sus conflictos con Roma, sino que también nos dará una mejor comprensión del mundo antiguo en su conjunto. Esta guía tratará de hacer precisamente eso, pintar las dos caras de la moneda que es el Imperio cartaginés, con la esperanza de despertar su interés para averiguar más sobre Cartago y la historia en general.

Capítulo 1 - Una Ciudad Nueva en el oeste

La historia de Cartago, una de las antiguas joyas de occidente, comienza al otro lado del mar Mediterráneo en el segundo milenio antes de Cristo. En sus orillas orientales, en la región conocida como el Levante, que es más o menos el equivalente de la actual Siria, Líbano, Jordania, Israel y Palestina, vivía un gran grupo de personas que hoy llamamos los cananeos. Esa es una lectura moderna de *Kn'nm*, que es como se llamaban a sí mismos. Sin embargo, estas personas, a pesar de hablar un idioma bastante similar, no estaban unidos en un solo estado. En su lugar, vivían en su mayoría en pequeñas ciudades-estado, como los antiguos griegos. Entre ellos había una tribu más pequeña y distinta, una especie de nación, que los antiguos griegos llamaban Fenicia. Es entre ellos que la historia de los cartagineses tiene sus raíces.

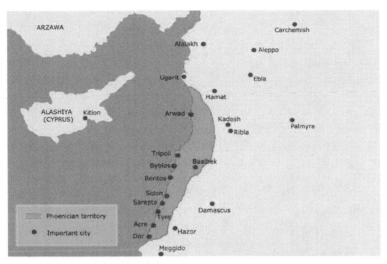

Mapa de las tierras fenicias. Fuente: https://commons.wikimedia.org

Lo que separaba a los fenicios de los demás cananeos era el hecho de que desde alrededor de 1500 a. C., su principal profesión era el comercio. En una época en la que los antiguos griegos aún no habían descubierto lo fructífero que podía ser el comercio, los mercaderes fenicios vagaban por el Mediterráneo oriental. Su ubicación les ayudó a prosperar en eso, ya que vivían principalmente en lo que hoy es el Líbano. En la antigüedad, era un importante cruce de caminos, que conectaba Mesopotamia, Egipto, Asia Menor y Grecia. Sin embargo, a pesar de sus riquezas, los fenicios nunca crearon un imperio, y, como los otros cananeos, nunca se unieron en un solo estado. Sin embargo, sus ciudades estado, entre las cuales las más importantes eran Sidón, Biblos y Tiro, eran lo suficientemente ricas y poderosas como para empezar a extenderse por el Mediterráneo, creando colonias hasta España. Algunas de las primeras colonias fenicias datan de alrededor del 1100 a. C., siglos antes de que los griegos comenzaran su ola de colonización. Sin embargo, estas fechas siguen siendo debatidas por los historiadores. Al igual que los griegos, los fenicios no trataban de conquistar nuevas tierras y crear imperios, sino que querían expandir su red comercial y el acceso a los bienes comerciables.

En el siglo X a. C., la colonización fenicia aceleró el ritmo, y docenas de nuevas ciudades surgieron de Túnez a España. Las nuevas colonias eran tan prósperas que no pasó mucho tiempo antes de que pasaran de ser asentamientos comerciales a centros urbanos, ayudados por el hecho de que la población indígena local estaba muy atrasada en el desarrollo de la civilización. La mayoría de ellas estaban formadas por la ciudad de Tiro, que se convirtió en la principal ciudad estado fenicia, ya que era la más rica y poderosa. Sin embargo, su poder no se medía con un gran ejército, ya que los fenicios nunca estuvieron realmente interesados en hacer guerras. Así, cuando el Imperio neoasirio comenzó a expandirse fuera de Mesopotamia, el tesoro fenicio no era suficiente para mantenerlos fuera de peligro, y a mediados del siglo IX a. C., comenzaron a enviar tributos a los asirios. Esto marcó la lenta caída de las ciudades fenicias, aunque aún no estaban totalmente conquistadas. A pesar de la espiral descendente, Tiro todavía era capaz de fundar nuevas ciudades a finales del siglo IX. El destino quiso que una de las últimas colonias establecidas por esta ciudad-estado creciera para eclipsar no solo a su fundador sino también a toda la nación fenicia.

El recién establecido asentamiento fue llamado acertadamente "la Ciudad Nueva", *Qart-hadasht* en lengua fenicia, ya que estaba en las cercanías de una colonia anterior llamada Utica. El nombre fue posteriormente transcrito como *Carchedon* por los griegos. Como muchas otras cosas, los romanos se apropiaron de la versión helenizada, llamando a esa ciudad *Cartago*, que es muy similar al nombre que usamos hoy en día. Según las historias mitológicas que nos han dejado los escritores antiguos, la ciudad fue fundada alrededor del 814 a. C., por Elishat (a menudo helenizada en Ellisa). Más tarde, se la conoció por el nombre de Dido, que significa "amada" en fenicio. Era la hermana del rey de Tiro, Pigmalión, quien, según la mayoría de los mitos, la engañó con el gobierno compartido matando a su marido. Los detalles exactos de su transgresión difieren en varias versiones de la leyenda. Sin embargo, todas conducen a Dido a dejar la ciudad, navegando hacia el oeste. Según una de las historias, en su camino hacia el norte de África, Dido y sus seguidores se detuvieron en las colonias fenicias de Chipre. Allí, ella salvó a ochenta vírgenes de la prostitución ritual y se le unió un sacerdote de Baal, el dios fenicio equivalente a Zeus o Júpiter. Con esta ampliación de la hermandad, Dido procedió a lo que hoy es Túnez.

A su llegada a África, la reina y sus seguidores se encontraron con la población indígena, conocida por nosotros como bereberes y libios por los romanos, así como con los colonos fenicios de Utica. Los antiguos escritores nos dicen que ambos grupos acogieron a Dido sin hostilidad. Se dice que los bereberes estaban interesados en el comercio y en tratos de beneficio mutuo. Aun así, no solo le darían su tierra a los recién llegados. Su rey les dio la bienvenida, pero permitió a la reina y sus seguidores quedarse solo en la tierra que un solo pellejo de buey podía cubrir. En respuesta, Dido cortó el cuero en tiras y cercó con él la colina de Birsa, que se convertiría en la ciudadela de Cartago. El rey aceptó esto, pero impuso una renta anual. Al mismo tiempo, los fenicios de Utica ayudaron a sus hermanos con el comercio. La ciudad recién fundada prosperó rápidamente debido a su posición favorable, que, según los mitos, llevó a numerosos pretendientes a pedir la mano de Dido. Sin embargo, ella los rechazó a todos, en respeto a su difunto marido. La mayoría de las historias terminan con ella arrojándose a una pira funeraria, ya sea porque se ve obligada a casarse con un rey bereber local o porque el héroe troyano Eneas se niega a casarse con ella y se marcha a Italia.

Una antigua ilustración tardía de la muerte de Dido mientras prende fuego a su propia pira funeraria. Fuente: https://commons.wikimedia.org

Sin embargo, el mito de la fundación de Cartago, a pesar de su emocionante narrativa, es considerado principalmente como un cuento popular por los historiadores modernos. En primer lugar, todas las versiones supervivientes provienen de escritores romanos o griegos que vivieron siglos después del supuesto evento, ya que no hay registros supervivientes escritos por los cartagineses. Este hecho es cierto para todos los relatos escritos de la historia de Cartago, lo cual es especialmente problemático ya que tanto los griegos como los romanos fueron en un momento dado sus adversarios.

Para complicar aún más la situación, la mayoría de esos escritores vivieron después de la caída de Cartago y se interesaron sobre todo por los contactos y tratos entre los cartagineses y otras naciones. La arqueología puede hacer poco para ayudar en este asunto por dos razones. La primera es el hecho de que el sitio de Cartago sigue habitado, lo que limita la posibilidad de una investigación significativa. En segundo lugar, las pocas inscripciones y grabados escritos en púnico, el idioma de los cartagineses, que se pueden encontrar son difíciles de interpretar. El conocimiento moderno tiene una comprensión parcial del lenguaje púnico, por lo que el significado exacto de las palabras se debate entre los estudiosos. A pesar de eso, los hallazgos arqueológicos de las últimas décadas son cruciales para nuestra comprensión de Cartago, dándonos una imagen más clara y completa de su historia.

Dicho esto, los historiadores y arqueólogos han encontrado pruebas que confirman partes del mito de Dido. Varios objetos encontrados en el lugar de Cartago han confirmado que el primer asentamiento fenicio fue fundado en la segunda mitad del siglo IX o muy a principios del siglo VIII, que es cuando la mayoría de los escritores antiguos fechan la llegada de Dido a África. Además, se encontró un medallón de oro con inscripciones que mencionan al rey Pigmalión de Tiro. Sin embargo, los historiadores aún debaten si el relicario y los otros objetos fueron correctamente fechados. Por lo tanto, es muy probable que la ciudad de Tiro haya fundado Cartago en el período mencionado. Cuando se trata de la cuestión de la propia Dido, los historiadores tienden a creer que ella, como su hermano, era una persona real. La razón detrás de esto es el hecho de que las mujeres en los mitos fundadores son raras en la antigüedad, ya que normalmente eran vistas como algo menos que los hombres. Además, las leyendas no la proclaman como de ascendencia divina o heroica, lo que le habría dado a Cartago un punto de propaganda en la antigüedad. Por lo tanto, los cartagineses no habrían ganado nada inventando un personaje como su fundador. Las prácticas posteriores de los cartagineses de enviar regalos a un templo en Tiro y a la población bereber local corroboran la probabilidad de que el mito fundacional de Dido esté basado en la realidad hasta cierto punto. Sin embargo, definitivamente no debe ser tomado como enteramente real.

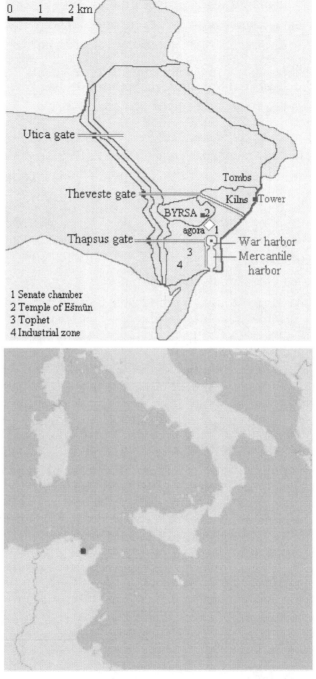

Plano de Cartago en el siglo II a. C., (arriba) y ubicación de Cartago (debajo).
Fuente: https://commons.wikimedia.org

Independientemente del mito fundacional, quien eligió la ubicación de la Ciudad Nueva eligió una posición inusualmente favorable. Localmente, el asentamiento se erigió en una península en forma de flecha en el golfo de Túnez. La ciudadela en la colina de Birsa dominaba las costas, proporcionando una protección decente tanto del mar como de la tierra. En la mitad septentrional de la península había tierras fértiles que primero se utilizaron como fuente de alimentos, pero que más tarde se convirtieron en los suburbios de la ciudad a medida que esta crecía. Y a pesar de no tener un río cerca, los cartagineses tenían manantiales de agua dulce capaces de satisfacer sus necesidades. Además, Cartago también estaba bastante bien conectada. El golfo de Túnez proporcionaba aguas más tranquilas necesarias para un buen puerto, mientras que la ciudad tenía un fácil acceso hacia el interior también. Eso le permitía comerciar tanto con la población local bereber o libia como con los comerciantes del otro lado del mar. Este comercio exterior fue lo que se convirtió en la columna vertebral del ascenso de los cartagineses, ya que la ciudad también tenía una posición favorable en el comercio mundial. Se encontraba en una importante intersección de rutas de tráfico internacional que unían todo el Mediterráneo, tanto de este a oeste como de norte a sur. Esto no debería ser una sorpresa, ya que la Ciudad Nueva fue fundada por los capaces comerciantes fenicios.

Como tal, Cartago se convirtió rápidamente en un factor importante en el comercio internacional, con restos arqueológicos que la vinculan con los griegos en el sur de Italia y Grecia, Egipto, el Levante y España. Su potencial comercial solo aumentó cuando los fenicios erigieron nuevas ciudades, como, por ejemplo, en Cerdeña, que solo amplió la red, de la que Cartago formaba parte. La evidencia arqueológica muestra que no pasó mucho tiempo antes de que la Ciudad Nueva restableciera sus conexiones con Tiro, si es que alguna vez se rompieron por completo. Algunos historiadores incluso argumentan que los estrechos lazos de Cartago con la aristocracia de Tiro, si hay algo de verdad en el mito de Dido, solo aumentaría sus lazos y su lugar en el sistema comercial fenicio. Sin embargo, los cartagineses no eran solo intermediarios en estas relaciones mercantiles. No pasó mucho tiempo antes de que empezaran a producir sus propios bienes, sobre todo cerámica, que era similar en estilo a la de los griegos, y el famoso tinte de ropa escarlata de mariscos, por el que los fenicios ya eran conocidos. Los arqueólogos también encontraron pruebas de fundiciones de hierro y otros talleres metalúrgicos de los primeros períodos de la ciudad, haciendo que los productos metálicos también formaran parte de las exportaciones de Cartago. Los recientes descubrimientos arqueológicos indican además que, en algún momento, los cartagineses desarrollaron la técnica de fundición de añadir calcio a sus hornos, que neutraliza el azufre del hierro, mejorando su calidad. Por lo tanto, es probable que su fabricación de hierro fuera muy buscada en el mundo mediterráneo.

El incremento de la producción y el comercio de la Ciudad Nueva, así como su posición favorable, atrajo rápidamente a una nueva población. Los recién llegados vinieron de varias naciones, que fueron abiertamente recibidos por los cartagineses. Sin embargo, a pesar del globalismo urbano que alcanzó, Cartago conservó su patrimonio cultural fenicio, que tenía en gran estima. Sin embargo, la afluencia de habitantes significó que la ciudad de Cartago creció bastante rápido. Según los investigadores, en aproximadamente un siglo, tenía una población de unos treinta mil habitantes. Afirman que tardó menos de dos siglos en crecer hasta alcanzar el tamaño de su ciudad fundadora, con una superficie aproximada de 55 a 60 hectáreas. En ese período, que no fue posterior a principios del siglo VII a. C., la ciudad estaba rodeada por una muralla de casi tres metros de ancho con bastiones y puertas. Sin embargo, a pesar de ese temprano crecimiento, Cartago permaneció bajo la influencia de Tiro, aunque probablemente con una autonomía bastante amplia. Parecería que a pesar de la aguda ruptura insinuada en el mito de

Dido, la realidad era que Cartago seguía siendo parte de la red fenicia. Esto se demuestra aún más con la fundación de las nuevas colonias fenicias en Cerdeña durante el siglo VII a. C. Eran pequeños asentamientos sin ningún tipo de edificios públicos considerables, cuyo único propósito parecía ser el cultivo de alimentos para los cartagineses y la adquisición de minerales metálicos para su creciente industria metalúrgica.

Por lo tanto, a finales del siglo VII, estaba claro que Cartago era un eje de la red comercial fenicia. La ciudad creció rápidamente de un pequeño asentamiento provincial a un bullicioso centro urbano completamente desarrollado. Sin embargo, todavía no era la Joya del Oeste, próspera, independiente y orgullosa.

Capítulo 2 - Convirtiéndose en una potencia mediterránea

Los primeros siglos de la historia cartaginesa siguen siendo en su mayoría borrosos, desvanecidos por los siglos pasados. En ese período, la Ciudad Nueva, a pesar de su crecimiento, siguió siendo solo eso, uno de los muchos asentamientos fenicios en el oeste. Tenemos muy pocos detalles sobre su desarrollo, solo líneas generales. Sin embargo, esto cambió cuando las circunstancias históricas la empujaron a la luz, permitiéndonos ver su pasado mucho más claro a partir de entonces.

El crecimiento de Cartago fue causado por dos cambios significativos en el paisaje político del mundo mediterráneo a finales del siglo VII y principios del VI a. C. En el este, Tiro siguió bajando en espiral en poder e influencia. Fue presionada continuamente por vastos imperios mesopotámicos, como los neoasirios y los neobabilonios, que querían tener una ciudad comercial tan importante bajo su control. Sin embargo, esos imperios nunca fueron plenamente capaces de conquistar la ciudad en sí. Estaba en gran parte protegida por su propia importancia como potencia mercantil y fuente importante de metales preciosos, sobre todo de plata. Esto condujo a un largo período, aproximadamente del 800 al 600 a. C., durante el cual

Tiro tuvo una relación algo vasalla con cualquier imperio que estuviera en su interior. Pagaba tributo, pero no estaba bajo control directo. Ese fue, de hecho, el destino de la mayoría, si no de todas, las ciudades fenicias del Levante de la época. Sin embargo, a finales del siglo VII a. C., el valor de la plata comenzó a derrumbarse debido al exceso de oferta. La crisis económica del Cercano Oriente significó que la influencia mercantil de Tiro disminuyó, haciéndola un blanco mucho más fácil para los mesopotámicos, ya que sus imperios ya no dependían de ella como fuente de plata.

La presión añadida sobre Tiro fue suficiente para que se rebelara en 586 contra los babilonios, que tenían la supremacía sobre ellos en ese momento. Tiro fue ayudada por los egipcios, que eran enemigos del Imperio neobabilónico, pero no tenía ninguna posibilidad real. Durante trece años, la ciudad fue asediada, pero no cayó. Sin embargo, la ciudad sufrió económicamente ya que su comercio fue casi totalmente cortado. Al final, la ciudad se rindió, aceptando una paz humillante, tras la cual Tiro nunca se recuperó del todo. Fue en este punto en el que Cartago ganó sin duda alguna su plena independencia, ya que su ciudad madre no pudo influir más en ella. Incluso antes de esto, Cartago actuaba más o menos por su propia cuenta. Durante la última parte del siglo VII a. C., los griegos comenzaron a expandirse más agresivamente en Sicilia y hacia la península ibérica. Como tal, comenzaron a ejercer presión sobre las colonias fenicias ya existentes. Sin embargo, en ese momento, Tiro y otras ciudades fenicias eran en su mayoría demasiado débiles para ayudar debido a sus problemas con los mesopotámicos. Esto, a su vez, empujó a los cartagineses a ascender lentamente como líderes de todas las colonias fenicias del oeste, ya que era vital para ellos proteger la red comercial existente en la que la Ciudad Nueva se basaba para sobrevivir.

A pesar de eso, el surgimiento de la importancia de Cartago no fue inmediato. Fue un proceso lento que tomó bastante tiempo para evolucionar completamente. En las últimas décadas del siglo VII y a principios del VI, Cartago actuaba más como aliado que como patrón de las otras ciudades fenicias del oeste. Las circunstancias cambiaron en el 580 a. C., cuando los griegos sicilianos trataron de expulsarlos de toda la isla. Su motivo para el ataque fue probablemente causado por su deseo de tomar el control del comercio con los asentamientos en Sicilia, mientras que los fenicios se alejaban aún más de sus colonias en Cerdeña. El momento del ataque, coincidiendo con el asedio de Tiro, también trae a colación la posibilidad de que los griegos fueran alentados por la supuesta debilidad de los fenicios. Sin embargo, no hay detalles al respecto en las fuentes históricas, que son escasas en general cuando se habla de este ataque. Los antiguos escritores solo mencionan que el ataque fracasó, ya que los fenicios se aliaron con la población indígena de Sicilia. No se hace referencia a los cartagineses como participantes directos en estos primeros enfrentamientos. Aun así, después del ataque griego, comenzaron a intervenir en la isla. Mantenerse en Sicilia se convirtió en una de las políticas de los cardenales cartagineses, influyendo en su desarrollo. Así, fueron los griegos quienes impulsaron a Cartago a convertirse en protectores y al final gobernantes de los fenicios en el oeste.

Mapa de la colonización fenicia y griega a mediados del siglo VI.
Fuente: https://commons.wikimedia.org

A pesar de eso, debido a sus continuos conflictos con los griegos y más tarde con los romanos, los escritores antiguos tendieron a categorizar a los cartagineses como agresivos e imperialistas. Ese sentimiento es, como mínimo, propaganda histórica, ya que los cartagineses no eran más hostiles o hegemónicos que el resto de las naciones. Sus actividades fueron en parte causadas por la simpatía por sus compañeros fenicios, así como por sus propios intereses comerciales. La idea de que Cartago intentara ocupar las colonias fenicias, especialmente en los siglos VII y VI, no se sostiene al observar las pruebas. Por ejemplo, el historiador romano Justin afirma que alrededor de ese período, la ciudad fenicia de Gades o Gadir, la actual Cádiz en el suroeste de España, pidió ayuda a Cartago contra la población indígena. Supuestamente respondieron a la petición, pero terminaron adquiriendo Gades como parte de su imperio. La evidencia arqueológica desmiente esta historia ya que no hay signos de ocupación, y los historiadores dudan que fuera posible. En ese momento, los cartagineses aún intentaban ganar influencia sobre Cerdeña y Sicilia, y apenas eran capaces de lograrlo. Por lo tanto, era muy improbable que fueran capaces de gobernar directamente una ciudad a más de 1.600 kilómetros de distancia. Si Cartago envió ayuda alguna vez, fue mucho más tarde, y no resultó en la anexión.

Además de eso, Justin afirma que los cartagineses fueron invitados por los ciudadanos de Gades, contaminando aún más la posibilidad del imperialismo de Cartago. Sin embargo, esta historia probablemente inventada insinúa algo más con esta petición. Los cartagineses estaban, de hecho, manteniendo estrechos lazos con sus hermanos fenicios en España, manteniendo el comercio vivo. Mantenían una relación similar, si no más estrecha, con otros asentamientos fenicios a través del noroeste de África. La influencia de Cartago sobre estos proliferó durante el siglo V. Combinada con la formación de nuevas colonias en la costa africana, la Ciudad Nueva se fue convirtiendo poco a poco en un claro hegemón en esa parte de África, aunque su influencia no se extendió demasiado hacia el interior. Su motivación para ello fue, como antes, la necesidad de mantener viva su red de comerciantes. Sin embargo, no se conformaron con solo mantenerla. Buscaron expandirla también. A finales del siglo VII y principios del VI, los fenicios, liderados por Cartago, comenzaron a formar estrechos lazos comerciales con los etruscos, una nación que vivía en la actual Toscana. Demostró ser una relación bastante fructífera, ya que era beneficiosa para ambas partes. Sus vínculos se estrecharon aún más cuando los griegos jonios, huyendo de la conquista persa en el este, llegaron al Mediterráneo noroccidental alrededor del 540 a. C. Los recién llegados comenzaron a saquear las costas, atacando tanto a los cartagineses como a los etruscos e interrumpiendo su comercio y sus colonias, lo que impulsó a las dos naciones a aliarse contra ellos.

Los principales objetivos de los piratas griegos eran las colonias etruscas en Córcega y las colonias fenicias en Cerdeña, que eran bastante débiles y pequeñas. Según los registros escritos, los piratas superados en número pudieron derrotar a la flota aliada, pero sufrieron tantas bajas que se vieron obligados a detener su saqueo y retirarse a la colonia griega de Massilia, también llamada Massalia, la actual Marsella en el sur de Francia. Así, a pesar de la derrota, los aliados se las arreglaron para hacer frente a la piratería griega. A partir de entonces, las relaciones entre las ciudades etruscas, que nunca se unieron en un solo estado, y las ciudades cartaginesas florecieron, y esta amistad se coronó con acuerdos comerciales oficiales a finales del siglo VI. Aproximadamente al mismo tiempo, los cartagineses también se acercaron a una potencia en ascenso en la Italia central, ahora conocida como la famosa ciudad de Roma. En ese momento, era relativamente joven y todavía era una ciudad bastante insignificante, pero los comerciantes africanos se dieron cuenta de que tenía potencial y empezaron a comerciar con ella. La importancia de este nuevo socio comercial fue reconocida, y según las historias romanas en 509, en el primer año de la

República romana, las dos naciones firmaron un tratado de amistad. El año exacto ha sido debatido desde entonces por los historiadores modernos, y algunos afirman que el año registrado es probable que sea cierto. En contraste, otros son más escépticos, datándolo en un período posterior, en algún lugar entre finales del siglo V o principios del IV.

El tratado entre Cartago y Roma muestra dos aspectos esenciales de su relación. En primer lugar, a través de la regulación del comercio, ilumina el hecho de que, en ese momento, los fenicios eran mucho más poderosos e influyentes. El tratado limitaba y ordenaba la forma en que los romanos tenían que comerciar en suelo fenicio, mientras que estos últimos no tenían restricciones sobre cómo realizar negocios en territorio romano. En segundo lugar, esbozaba la extensión del dominio de Cartago en el Mediterráneo, ya que dividía las esferas de influencia entre las dos naciones. Roma se limitaba a Italia, mientras que se reconocía que Cartago controlaba Sicilia, Cerdeña y el norte de África. Es importante señalar que incluso a finales del siglo VI, si aceptamos la fecha tradicional, España no se menciona como parte del protectorado de Cartago. Eso indica que fue incorporada a lo que se convertiría en su imperio en un período posterior. El tratado también implica que Cartago fue capaz de asegurar su posición en Sicilia y Cerdeña contra los griegos. Los historiadores romanos y griegos posteriores afirman que esta consolidación del poder cartaginés sobre las dos islas ocurrió en la segunda mitad del siglo VI, aunque sus relatos son fragmentados, conflictivos y a veces vagos. Sin embargo, hay una imagen general que podría ser más o menos remendada de sus trabajos.

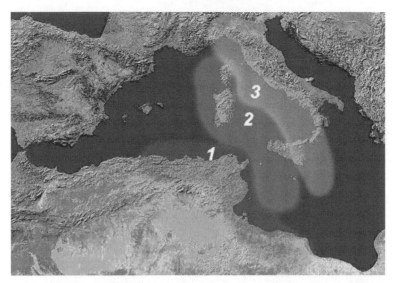

División del Mediterráneo según el tratado de 509 - 1: Zona prohibida a Roma, 2: Zona tolerada en caso de emergencia, 3: Aguas abiertas. Fuente: https://commons.wikimedia.org

Los historiadores antiguos nos dicen que un general cartaginés llamado Malco, cuyo nombre fenicio era más probablemente Mazeus o Mazel, fue enviado a Sicilia para asegurar las posiciones cartaginesas. Su historicidad es dudosa, causando mucho debate entre los historiadores, pero si se puede confiar en las fuentes, Malco vivió y dirigió a los cartagineses entre alrededor del 560 y 530 a. C. Comandó varias expediciones a Sicilia, en las que luchó contra los griegos y, muy probablemente, contra algunas ciudades fenicias que se oponían a la influencia o al dominio de Cartago sobre ellas. Estas escaramuzas o guerras no eran constantes sino intermitentes y con oponentes que a menudo cambiaban de bando en ellas. Algunas fuentes afirman que al final no tuvo éxito, mientras que otras nos dicen que se las arregló para fortificar el dominio cartaginés sobre la parte occidental de la isla. La verdad está posiblemente en algún punto intermedio, con Malco siendo capaz de fortalecer las posiciones cartaginesas, pero no asegurarlas completamente. Más tarde se atestigua que fue líder de las tropas de Cartago en una alianza con los etruscos. A pesar de obtener una victoria estratégica sobre los griegos, parece que el gobierno de Cartago vio su derrota táctica como un fracaso, sentenciando a él y a sus tropas al exilio. Algunos de los antiguos escritores transmiten que él y sus soldados se rebelaron después, posiblemente incluso atacando a la propia Cartago. Al final, parece que fue ejecutado.

Le sucedió en el puesto de general un hombre llamado Mago, que dirigió el ejército cartaginés tanto en Sicilia como en Cerdeña. Según los relatos, parece que tuvo más éxito que su predecesor, posiblemente porque el ejército cartaginés se reformó en ese momento. Pasó de la habitual leva ciudadana a un ejército mercenario. Esto se hizo porque Cartago tenía una población demasiado pequeña para sostener campañas prolongadas. Por lo tanto, se consideró mejor para los ciudadanos continuar con su comercio mientras que el ejército mercenario se pagaría con los impuestos. A su vez, Mago fue sucedido más tarde por sus dos hijos, Asdrúbal y Amílcar, aunque se desconoce su destino exacto. Los lazos familiares y el hecho de que las fuentes griegas les dieran títulos de *Basileo*, rey en griego, han llevado a algunos historiadores a concluir que Mago puede haber usurpado el poder en Cartago. Sin embargo, parece que los griegos les dieron erróneamente el título ya que algunos historiadores antiguos, por ejemplo, Heródoto, describe a Amílcar como un rey por su valor, no porque fuera su legítimo título. Así, los historiadores modernos piensan que Cartago siguió siendo una república, cuya estructura y funciones se describirán con más detalle en un capítulo posterior. En ese caso, Mago y su casa magoní no eran monarcas de verdad, sino solo una dinastía política, que en ese momento ocupaba los cargos más altos del estado.

A pesar de no ser verdaderos soberanos, los magónidos tuvieron bastante éxito en la defensa de Cartago y sus intereses. Alrededor del año 515 a. C., los griegos trataron de asentarse cerca de la ciudad fenicia de Lepcis, más conocida por su nombre romano Leptis Magna, situada en la actual Libia occidental, en la desembocadura del Wadi Lebdam en el Mediterráneo. Era la ciudad más oriental del dominio de

Cartago. Como tal, la Ciudad Nueva sintió que era necesario defenderla contra los griegos, que supuestamente estaban liderados por el rey espartano Dorieo. Con la ayuda de los libios locales, fueron derrotados y expulsados. Poco después, se estableció una frontera entre la zona de influencia de Cartago y la ciudad griega de Cirene, situada en el este de Libia cerca del actual Shahhat. Se dibujó alrededor de la moderna ciudad de Ra's Lanuf, en la costa del golfo de Sidra. La influencia cartaginesa en África septentrional también se extendió al oeste, a Gibraltar. En los mares, el dominio de Cartago incorporó las colonias fenicias en las islas Baleares, más notablemente en Ibiza. Bajo el liderazgo de los magónidos, la Ciudad Nueva también siguió enviando pequeñas expediciones en un intento continuo de solidificar el control tanto de Cerdeña como de la Sicilia occidental.

Eso no fue una tarea fácil, ya que Asdrúbal perdió la vida luchando en Cerdeña, probablemente en el 510. Su hermano menor Amílcar, que se convirtió en el nuevo general, continuó la lucha. En ese mismo año, Dorieo intentó una vez más traspasar los límites, estableciéndose esta vez en territorios de Sicilia, que Cartago veía como su esfera de influencia. Cartago levantó su ejército, ya sea mercenario o de sus vasallos locales, o incluso una mezcla de ambos, y para el año 509, las fuerzas habían obligado al rey espartano a salir de su tierra. En el proceso, Dorieo y sus seguidores perdieron la vida, poniendo fin a uno de los problemas de Cartago. Es posible que se enviaran algunas expediciones más pequeñas a Cerdeña, ya que, para ese año, el ya mencionado tratado con Roma declara a ambas islas como el dominio indiscutible de Cartago. Es importante señalar que esto no significa que la población indígena o los vasallos fenicios nunca más se rebelaron. Pequeños motines y revueltas fueron posibles, si no probables, pero la influencia de Cartago se consolidó en adelante. También muestra que tanto la contribución de Mago como de Asdrúbal fue significativa, ya que Amílcar solo tuvo que darle los últimos toques. Las siguientes dos décadas fueron un período de paz en la historia de Cartago, permitiendo que los nuevos territorios alcanzados se incorporaran mejor al dominio.

Algunos historiadores tienden a marcar esto como el comienzo del imperio de Cartago, lo que puede considerarse válido. La Ciudad Nueva dominaba gran parte del Mediterráneo occidental, especialmente en lo que se refiere al comercio. Sin embargo, es importante señalar que este imperio no estaba estructurado como la mayoría de los otros. Las ciudades bajo el dominio de Cartago todavía se autogobernaban, con sus gobiernos locales en su lugar, pero pagaban sus tributos y enviaban gravámenes cuando se les pedía. Por otra parte, Cartago lentamente se convirtió en culturalmente dominante sobre sus territorios durante los dos siglos siguientes. Durante este tiempo, los subordinados de Cartago aceptaron gradualmente la variación cartaginesa de la lengua fenicia, sus estilos artísticos y costumbres religiosas, y otros aspectos de su cultura. También es importante señalar que los cartagineses también adoptaron algunas de las tradiciones locales, así como influencias extranjeras.

Por eso, desde principios del siglo V a. C., podemos hablar de una civilización cartaginesa por derecho propio, no como parte de una antigua fenicia. Hoy en día, todo lo relacionado con ella, desde el idioma hasta el pueblo, se denomina a menudo púnico, una variación romanizada del griego fenicio. Se hace así para diferenciarla de su predecesora, aunque cabe señalar que los cartagineses nunca se llamaron a sí mismos púnicos (Punes) ni a su cultura púnica.

Si aceptamos que la esfera de influencia cartaginesa fue un imperio, en su proceso de convertirse en uno, o un "mero" dominio, una cosa es clara. A principios del siglo V, la Ciudad Nueva consiguió levantarse, superar innumerables obstáculos y convertirse en líder del Mediterráneo occidental, que con el tiempo se conocería como el mundo púnico. Sin embargo, su ascenso al poder no iba a terminar aquí, ni a permanecer sin ser cuestionada durante demasiado tiempo.

Capítulo 3 - Luchando por el control de Sicilia

A principios del siglo V, Cartago logró convertirse en uno de los actores más importantes del escenario histórico. Ya no era solo una de las muchas ciudades fenicias en el oeste; era el líder del mundo púnico. Este estatus recién adquirido le trajo más riquezas y poder, pero también significó que tuvo que defender sus posiciones contra otros que pretendían tomarla. Así, Cartago fue introducida en la turbulenta era de las guerras y los conflictos.

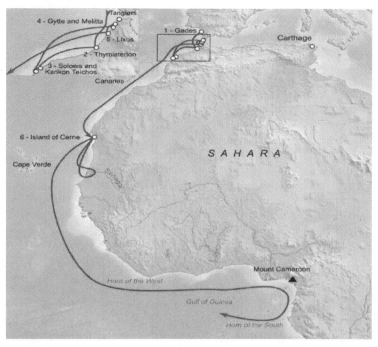

Posible ruta del gran viaje de Hannón. Fuente: https://commons.wikimedia.org

Sin embargo, antes de que comenzaran los importantes conflictos con los griegos, hubo un corto período de paz y prosperidad para los cartagineses. Fue en ese período de finales del siglo VI y principios del V que Cartago fue capaz de enviar dos expediciones de exploración en el océano Atlántico. Una vez más, las fuentes primarias de estos son los relatos griegos posteriores, lo que significa que el año exacto es desconocido, lo que llevó a algunos historiadores a fecharlo más hacia mediados del siglo V. Sin embargo, parece probable que se asuma que este tipo de misiones se llevarían a cabo en épocas más pacíficas. El primer viaje fue liderado por Hannón, otro oficial de alto rango en la república, posiblemente también un miembro de los magónidos. Navegó con una gran flota, aunque las fuentes probablemente exageran al mencionar a 30.000 personas, por la costa de Marruecos y posiblemente más al sur por la costa africana. Debido a las vagas descripciones y a los nombres desconocidos de los lugares y pueblos mencionados en el relato, los historiadores modernos debaten hasta qué punto llegaron los cartagineses al sur. Algunos afirman que no más allá de Senegal o Sierra Leona, mientras que otros afirman que los cartagineses llegaron hasta Gabón o Camerún, aunque los dos últimos parecen menos plausibles. El objetivo de esta expedición era doble: uno era establecer nuevas colonias en la costa atlántica y el otro explorar nuevos posibles socios comerciales en la región.

Los objetivos parecen no haber sido alcanzados. De las pruebas arqueológicas se desprende claramente que no se ha fundado ningún asentamiento púnico duradero ni siquiera en la costa meridional de Marruecos, mientras que los textos no mencionan ningún contacto significativo con los lugareños para fomentar el comercio. El impacto más duradero del viaje de Hannón fue, de hecho, su relato de la captura de salvajes humanos peludos que sus intérpretes locales llamaron "Gorilas". Más tarde, los lectores de este relato asumieron que los cartagineses habían capturado simios, lo que llevó a un científico del siglo XIX a llamar a una nueva especie de simios con ese nombre. Aproximadamente al mismo tiempo que el viaje de Hannón, otro cartaginés, llamado Himilcón, dirigió una segunda expedición al Atlántico. Este grupo fue en dirección opuesta a Hannón, navegando hacia el norte en su lugar. Según las últimas fuentes romanas, Himilcón siguió una ruta comercial ya existente utilizada por la población local ibérica, al menos hasta cierto punto. Una vez más, los textos son vagos, pero la mayoría de los historiadores modernos piensan que Himilcón y su tripulación navegaron hasta las islas británicas y el norte de Francia. Parece que el objetivo de su viaje, a diferencia del de Hannón, era solo establecer conexiones comerciales. El éxito de la misión es cuestionable, pero la evidencia arqueológica sugiere que la red comercial de Cartago llegó al menos a las regiones ricas en estaño del actual Portugal.

Independientemente de lo que las expediciones al Atlántico lograron, los cartagineses estaban interesados en mantener la hegemonía comercial más allá de Gibraltar para ellos mismos. Algunos historiadores modernos incluso han adivinado que la vaguedad, así como los cuentos de monstruos marinos y otras amenazas, fueron escritos intencionalmente para desalentar a otros, principalmente a los griegos, de tratar de aventurarse en ese lejano oeste. Esto es posible, ya que, a pesar de tener una formidable marina, los cartagineses no fueron capaces de controlar o bloquear los mares por completo. Ninguna de las antiguas potencias navales fue capaz de hacerlo debido a las limitaciones tecnológicas de la época. Por otro lado, los griegos continuaron tratando de descongelar la cautela cartaginesa, especialmente en Sicilia. A principios del siglo VI, las ciudades griegas de la isla estaban pasando por trastornos políticos, con los griegos jonios y los griegos dorios empezando a enfrentarse. Esto solo se vio favorecido por el ascenso de los tiranos en las ciudades que simplemente buscaban más poder para sí mismos. Uno de los tiranos dorios llamado Gelo, cuya capital fue en un momento dado la famosa ciudad siciliana de Siracusa, soñaba con unir toda la isla bajo su gobierno. Aliado con otro déspota dórico llamado Terón, emprendió activamente guerras contra los jonios durante el 480. Sus oponentes, los jonios, se dieron cuenta de que por sí solos estaban indefensos; así, en el 483 a. C., acudieron a Cartago en busca de ayuda.

La Ciudad Nueva era consciente de que tenía que intervenir. Si los dorios unían todos los territorios griegos de Sicilia, las ciudades cartaginesas de las regiones occidentales de la isla se verían seriamente amenazadas. Sin embargo, por razones desconocidas, su ayuda fue retenida durante tres años enteros antes de que Amílcar fuera enviado con la mayor fuerza expedicionaria acumulada por los cartagineses en ese momento. Los historiadores antiguos afirman que era nada menos que 300.000, pero las evaluaciones modernas no suelen superar los 30.000. La mayoría de ellos, si no todos, eran mercenarios que fueron transportados por la flota cartaginesa. Supuestamente consistía en 3.000 transportes y 200 acorazados. Este último número está en el rango de la realidad, ya que representa el potencial púnico, pero también es probable que haya sido mucho más pequeño, mientras que el número de transportes es seguramente significativamente exagerado. La fuerza de Gelo no era mucho más pequeña; según las fuentes, tenía alrededor de 26.000 soldados. En ese sentido, los dos bandos estaban bastante igualados, pero Gelo demostró ser más oportunista y astuto. Cerca de la ciudad de Hímera, en el norte de Sicilia, interceptó un mensaje que Amílcar envió a sus aliados sicilianos, en el que Amílcar esperaba que enviaran caballería como refuerzos. Gelo vio una oportunidad y envió su propia caballería para reunirse con los cartagineses cerca de sus barcos anclados. La operación tuvo éxito; los siracusanos quemaron la mayoría de los barcos, mataron a Amílcar y luego se dirigieron al campamento principal cartaginés, destruyendo completamente la fuerza mercenaria.

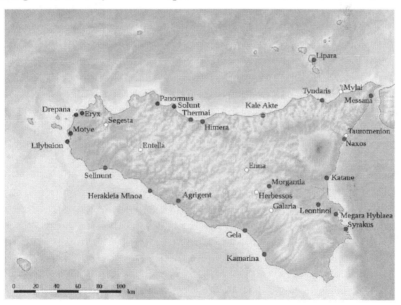

Mapa de las colonias de Sicilia (el púrpura marca las ciudades cartaginesas y griegas rojas). Fuente: https://commons.wikimedia.org

La victoria griega fue absoluta, pero Gelo fue lo suficientemente sabio como para darse cuenta de que los cartagineses eran todavía lo suficientemente fuertes para defender sus propias ciudades en Sicilia. Por lo tanto, demandó la paz, pidiendo solo dos mil talentos (unas cincuenta toneladas de plata), y los punes tuvieron que construir dos templos donde se exhibiría el tratado. Cartago estaba ansioso por aceptar. Los historiadores de la antigua Grecia insinuaron más tarde que este "ataque" cartaginés, tal y como lo veían, estaba arreglado con el Imperio persa, ya que, en ese mismo año, Jerjes I lanzó su ataque contra los griegos. Los historiadores modernos, por otro lado, lo dudan mucho. Los persas ciertamente conocían lo suficiente sobre Cartago como los nuevos amos de Tiro. Incluso se supone que querían conquistarla alrededor del 525 a. C., pero su intento fue frustrado por la negativa de los fenicios a luchar contra sus hermanos. Sin embargo, no hay otra evidencia que el tiempo en sí mismo para conectar las dos guerras. Por otra parte, hasta hace poco, los historiadores modernos han exagerado a menudo el alcance de la derrota cartaginesa, atribuyéndole la razón de los tiempos sombríos por los que pasó el estado púnico después. Aun así, las pérdidas en la batalla de Hímera fueron insuficientes para causar por sí solas la contracción del poder de Cartago. La mayoría de las tropas perdidas eran mercenarios, mientras que el hecho de que Gelo decidiera no continuar con las batallas significaba que Cartago tenía más naves o capacidades para recuperar sus pérdidas rápidamente.

Sin embargo, en las décadas posteriores al 480 a. C., Cartago pasó por una especie de recesión. Después de sus victorias sobre los persas, el poder griego siguió creciendo, y se convirtieron en dueños del Mediterráneo oriental, con Atenas a la cabeza de la hegemonía griega. Esto significó que, para los cartagineses, sus mercados tradicionales en Fenicia y Egipto se cerraron para ellos. Aproximadamente al mismo tiempo, Roma comenzó a presionar a los etruscos, antiguos aliados púnicos. Esto significó que Cartago perdió otro importante socio comercial. Este aislamiento, más que la derrota en Hímera, causó la desaceleración de la expansión cartaginesa. Sin embargo, a pesar de eso, durante ese período, Cartago no estaba ociosa. Su enfoque simplemente cambió debido a las circunstancias. Ahora la Ciudad Nueva decidió expandir sus territorios en el norte de África. Comenzó a extenderse más hacia el interior, incorporando a la población local en su estado, lo que resultó ser una tarea difícil. Los bereberes iban a la zaga de los cartagineses en el desarrollo de la civilización, y lo que es más importante, su cultura era significativamente diferente. Así, aunque los punes no estaban esclavizando a los bereberes en masa ni intentaban sacarlos por la fuerza de sus tierras, la población africana local nunca se fusionó completamente con los cartagineses. Los cartagineses los trataron de manera diferente a su propia población, poniendo impuestos más altos e imponiéndoles gravámenes. Además, parece que intentaron imponer su propia cultura a los bereberes, lo que en su mayoría no tuvo éxito.

Los intentos de integrar a la población local marcan el comienzo de la transformación de Cartago de un dominio a un imperio. Fue en este tiempo que la Ciudad Nueva comenzó a imponer su propia administración sobre sus pueblos y asentamientos subordinados. Junto con eso fue la reforma política en la propia ciudad. Se crearon supuestamente nuevos cargos democráticos e instituciones políticas para limitar el poder y la influencia de las familias aristocráticas, sobre todo de los magónidas. Sin embargo, a pesar del sentimiento democrático de estas reformas, Cartago seguía siendo una república oligárquica con los magónidas a la cabeza. Esto llevó a algunos historiadores modernos a concluir que los propios magónidas eran parte de las reformas. Es posible que las adaptaran a sus propias necesidades políticas de la época, tal vez para aliviar la presión sobre la familia después de la derrota en Hímera. En cualquier caso, Amílcar parece haber sido sucedido por su hijo Hannón. No hay muchas pruebas sobre él, pero debido a su nombre, algunos historiadores lo han relacionado con el famoso explorador que navegó a África. Esto es cuestionable, pero posible. Si ese es el caso, las expediciones ocurrieron cincuenta años más tarde, alrededor del 450 a. C., y significó que los magónidas y Cartago se recuperaron más rápido de lo esperado. Esta teoría también explica que los viajes se realizaron en un intento de romper el aislamiento púnico del siglo V. Sin embargo, hay que señalar que ambas teorías se basan más en conjeturas que en evidencias. Hasta ahora, no se han encontrado pruebas concluyentes de ninguna de ellas.

Una representación artística del siglo XIX de la batalla de Hímera (480 a. C.).
Fuente: https://commons.wikimedia.org

Independientemente de las fechas exactas de las expediciones, parece que los historiadores modernos han exagerado un poco el alcance de la crisis cartaginesa. Debido a la expansión en África, la Ciudad Nueva era menos dependiente de los alimentos importados. Nuevos territorios se convirtieron en su principal proveedor, junto con las colonias sardas más desarrolladas. Los lazos comerciales con las colonias fenicias ibéricas se expandieron, acercándolas bajo la influencia del mundo púnico. Finalmente, la ausencia de guerras y conflictos importantes hizo que el tesoro cartaginés se enriqueciera. Fue suficiente para impresionar a los griegos, sobre todo a los ricos atenienses, ya que Cartago reaparece una vez más en el punto de mira de los escritores griegos. Además, los atenienses también se impresionaron por el poder militar de los punes, con uno de sus generales afirmando que era más fuerte que el de Atenas. Esta acumulación de riqueza y poderío militar se debió a décadas de evitar conflictos con los griegos y la población indígena de Sicilia.

No está claro por qué, pero parece que, durante unos setenta años, Cartago se contentó con su posición en la isla, mientras que otros estados no invadieron su territorio. Por esa razón, la Ciudad Nueva permaneció fuera del foco de atención de los escritores griegos, posiblemente realzando nuestro rostro en la supuesta crisis por la que Cartago había pasado en el siglo V a. C.

Sin embargo, a medida que el siglo se acercaba a su fin, Cartago se convirtió en un actor más prominente en el mundo griego. Los atenienses, capaces comerciantes por ellos mismos, se dieron cuenta del potencial de asociarse con los cartagineses. Así, las relaciones entre las dos talasocracias comenzaron a desarrollarse. En 416, Atenas envió una expedición a Sicilia para luchar contra Siracusa. Fue un ambicioso intento de ganar la mano en la guerra del Peloponeso contra Esparta, en la que Siracusa estaba del lado de los espartanos. Según algunos historiadores antiguos, Atenas también planeaba conquistar Cartago, lo que parece improbable. En contraste, otros la mencionan pidiendo la ayuda de los punes. Sabiamente, los cartagineses eligieron mantenerse una vez más fuera de la lucha, dejando que las otras dos fuerzas mediterráneas se debilitaran. En el 413 a. C., Siracusa ganó con la ayuda de los espartanos. Esto incrementó su poder y dominio sobre la isla, ya que comenzó a buscar venganza en las ciudades sicilianas que se habían puesto del lado de los atenienses. Una de ellas, Segesta, en el 410, pidió protección cartaginesa a cambio de su sumisión al dominio púnico. Después de setenta años de pasividad en Sicilia, Cartago decidió aceptar la oferta e intervenir.

Varias razones llevaron a los cartagineses, que estaban bajo el liderazgo de Aníbal Mago, el nieto de Amílcar, a intervenir esta vez. Lo más importante, el poder de Siracusa crecía rápidamente, y sus apetitos se elevaban con él. En segundo lugar, la posición de Segesta, en el extremo noroeste de Sicilia, estaba demasiado cerca de los territorios púnicos. Si caía en manos de Siracusa, el dominio de Cartago en las partes occidentales de la isla se vería amenazado. Por otro lado, para entonces, la fuerza del estado púnico había crecido debido a su expansión en el norte de África. Cartago necesitaba una nueva dirección para expandirse, siendo Sicilia la elección lógica. Además, no es intrascendente notar que los atenienses perdieron completamente sus intereses en Sicilia, lo que dio a los cartagineses carta blanca para hacer lo que quisieran en la isla. Esto se demostró aún más cuando las dos potencias marítimas firmaron un tratado de amistad en el 406 a. C. Algunos historiadores griegos también mencionan que Aníbal se propuso vengar a su abuelo, pero esto parece más que improbable. Si lo impulsaba la pasión, lo habría hecho mucho antes. Es más probable que este razonamiento se formara debido a que los griegos una vez más exageraron la importancia de la batalla de Hímera en la historia.

La guerra que siguió fue peleada con una ferocidad nunca antes vista. En el 409, la expedición cartaginesa volvió a estar compuesta principalmente por soldados mercenarios y la marina cartaginesa. Aníbal los condujo a dos grandes victorias sobre las ciudades de Selinunte e Hímera, que fueron saqueadas y arrasadas antes de que los cartagineses regresaran triunfantes a África. A pesar de perder sus aliados, Siracusa permaneció inactiva durante esta campaña. Sin embargo, uno de sus generales renegados incursionó en los territorios púnicos después. Esto hizo que Aníbal Mago regresara en el 406 a. C., con aún más furia. Asedió la ciudad de Akragas, la moderna Agrigento en el sur de Sicilia, que era el aliado sirio más importante y uno de los asentamientos griegos más ricos de la isla. Durante esta batalla, la plaga asoló al ejército cartaginés, llevándose a Aníbal. Aun así, su primo y sucesor, Himilcón II, logró conquistar y saquear la ciudad. Luego procedió a capturar y saquear las ciudades de Gela y Camarina, avanzando lentamente hacia la propia Siracusa. En su camino, logró derrotar al ejército sirio, que estaba bajo el liderazgo de su nuevo tirano, Dionisio I. A pesar de estas victorias, los cartagineses seguían agobiados por la peste, lo que llevó a Himilcón a acordar un tratado de paz antes de asestar el golpe final a Siracusa.

Se acordó que las ciudades griegas del sur, desde Akragas hasta Camarina, rendirían homenaje a Cartago, y se garantizaría la independencia de otras ciudades del centro y noreste de Sicilia, mientras que se reconocería el dominio púnico en las partes occidentales de la isla. Fue una paz favorable para los cartagineses, dejando a Siracusa aislada, al menos en el papel. Sin embargo, los cartagineses trajeron la plaga de vuelta a casa, haciendo que su gobierno se centrara en asuntos internos. Esto permitió a Dionisio ignorar el tratado y conquistar muchas de las ciudades del este y centro de Sicilia. Hacia el año 398 a. C., Siracusa logró reconstruir su fuerza, reuniendo al parecer 80.000 soldados, una probable exageración, y 200 barcos. Imaginando que los punes estaban devastados por la enfermedad, sitió la ciudad Motia, una de las ciudades cartaginesas más importantes de la costa occidental de Sicilia. Con grandes torres de asedio, los siracusanos pudieron romper los muros, procediendo a la lucha en los tejados, que estaban conectados con tablones de madera. La ciudad fue devastada y nunca se recuperó. Los cartagineses estaban furiosos. Himilcón reunió las tropas y regresó a la isla durante el invierno, una época en la que, en la antigüedad, los ejércitos rara vez luchaban. Forzó a la pequeña fuerza Siracusa que quedó en Motia y la retomó. Sin embargo, Himilcón decidió no reconstruir la ciudad en ruinas, sino que decidió construir una nueva justo al sur de ella, que conocemos por el nombre latinizado de Lilibea.

Reconstrucción moderna de la ciudad isla de Motia.
Fuente: https://commons.wikimedia.org

La victoria en Motia no fue suficiente para apaciguar a los cartagineses, e Himilcón navegó hasta el extremo noreste de Sicilia, capturando y saqueando la ciudad de Mesina. Sus tropas marcharon entonces hacia el sur, hacia Siracusa, mientras la marina seguía la costa. Dionisio trató de detener a la flota cartaginesa, pero fue derrotado en la batalla de Catana en el 397 a. C. En el invierno de ese año, Siracusa fue sitiada, ya que sus defensas eran demasiado fuertes para que los cartagineses la atacaran. En ese momento, parecía que la victoria púnica estaba cerca, ya que Himilcón esperaba que los siracusanos depusieran a su tirano y pidieran la paz. Sin embargo, la fortuna se volvió una vez más en contra de los cartagineses. Al acercarse el verano de 396, otra epidemia asoló al ejército púnico, debilitándolo severamente. Dionisio explotó esto y comenzó a atacar los campamentos y la armada cartaginesa. Himilcón se encontró en una posición de aislamiento, lo que le llevó a retirarse con sus soldados cartagineses en los barcos y escapar a África, dejando a los mercenarios y aliados sicilianos por su cuenta. Más tarde, muchas fuentes griegas mencionan que sobornó a Dionisio para escapar, pero parece improbable que incluso un tirano codicioso elija la ganancia a corto plazo en lugar de una victoria total. Sin embargo, el cobarde movimiento de Himilcón fue recibido con gran insatisfacción en Cartago, ya que fue juzgado por dejar al resto del ejército por su cuenta.

Himilcón aceptó toda la culpa de la derrota, y la desgracia pronto lo llevó al suicidio. Más preocupante para Cartago, parece que su abandono de las tropas no cartaginesas incitó a los libios locales a rebelarse, ya que formaban parte de esas fuerzas. Esto fue acompañado por un levantamiento de esclavos también, señalando que había mucho descontento en el imperio púnico en África. Durante ese tumulto, un hombre llamado Mago, el ayudante de Himilcón, fue elegido para ser el más alto funcionario. La mayoría de los historiadores asumen que era parte de la familia Magónidos, posiblemente el sobrino de Himilcón. Sin embargo, algunos estudiosos dudan de ello, ya que afirman que no hay pruebas claras que apoyen ese hecho. Independientemente de sus lazos familiares, Mago se las arregló para sofocar los levantamientos antes de regresar a Sicilia. Se enfrentó varias veces con los siracusanos, con resultados mixtos. En el 392 a. C., ambos bandos estaban cansados de la prolongada guerra y acordaron un tratado de paz. Era similar al acuerdo anterior, con ambos lados manteniendo sus esferas de influencia, excepto para la Sicilia central, que Cartago dejó a Dionisio. Sin embargo, la paz fue solo un intermedio, ya que no se obtuvo una victoria concluyente. Dionisio comenzó a expandir el dominio sirio, adquiriendo territorios en el este de Sicilia e incluso en el sur de Italia. Mientras tanto, Cartago continuó preparándose para la guerra que preveía.

En el 383 a. C., Dionisio cruzó la línea cuando buscó alianzas con algunas de las ciudades del oeste de Sicilia, que formaban parte de la esfera de influencia cartaginesa. Los punes fueron inmediatamente a la guerra, enviando a Mago para tratar con él una vez más. La cronología exacta y los detalles de este nuevo conflicto son bastante incompletos. Parece que Mago envió un destacamento al sur de Italia, donde, aliados con los italianos, presionaron a Siracusa en un segundo frente. El propio Mago lideró la campaña en Sicilia, donde sufrió una aplastante derrota, perdiendo su vida en el proceso. Cartago estaba lista para la paz, pero Dionisio dio un ultimátum imposible: las Punes tenían que abandonar Sicilia. En respuesta, la Ciudad Nueva instituyó al hijo de Mago, presumiblemente llamado Himilcón, como su nuevo general. Se las arregló para derrotar a los siracusanos en una batalla cerca de la actual Palermo alrededor del 376 a. C., impulsando a Dionisio a aceptar la paz. Siracusa tuvo que pagar mil talentos, y se trazó una línea de demarcación entre las dos potencias. Se fue a lo largo del río Halycus, el actual Platani, justo al oeste de Akragas, mientras que, en el norte, Cartago ganó el territorio de Termini Imerese, una ciudad sucesora de Hímera. Además de ganar un considerable territorio en la isla, las Punes también estaban ansiosos por terminar este conflicto lo antes posible. Sin embargo, la plaga volvió a asolar la ciudad de Cartago, mientras que los libios y los sardos se rebelaron al mismo tiempo.

Después, Himilcón desaparece de las fuentes. Si en verdad era parte de la familia Magónidos, con él, su dominio disminuyó, ya que ellos también desaparecieron del frente de la política cartaginesa. A finales de la década de 370, un hombre llamado Hannón, a veces apodado "el Grande", apareció en el escenario, sofocando las rebeliones. A diferencia de los magónidos en décadas anteriores, se le opuso el Suniato, que es una forma latinizada del nombre púnico Eshmuniaton. Así, la política púnica entró en un estado más fluido. Al mismo tiempo, Dionisio vio otra oportunidad para atacar a la supuestamente débil Cartago, ya que aún se estaba recuperando de la plaga y los levantamientos. En 368, intentó conquistar Lilibea, pero Hannón fue capaz de destruir la flota Siracusa y forzar al viejo tirano a retirarse. Dionisio I murió pronto, y su hijo y tocayo, Dionisio II, aceptó la paz en la que se arregló el statu quo. Siguió una década de paz, pero se rompió cuando Siracusa se sumió en un estado de guerra civil. Dionisio II fue derrocado, y otras ciudades griegas se sumieron en la anarquía, con pequeños tiranos luchando por el poder. A pesar de eso, la propia Cartago se mantuvo distante. Hannón estaba demasiado consumido por la política cartaginesa como para perseguir cualquier ganancia en Sicilia.

En primer lugar, tuvo que deponer a su principal adversario. Hannón acusó a Suniatus de contactos traicioneros con Dionisio, y probablemente usando un fuerte sentimiento antisiracusano en la ciudad, Hannón hizo que lo ejecutaran. Sin embargo, Hannón no estaba satisfecho; a pesar de haber perdido a su líder, la oposición en Cartago seguía muy viva. Parece que la arrogancia y ambición de Hannón le hizo perder el apoyo de la mayoría de los ciudadanos. Consciente de ello, pero aún hambriento de más poder, alrededor del 350 a. C., Hannón planeó un golpe de estado. Primero, trató de asesinar a un número de altos funcionarios del estado en el banquete de bodas de su hija. La trama fue descubierta y evitada, lo que llevó a Hannón a retirarse a su finca para una última batalla. Las fuentes mencionan que intentó organizar una revuelta de esclavos, aunque esto es dudoso. Probablemente reunió a sus seguidores y algunos esclavos en su finca mientras intentaba infructuosamente ganar el apoyo de los libios. Hannón fue capturado, mutilado y finalmente crucificado por su traición, mientras que su familia parecía estar exiliada, aunque algunas fuentes mencionan que también fueron ejecutados. La oposición, sin ningún líder en particular que conozcamos, volvió su mirada a Sicilia una vez más.

Para el 345 a. C., Siracusa estaba bajo el control de Hicetas, que tenía fuertes lazos con Cartago. Pidió ayuda a los punes cuando el viejo tirano Dionisio II intentó retomar la ciudad. Dado que los recién establecidos líderes de Cartago necesitaban éxitos militares para solidificar su dominio, estaban ansiosos por ayudar. Un enorme ejército cartaginés fue enviado a Sicilia, entrando en Siracusa en el 344. Sin embargo, al mismo tiempo, un contingente más pequeño de tropas griegas de la ciudad de Corinto, situada en la Grecia continental llegó, ya que Hicetas pidió ayuda a Corinto también. Esto condujo a un confuso enfrentamiento en cuatro direcciones, ya que todos los bandos intentaron cumplir sus planes. Al final, los corintios, que fueron liderados por Timoleón, fueron los más exitosos. Timoleón exilió a Dionisio a Corinto, Hicetas escapó, y en el año 343, los cartagineses se retiraron sin luchar. Esta indecisa acción púnica fue recibida con una gran indignación pública, ya que habían estado en la propia ciudad, impulsando al principal general cartaginés a quitarse la vida. Timoleón procedió a asaltar el territorio cartaginés, ya que necesitaba recursos para pagar a sus tropas, mientras se movía para reforzar sus posiciones en Sicilia. La respuesta púnica fue bastante lenta, ya que no fue hasta el año 341 que una nueva fuerza expedicionaria fue enviada a la isla. Esta vez, junto con los mercenarios habituales, se envió un llamado Batallón Sagrado, formado por unos tres mil cartagineses de élite aristocrática y otros siete mil ciudadanos normales.

Una representación artística de una batalla entre los cartagineses y los griegos.
Fuente: https://commons.wikimedia.org

A pesar de tener una ventaja numérica, el ejército púnico fue derrotado por Timoleón en la batalla de Crimiso, sobre todo gracias a terribles comandantes. Como resultado, el Batallón Sagrado y otros ciudadanos cartagineses fueron asesinados o esclavizados. La derrota fue total, y la Ciudad Nueva entró en pánico. Recordaron al hijo de Hannón, Giscon, del exilio, dándole el control total para preparar la invasión griega. En su lugar, Giscon se las arregló para forjar una paz con Timoleón, que estaba muy ocupado con los mezquinos tiranos griegos de Sicilia. El resultado de esta desastrosa guerra para Cartago fue más que aceptable, sin embargo, dado que volvieron a las posiciones de *status quo* de 367 mientras prometían cortar todos los lazos con los pequeños tiranos griegos.

Durante un par de décadas, los punes dejaron Sicilia por su cuenta. En primer lugar, la ciudad necesitaba recuperarse de sus pérdidas y al mismo tiempo aportar un cierto equilibrio a su política. La necesidad de esto solo fue fomentada cuando Alejandro Magno comenzó su conquista de Persia en el 334 a. C. En dos años, logró conquistar Tiro de los persas, y los cartagineses aceptaron refugiados de su ciudad madre, en su mayoría niños y mujeres. El siguiente en la línea fue Egipto, un antiguo socio comercial de Cartago. Los punes temían ser los siguientes en la línea de fuego, ya que poseían una tierra rica, y se dice que Alejandro les advirtió que atacaría una vez que terminara con Persia. Eso dejó a los cartagineses preparándose para una posible invasión.

Sin embargo, la muerte prematura de Alejandro en el 323 alivió sus temores, abriendo una vez más la posibilidad de inmiscuirse en los asuntos sicilianos. Para entonces, un general llamado Amílcar, posiblemente con lazos familiares con Giscon, tomó el timón de la república. Parece que intentó mantener la paz y las buenas relaciones con Siracusa, interfiriendo en sus asuntos internos después de la muerte de Timoleón. Al principio, los cartagineses apoyaron a los oligarcas antes de cambiar su apoyo a un tirano populista llamado Agatocles. Amílcar incluso dirigió una intervención militar en el año 319 para asegurar la posición de Agatocles. Esperaba que un acuerdo personal con un gobernante establecido de Siracusa hiciera que la paz durara más tiempo, pero se equivocó. Agatocles primero eliminó cualquier oposición en la ciudad, luego intentó conquistar Mesina en 315. Los enviados de Amílcar detuvieron a Agatocles de eso y, en el año siguiente, lograron postergar un conflicto en ebullición entre Siracusa y sus oponentes sicilianos. Sin embargo, la paz preservada duró poco. Los siracusanos pronto tomaron Mesina, y en el 312 a. C., atacaron Akragas, donde la flota púnica los detuvo. En represalia, Agatocles invadió y saqueó los territorios cartagineses en el oeste de Sicilia. El fracaso de la política de Amílcar fue evidente. Así, supuestamente fue condenado en su ausencia, pero Amílcar murió antes de poder regresar a Cartago. Su reemplazo fue el hijo de Giscon, confusamente también llamado Amílcar.

El nuevo general demostró ser mucho más capaz. Forjó alianzas con muchas ciudades griegas que se opusieron a Agatocles y lo derrotaron en la batalla de Gela en 311. El ejército greco púnico combinado procedió entonces a asediar Siracusa. En lugar de intentar defender pasivamente la ciudad, Agatocles actuó con una audacia sin precedentes. En el verano del 310, se escabulló a través del bloqueo naval y atacó a los cartagineses en África. Lo que siguió fue un período de caos total. Un inesperado ataque a su interior tomó a Cartago por sorpresa. Los siracusanos lograron conquistar varias ciudades importantes, entre ellas Utica y Tunes (la actual Túnez), y derrotaron al ejército púnico en varias ocasiones. En una de las batallas, se perdió un nuevo Batallón Sagrado, así como Hannón, uno de los dos generales cartagineses encargados de supervisar la lucha en África. Las posiciones cartaginesas solo se deterioraron cuando las revueltas libias comenzaron a arrasar su imperio africano. En el año 309, Amílcar fue derrotado en Sicilia, perdiendo su vida en el proceso. Los aliados griegos abandonaron entonces el liderazgo cartaginés y comenzaron a luchar por su cuenta, incluso entre ellos mismos. La situación era tan desesperada para Cartago que su otro general africano, Bomilcar, intentó un golpe de estado en el 308 a. C. Quería convertirse en un tirano cartaginés cuyo gobierno no estuviera controlado por las instituciones republicanas.

A pesar del caos del estado púnico, los cartagineses no estaban dispuestos a sucumbir a un gobierno despótico. Los ciudadanos se enfrentaron a Bomilcar, que obviamente carecía de un apoyo más amplio, capturándolo y ejecutándolo antes de que pudiera finalizar su golpe. Es por esa época que la guerra se volvió contra Agatocles, ya que Siracusa fue presionada por otras ciudades griegas en Sicilia. El tirano se vio obligado a regresar a la isla, pero dejó sus tropas bajo el mando de su hijo en África. Esas fuerzas continuaron saqueando, pero los cartagineses fueron capaces de contenerlas sin el liderazgo de Agatocles. Estos hombres fueron rodeados en Tunes por el ejército púnico, haciendo que Agatocles regresara en el año 307. Sin embargo, fue derrotado a su llegada. Al darse cuenta de que su aventura africana había terminado, el tirano escapó, dejando a sus tropas atrapadas con dos de sus hijos para ser capturados y asesinados. Para entonces, tanto Siracusa como Cartago estaban hartos de la guerra. Cartago aún se enfrentaba a las rebeliones bereberes, mientras que Siracusa se enfrentaba a sus enemigos griegos en Sicilia. Para el año 306, la guerra había terminado. La frontera entre las zonas de influencia siracusa y cartaginesa se estableció de nuevo en el río Halycus, mientras que los punes también pagaron un pequeño subsidio para la liberación de sus territorios nominalmente ocupados.

La guerra, que Cartago había tratado de evitar, resultó ser la más devastadora para la república. Las pérdidas fueron altas, y las ganancias casi inexistentes. Sin embargo, los cartagineses se vieron obligados a luchar, aunque solo fuera para preservar sus territorios y su posición en Sicilia. De hecho, el resultado de las guerras sicilianas, como esta serie de conflictos luchados entre Siracusa y Cartago fue nombrada más tarde por los historiadores, podría resumirse de manera similar. Los punes lucharon durante casi 180 años para mantener su dominio en la parte occidental de la isla, pero nunca ganaron mucho con sus aventuras. Al final, al menos se las arreglaron para soportar la presión de los griegos. Sin embargo, sus mayores enemigos seguían desafiándolos.

Capítulo 4 - De Aliados a Enemigos

Mientras Cartago estaba preocupada con sus tratos con los griegos en Sicilia, otro poder se elevó a la prominencia en su vecindario. Roma, una vez una pequeña ciudad en el centro de Italia, se las arregló a través de los años para conquistar no solo el Lacio, sino también a los etruscos y otras naciones y tribus de los alrededores. Al principio, los punes no tenían problemas con ellos ya que eran vistos como lucrativos socios comerciales.

La actitud pragmática de los comerciantes cartagineses hacia los romanos fue evidente desde su primer acuerdo comercial de 509. Los etruscos, antiguos aliados púnicos, ya luchaban con el creciente poder del estado romano. Sin embargo, los cartagineses se mantuvieron al margen, buscando solo el comercio y los beneficios. Aproximadamente 160 años después, en el 348 a. C., se firmó un nuevo tratado entre Roma y Cartago. Al igual que el anterior, era un conjunto de reglas en los tratos mutuos entre las dos repúblicas. Por ejemplo, establecía que, si los mercaderes romanos o cartagineses tenían que detenerse para reabastecerse en el territorio del otro estado, no debían perjudicar a los locales y debían partir en un plazo de cinco días. A los romanos se les permitió el libre comercio con los cartagineses en Sicilia, mientras que se les prohibió comerciar en Cerdeña, España y África. Por otro lado, las Punes eran libres de comerciar en tierras romanas. También fue más allá del comercio, ya que también prohibió a los romanos saquear y fundar colonias en esos territorios. Del mismo modo, Cartago tenía prohibido conquistar cualquier ciudad en el Lacio. Además, se acordó que si, por ejemplo, un enviado romano traía cautivos de una nación con la que Cartago tenía un tratado oficial a una ciudad púnica, los cartagineses tenían el derecho de liberarlos. Esto también se aplicaba a los cartagineses.

Sin embargo, este tratado plantea varias cuestiones. En primer lugar, a pesar de prohibir a los romanos fundar ciudades en África y Cerdeña, Cartago guardó silencio sobre Sicilia. De manera similar, a los punes no se les prohibió fundar colonias en el Lacio. Sin embargo, está claro que, para ambas partes, tales acciones estarían fuera de discusión. En segundo lugar, a mediados del siglo IV, Roma era mucho más fuerte e influyente que en el 509. No obstante, el segundo tratado impone más prohibiciones a los derechos comerciales romanos en el Mediterráneo occidental. Es peculiar que una Roma mucho más fuerte aceptara términos tan duros. El razonamiento detrás de esto podría ser que las necesidades son diferentes a las del tratado. Cartago intentaba recuperarse económicamente de las pérdidas financieras de las rebeliones de la década de 370. Además, era, en general, un estado orientado al comercio, lo que le llevó a centrarse más en los aspectos económicos del acuerdo. Por otro lado, Roma era militarista y expansionista, preocupándose menos por el comercio. Su principal preocupación sería prohibir que Cartago se inmiscuyera en las regiones vecinas, permitiendo a Roma ampliar su propio territorio. Cualquiera que sea el razonamiento exacto detrás de ambas partes aceptando tal acuerdo, podría decirse que fue un logro diplomático para los punes. Se las arreglaron para asegurar sus posiciones contra Roma a pesar de que estaban pasando por tiempos bastante turbulentos.

El tercer tratado entre Roma y Cartago, firmado en el 306 a. C., es el más controvertido. No hay pruebas de ello, salvo los informes de algunos historiadores romanos varias décadas después. Incluso entonces, era un tema de debate entre los estudiosos romanos si era real o inventado. Era especialmente importante para ellos ya que supuestamente prohibía a los romanos entrar en Sicilia y a los cartagineses entrar en Italia. Si el tratado era genuino, se culparía a los romanos de las últimas guerras púnicas. Por lo tanto, muchos romanos lo han ignorado. Sin embargo, los historiadores modernos tienden a creer que este acuerdo existió, ya que encaja en la política internacional de la época. Los romanos habían ganado hegemonía sobre la mayor parte de Italia, excepto las colonias griegas del sur. Era probable que su esperanza de conquistarlas también, lo que los llevó a buscar una manera de limitar la posible interferencia púnica. Por otro lado, los cartagineses estaban exhaustos por su última guerra con Siracusa. Asegurar la paz en Sicilia contra la posible expansión romana en la isla seguramente parecía otra victoria diplomática. Simultáneamente, debido a las guerras sicilianas, Cartago no estaba en condiciones de considerar realmente la intromisión en los asuntos italianos. Del mismo modo, los romanos a finales del siglo IV estaban ocupados con sus guerras con los samnitas y lo que quedaba de los etruscos para planear cualquier expedición a Sicilia. Desde la perspectiva de ambas repúblicas, este tratado habría sido un acuerdo sin ningún inconveniente.

Una ilustración del siglo XIX de comerciantes cartagineses (izquierda) comerciando con un romano. Fuente: https://commons.wikimedia.org

Después del 306, Cartago disfrutó de un breve período de paz. Duró hasta la muerte de Agatocles en 289 cuando las ciudades griegas de Sicilia volvieron a su caótica política. Pequeños tiranos se levantaron, mientras que los mercenarios campanianos de Agatocles, conocidos como los mamertinos, comenzaron a arrasar la isla, incluso tomando Mesina para ellos mismos en el proceso. En Siracusa, un nuevo tirano llamado Hicetas surgió, y no pasó mucho tiempo antes de que asaltara los territorios cartagineses. Probablemente esperaba un saqueo fácil y una victoria para reforzar su posición como tirano. En cambio, en el año 280 a. C., fue derrotado por los punes y más tarde derrotado por sus rivales. Sin embargo, esto fue suficiente para que los cartagineses fueran vengativos. Reunieron tropas y barcos y volvieron a asediar Siracusa, que también se vio envuelta en luchas internas entre sus líderes. Fue en este punto que los griegos, presumiblemente los siracusanos, pidieron a Pirro, el rey de Epiro, que les ayudara contra los cartagineses. En ese momento, Pirro estaba en guerra contra los romanos en Italia, ya que había sido invitado por las ciudades griegas de allí para ayudarles contra la expansión latina. Comandaba un ejército considerable y había demostrado su destreza como general. Sin embargo, fue incapaz de derrotar a los romanos, lo que llevó a un punto muerto en Italia.

Pirro era un aventurero sediento de gloria y conquista, por lo que cuando recibió una llamada de auxilio de los siracusanos para defenderse de "los bárbaros" atacantes griegos, no pensó demasiado en ello, especialmente porque significaba romper el estancamiento del conflicto con los romanos. Sin embargo, los cartagineses se enteraron de esto y negociaron otro tratado con los latinos en 279. Confirmó los acuerdos anteriores, pero también añadió una alianza no obligatoria contra Pirro. En esencia, ningún bando estaba obligado a ayudar, pero dejó la posibilidad de que Cartago ayudara a los romanos con su marina, mientras que los romanos contribuirían con tropas de tierra si fuera necesario. A pesar de la vaga alianza entre las dos repúblicas, ninguno de los dos lados terminó pidiendo u ofreciendo ayuda. En el 278 a. C., Pirro finalmente llegó a Sicilia e inició una campaña relámpago. Primero liberó Siracusa, donde los cartagineses se retiraron al ver su ejército. Luego, ayudado por los aliados sicilianos, procedió a conquistar varias ciudades púnicas en Sicilia antes de sitiar la ciudad fuertemente fortificada de Lilibea. Tomados por sorpresa con la velocidad y la fuerza de los griegos, los cartagineses trataron de negociar con Pirro. Le ofrecieron dinero y barcos para transportar sus tropas de vuelta a Italia, pero él se negó. Supuestamente se preparaba para invadir África y conquistar la propia Cartago.

No está claro si estas ambiciones eran reales, pero se alinean con su personalidad aventurera. Sin embargo, sus aliados sicilianos estaban en contra de tales aventuras. Empezaron a sospechar que Pirro empezó a soñar con crear su propio imperio en el oeste. Su posición empeoró cuando sus aliados empezaron a desertar debido a su duro tratamiento. Para el 276, el rey de Epiro recibió otra petición de ayuda de los griegos italianos, dándole otra excusa para dejar su creación en un punto muerto. Después de que se fue, los cartagineses no tuvieron problemas para recuperar todas sus ciudades perdidas, mientras que los siracusanos se preocuparon más por la incursión de los amerindios. Así, la paz se renovó con el statu quo territorial. La única ganancia marginal de los cartagineses fue el hecho de que Siracusa perdió el control de algunas de las ciudades griegas de Sicilia, como Akragas, que estableció relaciones más amistosas con los punes. Al norte, en Italia, Pirro fue derrotado por los romanos. Huyó a Epiro, mientras los latinos continuaban su conquista. En el 270 a. C., los latinos controlaban la mayor parte de Italia. A pesar de sus supuestas relaciones amistosas o incluso aliadas, los cartagineses se volvieron algo recelosos de la expansión romana.

Sin embargo, después de lograr la paz en Sicilia, los cartagineses permanecieron tan tranquilos como antes. Intentaron mantener la paz y el equilibrio de poder tanto con Siracusa como con Roma. Sin embargo, después de unos años, un nuevo gobernante sirio llamado Hiero decidió terminar con el dominio de mamertinos sobre Mesina, asediándolos en el 264 a. C. Atrapados, los mercenarios camboyanos llamaron a los romanos y a las punes para que les ayudaran. Los cartagineses fueron los primeros en llegar, pero después de saber que Roma decidió responder a su llamada también, los mercenarios campanianos los despidieron. Parece que, debido a su origen italiano, se sintieron más cerca de los latinos. Esto causó una considerable agitación entre los cartagineses. El comandante de las fuerzas púnicas enviadas a Mesina fue incluso crucificado, supuestamente por su estupidez. Más importante aún, parece que los temores cartagineses comenzaron a materializarse, cuando Roma comenzó a expandirse en Sicilia. Casi inmediatamente, los punes enviaron un nuevo ejército a la isla, mientras que sus diplomáticos comenzaron a reunir aliados. En un sorprendente giro de los acontecimientos, los cartagineses los encontraron en Akragas y, aún más inesperadamente, en Siracusa. Ahora aliados, las dos fuerzas más poderosas de Sicilia sitiaron Mesina. Al ver una nueva fuerza siciliana unificada, los romanos se lo pensaron dos veces antes de meterse en los asuntos de la isla. Uno de los cónsules romanos envió una oferta de negociación, pero tanto los cartagineses como los siracusanos la rechazaron, iniciando efectivamente un conflicto que se conocería como la primera guerra púnica.

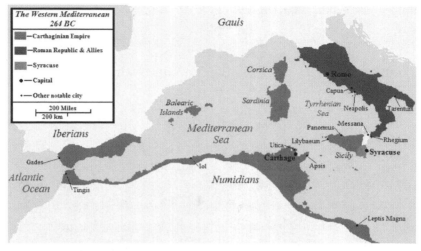

Fronteras aproximadas antes de la primera guerra púnica.
Fuente: https://commons.wikimedia.org

Desde el siglo III a. C., ha habido un debate sobre quién era el culpable del comienzo de este conflicto. Incluso los propios historiadores romanos debatieron el tema. Si los tratados de 306 y 279 existían, y la mayoría de los historiadores modernos argumentan que sí, entonces la decisión romana de interferir y enviar tropas a los mamertinos habría sido una violación de un acuerdo. Desde el punto de vista cartaginés, está claro que la presencia romana en Sicilia sería una amenaza, un signo de expansionismo latino en la isla. Otros han debatido que Roma temía que Cartago intentara expandir su esfera de influencia en el sur de Italia, en regiones antes estrechamente ligadas a Siracusa. Sin embargo, las reacciones iniciales muestran que los latinos no esperaban luchar contra las punes, especialmente si se tiene en cuenta el hecho de que se ofrecieron a negociar tan pronto como se dieron cuenta de que los cartagineses estaban en contra de ellos. Parece que el plan romano era luchar contra el creciente poder de Siracusa, que podría haber amenazado potencialmente las ganancias romanas en Italia. No es inimaginable que los romanos pensaran que luchar contra el enemigo tradicional de los cartagineses no causaría problemas con sus aliados nominales. También vale la pena mencionar que no había ningún signo de que los cartagineses intentaran expandirse en Italia, ya que siempre parecía demasiado lejos de su alcance.

Sin embargo, culpar a Roma por interferir en Sicilia o a Cartago por actuar agresivamente y rechazar la paz solo enmascararía las verdaderas razones del conflicto. Al final, parece que la guerra comenzó debido a errores de cálculo, falta de comunicación y, sobre todo, temores. Y una vez que la guerra comenzó, no hubo vuelta atrás. Las fuerzas romanas cruzaron a Sicilia con unos 16.000 soldados, derrotando primero a los siracusanos y luego a los cartagineses. Ambos aliados se retiraron a sus territorios, dejando de actuar al unísono. Esto fue explotado por el ejército latino, que inmediatamente se dirigió hacia su principal enemigo, Siracusa. Sus tropas marcharon al sur de Mesina y sitiaron la ciudad griega más fuerte de la isla. En ese momento, los cartagineses permanecieron inactivos, dejando a su aliado a su suerte. No está claro por qué los punes actuaron tan letárgicamente contra los romanos. Algunos eruditos han sugerido que basados en su experiencia previa, los cartagineses predijeron que Siracusa sería capaz de resistir por mucho tiempo, incluso bajo asedio. Con tales cálculos, podría haber parecido a los cartagineses que tenían suficiente tiempo para reunir tropas y prepararse adecuadamente para la guerra. Sin embargo, estaban equivocados. Cuando Hiero vio que los cartagineses no venían a ayudar, arregló la paz con los romanos. En el verano del 263 a. C., Cartago perdió a su aliado.

A Siracusa se le permitió mantener algunas de sus posesiones en el este de Sicilia, pero tuvo que pagar una modesta suma de cien talentos, aproximadamente la paga anual de cinco mil legionarios romanos. Lo más importante para los romanos, Hiero también estaba obligado a proporcionar suministros a las fuerzas latinas en la isla. Así, Siracusa se convirtió en un aliado romano. Después de esta victoria, la mitad del ejército romano fue enviado de vuelta a Italia, mostrando una vez más que en ese momento, Roma aún no estaba segura de cómo proceder en esta inesperada guerra con Cartago. Sin embargo, la otra mitad del ejército, liderado por un cónsul romano, marchó hacia los territorios púnicos. Allí evitaron cualquier enfrentamiento o asedio significativo, pero lograron persuadir a varias ciudades cartaginesas para que desertaran. La más importante de ellas fue Segesta. Durante el resto del año, los cartagineses permanecieron inactivos, ya que carecían de un ejército lo suficientemente grande como para enfrentarse a las tropas romanas restantes. Por lo tanto, optaron por la defensa pasiva concentrada en puntos fortificados importantes. Esta táctica les había funcionado en el pasado contra los griegos, pero no fue suficiente para disuadir a los romanos. Se necesitaba un cambio si Cartago esperaba detener las deserciones de sus aliados y dependencias; así, en 262, un gran ejército mercenario fue reunido y enviado a Sicilia.

Los refuerzos llegaron a Akragas, el mayor aliado griego que tenía Cartago, pero los punes permanecieron pasivos. Sin embargo, no está claro si fue por elección. Un nuevo ejército romano, que había llegado a Sicilia casi al mismo tiempo, asedió la ciudad bastante rápido, deteniendo cualquier posible ofensiva planeada por el general cartaginés llamado Aníbal. Pronto, otro ejército cartaginés, liderado por otro Hannón, llegó a la isla y marchó también hacia Akragas. Se esperaba ver un ataque combinado contra el ejército romano; sin embargo, los cartagineses permanecieron inertes. Solo a principios de 261, cuando la hambruna empezó a asolar Akragas, los punes trataron de aliviar la ciudad. Fue, por cierto, la primera batalla en la que las fuentes mencionan a los cartagineses usando elefantes de guerra. Estos resultaron ser bastante ineficaces en el combate, ya que los ejércitos púnicos combinados fueron incapaces de derrotar a las legiones romanas. Aníbal y la mayoría de sus tropas lograron escapar durante la noche, dejando a Akragas para ser saqueada y a la mayoría de su población para ser esclavizada. El fracaso de los cartagineses podría ser atribuido a su falta de voluntad para luchar como si esperaran que Roma pidiera una vez más la paz. Tampoco está claro por qué la flota cartaginesa no intentó impedir que los romanos transportaran tropas frescas a la isla.

Este liderazgo deslucido causó más desastres a los cartagineses que solo derrotas militares. Debido a sus victorias, los romanos finalmente decidieron que su objetivo final era expulsar a los cartagineses de Sicilia. Así, continuaron la guerra con más determinación que antes. Sin embargo, no pudieron materializarla en el campo de batalla. La guerra entró en un punto muerto en la tierra, mientras que los cartagineses comenzaron a atacar la costa italiana desde Cerdeña. Las incursiones lograron poco, ya que el saqueo y los prisioneros no fueron abundantes, y no dañaron mucho a la República romana. A pesar de las incursiones, las punes no intentaron detener las legiones romanas en su camino a Sicilia, permitiendo a su enemigo seguir presionando la tierra. Sin embargo, estas incursiones finalmente impulsaron a los romanos a construir su propia flota. Probablemente se dieron cuenta de que, sin ella, nunca podrían desalojar completamente a los cartagineses de la isla. Los historiadores romanos nos dicen que basaron su diseño en una nave cartaginesa quinquerreme capturada en Mesina en 264. Eran grandes barcos impulsados por cinco filas de remos, que habían sido utilizados por los griegos y los cartagineses desde principios del siglo IV. Para dotarlos de personal, reclutaron gente de sus aliados costeros. Sin embargo, ninguno de sus aliados tenía mucha historia en el uso de la marina. Estaba claro para los romanos que su flota no sería adecuada para el marinero cartaginés.

Para igualar las probabilidades, los romanos inventaron un nuevo dispositivo llamado el *corvus* (cuervo). Era esencialmente un puente operado por columpios y poleas con púas en su extremo. La idea era tirar hacia arriba junto a la nave enemiga y dejar caer el puente sobre su cubierta, con los picos asegurando la conexión. Esto permitiría a los soldados romanos superiores abordar los barcos cartagineses y esencialmente derrotarlos en un combate "terrestre" en el mar. Cabe señalar que muchos historiadores modernos tienden a descartar el uso de esa herramienta como ficción imaginada por los escritores romanos. En su opinión, el *corvus* era demasiado complicado, así como demasiado grande, comprometiendo la estabilidad del barco. Sin embargo, creen que los romanos probablemente utilizaron algún otro dispositivo más simple, como ganchos de agarre, que permitiera a los legionarios abordar los barcos enemigos. Cualquiera que fuera el diseño real del *corvus*, demostró ser extremadamente efectivo. En el año 260 a. C., dos flotas, ambas de unos 120 a 130 barcos, se reunieron en la batalla de Milas, situada en la costa noreste de Sicilia. Los cartagineses fueron tomados por sorpresa con la nueva táctica romana, sufriendo una humillante derrota. Según las fuentes, las punes perdieron más de cuarenta barcos, la mayoría de los cuales fueron capturados.

Curiosamente, los romanos no pudieron capitalizar una victoria tan decisiva, aunque las incursiones púnicas en Italia se detuvieron. En su lugar, los romanos se contentaron con asaltar los territorios cartagineses en Cerdeña y Córcega. Esto impulsó a la flota púnica a entrar una vez más en un duelo naval con los latinos. Se enfrentaron en el año 258 cerca de Sulci, una ciudad en el suroeste de Cerdeña, pero los cartagineses fueron una vez más derrotados. El resto de la flota regresó a África, donde el almirante principal fue crucificado por sus pérdidas. A pesar de las victorias navales, los romanos no lograron conquistar las colonias cartaginesas en esas dos islas. Sin embargo, los punes no pudieron usarlas como base para más incursiones en Italia. En contraste con los asuntos navales, los cartagineses tuvieron más éxito en tierra. Después de un lento avance de los romanos en 260, capturando algunas ciudades en el centro y oeste de Sicilia, los cartagineses lograron varias victorias. Dirigidos por un general llamado Amílcar, que no estaba emparentado con los anteriores Amílcar ni con el que vendría, lograron derrotar a los romanos cerca de Termini Imerese en 259. Luego procedió a capturar las ciudades de Enna, en el centro de Sicilia, y Camarina, al oeste de Siracusa. Sin embargo, ese éxito duró poco. Al año siguiente, los cartagineses fueron empujados de vuelta a sus territorios.

Una ilustración del siglo XIX de la marina romana usando el *corvus*.
Fuente: https://commons.wikimedia.org

Después, la guerra se estancó. El avance romano en Sicilia fue frenado por largos asedios, mientras que los cartagineses fueron incapaces de montar un nuevo contraataque. Aún peor para los romanos fue el darse cuenta de que las fortalezas cartaginesas más duras, como Palermo (Palermo), Drepana (Trapani) y Lilibea, estaban más allá de su capacidad de captura. En cambio, optaron por seguir el ejemplo de Agatocles, para atacar el corazón de Cartago en África. El frente permaneció mayormente tranquilo, aunque los romanos ganaron otra batalla naval en 257. Al año siguiente, ambos bandos amasaron sus armadas, ya que parece que los cartagineses se enteraron de los planes latinos. La flota romana navegó a Sicilia para reunir las legiones y navegar a África. Sin embargo, las punes trataron de detenerlos en una batalla naval masiva cerca del Cabo Ecónomo, en la costa sur de Sicilia. Las fuentes romanas probablemente exageran el tamaño de las fuerzas, citando alrededor de 330 barcos y 140.000

hombres en cada lado. Sin embargo, está claro que fue un enfrentamiento importante, más masivo que los anteriores. Los cartagineses, liderados por Amílcar, intentaron emplear una nueva táctica para contrarrestar el *corvus*, pero fracasó. Una vez más, sufrieron una derrota aplastante, lo que llevó a la pregunta de por qué los astutos marineros cartagineses no idearon una contraofensiva para el *corvus*. Cualquiera que sea la razón, los punes pagaron el precio de su conservadurismo militar.

El ejército romano pronto llegó al Cabo Bon, conquistando la pequeña ciudad de Clupea para proteger su zona de desembarco. Los cartagineses no estaban preparados para una campaña de tierras en África. Por lo tanto, los latinos encontraron poca resistencia al principio. Sin embargo, en un giro bastante extraño e inexplicable de los acontecimientos, después de una victoria inicial, el Senado romano hizo retroceder a la mitad del ejército, dejando a un cónsul, Marco Atilio Regio, con solo unos 15.000 hombres, para continuar la ofensiva africana. En este punto, Amílcar fue llamado de vuelta a su tierra natal, donde se reunió con dos generales más para detener el avance romano. Sin embargo, incluso con los cinco mil hombres de Amílcar, los punes estaban superados en número. Además, debido a su liderazgo dividido, su ejército resultó ser ineficaz, lo que llevó a otra aplastante derrota. El interior de Cartago fue saqueado, mientras que los bereberes comenzaron a rebelarse una vez más. Enfrentando tal crisis, los cartagineses pidieron a Régulo términos de paz. Probablemente demasiado confiado y sediento de gloria personal, el cónsul pidió lo imposible. Además de la indemnización habitual y la liberación de los prisioneros, exigió que Cartago dejara tanto Sicilia como Cerdeña. Posiblemente incluso añadió términos que prohibían a las punes tener una flota militar, mientras que también estipulaba que no podían hacer la guerra o la paz sin el permiso de Roma. Sin embargo, la mayoría de los historiadores modernos tienden a ver esas demandas como otra exageración de los historiadores romanos posteriores. Por supuesto, los cartagineses se negaron.

A pesar de que Cartago estaba en crisis y estaba invadida por refugiados, los ancianos de la ciudad se las arreglaron para reunir un nuevo ejército, igual al de los romanos. Y lo que es más importante, le dieron el liderazgo de la misma a un mercenario espartano llamado Jantipo. Con su experiencia, en la primavera de 255, derrotaron a los romanos en una batalla cerca de Tunes. Fue una derrota aplastante, ya que solo dos mil legionarios lograron escapar, retirándose a Clupea, donde la flota los devolvió a casa. Régulo pagó el precio de su arrogancia, ya que fue uno de los varios cientos de latinos capturados. Su arrogancia y su falta de voluntad para conectarse y aliarse con los rebeldes bereberes trajo el desastre a la expedición africana. Sin embargo, aún peor para los romanos, la flota que regresaba de Clupea quedó atrapada en una tormenta que hundió la mayoría de los barcos. Las fuentes mencionan que unos 90.000 hombres se ahogaron, aunque es probable que sea otra exageración. Sin embargo, los cartagineses seguían perdiendo la guerra. Mientras sus ejércitos se centraban en someter la sublevación bereber, los romanos consiguieron conquistar varias ciudades de Sicilia, incluyendo Palermo. La única victoria cartaginesa que se logró fue la recaptura de Akragas, pero los punes se dieron cuenta de que no podían mantenerla. Por lo tanto, arrasaron la ciudad y se fueron. Para el 253 a. C., las posesiones cartaginesas en Sicilia quedaron reducidas a las bien fortificadas y asediadas ciudades de Drepana y Lilibea, con un pequeño tramo de tierra entre ellas.

Mientras tanto, los romanos renovaron su flota y comenzaron a atacar la costa africana. Sin embargo, fue una aventura de corta duración, ya que una vez más fue fuertemente dañada por una tormenta. Después del año 253, ya no se menciona el *corvus*, lo que llevó a los historiadores a concluir que ya no se utilizaba debido a que su peso perturbaba el equilibrio de los barcos en caso de mal tiempo. Sin embargo, los cartagineses fueron incapaces de utilizarlo en su beneficio. Su intento de retomar Palermo fracasó, aunque consiguieron someter a los rebeldes. Para el año 250, la guerra entró en un punto muerto. Los únicos pedazos de tierra cartaginesa que quedaban eran las dos ciudades fortificadas, que los romanos fueron incapaces de conquistar. Incluso cuando la flota cartaginesa logró destruir casi toda la marina romana en dos batallas cerca de Drepana en 249, la situación siguió siendo la misma. Los cartagineses simplemente agotaron sus recursos para desplegar un ejército sustancial necesario para desafiar a las legiones latinas. Para el año 247, lo único que Cartago se podía permitir era un pequeño ejército, que estaba dirigido por un nuevo general llamado Amílcar, y se dirigió a la zona alrededor de Palermo. Usando la guerra de guerrilla, Amílcar trató de distraer a los romanos de sus asedios, interrumpiendo sus líneas de suministro con incursiones menores y rápidas. Por esto, Amílcar se ganó el apodo de Baraq, en la transcripción latina Barca, que significa en púnico "relámpago" o "bendito". Sin embargo, ni siquiera sus acciones lograron cambiar el curso de la guerra.

Una moneda cartaginesa del dios Melqart, con los rasgos faciales de Amílcar Barca; en el reverso hay un hombre montando un elefante.
Fuente: https://commons.wikimedia.org

Para entonces, la guerra se convirtió en un doloroso estancamiento. Los romanos estaban reemplazando sus ejércitos, incapaces de conquistar las dos ciudades cartaginesas en Sicilia, y en lugar de reconstruir su flota, decidieron centrarse en reforzar su costa. Por otro lado, los punes eran en su mayoría pasivos.

Defendieron sus ciudades, mientras que las incursiones de Amílcar nunca se convirtieron en algo más sustancial que una molestia para los romanos. La flota cartaginesa evitó cualquier operación mayor, contenta con sus ocasionales incursiones en la costa italiana. Los únicos cambios considerables en esos años fueron las conquistas cartaginesas en África. Después de que las rebeliones fueron sometidas, un general llamado Hannón, más tarde conocido como Hannón el Grande, logró expandir el interior púnico más profundamente en el continente. Conquistó zonas alrededor de Sicca, la actual El Kef en el noroeste de Túnez, y Theveste, hoy conocida como Tébessa en el noreste de Argelia. Estas fueron tierras fértiles y, lo que es más importante, nuevas fuentes de ingresos fiscales que Cartago necesitaba no solo para continuar sus esfuerzos de guerra sino también para compensar las pérdidas en Sicilia. Sin embargo, incluso con esas nuevas fuentes de ingresos, Cartago no pudo y no quiso comprometerse con ninguna acción más grande en un intento de cambiar su posición en la guerra.

El estancamiento se mantuvo hasta el 242 a. C., que fue cuando Roma construyó una nueva flota a través de un préstamo ciudadano. Una vez más fue modelada en el más avanzado buque púnico capturado y tripulado por marineros altamente entrenados, aunque no tenía un *corvus*. La flota navegó a Sicilia, consiguiendo finalmente imponer un bloqueo tanto a Drepana como a Lilibea. No pasó mucho tiempo antes de que los defensores empezaran a sentir los efectos. Los cartagineses se dieron cuenta de que había que hacer algo; así, revolvieron lo que quedaba de su flota y navegaron a Sicilia. A diferencia de los romanos, la flota púnica estaba mal equipada. La mayoría de sus barcos eran viejos y mal mantenidos, y las tripulaciones eran inexpertas, ya que parece que los marineros experimentados no estaban dispuestos a luchar más. Agobiados por la falta de suministros, no eran rival para los latinos. En el año 241, la flota cartaginesa fue destruida una vez más en una batalla cerca de las Islas Egadas, justo al oeste de Drepana. Los romanos se convirtieron en los amos indiscutibles tanto del mar como de la tierra, mientras que Cartago carecía de los recursos para intentar reconstruir su fuerza. La única salida era pedir la paz, lo que hicieron a través de Amílcar en Sicilia.

Los términos romanos eran, por supuesto, duros. Cartago perdió Sicilia y las islas más pequeñas de los alrededores, y los cartagineses tuvieron que pagar 1.000 talentos por adelantado y otros 2.200 talentos en el transcurso de 10 años. Era una suma considerable, aproximadamente 96 toneladas métricas de plata. No hay duda de que se hizo para prolongar la recuperación de la república africana. Se intercambiaron prisioneros y las dos repúblicas acordaron no atacarse mutuamente ni a sus respectivos aliados. Esto se refería principalmente a Siracusa, que seguía siendo un aliado semiindependiente de Roma. Por último, el tratado establecía que ninguna de las partes podía reclutar soldados para la tierra del otro, lo que era más importante para Roma. Quería evitar que la mano de obra italiana fuera drenada por el reclutamiento de mercenarios de Cartago. Sin embargo, los latinos no intentaron dictar lo que Cartago podía o no podía hacer en otro lugar, ni tampoco trató de prohibir a los cartagineses el comercio en Sicilia o Italia. Es evidente que los romanos aún estaban ansiosos por mantener vivo el negocio entre ellos. Sin embargo, la guerra le costó demasiado a Cartago. Sus tesoros estaban vacíos, su flota destruida, junto con su reputación naval. Cartago también perdió territorios de altos ingresos, y su sensación de seguridad se hizo añicos.

Después de 23 años de guerra, los romanos lograron lo que los griegos no pudieron durante casi dos siglos. Empujaron a los cartagineses de sus más preciadas posesiones. Esto se logró en una guerra que ninguno de los dos bandos quería, pero en la que Roma mostró más determinación y agallas. Sin embargo, a pesar de las pérdidas, Cartago seguía siendo vista como una potencia respetable. Sin embargo, sus días de gloria se habían ido, y desde este punto en adelante, comenzó a descender en espiral.

Capítulo 5 - Revitalización y desaparición

La primera guerra púnica fue, en todo el sentido de la palabra, un desastre para Cartago. Sus pérdidas fueron enormes, mientras que los beneficios de la expansión africana fueron mínimos. Para el 241 a. C., los principales cartagineses probablemente pensaron que no podía ser mucho peor, pero estaban muy equivocados.

Los problemas comenzaron inmediatamente después de que la guerra terminara. Cerca de 20.000 mercenarios y reclutas bereberes de Sicilia regresaron a África, queriendo que les pagaran. Los líderes cartagineses temían mantener una fuerza extranjera tan poco fiable cerca de su capital, así que los enviaron a Sicca, junto con sus familias. Una vez allí, Hannón el Grande trató de negociar la reducción de sus honorarios, a lo que los soldados se opusieron. Furiosos por tal trato y por el hecho de que su comandante siciliano Amílcar Barca no era el que estaba tratando con ellos, marcharon a Tunes y lo capturaron. Allí, se las arreglaron para negociar un aumento de sueldo y asegurar el pago de los soldados libios, que se suponía no debían ganar nada. Sin embargo, a finales del año 241, un golpe entre los mercenarios trajo nuevos líderes que estaban ansiosos por hacer la guerra. Vieron a un enemigo indefenso con un abundante botín. Los bereberes se unieron, ya que probablemente temían la retribución por ponerse del lado de los mercenarios en primer lugar. Así comenzó la llamada guerra de los mercenarios. El ejército mercenario entró rápidamente en acción, mientras que los libios locales se unieron rápidamente, causando amplias rebeliones en toda África. No pasó mucho tiempo antes de que pusieran a Cartago bajo un bloqueo. Ante tal crisis, los dirigentes cartagineses reactivaron a Amílcar, que había sido destituido después de la primera guerra púnica.

Amílcar Barca reunió las pocas tropas que pudo, atravesó las líneas de mercenarios y entró en el interior de Cartago para restablecer el control sobre los rebeldes. Usando tácticas audaces con recursos limitados, Amílcar se las arregló para mejorar la situación. Incluso persuadió a la caballería numidiana para que cambiara de bando y se uniera a él, fortaleciendo aún más su ejército. Sin embargo, al centrarse en el corazón de los bereberes, los rebeldes asediaron Utica e Hippacra (la actual Bizerte). Hannón fue incapaz de contenerlos, aunque su presencia probablemente impidió que se extendieran más lejos. Sin embargo, para el año 239, ambas ciudades decidieron cambiar de bando, mientras la guerra se hacía cada vez más violenta. Ambos bandos comenzaron a matar a sus prisioneros y mostraron poca piedad. Sumado a la desgracia cartaginesa, los mercenarios de Cerdeña también se rebelaron, logrando apoderarse de toda la isla con poca oposición. En ese momento, Amílcar se dio cuenta de que la única forma de derrotar a los mercenarios era unir su ejército y el de Hannón. Sin embargo, para entonces, Hannón y Amílcar se habían convertido en enemigos políticos, impulsando al primero a rechazar tal acción. La reputación de Hannón ya estaba dañada por su fracaso, mientras que Amílcar demostró una vez más ser el mejor táctico y comandante. Al enfrentarse a una posible insubordinación, las autoridades cartaginesas permitieron a los soldados elegir a su general. Eligieron a Amílcar, mientras que un comandante más complaciente reemplazó a Hannón.

Mientras los cartagineses preparaban su contraataque, los rebeldes libios trataron de enfatizar su independencia acuñando sus propias monedas. Estas se usaron al principio para comerciar con los griegos y los romanos. Los punes intentaron detener e interceptar a estos comerciantes, pero después de que los romanos protestaron, dejaron de interferir. Resultó ser un éxito diplomático inestimable para Cartago, ya que los latinos pronto prohibieron todo comercio con los rebeldes. Además, para ayudarles más, liberaron gratuitamente a miles de cautivos de la guerra, dando un muy necesitado impulso de mano de obra a los cartagineses. Hiero también envió algo de ayuda, al darse cuenta de que Siracusa necesitaba a Cartago como contrapeso a Roma. Así, en su época oscura, dos antiguos enemigos ayudaron a Cartago a sobrevivir al levantamiento. Sin embargo, eso tuvo un precio. Después de la guerra, Roma tomó el control tanto de Cerdeña como de Córcega. Cartago solo podía mirar. A pesar de que la rebelión fue sofocada, no estaba en condiciones de hacer nada al respecto. Sin embargo, la ayuda recibida señaló el retroceso de Cartago en la guerra. Amílcar pronto presionó al ejército mercenario lo suficiente para que abandonara su asedio a Cartago, impulsándolo a retirarse a Tunes. A pesar de eso, se dio cuenta de que su ejército no era lo suficientemente fuerte para enfrentar a los rebeldes en una posición fortificada.

Así, en el año 238 a. C., el ejército cartaginés regresó al interior para continuar su tarea de reafirmar el control sobre sus regiones rebeldes. Un considerable ejército rebelde siguió tontamente a Amílcar en su misión. Durante un tiempo, esto resultó en una serie de pequeñas escaramuzas y maniobras, en las que Amílcar demostró una vez más su capacidad para hacer la guerra contra un enemigo numéricamente superior. Incluso se las arregló para atraer a algunos de los mercenarios de vuelta a su lado. Finalmente, emboscó a sus perseguidores, forzándolos a retirarse con pánico a un cañón o a una cresta de montaña. Debido a la forma del cañón, las fuentes lo llaman la Sierra, pero los historiadores no están seguros de su posición exacta. Una vez que los mercenarios se retiraron a él, Amílcar cerró las salidas y comenzó a matar de hambre al ejército. Los rebeldes recurrieron al canibalismo antes de que los cartagineses se precipitaran y mataran lo que quedaba de ellos. Después de aniquilar una parte considerable de las fuerzas rebeldes, Amílcar volvió a Tunes. Las circunstancias dictaron que él y Hannón tuvieron que reconciliarse temporalmente y trabajar juntos para dar el golpe final a la sublevación. Trabajando juntos, consiguieron obligar a los mercenarios a salir de la ciudad, aplastándolos finalmente a todos en una batalla cerca de la costa oriental de la actual Túnez. La mayoría de los mercenarios murieron, mientras que sus líderes fueron terriblemente torturados antes de ser ejecutados públicamente.

En contraste con el comportamiento habitual de los cartagineses y su tratamiento de los mercenarios, Cartago actuó con bastante indulgencia hacia los rebeldes. Para el 237 a. C., todas las ciudades y territorios volvieron a estar bajo el dominio cartaginés, con una mínima o ninguna penalización por su levantamiento. Parece que esta nueva política hacia sus subordinados africanos incluía un gobierno más justo en los años siguientes, ya que esas ciudades mostraron una lealtad obstinada en los conflictos posteriores con Roma. Otro resultado significativo de la guerra de los Mercenarios fue que Amílcar Barca y su partido se convirtieron en la fuerza líder en Cartago, derrocando a Hannón el Grande y sus seguidores. Inmediatamente después de que la guerra terminara, Amílcar comenzó a planear cómo restaurar Cartago. Su primer paso, bastante lógico, fue restablecer el control sobre Cerdeña, ya que aún no había sido anexada por Roma. Sin embargo, su intento fue detenido por los latinos. Afirmaron que el objetivo real de la flota cartaginesa era Italia y declararon una guerra formal. Cartago no estaba en posición de desafiar a Roma y aceptó pagar 1.200 talentos por la paz. Solo después de esta crisis los romanos tomaron oficialmente el control de Cerdeña y Córcega. Estas acciones romanas estaban claramente dirigidas a frenar la revitalización económica de Cartago. La anexión de Cerdeña y la declaración de guerra formal fue vista como injusta incluso por los escritores antiguos.

A pesar de esa pérdida, Amílcar no perdió el equilibrio. Cambió su enfoque a la península ibérica y a las antiguas colonias fenicias. Algunos historiadores han argumentado que Cartago tenía el control de algunas ciudades fenicias en Iberia incluso antes de esta expedición española, pero no hay pruebas claras de ello. Pueden haber sido amigos o incluso aliados, pero es dudoso que estuvieran bajo el dominio directo de Cartago. Sin embargo, en el 237 a. C., Cartago comenzó a expandir su influencia en España. Las fuentes son vagas en cuanto a los detalles, pero parece que Amílcar explotó varias tácticas para ampliar el dominio púnico. Algunas ciudades se convirtieron en aliadas, mientras que otras fueron simplemente conquistadas. Aunque parece haber usado métodos brutales para lidiar con la resistencia obstinada en algunos casos, en la mayoría de ellos, Amílcar actuó con indulgencia hacia las tierras recién adquiridas. En su expedición, también trajo a su yerno, Asdrúbal, que actuó como su segundo al mando. El hijo de Amílcar, el famoso Aníbal, también fue con ellos. Supuestamente, Aníbal tuvo que jurar a su padre que nunca sería amigo de los romanos para que le permitieran venir. Juntos, extendieron el dominio cartaginés sobre la mayor parte del sur de España, centrado en el valle inferior y medio del río Baetis (el actual Guadalquivir).

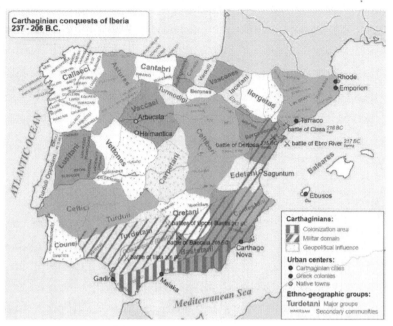

Mapa de la expansión cartaginesa en la península ibérica.
Fuente: https://commons.wikimedia.org

La expansión no se detuvo ni siquiera después de la muerte de Amílcar en una batalla contra una tribu no identificada en el año 229. Murió salvando a Aníbal y a Asdrúbal, siendo este último elegido después como su sucesor, tanto por las tropas como por los ciudadanos cartagineses. Asdrúbal, un general aclamado como su suegro, empujó las fronteras del dominio cartaginés hasta el río Tajo, cubriendo casi la mitad de la península ibérica. La forma exacta de gobernar estos territorios recién adquiridos está, al igual que los detalles precisos de la conquista, velada por fuentes no concluyentes. Es probable que las tribus locales ibéricas y celtas que eligieron aliarse con los punes tuvieron que suministrarles soldados, mientras que los que fueron conquistados también tuvieron que pagar impuestos. Las antiguas colonias fenicias, como Gades o Malaca (la actual Málaga), probablemente solo tenían que proporcionar barcos y tripulaciones, tanto para la guerra como para el transporte. Por supuesto, también se formaron nuevas colonias cartaginesas. Amílcar fundó Akra Leuké, que significa "Cabo Blanco" o "Fuerte

Blanco". No está claro dónde se encontraba exactamente, pero los investigadores modernos sugieren que podría ser la moderna Alicante, ya que habría ofrecido un excelente vínculo con el África cartaginés. Más notablemente, Asdrúbal fundó una ciudad que llamó Qart-hadasht, que significa "Ciudad Nueva". Esta ciudad, hoy llamada Cartagena, estaba enclavada entre un puerto seguro al sur y una laguna de agua salada al norte, además de tener colinas detrás de ella. Se convirtió en la capital de los territorios ibéricos cartagineses.

Incluso algunos de los contemporáneos de Asdrúbal lo vieron como una declaración de independencia, especialmente cuando comenzó a actuar más como un soberano. También forjó conexiones más estrechas con los líderes locales a través de un matrimonio político. También animó a Aníbal a tomar una esposa ibérica. Esto culminó cuando los jefes españoles lo declararon su general supremo, *strategos autokrator*, como nos dicen los historiadores griegos. Sin embargo, la evidencia cuenta una historia diferente. Asdrúbal, al igual que Amílcar antes que él, envió muchos esclavos, muy probablemente cautivos de las conquistas, así como caballos e inmensas riquezas de vuelta a Cartago. Esto revitalizó la economía cartaginesa y reconstruyó las provincias africanas destruidas por las guerras. Cabe señalar también que el nombre *Qart-hadasht* era bastante común para las ciudades cartaginesas, como las de Cerdeña o el este de Túnez. Es similar a la *Neapolis* griega. En realidad, la fundación de la Nueva Cartago, como la llamaron los romanos, proclamó el rejuvenecimiento del estado púnico al pueblo español, en cuya lealtad trabajaba Asdrúbal, así como al Mediterráneo en general. Este renacimiento cartaginés fue alimentado no solo por nuevos tributos e impuestos sino también por el hecho de que España era rica en plata. La mayoría de las minas, si no todas, eran propiedad del Estado y solo se alquilaban a contratistas privados, una práctica común en todo el Mediterráneo que permitía que fluyera una considerable riqueza al tesoro púnico.

Además de las ventajas económicas, España demostró ser una importante reserva de mano de obra, un recurso necesario para librar una guerra prolongada. A mediados de los años 20 a. C., Cartago se convirtió en una potencia terrestre, con un ejército permanente en Iberia de unos 60.000 soldados de infantería y 8.000 de caballería. En comparación, la armada solo tenía unos 130 buques de guerra, un número casi tres veces menor que en su apogeo. El resurgimiento del poder cartaginés naturalmente llamó la atención de los romanos. Alrededor del año 225, se llegó a un acuerdo informal entre Asdrúbal y los latinos. El general púnico prometió no avanzar más allá del río Iber (Ebro) en el noreste de España. Asdrúbal solo aceptó el acuerdo porque, a través de él, los romanos le dieron libertad tácita para operar en el sur de Iberia a su antojo. Por otro lado, les dio tiempo a los romanos para centrarse en su expansión hacia el norte de Italia y el Adriático. Sin embargo, las circunstancias comenzaron a cambiar en el año 221 con el asesinato de Asdrúbal. Su cuñado, que para entonces había perfeccionado sus habilidades militares, se convirtió en el nuevo general y líder de Cartago. Entrenado desde muy joven, Aníbal fue un comandante prodigioso y pugnaz. Derrotó a un ejército regional ibérico cerca de Toltetum, la actual Toledo, y realizó una campaña a través del centro y noroeste de España hasta el río Durius (Duero). Algunas de las ciudades y tribus que conquistó él mismo. Otros simplemente ofrecieron sumisión con asombro.

Estatua romana que supuestamente representa a Aníbal (arriba) y moneda cartaginesa que posiblemente representa al joven Aníbal con símbolos del dios Melqart.
Fuente: https://commons.wikimedia.org

En doce meses, Aníbal logró casi duplicar las posesiones cartaginesas en España, gobernando casi todas las tierras ibéricas al sur del Iber. La única excepción fue la ciudad de Sagunto, al norte de la actual Valencia. Hacia el año 220, los romanos notaron tanto la destreza de Aníbal como la expansión cartaginesa. Temían que Cartago se volviera demasiado fuerte y que incluso se expandiera desde España hasta el sur de la Galia, la actual Francia. Esa región no solo era el hogar de las colonias griegas que eran amigas de la República romana, sino que también era una puerta trasera de Italia. Así, enviaron un enviado para advertir a Aníbal de que no cruzara el Iber y que no "molestara" a Sagunto. Esto enfureció a Aníbal, ya que Sagunto no estaba ni al norte del Iber ni era aliada de los romanos; era simplemente una ciudad amistosa. El objetivo de los romanos era obviamente detener su avance. Además, Sagunto también actuó como un buen puesto de escucha para que ellos vigilaran más de cerca los asuntos en España. Sin embargo, Aníbal no estaba dispuesto a ceder ante tales amenazas. Afirmando que los romanos no tenían por qué interferir en este asunto, envió al emisario de vuelta. No podía permitir que los latinos exhibieran suficiente poder para entrometerse en los asuntos cartagineses. Así, a principios de 219, Aníbal sitió Sagunto, mientras que Roma no hizo nada para ayudar a sus supuestos amigos. Durante los siete meses de asedio, los romanos debatieron si actuar o no, con el éxito final del ejército de Aníbal influyéndolos.

En la primavera del 218 a. C., los emisarios romanos viajaron directamente a Cartago, a diferencia de antes, cuando fueron por primera vez a Aníbal. Después de que los líderes púnicos se negaran a entregar a su general, los romanos declararon una guerra formal. La segunda guerra púnica había comenzado. La guerra en sí misma era evitable, ya que ambos bandos estaban más interesados en expandirse a otros lugares, y el comercio entre ellos estaba floreciendo. Sin embargo, la desconfianza mutua y sus ambiciones demostraron ser suficientes para encender otro conflicto. Según los historiadores antiguos, Aníbal esperaba que sucediera. A principios de 218, tenía su ejército listo. Las fuentes nos dicen que Cartago había desplegado unos 122.000 soldados, mientras que Roma tenía unos 71.000. Sin embargo, la flota romana era aproximadamente el doble de grande que la púnica, con naves mejor equipadas, lo que era exactamente lo contrario al comienzo de la primera guerra púnica. Esto significaba que una invasión naval de Italia estaba fuera de discusión. Sin embargo, Aníbal no iba a esperar a las incursiones romanas en España o África. Por lo tanto, a principios del verano de 218, comenzó su marcha hacia el norte, a través del Iber hacia el sur de la Galia. A pesar de su genio militar, le tomó tiempo y pérdidas someter a las tribus ibéricas locales. Además, al cruzar los Pirineos, tuvo que enviar a casa una parte considerable de sus aliados españoles. Su ejército se redujo a unos 59.000 hombres, aunque vale la pena señalar que Aníbal había dejado mucho más atrás en África y España.

El ejército cartaginés viajó por el sur de la Galia lejos de la costa para evitar las ciudades griegas aliadas a Roma. La mayoría de las tribus galas eran amigables con los punes, pero cuando llegaron al río Ródano, los volcanes hostiles trataron de bloquear el avance de Aníbal. Se las arregló para derrotarlos con pocas pérdidas. Sin embargo, mientras luchaban, las fuerzas romanas se dirigieron a España y desembarcaron en la ciudad de Massilia (Marsella) en la desembocadura del Ródano. Los ejércitos estaban lo suficientemente separados como para evitar el combate, aunque sus exploradores se enfrentaron en una escaramuza. Aníbal eligió evitar la batalla y se dirigió hacia los Alpes. Tuvo que darse prisa antes de que el invierno hiciera que cruzarlos fuera mucho más difícil. Los romanos, numéricamente más débiles, no los persiguieron; en cambio, su ejército continuó hacia España. Sin embargo, uno de sus comandantes viajó de vuelta a Italia para hacerse cargo de su defensa. Así, los romanos no se sorprendieron mucho cuando Aníbal llegó al norte de Italia en noviembre de 218. Lo que es sorprendente, y aún debatido entre los historiadores, es el número de sus tropas. El ejército de Aníbal se redujo a unos 26.000 soldados sin una explicación viable. Los antiguos escritores lo atribuyeron a los peligros de cruzar los Alpes, así como a las escaramuzas con las tribus galas locales.

Sin embargo, las pruebas apuntan a otra cosa. En la batalla de Ródano, el ejército púnico había descendido a unos 46.000 hombres. Antes de eso, no había batallas o falta de suministros. La única solución posible era que un número de tropas desertara por varias razones, de las que no tenemos testimonio escrito. Las pérdidas en el Ródano fueron mínimas, mientras que las escaramuzas en los Alpes fueron solo esporádicas, causando probablemente menos pérdidas. Además, cruzar los Alpes durante el otoño no es tan mortal como se idealizó más tarde. Había poca nieve, y tenían suficientes provisiones para no causar un número sustancial de muertes, aunque el ejército púnico estaba lejos de estar en perfectas condiciones. Los historiadores modernos tienden a atribuir estas pérdidas principalmente a la deserción o al hecho de que Aníbal comenzó su expedición con menos tropas. Independientemente de los números, el ejército cartaginés estaba ciertamente agotado por la marcha, y Aníbal sabía que tenía que reunir suministros para continuar hacia el sur. Así, primero se enfrentó a una tribu gala local que se había resistido a sus propuestas de alianza. Saqueó su ciudad, la actual Turín, y masacró a los defensores. Esto no solo le trajo suministros, sino que también forzó a otras tribus locales a la sumisión mientras impresionaba a las tribus galas más al este.

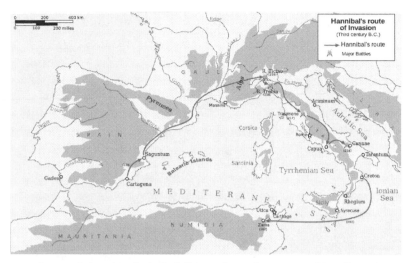

La ruta de invasión de Aníbal. Fuente: https://commons.wikimedia.org

En diciembre, Aníbal comenzó su marcha hacia el sur, mientras que los romanos, bajo el mando de Publio Escipión, se movieron hacia el norte para detenerlo. En una batalla cerca de la unión de los ríos Tesino y Po, la caballería de ambas fuerzas se enfrentó. Los romanos fueron derrotados y Escipión fue herido. Esta victoria finalmente impulsó a las tribus galas a rebelarse esencialmente y a unir fuerzas con los cartagineses. Con los refuerzos galos, el ejército de Aníbal creció a cerca de 30.000 de infantería y 10.000 de caballería. Simultáneamente, Escipión recibió refuerzos, haciendo al ejército romano similar en fuerza. Sin embargo, los cartagineses eran superiores en número de caballería, que Aníbal utilizó a finales de diciembre cuando los dos ejércitos se reunieron cerca del río Trebia. Usó sus jinetes para flanquear al enemigo, infligiendo altas bajas a los romanos. Al igual que en la batalla anterior, Aníbal liberó a los prisioneros no romanos sin cobrarles nada después de la batalla, intentando conseguir más apoyo en toda Italia. Empezó a representarse a sí mismo como su libertador de la opresión romana. Sin embargo, el invierno detuvo su avance. Aníbal esperó hasta principios de mayo, cuando la comida era más abundante, para continuar su marcha hacia el sur con su ejército, que ahora cuenta con unos 50.000 hombres, muchos de los cuales fueron cautivos liberados.

Los romanos usaron este tiempo para recuperarse de sus pérdidas, levantando nuevas legiones para luchar contra los invasores.

Las fuerzas romanas se dividieron en dos partes, una estacionada en Etruria y la otra en la costa del Adriático. Querían bloquear el camino de Aníbal con un ejército y posiblemente flanquearlo con el otro. Sin embargo, Aníbal se las arregló para entrar en Etruria a través de los pantanos del río Arno. Esto cobró un considerable precio a sus tropas, mientras que el general perdió la vista en un ojo debido a una infección. Una vez que el ejército de Aníbal llegó a Etruria, inmediatamente comenzó el saqueo, tanto para reunir los suministros necesarios como para obligar al ejército romano a enfrentarse a ellos sin refuerzos. Al principio, los romanos no mordieron el anzuelo. Sin embargo, cuando Aníbal se movió hacia el este, hacia la actual Perugia, los forzó a moverse. No solo cortó uno de los ejércitos de Roma, sino que también se movió hacia el segundo ejército en el este. La porción occidental del ejército romano comenzó inmediatamente la persecución, mientras que la oriental la cerró. En ese momento, Aníbal exhibió su genio estratégico, deteniéndose en las orillas del lago Trasimeno para tender una emboscada a sus perseguidores. Usando la niebla como cubierta, los cartagineses descendieron sobre los desprevenidos romanos, empujándolos al agua. A pesar de estar rodeados y no estar preparados para la batalla, los legionarios se resistieron, pero finalmente fueron aplastados. Cerca de 15.000 hombres murieron, incluyendo al cónsul a cargo, mientras que otros 15.000 fueron capturados.

Una representación renacentista de la batalla del lago Trasimeno.
Fuente: https://commons.wikimedia.org

Después de que la batalla terminó, llegó la caballería de la porción oriental del ejército romano, ya que fueron enviados como refuerzos. Aníbal se enfrentó fácilmente a ellos, matando a otros 2.000 romanos y capturando más o menos la misma cantidad. Los romanos estaban devastados. Esperaban que Aníbal sitiara su capital, que estaba a unos cuatro días del lago Trasimeno. Parecía una opción bastante lógica, reforzada por el hecho de que una nueva flota cartaginesa de África se preparaba para navegar a Italia. Con la fuerza combinada en el mar y la tierra, Roma podría ser sumida en la sumisión. Sin embargo, Aníbal eligió no hacerlo. Fue una elección por la que fue criticado a lo largo de los siglos, pero sus razones eran sólidas. Apuntaba a moverse más al sur, a un clima más agradable, para dar a sus tropas el descanso necesario mientras separaba a los romanos de sus aliados del sur. Además, sabía que los romanos podrían haber sido derrotados en tierra, pero su marina aún estaba operativa. Eso hizo que el bloqueo naval fuera bastante arriesgado para los cartagineses. Por un tiempo, los romanos fueron incapaces de hacer nada contra los invasores, permitiéndoles llegar al sur sin oposición. Allí, Aníbal trató de invocar rebeliones y ganar nuevos aliados, pero fracasó. Sin embargo, sus tropas obtuvieron un muy necesario respiro.

Esto les dio tiempo a los romanos para reorganizarse y reunir nuevos soldados. Sin embargo, cambiaron de táctica. Al darse cuenta de que era poco probable que vencieran a Aníbal en una batalla abierta, decidieron simplemente seguir a su ejército y acosarlo. Atacarían a los buscadores, exploradores y pequeños destacamentos. La idea era agotar a los cartagineses sin permitirles aplastar el cuerpo principal del ejército romano. Aníbal trató de atraerlos a las batallas, pero en su mayoría, fracasó. El único enfrentamiento notable en casi un año fue cuando logró atraer a la mitad del ejército romano a una emboscada antes de retirarse cuando la otra mitad acudió en su ayuda. Aunque Aníbal logró infligir algunas pérdidas, no fue una derrota completa de las legiones latinas. Sin darle a Aníbal la batalla abierta que necesitaba, los romanos lo pusieron en una posición difícil. Su ejército se estaba cansando, no recibía refuerzos, y no podía lograr ninguna victoria notable para atraer nuevos aliados. Para empeorar la posición cartaginesa, el ejército romano en España logró una importante victoria sobre el hermano de Aníbal, Asdrúbal, comenzando su marcha al sur del Iber. Simultáneamente, la flota romana incursionó en la costa africana, sin que la armada cartaginesa pudiera detenerla. En el verano del 216 a. C., los cartagineses estaban en una posición difícil.

Durante ese año, la confianza romana creció, mientras que la estrategia de evitar el combate con Aníbal se hizo cada vez más impopular como una estrategia cobarde tanto entre la población común como entre los soldados. Esto llevó al Senado romano a autorizar a los cónsules de ese año a recaudar el doble del número habitual de legiones y a ocuparse finalmente del intruso. Con los aliados y las tropas auxiliares, su ejército combinado era de unos 86.000 efectivos, el mayor ejército romano hasta esa fecha. Era lo que Aníbal esperaba, a pesar de la discrepancia en el tamaño de los ejércitos. Después de algunas persecuciones en el sudeste de Italia, los dos ejércitos finalmente se reunieron cerca de Cannas, en la costa adriática de Apulia. El 2 de agosto de 216, los dos ejércitos se enfrentaron, permitiendo a Aníbal consolidar su legado como un genio táctico. Sabía que los romanos tenían más infantería, que estaba mejor equipada que la mayoría de sus hombres, que venían de los aliados galos. Sin embargo, su caballería era mejor, aunque no notablemente superior numéricamente. Para contrarrestar esto, Aníbal dispuso su centro de infantería en una línea convexa, con las tropas adicionales en su extremo exterior. Al enfrentarse a las implacables legiones romanas, el centro cartaginés comenzó a retroceder de forma organizada, permitiendo a los bandos flanquear lentamente al enemigo que avanzaba. Al mismo tiempo, sus flancos de caballería se las arreglaron para derrotar a los romanos, con la caballería ligera de Aníbal persiguiendo a las tropas que huían. A su vez, la caballería pesada dio la vuelta y se estrelló contra la infantería romana, completando el cerco.

La derrota romana fue total. Los antiguos escritores nos dicen que, de 86.000 soldados romanos, casi 50.000 murieron, incluyendo docenas de aristócratas notables. Otros 19.000 fueron capturados, mientras que solo 15.000 lograron escapar de su destino. El ejército romano fue aplastado, totalizando más de 100.000 muertos desde la llegada de Aníbal a Italia. Una vez más, los romanos esperaban que asediara a la propia Roma, pero una vez más, eligió no hacerlo. Los historiadores modernos a menudo argumentan por qué evitó atacar el corazón de la República romana, algunos afirman que fue su mayor error y muestran su falta de comprensión estratégica de la guerra. Otros creen que, desde su perspectiva, tenía sentido. Roma estaba demasiado bien fortificada, y Aníbal carecía del equipo para un asedio adecuado. Sin embargo, parece que la idea de Aníbal de cómo ganar una guerra contra Roma se basaba en la presunción errónea de que los latinos se verían presionados a pedir la paz en algún momento. A pesar de lo que los escritores posteriores afirmaron, parece que nunca se propuso destruir la República romana, solo derrotarla. Aníbal envió un emisario a Roma después de la batalla de Cannas para ofrecer la paz, pero fue rechazado. La obstinación romana continuó después, a pesar de que sus aliados desertaron lentamente hacia los cartagineses. Entre ellos no solo estaban las ciudades griegas del sur de Italia y Siracusa, sino también los italianos, a los que se les había concedido la ciudadanía en la República romana, sobre todo los samnitas y los capuanos.

Para empeorar las cosas para los romanos, Aníbal también formó una alianza con Filipo V de Macedonia, que comenzó a atacar su territorio en los Balcanes. Para el 214 a. C., parecía que Roma había perdido a la mayoría, sino a todos, sus principales aliados. Durante todos esos años, Aníbal probablemente esperaba recibir una súplica de paz, pero no llegó ninguna. Los romanos, al parecer, eligieron luchar hasta el final. Aún peor para la posición de Aníbal era el hecho de que los romanos volvieron a sus anteriores tácticas de acoso y evasión de una batalla frontal con su ejército, dejándolo vagar por Italia aparentemente sin rumbo. Mientras lo seguían, también comenzaron a reconquistar ciudades rebeldes, reduciendo la presión de Aníbal y reponiendo sus reservas. La guerra también se expandió a través del Mediterráneo. Las tropas romanas aún estaban en España, donde presionaron a Cartago, impidiendo que Asdrúbal reforzara a su hermano en Italia. Destacamentos más pequeños también lucharon en Sicilia y Cerdeña. La guerra se expandió también en el mar, ya que los cartagineses habían construido nuevas flotas tanto en España como en África. Para el año 212, ambas repúblicas tenían más de 100.000 soldados activos en varios frentes. Sin embargo, como la espada de Aníbal colgaba sobre el cuello de los romanos, parecía que los cartagineses todavía tenían la ventaja.

Aun así, eso pronto empezó a cambiar. Durante ese año, los romanos pudieron conquistar Siracusa y Capua, y echaron a Macedonia de la guerra aliándose con varios estados griegos. El número de aliados italianos de Aníbal comenzó a disminuir. Sin embargo, en el año 211, su hermano logró infligir una catastrófica derrota al ejército romano en España, obligándolos a retirarse al norte del Iber. A pesar de conseguirlo, Asdrúbal no pudo capitalizar tal victoria. En el plazo de un año, el ejército romano en España se reforzó y se puso bajo el mando de un brillante joven general llamado Publio Cornelio Escipión, que era hijo del mencionado general del mismo nombre. Se dio cuenta de que los cartagineses dejaron indefensa a Nueva Cartago, y en el año 209, explotó eso con un ataque sorpresa. La conquista del centro del poder cartaginés en España desequilibró a Cartago, y señaló la pérdida del control cartaginés sobre la península, con muchos de sus aliados desertando a Roma. Además, Escipión amasó una inmensa riqueza mientras masacraba a la población púnica para infundir miedo a sus enemigos. Sin embargo, la conquista romana de España fue lenta, ya que se enfrentaron a una resistencia significativa. Sin embargo, su avance fue implacable, finalmente impulsando a Asdrúbal en 207 a liderar sus tropas a través del sur de la Galia y sobre los Alpes para unirse a Aníbal en Italia. Parece que querían aumentar la presión sobre Roma para que sus hombres se centraran en Italia en lugar de España.

Esta estrategia fracasó miserablemente. Asdrúbal fue derrotado y asesinado en el norte de Italia antes de que pudiera siquiera conectarse con Aníbal. Para añadir el insulto a la herida, los romanos cortaron la cabeza de Asdrúbal y se la enviaron a su hermano. Aníbal quedó aislado en el sur de Italia, y su fuerza se estaba reduciendo, ya que el último y único refuerzo que recibió llegó en el año 215. A lo largo de los años, Aníbal logró ganar algunas batallas, pero fueron victorias menores sin mucha influencia en el curso de la guerra. Como tal, el teatro principal de la guerra cambió. Escipión continuó su conquista de España, logrando infligir dos grandes derrotas a las fuerzas púnicas antes de capturar finalmente a Gades en 206. Al año siguiente, los cartagineses perdieron todas sus tierras en la península ibérica, permitiendo a Escipión regresar a Roma y planear la invasión de

África. Mago, el otro hermano de Aníbal, hizo el último intento para evitar que eso sucediera. Navegó desde España con lo que quedaba del ejército púnico en el 205, aterrizando en Liguria en el norte de Italia. Sin embargo, estaba demasiado lejos para unir fuerzas con Aníbal, que intentaba asegurar un puerto en el sur, para permitirle retirarse. Mago consiguió causar algunos problemas en el norte antes de ser finalmente derrotado en el 203, sucumbiendo a sus heridas después.

Una ilustración del siglo XIX de la batalla de Zama.
Fuente: https://commons.wikimedia.org

Mientras los dos hermanos Bárcidas vagaban por Italia, Escipión lideró una invasión romana a África en 204, lo que le valió el apodo de "el africano". Desembarcó cerca de Utica, pero no logró conquistarla. Sin embargo, se las arregló para derrotar al ejército púnico y sus aliados númidas dos veces en 203. Estas pérdidas sacaron a los númidas de la guerra y finalmente obligaron a Aníbal a regresar a Cartago para montar su defensa. Reunió a sus veteranos, mercenarios y levas africanas para enfrentarse a Escipión en el campo de batalla. Mientras se preparaba, Aníbal intentó negociar la paz. Sin embargo, las conversaciones fracasaron debido a la desconfianza mutua, aunque tanto Escipión como Aníbal se respetaban como generales. Los dos finalmente se enfrentaron en 202 cerca de Zama, casi 81 millas (130 kilómetros) al suroeste de Tunes. Fue una batalla reñida, y en un momento dado, parecía que Aníbal ganaría. Sin embargo, la caballería de Escipión se las arregló para derrotar a la caballería cartaginesa y descender en la retaguardia púnica. Fue casi una batalla de Cannas al revés. Aníbal logró escapar, pero para entonces, se dio cuenta de que la guerra había terminado. Al regresar a Cartago, se las arregló para persuadir a sus compatriotas a buscar la paz a cualquier costo. En 201, la guerra terminó finalmente con una abrumadora victoria romana, algo que nadie en 217 habría esperado.

Con la pérdida de la segunda guerra púnica, el renacimiento de Cartago acabó, terminando tan abruptamente como comenzó. Aún peor para ella, la guerra innecesaria terminó hundiendo a la ciudad y a su república más que nunca.

Capítulo 6 - Sucumbiendo a las heridas

Perder otra guerra contra los romanos fue desastroso para Cartago. Después de diecisiete años de lucha, altos gastos dejando un tesoro vacío, y decenas de miles de vidas perdidas, se encontró desangrándose... una mera cáscara de una otrora gloriosa joya del oeste.

Los romanos estaban decididos a no permitir que los cartagineses se levantaran de nuevo. Por lo tanto, Escipión el Africano les dio términos tan severos hasta el punto de que Cartago era casi un estado vasallo. Los punes tuvieron que pagar diez mil talentos durante los siguientes cincuenta años, se les prohibió tener una flota de más de diez barcos, y no podían hacer la guerra fuera de África, mientras que tenían que pedir permiso a los romanos para hacerlo en su propio continente. Además, a los aliados romanos númidas, que habían depuesto a los anteriores aristócratas gobernantes que eran leales a Cartago, se les dio el dominio sobre las tierras de sus antepasados. El problema con esta cláusula era el hecho de que no se especificaba una frontera territorial clara. Curiosamente, Escipión no pidió a los cartagineses que renunciaran a Aníbal, probablemente porque los dos generales se respetaban mutuamente a pesar de las crueles batallas libradas entre ellos. Después de que los términos fueron aceptados, Escipión reunió la flota cartaginesa frente a Cartago y ceremoniosamente la quemó, señalando el fin del gran poder de Cartago. A pesar de eso, la ciudad quedó intacta y en control de sus territorios africanos. De hecho, Escipión confirmó sus fronteras existentes antes de regresar a Roma.

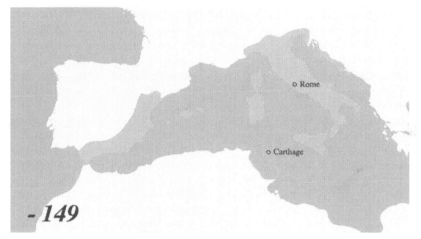

Territorio cartaginés antes de la tercera guerra púnica.
Fuente: https://commons.wikimedia.org

No obstante, esos territorios africanos se encontraban en una situación difícil. Fueron asaltados por Escipión y por la flota romana. Según fuentes posteriores, Aníbal supuestamente empleó a sus soldados para plantar olivos para ayudar a la recuperación de la economía. A pesar de eso, si hay algo de verdad en la historia, el partido Bárcidas perdió su control sobre Cartago, y Aníbal fue reemplazado como el oficial principal. Sin embargo, no se menciona que Aníbal recibiera ninguna pena por perder la guerra, a diferencia de muchos de sus predecesores en los siglos anteriores. Tristemente, la nueva facción líder, probablemente conectada con Hannón el Grande o sus sucesores, demostró ser en su mayoría incompetente e intolerante. Querían imponer nuevos impuestos a los ciudadanos para ayudar a pagar las indemnizaciones de guerra. Además, lideraron a Cartago en discordia con Numidia, que fue liderada por el rey Masinisa, un aliado romano. Eso fue suficiente para que Aníbal fuera reelegido como líder de Cartago alrededor del 196 a. C. Casi inmediatamente después de tomar el control, demostró que sus talentos no se limitaban al campo de batalla. Comenzó una investigación de los fondos públicos, descubriendo malversación y fraude. Aníbal logró contrarrestar esos problemas estabilizando los gastos del estado, incluso recuperando algunos de los fondos malversados. Además, reformó el gobierno. Los funcionarios del más alto consejo de Cartago debían ser elegidos directamente por los ciudadanos, y se les prohibió servir de forma consecutiva, aunque sus mandatos siguieron siendo de un año de duración.

Los cambios de Aníbal hicieron mella en el gobierno de los oligarcas, pero lo más importante es que revitalizó rápidamente la economía cartaginesa. Los romanos inmediatamente se dieron cuenta de esto. Con el pretexto de asuntos no resueltos con los númidas, en 195, enviaron emisarios a Cartago para supuestamente resolver la disputa. Aníbal desconfiaba de sus intenciones, al darse cuenta de que los latinos probablemente querían encarcelarlo. Sabía que su posición en Cartago no era tan fuerte como antes, así que simplemente huyó. Aníbal viajó al este, sirviendo como general y consejero de muchos reyes, algunos de los cuales incluso lucharon contra los romanos en años posteriores. Aníbal murió alrededor del 181 a. C., sin volver a jugar un papel importante en la historia de Cartago. A pesar de eso, sus reformas perduraron, dando frutos para Cartago en años posteriores. No pasó mucho tiempo antes de que los comerciantes cartagineses empezaran a hacer negocios de nuevo a través del Mediterráneo. Las diversas evidencias arqueológicas muestran que comerciaban con Italia, España, Grecia, los Balcanes y las Azores. Su red era probablemente aún más extensa que eso. Lo más ilustrativo de su rápida recuperación económica fue el hecho de que, en 191, ofrecieron a Roma pagar los ocho mil talentos restantes de su indemnización de una sola vez. A pesar de la guerra en el este y la necesidad de dinero, los romanos se negaron, optando por dejar los pagos anuales como un signo simbólico de su supremacía sobre Cartago.

La oferta cartaginesa también muestra que los punes estaban ansiosos por permanecer en el lado bueno de los romanos. A lo largo de los años, actuaron más como aliados de confianza que como antiguos enemigos de Roma. Solo un año después de su derrota, enviaron un regalo de 200.000 fanegas de grano a Roma para ayudar en su campaña contra los macedonios. En 191, junto con la oferta para el pago completo de la indemnización, los cartagineses ofrecieron una gran cantidad de grano, unas 800.000 fanegas de trigo y unos 500.000 de cebada, como regalo. Los romanos declinaron el regalo, optando por pagar los suministros necesarios. Esta fallida donación muestra dos hechos cruciales. Uno fue que la agricultura del dominio restante de Cartago se había recuperado, mientras que el otro fue que los romanos seguían sin confiar en los punes. Aunque muchos de los latinos comerciaban y mantenían conexiones con los cartagineses, muchos aún veían a Cartago como una posible amenaza. El ejemplo más famoso de esto fue Marco Porcio Catón, un senador, historiador y orador romano. A menudo terminaba sus discursos con las palabras, "Cartago debe ser destruida", incluso si sus oraciones no se referían a los punes. En contraste, parece que los cartagineses hacían todo lo posible por no enemistarse con los romanos y seguir la letra de su tratado de paz. Lo más notable es que nunca intentaron reconstruir su flota militar, reunir un ejército más grande o hacer la guerra contra sus agresivos vecinos númidas.

La Ciudad Nueva en sí misma continuó creciendo, expandiéndose para cubrir antiguos barrios suburbanos ajardinados de *Megara*, la moderna La Marsa. El período posterior a la segunda guerra púnica también estuvo marcado por proyectos públicos. Se construyeron templos y palacios, se reforzaron las defensas y, sobre todo, se creó su famoso puerto circular conocido como Cothon. Las obras del puerto propiamente dicho pueden haber comenzado en los últimos años de la guerra, pero solo se puso en pleno funcionamiento una vez terminado el conflicto. Según las fuentes, podía albergar 220 barcos que estarían protegidos de los ataques o de las calamidades naturales. Algunos historiadores antiguos y modernos trataron de vincular la construcción del puerto con un intento de revivir la flota militar cartaginesa. Sin embargo, es más probable que se creara y posteriormente se expandiera por necesidades comerciales. La flota mercante creció significativamente a mediados del siglo XX, tras el aumento del comercio. La afluencia del comercio también significó un aumento de la población. Las estimaciones modernas de Cartago para la primera mitad del siglo II a. C., suelen oscilar entre 200.000 y 250.000 ciudadanos, incluyendo la población libia, pero excluyendo a los esclavos. Sin duda, todavía era una de las ciudades más grandes de su tiempo. Todo el dominio púnico contaba con unos dos o tres millones de personas, de las cuales aproximadamente 700.000 tenían derechos de ciudadanía, según las investigaciones contemporáneas. Esto significaba que, a pesar de las pérdidas territoriales, Cartago todavía tenía un potencial considerable de mano de obra.

Ilustración moderna de la antigua Cartago. Fuente: https://commons.wikimedia.org

A pesar de eso, los punes, en el curso de unos 50 años, nunca trataron de aprovechar ese potencial. Su principal enemigo era

Numidia, respaldada por los romanos y gobernada por Masinisa hambriento de poder. Las fuentes romanas son bastante imprecisas en cuanto a los detalles, pero parece que, en las décadas posteriores a la segunda guerra púnica, en varias ocasiones, los númidas y los cartagineses se vieron envueltos en disputas territoriales. Algunas fueron acompañadas de incursiones númidas, ante las cuales Cartago permaneció pasiva. En una ocasión, uno de los historiadores romanos menciona un choque más significativo entre las dos naciones. Sin embargo, la mayoría de los historiadores modernos lo discuten, ya que la reacción romana fue demasiado suave y tibia para ser cierta. Sin embargo, los latinos normalmente jugaron el papel de mediadores, permitiendo la expansión numídica sobre el dominio cartaginés. Su parcialidad era evidente; alrededor del 162 a. C., dictaminaron que los númidas tenían más derechos ancestrales sobre la tierra alrededor de Leptis Magna, incluyendo la antigua colonia fenicia. Hacia el año 151 a. C., Cartago quedó confinada a sus territorios en el moderno norte de Túnez, ya que los númidas ocupaban todas las demás tierras africanas que una vez controlaron. Los ingresos fiscales y la producción agrícola de Cartago se redujeron a la mitad, amenazando lentamente su existencia. Los Punes ya habían tenido suficiente, así que reunieron sus tropas y finalmente trataron de oponerse a los ataques de los númidas.

Sin embargo, era evidente que el ejército cartaginés ya no estaba en condiciones de luchar, ya que sus generales carecían de las capacidades necesarias, y fueron derrotados y masacrados por las tropas de Masinisa. Parece que los romanos hicieron una especie de tregua, cuando las hostilidades cesaron. A pesar de eso, se informó al Senado romano que los cartagineses habían roto el tratado de paz al hacer la guerra sin su consentimiento. Además, la hicieron contra un aliado romano. Dándose cuenta de lo que habían hecho, los punes enviaron a sus enviados para apaciguar al Senado y evitar la guerra, pero las respuestas romanas fueron vagas y crípticas. Mientras los latinos deliberaban sobre si ir a la guerra, Utica desertó a los romanos, dándoles una excelente base desde la que comenzar su campaña. Como esta colonia hermana mayor estaba lista para desertar, también señaló que el control cartaginés sobre lo que quedaba de su territorio se estaba deslizando. En el 149 a. C., Roma finalmente declaró la guerra. Sus motivos han sido examinados a lo largo de los siglos. Algunos historiadores afirmaron que querían vengarse por la destrucción de Aníbal, otros que los romanos solo querían saquear la riqueza cartaginesa. Algunos eruditos incluso argumentaron que los latinos querían evitar que los númidas conquistaran una ciudad tan importante o que algunos de los generales más jóvenes necesitaban un lugar para demostrar su valor. Cualquiera que fuera el verdadero incentivo, los romanos enviaron un ejército de 84.000 soldados a África para enfrentarse a los cartagineses de una vez por todas.

Al darse cuenta de que no tenían otra opción, los punes enviaron otra embajada a Roma, ofreciendo una rendición incondicional. Estaban listos para dejarse a merced de los latinos. Desafortunadamente para ellos, los romanos tenían otros planes. Primero, pidieron 300 rehenes de las principales familias cartaginesas, lo que los punes cumplieron. Luego pidieron suministros militares cartagineses. Los punes entregaron no menos de 200.000 juegos de armadura y 2.000 piezas de artillería, así como otras armas. Finalmente, mostrando sus verdaderas intenciones, los cónsules romanos exigieron que Cartago fuera abandonada y que todos los punes tuvieran que reubicarse 10 millas (16 kilómetros) tierra adentro. Esto era inaceptable para los cartagineses, ya que básicamente significaba su destrucción. En ese momento, los cartagineses explotaron de rabia. Masacraron a todos los residentes italianos de la ciudad, y ellos también declararon oficialmente la guerra. Los esclavos fueron liberados, mientras que las plazas y los templos se convirtieron en talleres improvisados. Toda la población se involucró en el esfuerzo de guerra, ilustrado por el supuesto relato de mujeres que se cortaban el pelo para hacer cuerdas para las catapultas. Simultáneamente, el general cartaginés Asdrúbal, que se encontraba en el campo probablemente defendiéndolo de los númidas, fue llamado para ayudar en la defensa de la ciudad. Pero antes de que pudiera venir, los romanos marcharon hacia el sur desde Utica y sitiaron la ciudad. Mientras tanto, los númidas se retiraron a su territorio, decidiendo no agravar a los sedientos de sangre romanos.

La guerra demostró ser mayormente unilateral, con solo muros inexpugnables que prolongaron la muerte de Cartago. Inicialmente, las fuerzas latinas sufrieron algunas derrotas y fracasos menores, sobre todo, su flota fue incendiada por barcos en llamas, lo que hizo imposible el bloqueo naval de Cartago por un tiempo. El ejército púnico fuera de la ciudad, de unos 30.000 hombres, solo fue capaz de acosar a los sitiadores. No obstante, a Cartago le quedaban algunas ciudades leales, entre las que destacan Hipacra, Neferis y Clupea-Aspis, cerca del Cabo Bon. Los leales no pudieron abastecer a su capital con tropas o aliviar la presión, pero enviaron alimentos y provisiones. Los romanos trataron de capturar algunas de estas ciudades, pero la mayoría fracasó en el proceso. Para el 147 a. C., la guerra entró en una especie de punto muerto. Los romanos continuaron asediando la ciudad, pero no pudieron lograr ningún avance considerable. Más preocupante para ellos, su ejército estaba perdiendo lentamente su moral y disciplina. Por otro lado, Cartago se estaba quedando sin recursos y era incapaz de infligir un daño notable a las tropas invasoras. Las mareas de la guerra cambiaron cuando Escipión Emiliano, el hijo adoptivo del hijo de Escipión el Africano, recibió el mando de la campaña africana.

A su llegada, endureció el asedio, cortando todas las comunicaciones terrestres. Además, los romanos lograron finalmente decretar un bloqueo naval completo con la nueva flota, junto con un terraplén recién construido cerca del puerto cartaginés. Para empeorar las cosas para los sitiados punes, Asdrúbal, que consiguió volver a la ciudad antes de que llegara Escipión, se convirtió en el gobernante despótico de Cartago.

Según se informa, asesinó a cualquiera que criticara su gobierno, viviendo en el lujo mientras los ciudadanos se morían de hambre lentamente. Las deserciones y muertes en Cartago aumentaban, mientras que sus capacidades defensivas disminuían. Durante el invierno, a finales del año 147 a. C., Escipión consiguió finalmente derrotar al ejército púnico en el campo, provocando la capitulación de toda Libia, incluyendo a los leales púnicos como Hipacra. El destino de los cartagineses estaba sellado. En la primavera del 146, los romanos montaron su asalto final. Consiguieron irrumpir en la ciudad, pero se encontraron con una feroz resistencia por parte de sus ciudadanos, que lucharon para defender cada casa de los atacantes. Aquí se recrearon las escenas de la caída de Motia, con tropas romanas y cartaginesas luchando en los tejados unidos por tablones de madera. Finalmente, las punes se retiraron al corazón de Cartago, a la ciudadela de Birsa, para mantener su posición final. El séptimo día de la batalla, cuando los romanos comenzaron a tomar medidas en Birsa, lo que quedaba de los cartagineses se rindió.

Una ilustración del siglo XIX del asalto final a Cartago.
Fuente: https://commons.wikimedia.org

Para entonces, solo quedaban unos 50.000 cartagineses vivos en la ciudad, y todos ellos fueron vendidos como esclavos. Asdrúbal, el último gobernante de Cartago, también se rindió, pero su esposa e hijos se quitaron la vida. Más tarde fue llevado de vuelta a Roma para ser desfilado como el general derrotado. La ciudad misma, ahora vacía, fue arrasada. Todo lo que era digno fue tomado, mientras que todos los edificios y muros fueron total y sistemáticamente destruidos con un fuego que supuestamente duró diecisiete días. Mientras la ciudad ardía, Escipión Emiliano maldijo a cualquiera que intentara volver a residir en ese lugar, finalizando así la destrucción de Cartago. La famosa historia de la siembra de sal en el suelo cartaginés es una ficción del siglo XIX, ya que las fuentes nos dicen que la tierra en la que estuvo Cartago fue utilizada como campos públicos por los agricultores locales. La supuesta maldición del victorioso Escipión duró poco. En la época de César, a mediados del siglo I a. C., Cartago fue reconstruida por los romanos, y rápidamente se convirtió en una de las ciudades más grandes, ricas e importantes del Imperio romano, un centro de la provincia romana conocida como África Proconsularis.

Así, la otrora grande y poderosa Cartago, la joya del oeste, terminó su historia en una vergonzosa y sangrienta derrota. Al menos, ese fue el destino de la república. Sin embargo, la cultura púnica continuó viviendo en el estado romano durante mucho tiempo después de que los cartagineses perdieran su independencia hasta que desapareció lentamente de la escena histórica y de nuestra memoria colectiva.

Capítulo 7 - La Sociedad y el Gobierno Cartagineses

Por lo general, cuando se habla de Cartago y los punes, se mencionan como una sola entidad, sin profundizar en su tejido social. Esto se hace generalmente en aras de la simplicidad, como en los capítulos anteriores, pero también porque no muchas fuentes sobrevivientes hablan de este tema. Sin embargo, para comprender plenamente la historia de Cartago, tenemos que mirar más de cerca cómo funcionaban realmente su estado y su sociedad.

Como se ha mencionado, Cartago fue fundada como una colonia fenicia. El mito de la creación de Dido, así como el hecho de que Tiro y otras ciudades fenicias eran monarquías, sugiere que, en sus primeros días, la Ciudad Nueva también fue gobernada por algún tipo de rey o monarca. Sin embargo, no hay fuentes que nos digan más sobre el antiguo pasado cartaginés. Parece que, en algún momento, probablemente durante el siglo VII, los cartagineses eligieron abandonar el sistema monárquico, optando por una república en su lugar. Se desconoce por qué y cómo ocurrió esto exactamente, pero para cuando las fuentes griegas y romanas escriben sobre los punes, su estado era una república bien desarrollada. Sin embargo, los restos de la antigua monarquía se pueden ver a través del hecho de que el estado cartaginés era una oligarquía, ya que la autoridad se concentraba en manos de lo que podríamos definir como una aristocracia. Sin embargo, cabe señalar que la élite gobernante, a diferencia de otras sociedades, no era un grupo pequeño y exclusivo que se basara principalmente en la ascendencia como su atributo definitorio. La genealogía era, por supuesto, importante para los punes, ya que muchos se enorgullecían de sus antepasados que alcanzaban la grandeza. Aun así, con suficiente talento y riqueza, cualquier ciudadano cartaginés podía formar parte de la aristocracia. También es probable que, si uno carece de ambos, podría perder ese estatus.

Por supuesto, la condición principal para convertirse en miembro de la aristocracia era tener la ciudadanía cartaginesa. Una vez más, no hay pruebas claras de cómo los cartagineses se definieron legal o socialmente. Algunas fuentes indican que la ciudadanía se limitaba a los varones adultos indígenas cartagineses que teóricamente podían vincular a sus familias con los fundadores. Esto significaba que las mujeres, los niños y los extranjeros estaban excluidos de este estatus. Vale la pena mencionar que las fuentes no sugieren que hubiera un criterio de riqueza mínima, pero posiblemente existía. Además, algunos estudiosos han argumentado que el sistema cartaginés reconocía un estatus de semiciudadanía. Aunque no hay pruebas directas de ello, se ha sugerido que, en algunos casos, era posible conseguir un estatuto de ciudadano menor, que concedía algunos beneficios de la ciudadanía como impuestos más bajos, pero que posiblemente prohibía a una persona ascender en las filas del gobierno o participar en las elecciones. En general, en el papel, los ciudadanos cartagineses tenían los mismos derechos y obligaciones. Sin embargo, como a lo largo de la historia e incluso hoy en día, las desigualdades derivadas del nacimiento, la riqueza, la educación y las oportunidades estaban presentes. Esto significó que ciertas familias aristocráticas, como los Magónides y los Bárcidas, pudieron lograr supremacías más duraderas sobre el estado y la sociedad. Los cartagineses comunes podían, en ciertos momentos, jugar papeles esenciales en el liderazgo de Cartago, pero normalmente era bajo el patrocinio de alguna familia o partido aristocrático.

Por las fuentes griegas, sabemos que los ciudadanos cartagineses se reunían en asociaciones o grupos más pequeños. Estos eran conocidos como *mizrehims,* y sus miembros usualmente se unían en comidas comunales, similar a los antiguos griegos. Esas asociaciones se formaban en base a varias cosas. Algunas se centraban en el seguimiento de un determinado dios, mientras que otras estaban ligadas a las profesiones de sus miembros. También hay indicios de que los soldados que servían en las mismas unidades también formaban sus propios *mizrehims.* Sin embargo, no hay pruebas de que ser miembro de una asociación fuera obligatorio para los ciudadanos cartagineses, ni parece haber una razón para que sea obligatorio. No hay descripciones explícitas de otros papeles que estas reuniones tuvieran, aparte de la vinculación social. Las fuentes no mencionan si jugaron algún papel en el funcionamiento de la asamblea de los ciudadanos, sin embargo, parece probable que jugaron al menos un papel no oficial en la política. No es inimaginable que los "*mizrehims*" fueran utilizados por las elites políticas para influir en el voto popular en la asamblea. En algunos casos, eso sería de suma importancia en la política púnica, ya que la asamblea de ciudadanos era, de hecho, la forma más amplia de gobierno popular en el sistema de gobierno cartaginés.

Ruinas púnicas en Cartago en la colina de Birsa.
Fuente: https://commons.wikimedia.org

La asamblea era conocida como *ham* en el lenguaje púnico, que significa "el pueblo". Como en las ciudades griegas, el *ham* se reunía en el gran mercado de la ciudad, que se encontraba al sureste de Birsa en los siglos posteriores. Se desconoce cómo funcionaba exactamente la asamblea, ya que una vez más, las fuentes sobrevivientes no lo mencionan. Se ha sugerido que los ciudadanos votaban en grupos, tal vez representando a barrios o clanes específicos, pero hasta ahora, esto es solo una especulación. Sin embargo, parece que, a través de los siglos, los poderes e influencia de la asamblea crecieron. La primera mención posible del *ham* es de mediados del siglo VI a. C., cuando Malco supuestamente restauró Cartago a sus leyes, tratando a la ciudadanía con razonable respeto. En ese momento, parece que la asamblea era más una voz del pueblo que una parte genuina del sistema gubernamental. Más tarde, se ganó el derecho de elegir magistrados y funcionarios del gobierno. Sin embargo, en la época de los Bárcidos y la Segunda Guerra Púnica, la asamblea de los ciudadanos tenía el poder de ratificación, al menos hasta cierto punto, de las decisiones tomadas por las altas asambleas del estado. Aristóteles también transmite que el *ham* era un lugar de debate, no solo de votación, alabando la naturaleza democrática del gobierno cartaginés. Por supuesto, hay que señalar que la antigua noción de democracia es muy diferente y menos liberal que nuestros ideales modernos.

Sin embargo, como en muchas repúblicas modernas, Cartago también tenía un pequeño consejo superior, usualmente llamado por su nombre romano, el senado. En el lenguaje púnico, su nombre era *adirim,* traducido aproximadamente como "los grandes", invocando la sensación de que este cuerpo gubernamental era superior al *ham.* Esta autoridad probablemente provenía del hecho de que el *adirim* era la asamblea gubernamental más antigua. Parece que existió desde la era monárquica, al principio funcionando como el consejo asesor del rey de los líderes de la ciudad. Aunque no hay pruebas claras de ello, los historiadores creen que es bastante probable que el senado fuera el responsable de acabar con la monarquía e instituir la república, dando así al *adirim* la supremacía teórica en el estado. Su influencia solo se vio aumentada por el hecho de que todos sus 200 o 300 miembros procedían de familias aristocráticas, aunque se desconoce cómo fueron elegidos con precisión. La autoridad del *adirim* parece haber sido bastante amplia. Por las fuentes, sabemos que se le encomendaron decisiones diplomáticas, asuntos de guerra y paz, tratados, etc. Sus miembros también actuaban como jueces, mientras que las fuentes supervivientes insinúan que el *adirim* también desempeñaba un papel en los asuntos internos del Estado. Sin embargo, como el *ham,* las fuentes no mencionan cómo funcionaba exactamente el *adirim,* dejando otro aspecto del sistema de gobierno cartaginés en la oscuridad.

Además del *ham* y el *adirim,* el estado cartaginés también estaba gobernado por los *suffets.* Los *suffets* eran un par de oficiales principales elegidos anualmente. El nombre que usamos para ellos es una versión latinizada del púnico *shophetim* o *shuphetim,* que suele traducirse como "juez". Los historiadores han concluido, aunque no con pruebas sustanciales, que los *suffets* probablemente existían en forma de jueces reales en la época de la monarquía. Sin embargo, cuando se instauró la república, el *adirim* transformó el cargo en uno de los altos magistrados. Se ha sugerido que, en los primeros días de la república, solo había un sufragio, pero esto no puede ser probado. Si ese fue el caso, en períodos posteriores, dos se convirtieron en la norma. Su autoridad era principalmente ejecutiva, aunque parece que en ciertos momentos también proponían leyes o decretos a los *adirim*. Los restos de las raíces judiciales de los suffets también permanecieron, ya que, en algunos casos, presidían los juicios civiles. Sin embargo, al igual que otros aspectos del gobierno cartaginés, mucho de los *suffets* permanece envuelto en el misterio. La naturaleza exacta de la oficina del alto magistrado solo se ha vuelto más enrevesada por el hecho de que los escritores griegos generalmente los llamaban reyes (*basileis*), incluso cuando Aristóteles habla de ellos como funcionarios electos. A su vez, los romanos han utilizado sus términos, como cónsules o pretor, al hablar de los *suffets*, deduciendo al menos algunas similitudes entre ellos.

Lo que parece cierto es que la riqueza y la ascendencia eran un requisito para el cargo. Sin embargo, no hay detalles sobre cuánto capital se requería o cómo se definía la distinción de nacimiento. Según las fuentes, los eruditos han considerado que, en los primeros tiempos de la república, era muy probable que los *adirim* eligieran los *suffets*, pero en períodos posteriores, al menos desde el siglo IV a. C., este poder se transfirió al *ham*. Esto fue un signo de democratización gradual del gobierno cartaginés, que fue alabado por los griegos y condenado por los romanos. De hecho, Aristóteles, escribiendo en el siglo IV, admiró el sistema cartaginés como uno en el que los ideales de una monarquía, en la forma de los Sufridos, una oligarquía, en la forma de los *adirim*, y una democracia, en la forma del *ham*, se entrelazan, equilibrándose entre sí. Sin embargo, esta democratización no fue intencional, ni fue alimentada por algún altruismo o liberalismo idealista. El principal poder detrás de tales desarrollos fue el hecho de que, en la república anterior, cuando los *suffets* y los *adirim* se enfrentaron, el *ham* rompió el empate. Con el tiempo, la opinión del pueblo se hizo más importante, lo que llevó a la participación de un público más amplio en las decisiones políticas. Al final de la segunda guerra púnica, el gobierno cartaginés se democratizó lo suficiente como para que el *ham* votara en todas las decisiones importantes tomadas por los otros dos grupos. Se democratizó lo suficiente para que Polibio, historiador romano y contemporáneo de la guerra, considerara que los latinos ganaron debido a su superior sistema político aristocrático.

Aparte de estos tres cuerpos centrales del sistema de gobierno cartaginés, las fuentes nos dan atisbos de otros oficios menores, aunque en su mayoría siguen siendo opacos y misteriosos. Aristóteles menciona una institución de "pentarchies" o comisiones de cinco hombres que profundizaban en asuntos judiciales y otros asuntos vitales. Más allá de esto, no tenemos otras menciones de ellos. Aun así, el estado cartaginés probablemente tenía un número de comisiones y burócratas que fueron nombrados por un período más largo, sirviendo al aparato estatal. Las inscripciones púnicas insinúan la existencia de comisiones para lugares sagrados y para supervisar los impuestos, aunque ninguna tenía exactamente cinco miembros. Esas inscripciones también atestiguan la existencia de tesoreros o contables, *mehashbim* en púnico, que se ocupaban de la ejecución de los pagos de impuestos. Sobre ellos había un tesorero principal, el *rab,* que significa "jefe" o "cabeza", que estaba a cargo de las finanzas del estado. Parece probable que los *mehashbim* fueran sus subordinados, pero a diferencia de ellos, el *rab* era un puesto con un límite de tiempo, muy probablemente limitado a un año. Por supuesto, las comisiones y oficinas mencionadas eran probablemente solo una parte del aparato cartaginés, pero hasta ahora, no ha habido pruebas que arrojen más luz sobre su complejidad. El único detalle adicional que tenemos es que se prohibió que una persona ocupara dos oficios al mismo tiempo, como ser simultáneamente un *suffets* y un *rab*.

En cuanto a la naturaleza de la escena política cartaginesa, podemos ver de muchas fuentes que la corrupción y el mal uso de los cargos ocupados eran bastante frecuentes, al menos hasta que Aníbal reformó el estado después de la segunda guerra púnica. Además de eso, sabemos que los cartagineses fueron a menudo divididos en dos o más facciones políticas, por lo general centradas en torno a un líder, pero no fueron oficializados como partidos como en las repúblicas modernas. Eran más fluidos y cambiantes. La lucha entre facciones era a veces tan alta que ponían en juego la supervivencia de Cartago, aunque en algunos casos, todas las diferencias se dejaban de lado para asegurar que la Ciudad Nueva no cayera. El disputado panorama político solo se complicaba aún más con las oficinas militares. Las funciones marciales en la república cartaginesa estaban separadas de las oficinas civiles, a diferencia del estado romano. El más alto de ellos era el *rab mahanet*, traducido simplemente como general. Sin embargo, a pesar de la segregación oficial, era posible ocupar cargos militares y gubernamentales al mismo tiempo. No era algo inaudito que los *suffets* también fueran premiados con mandos militares. Junto con las disyuntivas de cargos llegó un tribunal militar, conocido como el Tribunal de los Ciento Cuatro. Más detalles sobre la rama militar de la república cartaginesa se darán en el siguiente capítulo sobre el ejército púnico.

Una pintura de Cartago del siglo XIX. Fuente: https://commons.wikimedia.org

Una cosa es algo que se nota cuando se mira a todo el gobierno y la política de Cartago. Gira abiertamente en torno a la riqueza. Ya sea que se tratara de tener suficiente para solicitar los más altos cargos del estado, ser lo suficientemente rico para ser contado como parte de la aristocracia gobernante, o usarlo para simple soborno y corrupción, los cartagineses parecen haber sido muy aficionados al dinero, orientando a todo su estado a ganarlo. Esto va bastante bien con la noción de que los cartagineses eran principalmente comerciantes interesados solo en el beneficio y nada más. Sin embargo, estas son en su mayoría exageraciones modernas, ya que las fuentes antiguas rara vez se detuvieron en tales temas, centrándose más en la guerra y la política. A pesar de ello, las fuentes griegas y romanas alaban las capacidades mercantiles de los cartagineses, dando un título honorífico de la ciudad más rica del mundo a Cartago en varios textos. Así, a pesar de tener supuestamente una república oligárquica dirigida por comerciantes donde el comercio lo era todo, ninguna fuente sobreviviente toca el tema de los comerciantes cartagineses excepto una sola comedia romana. En *Poenulus* (El pequeño cartaginés), un mercader púnico llamado Hannón atraviesa el

Mediterráneo en busca de sus hijas desparecidas. La trama en sí es menos importante, pero en la obra, Hannón se muestra tratando de vender varios artículos baratos como pipas, cucharones, manteca de cerdo, palas, nueces, e incluso "ratones africanos". A través de esta representación cómica, se nos muestra que los cartagineses comerciarían con cualquier cosa siempre y cuando generara un beneficio.

Aunque es una exageración, esta descripción en los últimos años se ha aceptado cada vez más como plausible. Las pruebas arqueológicas demuestran que los cartagineses comerciaban con una gran variedad de bienes, desde materias primas hasta productos acabados. En sus mercancías se podían encontrar varios metales preciosos, como plata y oro, pero también estaño, cobre, hierro, pieles de animales, marfil, lana, ámbar e incienso. También comerciaban con productos alimenticios como aceitunas, aceite de oliva, vino, cereales, pescado salado, especias, hierbas y ajo. Los productos artesanales también eran tan variables como las materias primas, incluyendo, entre otros, textiles bordados, telas teñidas de púrpura, utensilios de comida, herramientas varias, muebles, joyería, cerámica, utensilios de comida, cristalería e incluso armas. Esto hizo que los cartagineses estuvieran entre los comerciantes más versátiles de su tiempo, especialmente si tenemos en cuenta el hecho de que no solo vendían productos de alta calidad sino también artículos de baja calidad más baratos. Los usaban para comerciar con las tribus menos desarrolladas de Iberia y África o con cualquier otra persona dispuesta a comprarlos. Con eso en mente, las acciones ficticias de Hannón son más realistas de lo que parecería inicialmente. Combinando las fuentes arqueológicas y escritas, se hace evidente que los cartagineses eran en efecto ávidos comerciantes, lo que hace bastante intrigante que comenzaran a acuñar monedas solo a finales del siglo V y principios del IV a. C.

Teniendo en cuenta que la moneda se extendió por todo el Mediterráneo a partir del siglo VI, este fue un desarrollo relativamente tardío para un estado avanzado como Cartago. Sin embargo, esto puede explicarse por el hecho de que la mayoría de sus tratos se hicieron con las sociedades menos desarrolladas del Mediterráneo occidental, lo que les permitió utilizar el trueque y el pesaje de piezas de metales preciosos y semipreciosos en el comercio. Heródoto afirma que solo aceptaban oro, pero esto parece otra exageración. El hecho de que las primeras monedas fueran acuñadas para ser usadas como pago por los mercenarios prueba que la economía de trueque aún funcionaba para los cartagineses incluso a principios del siglo IV. También demuestra que el estado cartaginés no era dirigido como una empresa comercial por comerciantes que solo trataban de obtener beneficios. Sin embargo, el estado trató de proteger a sus propios comerciantes, tanto de los piratas como de la competencia extranjera. Cartago protegió a los primeros con su flota militar, mientras que los segundos trataron de lograr con acuerdos comerciales como los que tenía con Roma en 509. También cabe señalar que había empresas comerciales estatales, pero es difícil distinguir entre ellas y las empresas privadas, ya que muchos de los comerciantes ricos formaban parte del gobierno.

Sin embargo, no todos los aristócratas eran comerciantes, o al menos no del todo. Desde principios del siglo V a. C., cuando Cartago comenzó su expansión en el interior de África, también surgió la clase de terratenientes. Es importante mencionar que había una clara distinción entre la ciudad-territorio de Cartago que consistía en sus tierras interiores inmediatas, incluyendo Tunes y la península del Cabo Bon, tierras libias sometidas, y el territorio de sus aliados africanos. A pesar de eso, nada impedía a los cartagineses poseer propiedades en las tres áreas. A finales del siglo III, las fuentes mencionan que la ciudad-territorio estaba lo suficientemente desarrollada como para proveer a los cartagineses de sus necesidades, mientras que los impuestos de

Libia cubrían los gastos del estado. Eso significaba que el interior inmediato de la ciudad era capaz de alimentar a toda su población, que en ese momento era de unos 650.000 habitantes. Esto coincide con el hecho de que Aristóteles, así como otros escritores antiguos, elogiaron a los cartagineses por su pericia agrícola, describiendo sus abundantes campos y sus repletos graneros. Esto llegó a un punto en el que un manual de administración de fincas, en efecto, una completa enciclopedia de agricultura, que fue escrita por un general cartaginés retirado en el siglo IV, fue tan aclamado que los romanos lo guardaron para sí mismos después de la destrucción de Cartago. Desafortunadamente, su texto solo sobrevive como extractos en las obras de autores romanos posteriores.

En esos pasajes se mencionan los trabajadores que, de hecho, constituían una parte importante de la sociedad púnica. Entre ellos había, por supuesto, no ciudadanos, extranjeros y esclavos, pero también cartagineses comunes. Muchos de ellos eran trabajadores no cualificados como estibadores, porteadores u otros trabajadores físicos. Sin embargo, las relaciones exactas entre empleadores y trabajadores, y sus salarios, son todavía un misterio para los estudiosos modernos. Por encima de ellos estaban los artesanos cualificados, que producían varios bienes, desde herramientas y cerámica hasta joyería y cristalería más fina. Los artesanos expertos eran tan buscados en la sociedad cartaginesa que se ha sugerido que a los trabajadores extranjeros posiblemente se les dio la mencionada semiciudadanía. Esto también refuta las habituales descripciones de punes como meros intermediarios en el comercio. Muchos de los productos que vendían eran hechos por sus artesanos y eran, de hecho, muy buscados en el mundo mediterráneo. Además de los artesanos, existían otras profesiones especializadas, como escribas, maestros, arquitectos y médicos, que eran necesarias para mantener en funcionamiento una ciudad bulliciosa como Cartago. Era común que los trabajadores de un mismo oficio vivieran en una zona específica de la ciudad, formando gremios para proteger y mejorar su negocio. Por supuesto, al igual que los terratenientes, no todos eran ricos y respetados o poseían un gran taller. La mayoría de ellos vivían ahorrando en vecindarios apretados en casas sencillas, algunos incluso viviendo en edificios de varios pisos, que habrían albergado a varias familias.

En los márgenes de la sociedad cartaginesa había dos grupos notables. Uno de ellos era el de los extranjeros, que siempre estaban presentes en una ciudad cosmopolita como Cartago. Venían de todo el Mediterráneo, buscando su fortuna de varias maneras. Como en muchas sociedades antiguas, siempre estuvieron claramente separados de la población local. Sin embargo, los ciudadanos de los aliados de Cartago fueron posiblemente tratados un poco mejor, al menos teniendo los mismos derechos legales y una vez más posiblemente cayendo en la categoría de semiciudadanos. El otro grupo marginado era el de las mujeres. No se sabe mucho sobre su posición en la sociedad, ya que las fuentes guardan un silencio casi absoluto sobre ellas. Como se ha mencionado, se les prohibió tener la ciudadanía, lo que está en línea con otras antiguas repúblicas como Roma y Atenas. Esto sugiere que carecían de los derechos legales de los varones cartagineses, sin mencionar que seguramente no se les permitía profundizar en el mundo de la política. Algunas mujeres se mencionan en las dedicatorias del templo, pero nunca solas. Siempre se las mencionaba con sus padres, maridos o hermanos. Además, no hay registros de mujeres que posean negocios o propiedades. Todo eso combinado indica, aunque no prueba, que la mayoría de las mujeres, si no todas, eran incapaces de poseer nada. Parece que, a pesar de tener una princesa, Dido, como su figura fundadora, los cartagineses, como la mayoría de las sociedades antiguas, trataban a las mujeres como miembros de segunda o incluso tercera clase de su comunidad.

Una ilustración del siglo XIX de las mujeres cartaginesas.
Fuente: https://commons.wikimedia.org

El único grupo que lo tenía peor que las mujeres eran, por supuesto, los esclavos. Como en otras sociedades antiguas, los cartagineses consideraban a los esclavos como una parte regular de la vida cotidiana. Algunos eran prisioneros de guerra, pero uno podía ser esclavizado por una deuda no pagada o comerciar en los mercados como una mercancía. Si un niño nacía de padres esclavos, también se convertía en esclavo. La vida de los esclavos era sin duda dura, pero hay algunos indicios de que los cartagineses trataron a algunos de ellos con un poco más de indulgencia de lo que era habitual en el mundo antiguo. El ya mencionado manual de administración de granjas sugiere que no se debe ser demasiado duro con los esclavos para inspirar lealtad y una mejor productividad como resultado. En otras fuentes, oímos de esclavos que realmente dirigen negocios para sus amos, acumulando suficiente riqueza para las dedicatorias del templo o incluso ganando su propia libertad. Sin embargo, hay que señalar que incluso cuando fueron liberados, los esclavos nunca se integraron plenamente en la sociedad. A su vez, excepto por las dos grandes revueltas mencionadas anteriormente, los esclavos cartagineses demostraron ser bastante leales, incluso luchando hasta el final junto a sus amos en el año 146. Dicho esto, no hay que imaginar que la vida de los esclavos cartagineses era mucho mejor que en otras sociedades de la época. No todos siguieron las instrucciones del manual de la granja, y los esclavos, a pesar de eso, carecían de derechos humanos básicos, sin mencionar otros aspectos que hacen que la vida valga la pena.

Con todo lo que se ha dicho en este capítulo, está claro que la sociedad cartaginesa tenía algunos rasgos únicos, mientras que otros encajan perfectamente en el molde establecido por otras civilizaciones antiguas más conocidas. Sin embargo, el hecho más evidente es que mucho de los cartagineses sigue siendo un misterio aún por descubrir en la niebla del tiempo.

Capítulo 8 - Ejército de la República Cartaginesa

A pesar de que los cartagineses nunca fueron considerados realmente como un estado militarista o belicista, la guerra demostró ser una parte significativa de su historia. A menudo lucharon en guerras para preservar su dominio y expandir su esfera de influencia. Por eso, su ejército, a pesar de no ser el más impresionante del mundo antiguo, también merece una breve visión general.

A la cabeza del ejército púnico se encontraba el *rab mahanet* (general), que fue elegido como magistrado gubernamental, separando los deberes civiles y militares en el sistema de gobierno. Este cargo demostró ser más flexible que otros, ya que la duración del servicio no era fija. Uno serviría como general hasta que la guerra terminara o hasta que fuera retirado y sustituido por otro comandante. Además, el número de *rab mahanets* activos podía variar dependiendo de las necesidades de Cartago. En conflictos más pequeños, normalmente se nombraba a uno o como máximo dos comandantes, pero en la segunda guerra púnica, hasta siete hombres, la mayoría de la familia Bárcidas, tenían rango de generales. También vale la pena señalar que los generales también comandaban la marina; no había un título separado de rango de almirante. Sin embargo, en algunos casos existía un diputado o un segundo al mando, con el título de *rab sheni*, que se traduce más o menos como "segundo general". Por lo general, los generales tenían plena autonomía para decidir el curso de acción, tanto en las decisiones militares como en las diplomáticas, aunque en algunos casos, el *adirim* o el *ham* necesitaba ratificar tratados de paz o treguas. Otra cuestión que se planteaba a veces era cuando dos generales de igual rango dirigían ejércitos en la misma zona, lo que planteaba la cuestión de quién tenía el mando superior. También es importante señalar que los generales siempre eran considerados responsables de sus acciones, con severas penalizaciones que se cernían sobre sus cabezas.

En los primeros días de la república, parece que la competencia de un general era juzgada por el senado o algunas de las comisiones menores. Sin embargo, a finales del siglo V y principios del IV, se formó un tribunal militar especial. Conocido como el Tribunal de los Ciento Cuatro, era supuestamente la máxima autoridad de Cartago. El número de miembros fue considerado extraño por los historiadores modernos, con algunos afirmando que era más probable que fuera alrededor de cien. Sin embargo, es más probable que constituyera los cien miembros de los *adirim* y los cuatro magistrados principales que estaban activos. Una vez más, la cuestión de cómo se elegían los jueces con precisión sigue siendo un misterio, aparte de que Aristóteles nos informó que se basaba en el mérito. Al principio, la Corte de los Ciento Cuatro se le dio autoridad solo sobre los generales, pero con el tiempo, comenzó a ampliarse, permitiendo que los funcionarios subordinados fueran juzgados también. A finales del siglo III, parece que la corte comenzó a infringir las funciones de otros cuerpos, instituyendo un gobierno algo despótico sobre Cartago. Esto fue interrumpido por las reformas de Aníbal, reduciendo la membresía de la corte de un término de vida a un solo año.

Independientemente de esas reformas, el papel que se pretende que desempeñen los Ciento Cuatro para mantener a los generales en línea y al servicio del senado y del pueblo sigue siendo cuestionable. La mayoría de los generales y miembros de la corte eran también aristócratas y miembros de los *adirim*. Así, un general acusado sería juzgado por sus enemigos y aliados políticos, lo que lleva a una alta posibilidad de un tribunal politizado que tiene poco que ver con el mérito o la competencia. Además, como el tribunal tenía derecho a ejecutar a los generales fallidos, normalmente de una manera espantosa como la crucifixión, era una plataforma constitucional perfecta para deshacerse de posibles rivales políticos. Además, tal presión también era contraproducente para muchos generales cartagineses, incitándolos a permanecer pasivos y excesivamente cautelosos, temerosos de las repercusiones del fracaso. En algunos casos, los generales derrotados optaron por quitarse la vida en lugar de esperar el juicio frente a los Ciento Cuatro. Sin embargo, a pesar de todas sus deficiencias, el Tribunal de los Ciento Cuatro demostró ser una característica duradera y bastante importante de la vida militar y política cartaginesa.

Ilustración de un hoplita cartaginés y un jinete cartaginés.
Fuente: https://commons.wikimedia.org

La organización y estructura del ejército cartaginés también pasó por varias etapas a lo largo de su historia. En su historia más temprana, probablemente se formó sobre los modelos orientales, muy probablemente siguiendo el arquetipo asirio. Sin embargo, en el siglo VI, los cartagineses comenzaron a remodelar su ejército según el modelo griego, basando su ejército en los pesados lanceros en formación de falange. En ese momento, la mayoría de los soldados eran ciudadanos reclutados por el estado. Sin embargo, durante el siglo V, los cartagineses comenzaron lentamente a volcarse hacia los mercenarios. Al principio, eran solo tropas adicionales, pero en el siglo IV, se convirtieron en la principal fuerza de combate. Esto se hizo más probablemente para preservar la población de Cartago, que, a pesar de su tamaño relativo, no pudo soportar guerras prolongadas con más bajas. Sin embargo, parece que, en la mayoría de los casos, los cartagineses trataron de mantener a sus propios oficiales entre los mercenarios para asegurar su lealtad. Los mercenarios fueron reclutados en todo el Mediterráneo, más comúnmente en sus dominios africanos e ibéricos, así como en el sur de la Galia, Grecia y el sur de Italia. Parece que los griegos eran especialmente valorados, ya que, en algunos casos, durante el siglo III, sus capitanes recibían órdenes sobre todo el ejército cartaginés debido a su experiencia.

A su vez, esto trajo otro cambio a la guerra cartaginesa. Influenciados por los comandantes griegos, los cartagineses aceptaron el modelo helenístico de armas combinadas, que ya no se basaba únicamente en la falange. El nuevo estilo también utilizaba tanto la caballería ligera como la pesada, así como la infantería ligera y las escaramuzas. Además, el ejército cartaginés también utilizó carros de guerra y elefantes. Esto hizo que el ejército púnico fuera mucho más versátil y adaptable, lo cual era más adecuado para las guerras con Roma, ya que estaban en una escala mucho mayor y en frentes más amplios que los de los griegos sicilianos, que se dirigían principalmente en una sola isla. Perfeccionado por las largas guerras púnicas, a finales del siglo

III, el ejército cartaginés ya no era un grupo de mercenarios maltrechos reunidos para un altercado más corto. Se convirtió más bien en un ejército permanente con comandantes experimentados a la cabeza. Sin embargo, después de la pérdida de la segunda guerra púnica, el dominio cartaginés se redujo, así como su poder monetario, lo que llevó a la reducción de su ejército. Había cada vez menos mercenarios, y una vez más, Cartago tuvo que depender más de sus ciudadanos, aunque, en los últimos cincuenta años de su existencia, los cartagineses trataron de evitar grandes conflictos. Al final de la tercera guerra púnica, el ejército cartaginés se convirtió en una milicia ciudadana, incluso con la ayuda de los esclavos, ya que intentaron y fracasaron en su intento de alejar a las legiones romanas.

Debido a su base mayoritariamente mercenaria, el ejército cartaginés era bastante fluido en su composición, no siempre consistía en los mismos tipos de tropas. Sin embargo, a lo largo de la mayor parte de su historia, existió una formación de élite formada por jóvenes aristócratas. Los griegos lo llamaron el Batallón Sagrado, aunque no se menciona ningún nombre púnico. Consistía en unos 2.500 jóvenes nobles entrenados en la formación de la falange griega y equipados con armaduras de la mejor calidad. Preparados desde pequeños, se decía que eran muy disciplinados, lo mejor que Cartago podía hacer. Sin embargo, su historial no era tan impresionante. Parece que, a pesar de sus ejercicios, los soldados griegos profesionales pudieron superarlos en la mayoría de los casos. Esto puede venir del hecho de que el Batallón Sagrado solo fue desplegado en tiempos de crisis y muy rara vez fuera de África. Eso significaba que luchaban sobre todo en duras batallas contra enemigos más fuertes que de costumbre. Además del Batallón Sagrado, otros ciudadanos cartagineses solían servir como caballería pesada y oficiales, la mayoría de ellos también de las clases más ricas. Su número era limitado, sirviendo sobre todo para asegurar la lealtad y la disciplina entre los mercenarios y las tropas de levante. En períodos posteriores, cuando los ciudadanos volvieron a ser prominentes en la infantería, usaron la falange helenística como base. Sin embargo, es justo asumir que no eran tan viables como lo era el Batallón Sagrado.

Otros soldados que sirvieron en la infantería eran mercenarios de todo el mundo mediterráneo, la mayoría de los cuales también formaron formaciones de falanges. Así, llevaban largas lanzas, escudos redondos, cascos de metal y túnicas, así como espadas cortas y chicharrones. Algunas de las tribus celtas e ibéricas también proporcionaban espadachines hábiles, prefiriendo los primeros el sable largo y los segundos el corto. Entre las tribus libias, algunas preferían hachas de doble cabeza, así como escudos en forma de media luna. Curiosamente, las mujeres guerreras también se mencionaron entre los mercenarios africanos. Sin embargo, la pregunta de cuántas, si es que hay alguna, sigue siendo una pregunta. También se desplegaron arqueros, como los expertos moros y cretenses, pero en mucho menor número que en la mayoría de los otros ejércitos. Entre las unidades de rango, los honderos baleares fueron especialmente distinguidos. Eran famosos por la precisión de sus tirachinas, lo que los hacía perfectos para las escaramuzas iniciales y el acoso de las líneas enemigas. Sin embargo, para acosar a los enemigos, el tipo de tropas preferido entre los generales cartagineses era la caballería ligera. Estos soldados también eran mercenarios, normalmente equipados con armaduras ligeras, jabalinas y espadas cortas. Eran capaces de maniobrar fácilmente en el campo de batalla, lo que los hacía más versátiles que la caballería pesada de los aristócratas cartagineses, que por lo general solo podían lanzarse directamente a las líneas enemigas. Los numidianos eran considerados la mejor caballería ligera, seguidos por los ibéricos y los moros.

Algunos de los mercenarios cartagineses: Hondero balear (arriba), infantería ibérica (centro) y caballería númida (debajo). Fuente: https://commons.wikimedia.org

También se utilizaron otras unidades montadas. Los carros de guerra se usaron hasta el siglo III antes de ser abandonados por ser demasiado imprácticos para cualquier terreno excepto para los campos abiertos. Los carros solían tener tripulaciones de dos hombres, con un conductor y un arquero o lanzador de lanzas. Con guadañas en las ruedas, se suponía que se estrellaban contra las líneas enemigas, causando desorden y pánico. Sin embargo, fallaron en su papel de artillería de campo móvil, lo que llevó a que fueran reemplazados por los famosos elefantes de guerra de Cartago. Los cartagineses utilizaron elefantes del norte de África (*Loxodonta africana pharaohensis*), que eran más pequeños que su primo africano vivo. Con un alcance de solo unos 2,5 metros, estos animales probablemente no eran lo suficientemente grandes para llevar una torre de madera como los elefantes de guerra indios. Aun así, eran capaces de llevar un jinete y un arquero. Sin embargo, esta suposición ha sido ampliamente debatida ya que a menudo se les representaba con una torre a sus espaldas, dejando a los estudiosos sin ninguna decisión concluyente. Independientemente de eso, el objetivo principal del elefante de guerra era el mismo que el de los carros. Debían atacar las líneas enemigas y crear huecos para que la infantería y la caballería los explotaran. Sumado al hecho de que tenían largos colmillos, tal vez incluso adornados con lanzas adicionales, los elefantes eran, si acaso, un arma psicológica capaz de infundir miedo a los enemigos de Cartago.

A pesar de ser bastante famosos por el uso de elefantes, especialmente después de que Aníbal cruzara los Alpes con ellos, los elefantes de guerra en la guerra de Cartago resultaron ser bastante ineficaces. Cuando luchaban contra enemigos bien entrenados, como las legiones romanas, los elefantes eran incapaces de infundir miedo, especialmente después del primer encuentro sorpresa. Aún peor, se sabía que se asustaban o se ponían ansiosos y se volvían contra los propios cartagineses. Además, como los carros, los elefantes tenían problemas para luchar en campos de batalla no llanos. Así, los elefantes de guerra demostraron ser más un símbolo que una artillería de campo móvil funcional. En contraste, la artillería de asedio regular de los cartagineses era bastante útil. Se utilizaron sobre todo en las guerras de Sicilia, ya que la mayoría de las ciudades estaban bien fortificadas. En este aspecto, los cartagineses aprendieron una vez más de los griegos, adoptando sus catapultas y ballestas. También se utilizaron armas menos sofisticadas, como arietes y torres de asedio, mientras que se emplearon tácticas de minería y construcción de montículos para eludir las murallas enemigas. Además de usar la artillería con fines ofensivos, los cartagineses también la usaron para la defensa.

Al menos equiparon su propia capital con armas de artillería para añadir un elemento disuasorio adicional a los posibles invasores.

Otra parte importante de la guerra cartaginesa fue la táctica que usaron. En los primeros días de emplear la formación hoplita griega, es probable que utilizaran una táctica similar de los griegos. Una pared de hoplitas chocaría directamente con el enemigo, donde su fuerza bruta y resistencia eran los elementos clave. En tales enfrentamientos, había pocas maniobras, y si algunos eran capaces de flanquear al enemigo, generalmente resultaba ser decisivo. Sin embargo, con el desarrollo posterior de la guerra combinada helenística, fue esta maniobra la que se convirtió en vital para la victoria. A pesar de eso, la infantería pesada de falange, que carecía de maniobrabilidad, permaneció en el centro del ejército cartaginés. Con sus altas capacidades defensivas, estaba allí para asumir la mayor parte de los ataques del enemigo. La infantería ligera estaba en sus flancos inmediatos, protegiéndolos y tratando de flanquear al enemigo. En los flancos exteriores estaba la caballería. Su primera tarea era acosar las líneas enemigas antes de enfrentarse a los jinetes enemigos o intentar flanquear al ejército enemigo. La caballería pesada también se usaba a veces para romper la formación del enemigo. Además, la caballería se usaba ocasionalmente para tender emboscadas y atacar por la espalda. Sin embargo, con el uso de la guerra helénica, las batallas se hicieron menos predecibles, y las tácticas variaron dependiendo de las circunstancias, haciendo esta descripción de las tácticas cartaginesas menos de una regla y más una generalización demasiado simplificada.

Finalmente, cuando se habla del ejército cartaginés, también hay que mencionar su flota. Según las fuentes antiguas, en su apogeo, la armada púnica contaba con unos 350 barcos de guerra. Eran grandes barcos, impulsados por velas y remos, con dos remos de dirección a ambos lados de la popa. Aunque algunos historiadores argumentan que, si ambos timones se usaban simultáneamente, las fuentes antiguas insinúan esto. Posiblemente explica por qué consideraban que los barcos cartagineses eran los más maniobrables en el campo de batalla. En cuanto al armamento, los cartagineses usaban principalmente carneros de bronce montados en la proa, bajo la superficie, usándolos para perforar las naves enemigas. A diferencia de la guerra terrestre, en las batallas navales, había normalmente dos simples tácticas generales, una en la que los barcos trataban de embestir al enemigo de frente. En la otra, se intentaba una maniobra de flanqueo. Diferentes tácticas eran posibles, pero menos comunes. En las batallas, los remos eran la fuente principal de propulsión, permitiendo velocidades más confiables y consistentes. Sin embargo, también era importante no penetrar demasiado en las naves enemigas, ya que podía llevar a que una nave cartaginesa se quedara atascada. Cabe señalar que estas tácticas no fueron utilizadas únicamente por los cartagineses, ya que era una forma común de lucha entre las civilizaciones del antiguo Mediterráneo.

Además de embestir, también era común usar jabalinas u otros misiles contra los enemigos. Sin embargo, a diferencia de los romanos, los punes evitaban abordar las naves enemigas. Normalmente se evitaba la artillería pesada, ya que hacía que la nave fuera inestable, incluso en períodos posteriores en los que las naves eran más grandes. A principios de la historia cartaginesa, el principal tipo de barco utilizado era un trirreme, llamado así por tener tres filas de remos a cada lado. Sin embargo, no eran naves pequeñas. Caben 180 remeros, más los miembros adicionales de la tripulación, y el barco en sí era usualmente de unos 120 pies (37 metros) de largo y unos 16 pies (5 metros) de ancho. Los orígenes del trirreme, usado a través del Mediterráneo, son discutidos. Algunos investigadores afirman que los propios cartagineses lo desarrollaron, mientras que otros lo atribuyen a sus hermanos fenicios. Sin embargo, con el paso del tiempo, la idea de hacer barcos más grandes e impermeables a los embates llevó a los punes a ser los primeros en desarrollar el cuatrirreme, una versión más grande del trirreme con cuatro filas de remos. Con el tiempo, un quinquerreme, un barco con cinco filas de remos, fue desarrollado por Dionisio de Siracusa, pero fue rápidamente adoptado por los cartagineses, convirtiéndose en su principal tipo de acorazado. Tenía unos 45 metros de largo y 5 metros de ancho a nivel del agua, mientras que su cubierta estaba a unos 3 metros sobre la superficie. Se necesitaban unos 420 marineros para tripularlo completamente, de los cuales no menos de 300 eran remeros.

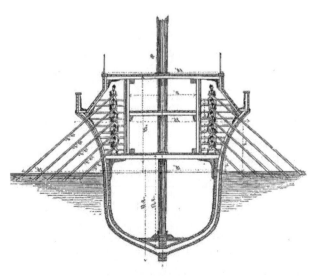

Un diagrama del siglo XIX de una nave quinquerreme.
Fuente: https://commons.wikimedia.org

Las tripulaciones de los barcos cartagineses, a diferencia de las fuerzas terrestres, estaban compuestas casi exclusivamente por los mismos punes. Aunque la mayoría de las clases bajas, los marineros cartagineses fueron considerados entre los mejores en la antigüedad debido a su amplia formación. Esto solo fue ayudado por el hecho de que muchos de los punes ya estaban familiarizados con el mar como comerciantes. Sin embargo, vale la pena señalar que, en los últimos doscientos años de la historia cartaginesa, su marina había perdido su ventaja por la inactividad. La mayoría de la tripulación eran remeros que, además de remar, debían tomar las armas y luchar si los barcos eran varados o abordados por el enemigo. Además, había marineros y arqueros, soldados entrenados cuyo único propósito era luchar. Por encima de todos ellos había tres oficiales, uno de los cuales era el navegante. Por encima de ellos estaba solo el almirante elegido de toda la flota. La propia flota tenía una variedad de propósitos. En tiempos de paz, salvaguardaba a los comerciantes cartagineses tanto de los piratas como de los competidores que supuestamente entraban en aguas cartaginesas. En tiempos de guerra, además de luchar contra la armada enemiga, la flota también servía para transportar ejércitos y suministros, asaltar la costa enemiga y ayudar en los asedios a través de bloqueos navales. Además, podían interrumpir los convoyes de suministro del enemigo e incluso aliviar y reabastecer las ciudades o fuerzas cartaginesas sitiadas.

En definitiva, considerando todos los hechos, el ejército cartaginés, tanto su fuerza terrestre como naval, demostró ser uno de los mejores de la antigüedad. Aunque solo fuera eso, fue una de las raras fuerzas capaces de llamar a las puertas de la propia Roma. A pesar de eso, solo un puñado de sus componentes se originaron en Cartago, pero fueron importados de otros lugares, tanto en mano de obra como en tecnología y tácticas. Esa era una hoja de dos caras. Permitió a los cartagineses seguir las mejores tendencias militares. Sin embargo, una vez que dejó de evolucionar, su ejército y su marina se volvieron obsoletos rápidamente. Al final, eso fue lo que pasó. Durante sus enfrentamientos con los griegos, estaban dispuestos a aprender de sus enemigos, adoptando la formación hoplita, así como el tipo de ejércitos helenísticos posteriores. Sin embargo, después de enfrentarse a los romanos, los cartagineses no fueron lo suficientemente rápidos para darse cuenta de las ventajas del estilo de guerra romano, lo que los llevó a su desaparición definitiva.

Capítulo 9 - La civilización púnica

A menudo cuando se habla de Cartago y los punes, el enfoque es únicamente en sus guerras contra Roma y los griegos, tal vez en su mercantilismo y economía también. Sin embargo, es raro profundizar en el tema de su cultura y religión; es casi como si ese aspecto de su sociedad fuera menos importante o, peor aún, inexistente. Sin embargo, la verdad es que los punes tenían una civilización bastante desarrollada que es digna de nuestra atención.

Uno de los aspectos más importantes de la cultura cartaginesa fue sin duda su religión, como en todas las demás sociedades antiguas. Como muchos otros a lo largo de la historia, los punes creían en una multitud de dioses. La base de su panteón era el fenicio, ya que los primeros colonos trajeron sus antiguas creencias con ellos. Sin embargo, no se sabe mucho sobre la mitología exacta detrás de los dioses. Sabemos cuáles eran las deidades más respetadas, como, por ejemplo, Melqart y Baal y sus muchas encarnaciones. Melqart era originalmente el dios protector de Tiro, un papel que probablemente también tuvo en Cartago. Más tarde, los griegos vieron a Heracles (el Hércules romano) en él, lo que llevó a que el culto a Melqart-Hércules se extendiera por todo el Mediterráneo. Como un dios-héroe, muchos generales, incluyendo la familia Bárcidas, adoraban a Melqart con entusiasmo. Baal era el dios principal, como Zeus o Júpiter, pero tenía muchas encarnaciones que pueden haber sido alabadas como deidades separadas. En Cartago, Baal Hammon era el dios principal, así como el dios del clima y de la fertilidad de la vegetación. Otros dioses importantes eran Eshmun, el dios de la renovación y la curación; Reshef, el dios del fuego; y Rasap, el dios de la guerra. Las deidades fenicias menos importantes en la religión púnica eran Semes, la diosa del sol; Hudis, el dios de la luna nueva; Kese, el dios de la luna llena; Hawot, la diosa de los muertos; y Kusor, que tenía una forma femenina de Kusarit, dios/diosa de la inteligencia.

Sin embargo, no todas las deidades fueron tomadas directamente de la antigua religión fenicia. Por ejemplo, una gran diosa cartaginesa, Tanit, que en períodos posteriores superó en importancia tanto a Melqart como a Baal, probablemente no era adorada en Fenicia. Sus orígenes son discutidos, ya que algunos investigadores argumentan que los punes la crearon. En contraste, otros rastrean sus comienzos como una insignificante sirvienta de la diosa fenicia Astarté. A menudo junto con Baal, Tanit era la diosa de la fertilidad, la vida y la maternidad. Ella es también la única deidad cartaginés que tenía su propio símbolo, al menos que se conozca hoy en día. Era un triángulo con una línea horizontal y una esfera encima, una representación estilizada de una mujer con un vestido extendiendo sus brazos. Además de los fenicios y las deidades púnicas originales, los cartagineses también aceptaban dioses de otras naciones vecinas. Entre los más destacados estaban los griegos Deméter y Perséfone, cuyo culto comenzó en el año 396 a. C. después de que los cartagineses quemaran su templo en Siracusa, lo que se consideró la causa de los desastres que siguieron. Otra deidad prestada fue la egipcia Isis, que llegó a través de estrechas relaciones comerciales entre las dos naciones. Sin embargo, seguramente se adoraban otros dioses. Algunos pueden haber sido traídos por los inmigrantes y colonos que llegaron a Cartago durante su larga historia cosmopolita, pero su existencia no está clara. Las fuentes griegas y romanas tienden a llamar a todas las deidades púnicas con los nombres de sus dioses, lo que hace difícil descifrar el panteón púnico exacto.

Un busto del siglo IV de la diosa Tanit (arriba) y el símbolo de Tanit en una estela (debajo). Fuente: https://commons.wikimedia.org

Asimismo, hay poca información sobre la teología y la práctica de la religión entre los cartagineses. Tenían una multitud de templos, probablemente parecidos a los antiguos santuarios fenicios con dos grandes columnas, una a cada lado de la entrada, que conducían a un interior de tres cámaras. En su interior habría un gran cuenco de bronce con una llama eterna en lugar de una representación de una deidad particular. La vida religiosa era mantenida por un número de sacerdotes, conocidos como *kohanim*, dirigidos por un sacerdote principal con el título de *rab kohanim*. Posiblemente estaba relacionado con la preservación del culto de Melqart y la realización de los rituales anuales de muerte y renacimiento de este dios. Los títulos de sacerdote superior se reservaban para las familias aristocráticas y se consideraban bastante significativos. El *rab kohanim* era incluso un miembro de los *adirim*. Debajo de él estaban los principales sacerdotes de los templos particulares, que habrían sido ayudados por sacerdotes menores. Se ha sugerido que las sacerdotisas también existían, pero se desconoce su papel e importancia. Sin embargo, parece que los templos estaban fuera del alcance de las mujeres comunes. Además de las funciones religiosas, los sacerdotes pueden haber tenido algo que ver con la educación y el mantenimiento de las bibliotecas. En cuanto al sistema de creencias en sí mismo, tenemos pequeñas pistas para continuar. Era común que las familias aristocráticas tuvieran deidades patronas, a las que adoraban de varias maneras, como el patrocinio de un templo. Además de eso, se insinúa que los punes creían en la vida después de la muerte, ya que colocaban sus utensilios para comer y beber en las tumbas para acompañar a los muertos.

Los rituales exactos realizados por los sacerdotes también siguen siendo un misterio, pero se ha sugerido que la mayoría de ellos se practicaban fuera de los templos, incluyendo oraciones, danzas rituales, quemar incienso y hacer ofrendas a los dioses en un altar especialmente dedicado. Además de ofrecerles varias comidas, bebidas y animales, se insinúa que también practicaban el sacrificio humano. Muchas fuentes antiguas mencionan que los sacrificios anuales de niños a Baal se hacían en un sitio sagrado, que los historiadores llaman hoy el *tophet*, situado al sur de Birsa. Según ellos, se hacían para apaciguar a los dioses. Sin embargo, las pruebas arqueológicas sugieren lo contrario. Tras un examen más detallado, parece que la mayoría de los restos del *tophet* eran bebés y mortinatos, casi todos los cuales murieron por causas naturales. Eso sugiere que el *tophet* no era más que un cementerio de niños. Sin embargo, es posible que hicieran sacrificios humanos en tiempos de crisis extrema, como una invasión siracusa o alguna gran peste. Algunos de los escritores romanos y griegos afirman que los niños sacrificados tenían entre seis y doce años, a veces incluso más. Esta podría ser la razón por la que solo un puñado de los restos del *tophet* eran de niños mayores. Si los sacrificios eran reales, es probable que no se realizaran en el *tophet* y que los niños sacrificados no estuvieran relacionados con las personas que los ofrecían como tributo, a pesar de lo que afirman las fuentes. También cabe señalar que los *tophets* también se encontraron en varias colonias púnicas y fenicias a lo largo del Mediterráneo.

Restos del tophet cartaginés. Fuente: https://commons.wikimedia.org

El caso de los sacrificios de niños muestra el constante problema con la historia cartaginesa. La mayoría de nuestros relatos han sido escritos por los griegos y los romanos. Esto no significa que los punes no escribieran sobre sí mismos, sino que, como en muchos otros aspectos de la civilización cartaginesa, sus obras literarias se perdieron. Como se mencionó anteriormente, sabemos que algunos de sus autores escribieron sobre agricultura y ganadería, insinuando que otros pueden haber escrito sobre otros aspectos de la economía, posiblemente el comercio. De los cuadernos de viaje de Hannón, aunque solo los conocemos por extractos griegos, está claro que también escribieron sobre viajes y exploraciones marítimas. La cuestión de las historias escritas o los anales es todavía un tema de debate. Algunos piensan que la historiografía no fue un género desarrollado en Cartago, lo que explica la falta de libros de historia púnica. Sin embargo, otros señalan que Aníbal dejó relatos personales de sus campañas en el templo de Hera en el sur de Italia, mientras que, en Cartago, se encontró una inscripción que informa sobre las acciones tomadas en Sicilia en el 406 a. C. Esto indica que los punes escribieron al menos sobre sus hazañas militares. A esto se suma el hecho de que sabemos que se enorgullecían de su ascendencia, lo que significa que se interesaban por la historia familiar. Todo esto sugiere que los cartagineses estaban, de hecho, familiarizados con el género historiográfico y practicaban alguna forma de él. Esto sugiere que las historias púnicas existían, pero no se salvaron.

Otros géneros también se insinúan en los relatos griegos y romanos, como la filosofía y la poesía. Sin embargo, de nuevo, tenemos poca evidencia objetiva sobre esas obras. La razón principal es el hecho de que los romanos tenían poco deseo de preservarlas, lo que se demuestra por el hecho de que dieron casi todas las bibliotecas púnicas a los reyes africanos locales en 146. Sin embargo, a través de las inscripciones preservadas, sabemos que los logros literarios cartagineses fueron escritos en lo que hoy llamamos la lengua púnica. Como es fácil de asumir, los primeros cartagineses hablaban el idioma fenicio. Sin embargo, con el tiempo, desarrollaron su propio dialecto distintivo gracias a las influencias de la población local bereber, así como de sus socios comerciales e inmigrantes. No obstante, siguieron utilizando el alfabeto fenicio, que es, de hecho, el modelo para los alfabetos latino y griego. Al igual que los fenicios, los punes escribían sin vocales de derecha a izquierda en líneas horizontales. Gracias a su semejanza con otras lenguas semíticas, los investigadores pueden hoy en día descifrar la mayoría de ellas, aunque todavía existen muchas incertidumbres y debates sobre algunas de las traducciones de las inscripciones púnicas. La lengua púnica en sí misma sobrevivió mucho tiempo después de la caída de Cartago, transformándose en neopúnica, que se hablaba en algunas partes del norte de África hasta aproximadamente el siglo VI d. C.

A diferencia de las obras literarias, el arte cartaginés se ha conservado al menos hasta cierto punto. Sin embargo, hay algunas limitaciones a lo que se ha encontrado, ya que la mayoría de los artículos fueron encontrados en tumbas y templos. Esto podría explicar por qué la mayoría de ellos tenían motivos religiosos, aunque no hay evidencia de que el arte profano difiriera mucho en ese aspecto. Independientemente de eso, sus artes visuales muestran un camino de desarrollo similar al del resto de su cultura. La influencia más antigua fue, por supuesto, el antiguo estilo fenicio, con motivos orientales o mesopotámicos comunes, aunque muy pronto el arte egipcio también se extendió. De forma algo inesperada, la influencia egipcia demostró ser bastante fuerte y duradera. Más tarde, el estilo etrusco también comenzó a impregnar el arte cartaginés; sin embargo, fueron los griegos los que se convirtieron en una influencia primordial en períodos posteriores. Irónicamente, la moda griega comenzó en el siglo V, después de que los punes saquearan las prósperas ciudades griegas de Siracusa. Los artistas cartagineses reprodujeron todos estos estilos, y al más alto nivel, a pesar de la anticuada creencia de que importaban principalmente productos artísticos de alta calidad. Sin embargo, en algunos casos, es difícil determinar si un artículo fue hecho localmente o importado. Dicho esto, los artesanos y obreros cartagineses no eran simples copiadores de otros. Con el tiempo, comenzaron a fusionarse y a mezclar varios estilos y motivos para crear piezas de arte únicas de la cultura púnica.

Entre los artículos más comunes se encuentran pequeñas figuritas, generalmente de alguna diosa o en algunos casos de Melqart. A menudo se enterraban con el difunto o se daban como ofrendas en los templos. Los primeros tipos de estas estatuillas son bastante simples; las figuritas femeninas tienen cabezas planas y cuerpos cilíndricos, mientras que Melqart está sentada en un trono con una mano levantada para bendecir. Con la llegada de las influencias griegas, las estatuillas fueron hechas con ropa y túnicas griegas. Sin embargo, los punes nunca hicieron estatuillas desnudas, a diferencia de los griegos. Cabe destacar que estas figuritas de arcilla también fueron pintadas, como en otras culturas antiguas. Otros temas notables para estas pequeñas esculturas eran figuras femeninas tocando panderetas o flautas. En algunos casos, hubo una mezcla de influencias, como las representaciones aladas de Isis con un típico cuello ancho egipcio con vestimenta griega. Otros objetos comunes son varias vasijas con forma de cabezas de animales, como patos y vacas. La mayoría de estos fueron hechos de arcilla. Sin embargo, no todo el arte púnico era estático, como lo demuestran las figuras de hembras danzantes, normalmente hechas en marfil, y un relieve de un jinete armado al galope, seguido de su perro. Uno de los motivos púnicos más característicos eran rostros ligeramente más abstractos, generalmente sonrientes, que también se encontraban en varias estatuas que se mezclaban con los otros elementos mencionados anteriormente.

Sin embargo, este motivo de una cara sonriente era mucho más común en las máscaras de arcilla, que los Punes usaban para ahuyentar a los espíritus malignos. Estas máscaras son pequeñas y no están hechas para ser usadas, sino que se colocaban en las tumbas o se colgaban en las paredes. Con rasgos estilizados como sonrisas feroces y ojos fijos, a menudo pintados con colores vivos, estas máscaras votivas son algo único para los cartagineses. Otro tipo de máscara que se encuentra comúnmente es la de un rostro de mujer sonriente, sin ningún tipo de rasgos grotescos, lo cual estaba más en línea con las influencias griegas. El motivo de los rostros y cabezas también se traducía en joyas. Un artículo común entre los cartagineses eran los collares hechos de cuentas de vidrio en forma de cabezas masculinas. También eran coloridos, con ojos fijos, pelo rizado y barbas. Además de vidrio, estas cuentas, así como otros artículos de joyería, estaban hechas de metales preciosos y perlas. Otros artículos como aretes, colgantes, brazaletes y diademas eran comúnmente decorados con motivos egipcios de leones, halcones y flores de loto, así como varios dioses e imágenes más púnicas como palmas y ojos. Parece que las joyas eran usadas por cualquiera que pudiera pagarlas, sin importar el sexo. También se hacían amuletos de pasta de vidrio y piedras semipreciosas y escarabajos con símbolos y dioses egipcios, y se usaban para protección mágica y como símbolo de clase. La influencia griega fue más prominente en los intaglios, pequeñas gemas grabadas, que comúnmente representaban escenas de la mitología griega.

Los cartagineses también crearon otros objetos decorativos como tazones, jarras y jarrones, y más famosos huevos de avestruz pintados. Estos fueron decorados con varias formas geométricas, palmeras y flores de loto, comúnmente en pintura roja. Símbolos similares se pueden encontrar en joyeros de metal, así como en las asas de los espejos, que a veces fueron tallados en marfil o madera. Por supuesto, además de esos, también se grababan deidades. El colorido vidrio también se usaba para crear recipientes más pequeños, normalmente de dos asas, que se usaban comúnmente para almacenar perfumes y ungüentos. Este tipo de vidrio era común en todo el Mediterráneo, pero los cartagineses se caracterizan por un vidrio azul oscuro adornado con rayas blancas, amarillas, verdes y turquesas, colores que se ven comúnmente en otras obras de arte cartaginesas. Entre las representaciones del arte cartaginés están las monedas también. Aunque no están destinadas a ser obras de arte, a menudo exhiben una impresionante calidad artística. Los motivos más comunes eran un caballo o una cabeza de caballo, una palmera y el perfil de una diosa o dios. La diosa era normalmente Tanit, menos comúnmente Dido o Isis, mientras que el dios era típicamente Melqart, comúnmente representado como Heracles. Otros elementos menos comunes eran los leones, elefantes o elefantes de guerra, así como las proas de los buques de guerra. Los dos últimos fueron golpeados por los Bárcidos en España. Notablemente, la artesanía y la calidad del diseño empeoró con las denominaciones menores, que estaban hechas de bronce. El estilo de estas monedas se basa claramente en las monedas griegas sicilianas, aunque los motivos son distintivamente cartagineses.

Una moneda cartaginesa con representaciones de la diosa Tanit y un caballo.
Fuente: https://commons.wikimedia.org

A mayor escala, hay muchas estelas de piedra cartaginesas conservadas en varios cementerios y *tophets*. Fueron colocadas sobre las tumbas, como marcadores o posiblemente altares, y fueron talladas con relieves de diversas naturalezas religiosas. Los símbolos más comunes que se representaban eran los símbolos de Tanit, así como el sol y la luna creciente; por supuesto, también había otros motivos religiosos junto a estos. En algunos casos, se grabaron con una inscripción conmemorativa. En períodos posteriores, las decoraciones se hicieron más complejas, mezclando una vez más varios estilos. Un ejemplo de ello es una estela con una columna jónica griega tallada que sostiene una esfinge egipcia, con palmas púnicas estilizadas sobre ella. En el último siglo, los artistas cartagineses comenzaron a adornar estelas con figuras de animales y humanos, motivos de manos, e incluso en algunos casos con retratos intentados. A veces, en lugar de estelas, los púnicos optaron por osarios o sarcófagos de piedra, que se utilizaban para preservar los restos de los fallecidos. Los primeros llevaban claras marcas y símbolos egipcios, con una representación bidimensional de los difuntos. Con la llegada de las influencias helenísticas, las figuras se volvieron tridimensionales, combinando, en algunos casos, motivos egipcios y el estilo griego. Vale la pena señalar que no todos los osarios eran de una longitud completa de un humano, y parece que la mayoría, si no todos, eran de color. También es probable que solo fueran usados por las clases más ricas.

Un desarrollo y un estilo similares se pueden ver también en la arquitectura púnica. Aunque la mayor parte de Cartago púnica fue destruida, hay restos de construcciones púnicas en las colonias cartaginesas, mientras que las tallas en las estelas y la escritura en las fuentes antiguas también arrojan algo de luz sobre el tema. Las casas comunes se construían generalmente con ladrillos de barro con techos planos. Normalmente de una sola planta, algunas llegaban a seis pisos de altura, al menos según las fuentes. Estas casas simples tienden a ser más evocadoras de Fenicia y Egipto que del mundo grecorromano. Los templos tenían techos planos similares, claramente derivados de las mismas tradiciones orientales. Los más antiguos tenían símbolos geométricos y de estilo egipcio en sus entablados, que se adornaban además con columnas en sus porches. Los templos más grandes también tenían patios para ceremonias. Con la llegada de las influencias helenísticas, las columnas se hicieron acanaladas, normalmente decoradas con capiteles jónicos o dóricos, aunque en algunos casos también se utilizaba la palma púnica. Sin embargo, era raro ver una copia clara de los templos de estilo griego, con el tejado inclinado a dos aguas y la fachada triangular. La mezcla de estilos es, sin embargo, más evidente en los mausoleos que se encuentran en todo el mundo púnico. Uno de ellos, de unos 21 metros de altura, tiene tres pisos. El primer nivel es cúbico y está adornado con un relieve de carros en cada cara vertical. En la parte superior está el segundo cuadrado, ligeramente más estrecho y decorado con columnas griegas. El tercer nivel también es más estrecho, pero descansa sobre un pedestal, que tiene jinetes en su esquina. Finalmente, rematando todo esto está una pirámide baja en otro pedestal adornado con ninfas marinas.

La arquitectura, como todos los demás aspectos de la civilización púnica, exhibe su tendencia a adoptar y adaptar las influencias de otras naciones y culturas, usando lo que les convenía para crear una creación original y única. Así, paradójicamente, la cultura púnica parece haber sido derivada de otras, además de ser creativa y original.

Conclusión

Los cartagineses suelen ser vistos como los gloriosos, pero derrotados, enemigos de los griegos y romanos, los codiciosos comerciantes que harían cualquier cosa por una moneda. Sin embargo, esta guía espera contrarrestar algunos de estos prejuicios que comenzaron en la antigüedad. En lugar de ver a los cartagineses como una némesis bidimensional de dos civilizaciones más conocidas, este libro ha tratado de presentarlos como una civilización digna por sí misma. Desde sus humildes comienzos, con grandes exploraciones y expansiones, hasta su desmoronamiento, los cartagineses crearon su propio camino, su propia historia, y consistió en algo más que soldados y comerciantes. Crearon su propio arte, tierras cultivadas, y se preguntaron sobre el mundo que les rodeaba. Construyeron ciudades y viajaron a través del Mediterráneo, transportando no solo bienes y recursos sino también otras cosas más valiosas como ideas y conocimientos. No temían aprender de nadie, ni siquiera de sus supuestos enemigos jurados. Su apertura iba también en la otra dirección, ya que las puertas de sus ciudades estaban abiertas para muchos emigrantes y nuevos colonos, de dondequiera que fueran, lo que llevó a un cosmopolitismo que se veía en toda su civilización, un rasgo que recuerda más al mundo global moderno que a las sociedades antiguas.

Ese tipo de cosmopolitismo, de alguna manera, hace que toda su cultura parezca un álbum de recortes de ideas e imágenes prestadas. Sin embargo, muestra cuán adaptables eran realmente, ya que a menudo eran capaces de superar varios obstáculos y pérdidas. Sin miedo a aprender, aceptaban cuando los demás sabían algo que ellos no sabían. En eso, los cartagineses fueron capaces de hacer sus propias creaciones únicas, algo innegablemente púnico, pero algo tan difícil de precisar con precisión, ya que compartía tanto con tantas otras civilizaciones. Fueron, de hecho, una cultura verdaderamente global. Algunos ven esto como algo negativo, como si se negaran a aceptar los logros de otros. Sin embargo, la historia de Cartago nos enseña que una vez que dejamos de aprender y adaptarnos, fracasamos. Después de ser derrotados por Roma por segunda vez, los cartagineses no fueron lo suficientemente rápidos para adaptarse y absorber las nuevas ideas romanas, lo que llevó a su caída. Sin embargo, a pesar de que finalmente fueron derrotados, su cultura continuó viviendo durante siglos, influyendo en muchos otros que vendrían después de ellos.

Segunda Parte: Minoicos

Una guía fascinante de una sociedad esencial de la Edad de Bronce en la antigua Grecia llamada la civilización minoica

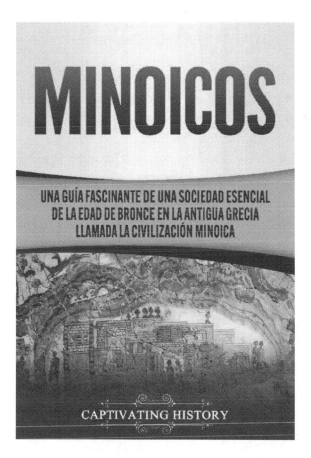

Introducción

Los minoicos siguen siendo un tema intrigante para el público moderno porque son como un rompecabezas al que le falta la mitad de sus piezas. Todos tienen una idea aproximada de cómo podría ser, pero podría haber sorpresas en las que nadie piense porque todos los rastros de la imagen han desaparecido. Para los arqueólogos, historiadores, turistas, estudiosos, aficionados a la mitología y estudiantes del mundo antiguo, los minoicos son este rompecabezas roto.

Los minoicos fueron una antigua civilización que construyó sus asentamientos en islas del mar Egeo. Vivieron hace casi 5.000 años y dejaron atrás rastros de sus vidas, pero no los suficientes para que la gente creara un cuadro completo. Desde principios del siglo XX, los minoicos han sido objeto de interés gracias a los descubrimientos y excavaciones de Sir Arthur Evans, un arqueólogo británico que encontró las primeras ruinas minoicas y les dio el nombre del mitológico rey Minos y su Minotauro. Evans fue capaz de acceder casi en exclusiva a las tierras del gobierno cretense para la excavación, pagando por ella con fondos generados por sus partidarios en 1900. Él y su equipo desenterraron el enorme complejo palaciego de Cnosos, uno de los sitios de excavación arqueológica más famoso de la historia[1].

A partir del trabajo de Evans y otros, el rompecabezas de los minoicos ha ido ganando poco a poco más piezas. A través del estudio de la cultura material, el público moderno sabe ahora bastante sobre técnicas artísticas, temas favoritos, moda, vida cotidiana, roles de género, y con quién comerciaban los minoicos. Un observador puede decir que los minoicos fueron una civilización mercantil marítima, que construyeron magníficos centros urbanos, y que tenían una forma de escritura. Sin embargo, mucho sigue siendo un misterio. Nosotros, como cultura global, casi no tenemos idea de la historia minoica.

¿Quiénes eran sus enemigos?

¿Lucharon con sus vecinos?

¿Tenían grandes monarcas y nobles?

¿Quién era la diosa serpiente en sus esculturas?

¿Realmente practicaban el sacrificio humano?

¿Eran las mujeres las verdaderas líderes de la religión?

¿Qué era el salto de toro?

Tal vez lo más importante: ¿Qué catástrofes debilitaron tanto a la civilización que fueron invadidas por sus vecinos militaristas en la Grecia continental?

Este volumen es menos una historia y más una interpretación y descripción de los hallazgos arqueológicos basados en los testimonios e investigaciones de cientos de estudiosos en el campo. Basándose en la información contenida aquí, ¿cómo cree usted, el lector, que eran los minoicos?

---

[1] Rodney Castledon, *Minoans: Life in Bronze Age Crete*, Routledge: Philadelphia, 1993.

Capítulo 1 - ¿Dónde y cuándo vivieron los minoicos?

Los minoicos fueron una de las civilizaciones de la Edad de Bronce del Egeo que vivieron en islas como Creta y otras masas de tierra en el mar Egeo. Eran un pueblo marinero que construyó sus asentamientos en una serie de pequeñas islas cerca de la actual Grecia, y la evidencia indica que viajaron a través de todo el mar Mediterráneo para comerciar con las culturas cercanas. Los minoicos vivieron desde alrededor del 2700 a. C. hasta aprox. 1100 a. C. Cuando se trata de años, la designación a. C significa "antes de la Era Común", o antes del año contemporáneo 1 en el calendario gregoriano moderno. Por lo tanto, los minoicos habrían vivido hace casi 5.000 años.

La Edad de Bronce fue un período en el desarrollo humano donde las civilizaciones fueron capaces de crear armas y herramientas de bronce. Otros requisitos para ser considerada una civilización de la Edad de Bronce eran poseer alguna forma de escritura, así como la civilización urbana. Para crear el bronce, los minoicos habrían sido capaces de fundir el cobre y la aleación con otros metales como el estaño y componentes como el arsénico. Los minoicos fueron en realidad una de las primeras civilizaciones en dominar la capacidad no solo de crear bronce, sino también de comercializarlo con otras civilizaciones que no podían extraer los materiales necesarios.

Según Homero, los minoicos supuestamente construyeron 90 asentamientos en la isla de Creta y numerosos pueblos en las pequeñas islas cercanas. Los arqueólogos han encontrado pruebas concretas de la civilización minoica solo en Creta y en un grupo de islas cercanas originalmente llamado Thera, ahora conocido como Santorini. Creta es, de lejos, la más significativa de las dos áreas porque la mayoría de los artefactos minoicos supervivientes han sido encontrados en grandes sitios como Cnosos, que los arqueólogos creen que fue la capital de la civilización minoica[2]. Aunque pequeña, hay pruebas que indican que la población de Cnosos creció rápidamente y atrajo a la élite social y cultural minoica. Se estima que la población de la ciudad era de 1.300 a 2.000 habitantes en el 2500 a. C., 18.000 en el 2000 a. C., 20.000 a 100.000 en el 1600 a. C. y 30.000 en el 1360 a. C.

Numerosos artefactos provienen de estructuras de palacios minoicos que lograron sobrevivir al clima mediterráneo, a los ataques de los enemigos, e incluso a un tsunami que devastó partes de Creta durante el final de la era minoica. Los palacios tendían a ser estructuras masivas de piedra con múltiples habitaciones para almacenamiento, registro y habitación. Otros sitios importantes para la información y los artefactos son las cuevas donde se han descubierto objetos del culto ritualista, así como aldeas que contenían fragmentos de cerámica. Algunos de los lugares más significativos para la información minoica, además de Cnosos, son Festo, Agia Triada, Vasiliki, Arkalochori y Akrotiri.

---

[2] Ibíd.

Algunas de las personas con las que los minoicos comerciaban e interactuaban eran los egipcios, las civilizaciones de la Grecia continental, las sociedades del Levante, los pueblos de Anatolia y, potencialmente, las civilizaciones de Europa oriental en lugares como la Rumanía contemporánea. Muchos minoicos pasaron su vida en el mar, viajando, pescando y comerciando. A diferencia de otras civilizaciones antiguas, los minoicos no necesitaban un gran ejército permanente porque estaban rodeados de agua por todos lados y no había muchas armadas poderosas en la región. En cambio, los minoicos se mantenían a salvo apuntalando sus barcos y protegiéndose de los piratas.

Excavaciones

Un gran problema al estudiar una civilización tan antigua como los minoicos es que los registros eran escasos y lo que existía ha sufrido miles de años de erosión y devastación. Los minoicos, en particular, eran un grupo pequeño que no guardaba muchos registros, y aunque tenían el sistema de escritura, el lineal A, los documentos existentes actualmente no están traducidos y son ininteligibles. Aún peor, sus islas natales fueron golpeadas por varios desastres, incluyendo una masiva erupción volcánica y un tsunami, así como la conquista de sus vecinos en la Grecia continental, los micénicos.

Para obtener información sobre la civilización, los arqueólogos y otros profesionales excavan sitios significativos para encontrar artefactos e información preservada. Luego necesitan usar la lógica y la evidencia para reconstruir quiénes pudieron haber sido los minoicos, cómo vivían y su estructura social general. Aunque actualmente hay docenas de diferentes sitios de excavación a lo largo de los mares Egeo y Mediterráneo, los más importantes están en Creta y Santorini, que se llamaba Thera, nombre que se encuentra en antiguos registros de los micénicos y los antiguos griegos.

Desde estos sitios, arqueólogos, historiadores y otros estudiosos han logrado reconstruir una imagen coherente de los minoicos, aunque todavía existen grandes lagunas en el conocimiento.

Capítulo 2 - Historia conocida de los minoicos antes de los micénicos

Los minoicos fueron una antigua civilización que se remonta a miles de años atrás si se considera a los humanos originales que se establecieron en Creta. Los humanos han estado viviendo en y alrededor del mar Mediterráneo por más de 130.000 años, que es cuando los científicos especulan que los primeros homínidos llegaron a lugares como Creta. Se cree que los primeros humanos modernos evolucionaron alrededor de 10.000 o 12.000 años a. C., basándose en pruebas arqueológicas como herramientas de piedra, cerámica y esqueletos descubiertos alrededor de la isla. Esta evidencia apoya la idea de que los minoicos y los griegos compartieron antepasados comunes que se originaron en Anatolia o el Levante.

Debido a que una civilización minoica existió durante siglos, los historiadores y otros tienden a dividir los años en tres períodos separados: Los minoicos tempranos (EM), los minoicos medios (MM) y los minoicos tardíos (LM). A pesar de tener numerosos ejemplos de cultura material de cada período, se sabe poco sobre la historia real de la civilización. Como se ha mencionado, el pueblo no mantuvo registros detallados y no se involucró a menudo en guerras, por lo que los eventos importantes son un misterio. Incluso los nombres de los reyes y los nobles son difíciles de averiguar, aunque hay pruebas adecuadas que sugieren la existencia de clases económicas dispares.

Así que, en lugar de detalles, los historiadores son capaces de elaborar algunas aproximaciones de lo que ocurrió durante cada período. Estos son los que se enumeran aquí.

Los primeros minoicos (EM)

Los primeros vestigios de la civilización minoica se desarrollaron alrededor de la temprana Edad de Bronce, que duró desde el 3500 a. C. hasta el 2100 a. C. Numerosos autores indicaron que esta vez se demostraron las promesas potenciales de la futura civilización minoica, que logró prosperar con poca guerra. La evidencia indica que los homínidos comenzaron a formar centros urbanos a finales de los años 30 a. C. y luego desarrollaron gradualmente una reconocible civilización minoica. Estos centros tendían a estar a lo largo de la costa y eran lugares donde las élites podían acudir en tropel para comerciar y preparar una estructura social rudimentaria. La vida minoica temprana se caracterizó por el surgimiento de las monarquías. Los monarcas desplazaron a las élites locales que eran más parecidas a los líderes tribales, individuos influyentes en sus propias comunidades pequeñas que probablemente experimentaron alguna forma de elección popular. Los primeros palacios minoicos datan de este período.

El Período Medio (MM)

La vida de los minoicos medios continuó de la misma manera que la de los primeros minoicos. La población creció exponencialmente, y hay algunas pruebas de desarrollos tecnológicos y artísticos que facilitaron a los comerciantes cruzar los mares Egeo y Mediterráneo. El período minoico medio duró desde aproximadamente el 2100 a. C. hasta el 1600 a. C. Algo grande sucedió hacia el final de este período que resultó en una masiva perturbación y destrucción generalizada en Creta. Los palacios de toda la isla fueron destruidos, incluyendo Festo, Cnosos, Malia y Kato Zakros. Los arqueólogos e historiadores creen que la perturbación fue causada por un terremoto masivo, potencialmente de los volcanes cercanos. También se especula que los minoicos sufrieron una invasión desde la cercana Anatolia, pero quedan pocas pruebas de combate armado.

Durante este período, la población minoica disminuyó y se mantuvo baja durante varias décadas. Hacia el final del período medio, la población volvió a aumentar. Entre los siglos XVII y XVI a. C., los arqueólogos creen que los minoicos entraron en su edad de oro, o el ápice de la civilización. Esta habría sido una época en la que la cultura y la economía prosperaron y en la que los minoicos estaban en la cima de su capacidad comercial con otras civilizaciones. En el territorio continental griego se encontraron numerosos ejemplos de cultura material, u objetos como cerámica y joyas. Esto significaba que los minoicos producían más bienes y que existía una demanda significativa de ellos en otros lugares.

Los minoicos tardíos (LM)

Alrededor del 1600 a. C., los minoicos sufrieron otra catástrofe devastadora, esta vez la erupción del volcán de Thera. Aunque la erupción en sí no fue de gran alcance, la fuerza generada por la explosión subterránea creó un tsunami masivo que golpeó a otras islas, incluyendo Creta. Gran parte de la arquitectura minoica fue destruida, y los asentamientos lucharon por reconstruirse. Los minoicos tuvieron que reconstruir varios de sus palacios, lo que dio lugar a diferentes funciones[3]. No se preocupaban tanto por la belleza y se utilizaban más por la pura practicidad.

---

[3] John C. McEnro, *Architecture of Minoan Crete: Constructing Identity in the Aegean Bronze Age*, University of Texas Press, 2010.

Sin embargo, no duraron. En 1450 a. C., existen pruebas de que los minoicos lucharon con las secuelas de otro desastre natural, probablemente un terremoto. Múltiples palacios fueron destruidos, incluyendo los de los asentamientos de Malia y Festo. Aunque el palacio de Cnosos permaneció en gran parte intacto, los cuartos de estar y las habitaciones personales no. Los científicos creen que el terremoto fue el resultado de otra erupción en Thera, y los historiadores creen que el terremoto fue decisivo en la caída de los minoicos.

Sin embargo, el por qué es mayormente un misterio. La seguridad del palacio de Cnosos significó que los minoicos aún tenían su centro de cultura y comercio, por lo que pudieron seguir influyendo en otras regiones del mar Egeo y el Mediterráneo. Sin embargo, estaban muy debilitados. Los académicos creen que esta debilidad llevó a los minoicos a ser invadidos por los micénicos en la Grecia continental.

Por lo tanto, el declive durante el período de los minoicos tardíos fue lento, pero constante hasta la conquista de los micénicos. En algún momento alrededor del siglo XIII a. C., las ciudades y palacios de todo el Egeo comenzaron a decaer y a perder su influencia y población. El lineal A, el sistema de escritura minoica, comenzó a desaparecer. Para el 1200 a. C., incluso Cnosos perdió su poder como centro administrativo.

¿Qué ocurrió?

Existe poca historia conocida sobre los minoicos, por lo que es casi imposible averiguar la historia de la civilización. Los historiadores y arqueólogos no conocen los nombres de los nobles o reyes influyentes, si hubo alguna batalla significativa, o incluso los altibajos de la vida cotidiana. Sin embargo, la limitada historia de los minoicos apunta a una posible vía: los micénicos.

Hasta donde los académicos pueden decir, los minoicos probablemente desaparecieron porque una serie de desastres naturales dejaron su civilización debilitada. Esta debilidad llevó a los micénicos, que vivían cerca, en la Grecia continental, a invadir y apoderarse de importantes centros culturales y administrativos. La presencia del sistema de escritura y los artefactos micénicos en las ciudades minoicas, que datan de después de la época de los minoicos, indica que lo más probable es que los micénicos se instalaran y tomaran el control.

Este extraño enemigo de los minoicos en realidad no era tan diferente. Los micénicos como pueblo compartían muchas de sus raíces con los minoicos y se comportaban de manera similar, dependiendo en gran medida del comercio para llegar a fin de mes. Algunas de las principales diferencias estaban en el ejército y la religión. Los micénicos necesitaban poseer un fuerte ejército ya que vivían en tierra firme, y la cultura valoraba más las proezas y habilidades militares que los minoicos. Los micénicos también fueron los precursores de la antigua religión griega, desarrollando los predecesores de famosos dioses y creencias.

¿Quiénes fueron los micénicos?

Los griegos micénicos, también llamados micénicos, fueron el último grupo en el mar Egeo que perteneció a la Edad de Bronce. Ascendieron al poder alrededor del 1600 a. C. y duraron hasta el 1100 a. C., creando una civilización que duró unos 500 años. El pueblo desarrolló numerosas organizaciones urbanas, creó hermosas obras de arte y poseía un sistema de escritura que los historiadores entienden y que podría haber sido utilizado para el mantenimiento de registros y mensajes. Los principales centros de poder de los micénicos fueron Atenas, Midea y Micenas. Micenas podría haber sido considerada la capital y estaba ubicada en el Argolid y albergaba a los nobles más influyentes y a los mayores ejemplos de cultura. Fuera de la Grecia continental, los micénicos desarrollaron asentamientos en Macedonia, el Levante e Italia[4].

---

[4] Louise Schofield, *The Mycenaeans*, J. Paul Getty Museum, 2007.

Los micénicos caerían durante el colapso de la Edad de Bronce, que fue cuando las civilizaciones de la Edad de Bronce en toda Europa, Asia y África se desmoronaron simultáneamente. Se desconocen las causas exactas, con teorías que van desde desastres naturales repentinos hasta la invasión de los pueblos del mar, un extraño grupo al que se hace referencia en varios documentos y del que nadie está seguro. Cuando los micénicos cayeron, se llevaron consigo algunos de sus grandes avances y empujaron a las civilizaciones del Egeo a la Edad Oscura griega. Sus sucesores serían los antiguos griegos, quizás la civilización más famosa conocida por el público occidental.

Dado que tanta historia minoica es un lienzo vacío, los historiadores no han podido determinar si los minoicos y micénicos tuvieron algún conflicto significativo antes del 1600 a. C. Hay algunas pruebas de que se conocían y comerciaban entre sí, lo que significaría que su contacto fue un hecho regular. La invasión micénica del territorio minoico no fue probablemente por ninguna razón personal: El énfasis micénico en el poder y la conquista significaba que habría sido una decisión sabia dominar a un vecino más débil como los minoicos.

Similitudes y diferencias

La gente tiende a mezclar a los minoicos con los micénicos debido a sus similitudes, pero había varias diferencias claras entre las dos civilizaciones. En particular, era el método de cada una de ellas para llegar al poder. Mientras que los minoicos construyeron un imperio basado en el comercio y la artesanía, los micénicos lucharon y se abrieron camino a través del Egeo y el Mediterráneo. La economía micénica no era mercantil; se basaba en la conquista para introducir bienes valiosos y mantener su civilización en funcionamiento. Tras las erupciones de Thera y un declive general, los minoicos se convirtieron en el principal candidato a una mayor dominación.

Capítulo 3 - Sociedad, cultura y vida cotidiana

La información sobre los minoicos es escasa si se compara con la riqueza de conocimientos que poseen los académicos sobre otras antiguas civilizaciones mediterráneas. Sin embargo, todavía se sabe bastante sobre la estructura social general, la economía, y lo que la vida cotidiana podría haber sido para el minoico medio. Debido a su pequeña población, los minoicos tendían a ser más igualitarios que sus vecinos más grandes, permitiendo oportunidades de progreso social e incluso otorgando a hombres y mujeres derechos similares. El individuo promedio en la sociedad minoica habría sido relativamente joven debido a las bajas edades de mortalidad, estaría casado y tendría una familia, realizaría algún tipo de trabajo físico y participaría en la misma religión que sus vecinos. Los detalles de sus vidas se verían algo así.

Estructura social y economía

Mucha de la información sobre los minoicos proviene de imágenes, por lo que la estructura social puede ser difícil de determinar. Sin embargo, la sociedad minoica compartía algunas características con otras civilizaciones antiguas. En particular, había diferentes clases socioeconómicas que indicaban la riqueza y la autoridad de una persona sobre otras. Los reyes seguían siendo el cargo más alto, y también estaban las sacerdotisas, los sacerdotes y los administradores. Un aspecto único del mundo minoico era que las mujeres ocupaban posiciones similares a las de los hombres y se las representaba frecuentemente en puestos de autoridad[5]. Esto tiene sentido ya que las sacerdotisas tenían más influencia que los sacerdotes. Varias fotos también muestran a mujeres sentadas por encima de los hombres, pero ninguna existente muestra a hombres sentados por encima de las mujeres.

La economía minoica también parecía estar basada en el comercio. Como vivían en islas a lo largo del mar Mediterráneo, los minoicos necesitaban viajar a través del agua para interactuar con otras culturas y el comercio. Los productos manufacturados descubiertos indican que lo más probable es que los minoicos tuvieran contacto y comercio con los micénicos, los egipcios, los mesopotámicos y otros. El pescado y otros bienes del mar eran productos minoicos comunes, al igual que el azafrán las esculturas de y bronce. Los minoicos comerciaban con cosas que no podían producir por sí mismos o a las que no tenían acceso en su civilización insular, como armamento avanzado, nuevos textiles e incluso gatos de Egipto[6]. La civilización minoica, debido a que dependía en gran medida del comercio, comenzó a decaer cuando la potencia rival del Mediterráneo, los micénicos, comenzó a apoderarse de las rutas comerciales minoicas. Los historiadores creen que los minoicos y los micénicos tenían relaciones pacíficas antes de que ocurrieran los ataques repentinos.

---

[5] Ellen Adams, *Cultural Identity in Minoan Crete: Social Dynamics in the Neopalatial Period,* New York: Cambridge University Press, 2017.

[6] Castleden, *Minoans.*

Los papeles de los hombres y las mujeres

Los minoicos eran inusuales entre las culturas antiguas. Una tendencia recurrente en la civilización humana era que a medida que la gente se urbanizaba, la igualdad de género se desvanecía. Un hecho que pocos saben es que los humanos no siempre tuvieron roles de género dispares en parte debido a la dificultad de supervivencia. Antes de la agricultura y la ganadería centralizadas, los pueblos nómadas tendían a ser más igualitarios en la forma en que se comportaban. Ni siquiera la monogamia era común. Con el desarrollo de la agricultura, fue posible que los humanos se centraran menos en la supervivencia o en los viajes constantes y más en la construcción de civilizaciones estancadas. El estancamiento significaría una sociedad que no necesitaba migrar y viajar. Estas sociedades más estables llevaron al surgimiento de figuras poderosas como reyes, administradores, generales, señores de la guerra, sacerdotes y otros. Estos importantes funcionarios tendían a ser hombres, lo que llevó a un cambio gradual de roles y a la eliminación de derechos y roles importantes de las mujeres.

Estos cambios se pueden observar en muchas de las antiguas civilizaciones, incluidas las de África, Oriente Medio, Asia y Europa. Sin embargo, los minoicos fueron un caso especial. Es posible que el pequeño tamaño de la civilización minoica hiciera que la urbanización no resultara en la eliminación de los roles de la mujer. De hecho, las obras de arte minoicas y los artefactos existentes indican que los hombres y las mujeres poseían en realidad derechos y funciones similares, aunque obviamente no está claro ya que el texto escrito es limitado. Algunos historiadores incluso creen que los minoicos eran una sociedad matriarcal, en la que las mujeres estaban a cargo en lugar de los hombres. El predominio de mujeres líderes y sacerdotisas es lo que llevó a esta especulación. Otra posibilidad es que como los minoicos no tenían un ejército de tierra, sino una marina, los hombres se ausentaban frecuentemente por largos períodos de tiempo. Esto significaba que las mujeres tendrían que hacer doble trabajo en casa mientras ellos estaban fuera.

Las mujeres minoicas parecían tener más derechos, oportunidades y libertades que sus homólogas de culturas similares como la micénica y la griega. La crianza de los niños no era su único trabajo. Muchas mujeres libres parecían tener trabajos regulares o eran las sumas sacerdotisas y asistentes del templo de la religión minoica. Incluso podían convertirse en artesanas y ocupar puestos importantes o participar en deportes como el salto de toros. Se pueden ver con frecuencia mujeres elegantes en los frescos y el arte minoico como sacerdotisas o en funciones agrícolas como recolectoras de azafrán, las que recogían y cuidaban los cultivos de azafrán. Puede verse a continuación un ejemplo encontrado en Santorini.

Fresco de una recolectora de azafrán

Los hombres tenían roles y libertades similares. Aunque había unas pocas clases socioeconómicas diferentes y una limitada movilidad ascendente, ello no impedía que los hombres pudieran mejorar y ocupar una variedad de puestos. Los hombres podían ser soldados, artesanos, agricultores, obreros, nobles, sacerdotes o administradores. La civilización minoica era pequeña, por lo que la urbanización significaba que todos se mezclaban y tenían más opciones y posibilidades a su disposición. Los hombres también participaban en deportes como el salto de toros y podrían haber sido recolectores de azafrán, pero es ambiguo. Los hombres no tenían un gran papel en la crianza de los niños y en su lugar se centraban en el trabajo fuera del hogar.

Azafrán

Tanto los arqueólogos como los antropólogos creen que el azafrán ocupaba una posición única en la cultura minoica. El azafrán crocus es una planta comúnmente conocida como el crocus sativus y se caracteriza por su color púrpura y por las hebras de estigmas carmesí que salen del centro. Tanto los minoicos como las sociedades modernas extraen los estigmas del azafrán para crear especias y tintes. El arte minoico muestra al azafrán como una planta silvestre común, pero ya no crece fuera de las granjas y jardines cuidadosamente cultivados. En la antigüedad, también se usaba como medicina. Los minoicos a menudo representaban el azafrán en asociación con las mujeres en una especie de línea de producción, lo que indica que se cosechaba para uso común[7].

Varios académicos especulan que la primera diosa de la medicina en el mundo mediterráneo procedía de los minoicos que vivían en la isla de Thera. Los murales y otras obras de arte descubiertas en la isla incluyen dibujos de una diosa femenina

---

[7] J.S., "Saffron and the Minoans". *Pharmacy in History* 47, no. 1 (2005): pg. 28-31. https://www.jstor.org/stable/41112251.

rodeada de representaciones botánicamente exactas de la planta de azafrán y sus propiedades únicas en comparación con otra flora que crecía en la isla[8]. Se cree que los minoicos pensaban que el azafrán era especial para el tratamiento de enfermedades, así como para tintes, especias y otros usos.

Alimentación y dieta

Como se puede imaginar, la dieta minoica consistía en una amplia variedad de mariscos y productos del Mediterráneo. El hecho de que vivieran en una isla significaba que la agricultura a gran escala estaba descartada, sobre todo porque la población se centraba en el cultivo del azafrán para tratar enfermedades. Esto significaba que la principal fuente de bienes consumibles eran las aguas del propio Mediterráneo, así como los grupos cercanos con los que los minoicos podían comerciar para su sustento.

Un manjar conocido era el calamar joven, que podía ser capturado y servido crudo o cocinado para eliminar los parásitos. La tinta de calamar también se usaba para dar sabor a los alimentos o para dar color a los tintes. Numerosas variedades de pescado, almejas y otras carnes frescas provenían además del mar. Estos se combinaban con una amplia gama de cultivos agrícolas que podían cultivarse en el terreno rocoso y una variedad de vegetales. Estas verduras no se cultivaban como los cultivos agrícolas normales. En lugar de ser plantadas en grandes grupos, se confinaron a pequeños huertos domésticos. Algunas de las verduras más populares eran los guisantes, lentejas, habas, espárragos, alcachofas silvestres, mostaza silvestre, quimbombó y endibias. Estas verduras tendían a tener un sabor amargo y picante que se prestaba bien a la carne fresca.

El clima mediterráneo también era propicio para el cultivo de múltiples variedades de uvas y aceitunas, que los minoicos

---

[8] S.C. Ferrence y G. Bendersky, "Therapy with saffron and the goddess at Thera". *Perspectives in Biology and Medicine* 47, no. 2 (Spring 2004): pg. 199-226. https://www.ncbi.nlm.nih.gov/pubmed/15259204.

utilizaban para hacer vino y aceite de oliva. Su vino tendía a tener un bajo contenido alcohólico porque el proceso de fermentación se utilizaba para eliminar las bacterias y los parásitos transmitidos por el agua en lugar de crear una bebida recreativa. Sin embargo, los minoicos también producían vino de alto contenido alcohólico para ocasiones especiales, libaciones durante ceremonias religiosas y consumo general. Otras bebidas populares eran la cerveza de cebada, el aguamiel y los vinos condimentados y aromatizados con hierbas. Los minoicos también hacían una bebida de leche suave con sabor a hierbas locales. Las vasijas para beber que se encontraron en Creta contenían los débiles restos de vino antiguo que parecían haber sido aromatizados con madera de roble tostada para darle un sabor más agudo y ahumado.

El aceite de oliva, mientras tanto, se comía con granos y vegetales y proporcionaba una importante fuente de nutrición y calorías para el público en general. Las aceitunas también podían consumirse del árbol. Aparte de las verduras, los minoicos cultivaban algunos granos. Consiguieron cultivar cebada, centeno y tres tipos distintos de trigo. Estos no se hacían típicamente en pan, pero se podían comer como gachas o convertidos en cerveza.

Como la mayoría de los pueblos antiguos, los minoicos dominaban la domesticación de los animales y parecían poseer ovejas, ganado, cabras y algunos cerdos. Estos animales no se habrían consumido todo el tiempo; mientras que la mayoría de las sociedades contemporáneas utilizan animales domesticados como fuente primaria de carne, los minoicos habrían necesitado los animales para proporcionar recursos utilizables como la lana y la leche. La leche de cabra era más popular que la de vaca, y las ovejas eran necesarias por la lana para hacer ropa. El cerdo parece ser uno de los únicos mamíferos grandes cuyo propósito era únicamente la alimentación. Los minoicos usaban principalmente la leche de cabra para hacer quesos blancos de sabor fuerte, pero físicamente suaves, similares a los que hacían los antiguos griegos. Un ejemplo en la época contemporánea sería el moderno feta.

Además de los animales domésticos, los minoicos consumían criaturas que podían cazar como conejos y jabalíes. Hay pruebas de que los minoicos tenían perros y gatos para ayudarles a cazar y mantener sus hogares libres de plagas. Lo más probable es que los gatos vinieran de Egipto y fueran comercializados a cambio de bienes del Mediterráneo.

Moda

Los minoicos hicieron inusuales y complejas elecciones de moda basadas en gran medida en el clima mediterráneo. La mayoría de las prendas se cosían de manera similar a la ropa contemporánea, con blusas, faldas y vestidos ajustados al cuerpo y diseñados para acentuar la cintura de hombres y mujeres. La tela se hacía con materiales ligeros como el lino, aunque la lana no era rara en las zonas rurales. Los hombres solían llevar un simple taparrabos con la ocasional túnica de drapeado. Estos taparrabos estaban decorados y a menudo incluían una pagne, o funda, que protegía el pene y llamaba la atención sobre la masculinidad del individuo. A medida que pasaba el tiempo, las prendas de los hombres se volvieron más modestas y a menudo incluían delantales con borlas que cubrían la parte delantera y trasera de las caderas y los muslos. Hacia el final del período minoico tardío, los hombres comenzaron a usar túnicas y ropas sencillas que protegían la parte superior del cuerpo también[9].

Cuando los arqueólogos descubrieron ejemplos de prendas femeninas en Creta, se asombraron de las similitudes entre la ropa antigua y la moderna. La falda de una mujer tendía a ser ajustada y ceñida alrededor de la cintura antes de ensancharse en una forma de campana popular que acentuaba la figura femenina. Los adornos y bordados se cosían a menudo en las

---

[9] Bernice R. Jones, "Revealing Minoan Fashions". *Archaeology* 53, no. 3 (May/June 2000): pg. 36-41. https://www.jstor.org/stable/41779314.

faldas para añadir carácter, y los diseños se hacían más elaborados a medida que pasaba el tiempo. Algunos diseños presentaban largas tiras de tela cosidas a los lados de las faldas para crear volantes verticales a lo largo del material. Sus topes no eran modestos. La mayoría de las mujeres llevaban prendas ajustadas con grandes aberturas verticales en la parte delantera que dejaban al descubierto todo el pecho y la cintura delgada ideal. Existen algunas pruebas que a los hombres y mujeres se les colocaban cinturones metálicos ajustados desde la infancia para acentuar aún más una sección media delgada[10].

La moda minoica se basaba en tener la figura minoica ideal, lo que significaba exponer la cintura, brazos musculosos y pechos, o grandes senos y caderas con una cintura definida. Algunos historiadores señalaron que la forma femenina ideal era similar a la moda europea en el siglo XIX, cuando las mujeres usaban corsés y acolchaban sus faldas para lograr un aspecto redondeado y completo. Una antigua pintura minoica se ganó el apodo de "La Parisienne" por las similitudes del carácter femenino con las modas de las mujeres francesas.

La Parisienne

---

[10] Ibíd.

Este fresco destaca algunas otras características de la moda minoica que estaban presentes en los grandes centros urbanos como Cnosos. Los arqueólogos descubrieron lo que parecían ser centros de embellecimiento en los complejos palaciegos y objetos que parecían ser utilizados para acentuar las características consideradas atractivas por los minoicos. Los nobles usaban mezclas y compuestos naturales para aclarar su piel y pintar sus labios de rojo, proporcionando un contraste con la piel bronceada de los trabajadores y otros individuos de clase baja. Las mujeres también llevarían elaborados nudos y se atarían el pelo hacia atrás en diseños creativos, y tanto hombres como mujeres llevarían joyas de oro, plata o bronce para indicar su riqueza y estatus social. Piedras semipreciosas, minerales y otros objetos podían ser incrustados en el metal; las opciones populares eran el granate, el lapislázuli, la piedra de jabón, el marfil y las conchas tomadas del Mediterráneo. Los minoicos frecuentemente comerciaban con los egipcios para obtener un material llamado también azul egipcio.

¿Fueron los minoicos pacíficos?

Una teoría corriente sobre los minoicos es que eran una civilización pacífica. Esta teoría fue presentada por primera vez por Arthur Evans, el arqueólogo que descubrió algunos de los mayores depósitos de artefactos de los minoicos. Según Evans, la *Pax Minoica* (Paz minoica) existía. Esta paz explicaba que había poco o ningún conflicto en la civilización minoica hasta que se encontraron cara a cara con los micénicos en la Grecia continental. Los estudiosos más contemporáneos discuten la idea de Evans como idealismo, pero el hecho es que no hay evidencia de un ejército minoico legítimo, ninguna forma de dominación más allá de la isla de Creta, o incluso la guerra. Las obras de arte, que representan numerosos aspectos de la vida como el cultivo del azafrán, no tienen indicios de que existiera una guerra. La violencia parecía dedicada a los deportes y potencialmente a los sacrificios ritualistas.

La idea de la paz minoica se basa parcialmente en la evidencia arquitectónica descubierta en islas como Creta. Aunque los arqueólogos encontraron algunas fortificaciones y torres de vigilancia, tales edificios no indican una guerra real. Esto se debe a que la mayoría de los antiguos sitios fortificados cumplían más de una función. Podían usarse como áreas de almacenamiento, indicar fronteras importantes como las de los palacios, o expresar la riqueza de funcionarios poderosos. Algunas fortalezas también servían como importantes lugares de reunión o áreas donde la gente podía acudir en caso de condiciones meteorológicas adversas, desastres naturales y otros problemas. Sin embargo, los académicos no pueden descartar la guerra, sobre todo porque los minoicos fabricaron numerosas armas que no se podían utilizar para la caza. Más confusa era la presencia de intimidantes lanchas y espadines, que eran armas estándar utilizadas para la guerra por las civilizaciones antiguas[11].

---

[11] Barry P.C. Molloy, "Martial Minoans? War as Social Process, Practice and Event in Bronze Age Crete". *The Annual of the British School at Athens* 107 (2012): pg. 87-142. https://www.jstor.org/stable/41721880.

Capítulo 4 - Comercio y construcción naval en el mar Mediterráneo

La civilización minoica se denomina talasocracia, o estado político que se apoya en su marina para garantizar la seguridad de la población y unir diferentes regiones de una misma cultura. Los académicos pueden decir que los minoicos reforzaron su armada y construyeron docenas de buques comerciales diseñados para facilitar el comercio con lugares de todo el Mediterráneo[12]. Creta fue el centro de su industria comercial, incluyendo el asentamiento palaciego de Cnosos en la costa este de la isla. Los artesanos tendían a vender sus productos terminados como la alfarería y la cerámica en el extranjero. Los minoicos no producían suficientes productos agrícolas o alimenticios para desarrollar un comercio importante de consumibles, y los registros muestran que los ciudadanos podrían

---

[12] Malcom H. Weiner, "Realities of Power: The Minoan Thalassocracy in Historical Perspective". *AMILLA: The Quest for Excellence*, 2013, http://www.academia.edu/30141237/_Realities_of_Power_The_Minoan_Thalassocracy _in_Historical_Perspective_AMILLA_The_Quest_for_Excellence._Studies_Presented _to_Guenter_Kopcke_in_Celebration_of_His_75th_Birthday_2013_pp._149_173

incluso haber cambiado sus productos terminados por excedentes de cultivos en lugares como Egipto.

Durante todo el año, los comerciantes reunían bienes que podían ser comercializados en lugares como Egipto, Mesopotamia, Grecia continental, Anatolia e incluso España. El arte minoico y otros objetos han sido encontrados en los cinco lugares. Como civilización marítima, se cree que los minoicos debieron la mayor parte de su éxito a la posibilidad de comerciar con bienes y lujos que no habrían estado disponibles en Santorini y Creta.

Mapa del mar Mediterráneo

Los minoicos no necesitaban un ejército debido a su ubicación. La mayoría de la gente vivía en ciudades costeras relativamente indefensas protegidas por grandes flotas de buques de mar. Los barcos minoicos presentaban modificaciones y armas para proteger a los comerciantes y asentamientos de los piratas, pero los arqueólogos observan que estas adiciones a los barcos casi siempre están sin usar y sin tocar. Este hecho ayuda a apoyar la idea de Arthur Evans sobre la "Paz minoica", o la teoría de que los minoicos como cultura no necesitaban entrar en guerra con sus vecinos y experimentaban pocas peleas o agresiones.

Dos de los bienes por los que los minoicos eran conocidos eran el estaño y el azafrán. El estaño era un material necesario para la fabricación de armas y armaduras de bronce durante la Edad de Bronce. Los mineros minoicos recogían el metal de Chipre, donde podía ser aleado con cobre para hacer bronce en bruto para su envío a otras civilizaciones. El azafrán, mientras tanto, creció desenfrenadamente en lugares como Akrotiri en Santorini. La planta era muy buscada en el mundo antiguo por su sabor, color y supuestas propiedades medicinales. Algunos registros indican que los minoicos podrían incluso haber completado el proceso de usar el azafrán como tinte para los tejidos antes de su envío, aunque no hay suficientes pruebas que apoyen la presencia de una producción textil a gran escala. Los recursos de lujo como el oro y la plata extraídos de las pequeñas islas del Mediterráneo también formaban bienes valiosos que los minoicos podían comercializar.

Flota minoica

Todo el comercio de la talasocracia debía ser protegido por la flota minoica. A diferencia de los barcos de otras civilizaciones marítimas, la flota minoica no fue diseñada para participar en una guerra pesada o conquista. El propósito principal de cada barco parecía ser el comercio con armas adicionales añadidas para defender los bienes de los piratas. Antes de los micénicos, los minoicos no luchaban contra sus vecinos y, por lo tanto, tenían poco uso para una marina dedicada.

Fresco de la flota minoica

Los frescos, como el de arriba, proporcionan un excelente ejemplo de cómo era el barco minoico estándar. Los constructores de barcos crearon botes largos usando herramientas de madera y bronce. Estos botes largos tenían aproximadamente treinta y cinco metros de largo y seis metros de ancho. Cada barco era capaz de transportar 50 toneladas métricas de mercancías y podía ser tripulado por cincuenta personas que remaban con remos que sobresalían a ambos lados del barco. Había espacio extra para individuos como el capitán y su tripulación especializada que eran capaces de reparar el barco en caso de emergencia.

Los minoicos poseían un claro proceso para la creación de un barco capaz de atravesar el Mediterráneo. Los árboles eran un recurso finito en sus islas, por lo que los minoicos guardaban los más grandes para la construcción de barcos. Se favorecieron troncos enteros de ciprés porque los constructores de barcos podían cepillar el exceso de corteza y material usando sierras de bronce masivas que medían aproximadamente 6 pies de largo y 1 pie de ancho. El proceso consistía en unos pocos pasos engañosamente simples, pero físicamente desafiantes.

1. Los profesionales identificaban un árbol con buenas características y lo cortaban con hachas de bronce.

2. Se quitaban entonces las ramas, y el árbol sería transportado por rudimentarios carros a un centro de construcción naval en una de las costas.

3. La corteza del ciprés sería arrancada del árbol usando raspadores básicos de madera o bronce.

4. Los troncos limpios serían marcados por el maestro de construcción naval para que él y sus trabajadores (la construcción naval era una profesión principalmente masculina debido a la fuerza requerida) pudieran identificar dónde había que hacer los cortes.

5. Una vez hechas las marcas, el equipo de construcción naval comenzaba a cortar, rebanar y aserrar la madera sobrante. El producto final sería un barco sólido con pocas o ninguna pieza adjunta. Esto creaba una construcción robusta y evitaba las fugas.

6. Las curvas ascendentes de la proa y la popa (la parte delantera y la trasera del barco, respectivamente) fueron empujadas a su forma haciendo la madera maleable por medio de calor y vapor.

7. Luego se añadían bandas adicionales de ciprés al casco completo del barco mediante el proceso de unión de los bordes. Se hacían muescas, o hendiduras rectangulares, en el barco, y luego se unían las muescas y las tablas de madera. Se utilizaban resinas para prevenir el deslizamiento y sellar cualquier grieta o hueco importante que pudiera dejar entrar agua en el barco. Las muescas se sellaban completamente cuando el barco era empujado al mar una vez terminado.

8. El proceso de añadir bandas de ciprés adicionales se utilizaba en todo el barco para dar a la embarcación la altura necesaria y protegerla de las aguas del Mediterráneo. Una vez que se completaba las bandas, el constructor del barco añadía bancos de remo y cubiertas para los marineros.

9. Los barcos terminados se cubrían entonces con lino blanco tejido y se decoraban con imágenes de delfines azules y otras criaturas del mar.

Esos nueve pasos creaban el barco básico que los minoicos habrían usado para el comercio. Los remos se hacían de roble, que era más sólido y pesado que el ciprés usado para la estructura del barco. Algunos constructores de barcos añadían mástiles y velas a las embarcaciones terminadas, de modo que los marinos no tenían que depender únicamente de los hombres para viajar a través del Mediterráneo. Los mástiles se hicieron con roble y tendían a tener la friolera de 52,5 pies de altura. Las velas estaban hechas de lana y tratadas con aceite para ser impermeables[13].

Estas simples embarcaciones no estaban hechas para llevar armas complicadas. Los frescos indican que las medidas defensivas contra los piratas eran probablemente adiciones fundamentales como largas lanzas que serían sostenidas por los marineros a lo largo de los costados del barco. Esto habría evitado que los piratas u otros invasores abordaran y tomaran los bienes del comercio. La mayoría de los tripulantes también llevaban armas básicas como cuchillos que podían servir como herramientas y utensilios para comer.

---

[13] Cemal Pulak y George F. Bass, "Bronze Age Shipwreck Excavation at Uluburun". Institute of Nautical Archaeology

En última instancia, el papel de los minoicos como civilización marítima se puede ver en la simplicidad y la belleza de sus barcos. Las naves no incluían construcciones defensivas masivas o armas y presentaban un diseño básico al aire libre que favorecía el clima soleado del Mediterráneo. Se necesitaba mano de obra para mover los barcos a través del mar, y los marineros proporcionaban la única línea de defensa contra los enemigos. Sin embargo, no parecían entrar en combate a menudo. Esta idea se apoya no solo en el simple diseño, sino también en la inmensa cantidad de tiempo que se dedicaba a pintar y decorar los barcos terminados. Los barcos eran obras de arte para los minoicos, a menudo con sus motivos favoritos de delfines y aves. Estos diseños hacían atractivos a los barcos, alertaban a los potenciales socios comerciales de la riqueza de los minoicos, y hacían que los barcos brillaran en las aguas. Como dicen algunos académicos, si los minoicos estaban preocupados por un ataque, ¿habría hecho que sus barcos comerciales fueran tan distintivos e indefensos?

Capítulo 5 - Lenguaje y lineal A

Se han encontrado múltiples sistemas de escritura que datan de la época de los minoicos en Creta y Santorini, aunque la mayoría de ellos no están descifrados. El primer sistema de escritura conocido para los minoicos fue algo llamado jeroglíficos cretenses. Los eruditos no están seguros de si estos jeroglíficos fueron realmente usados por los minoicos, y su origen completo es discutido. Sin embargo, se usaron antes del lineal A y se pueden encontrar en las regiones donde vivían los minoicos, habiendo aparecido en algún momento durante el siglo XIX a. C. Los jeroglíficos cretenses también se usaron al mismo tiempo que el lineal A y desaparecieron alrededor del siglo XVII a. C. cuando aparentemente cayeron en desgracia.

Un sello de jaspe con jeroglíficos cretenses (1800 a. C.)

Después de los jeroglíficos cretenses vinieron los dos sistemas de escritura más conocidos, el lineal A y el lineal B. El lineal A vino antes que el lineal B y es considerado su padre, o el sistema de escritura en el que se basó el lineal B. El lineal B no fue utilizado por los minoicos. El lineal A data de 2500 a. C. y 1450 a. C. y es casi ininteligible para los académicos contemporáneos debido a lo incompleto de los documentos conservados y al lenguaje utilizado en la escritura. Sin embargo, el lineal A es frecuentemente llamado minoico, y múltiples profesionales creen que el lenguaje es la forma escrita de la palabra hablada minoica. Aunque hay algunas similitudes con el griego antiguo, no son suficientes.

Un ejemplo del lineal A

Los eruditos intentaron traducir los valores del lineal B al lineal A para crear un ejemplo del lenguaje, pero el resultado fue ininteligible. Este proceso de traducción tomó los valores de los símbolos en el lineal B y luego los aplicó a su contraparte conocida en el lineal A. Este procedimiento sería similar a que alguien tomara el sonido asociado a la letra "R" y lo aplicara al equivalente cirílico, que es "P". Sin embargo, el resultado no tenía sentido, lo que indicaba que la lengua minoica podría no estar relacionada con ninguna lengua conocida. Existe la creencia actual de que los minoicos en realidad no utilizaron su alfabeto escrito para registrar su idioma y en cambio lo utilizaron para la contabilidad.

Otra forma de escritura descubierta en la región de los minoicos es una escritura que se encuentra en un artefacto llamado disco de Festo. El disco de Festo fue encontrado en las ruinas del complejo palaciego de Festo en la costa sur de Creta. Luigi Pernier, un arqueólogo italiano, encontró el disco en el sótano. Mide 5,9 pulgadas de diámetro y fue encontrado en un área llena de objetos como huesos de bovinos. Los eruditos creen que las habitaciones se usaron para el almacenamiento general y parecieron derrumbarse sobre sí mismas tras la erupción del Thera.

El disco de Festo contiene imágenes de una escritura pictórica que no se ha encontrado en ningún otro lugar. Los arqueólogos ahora creen que es de origen cretense y actualmente es indescifrable. Ejemplos de los símbolos pueden verse transcritos en la imagen de abajo.

a   *b*

La escritura en el disco de Festo

En resumen, los académicos modernos no pueden decir cómo sonaba realmente la lengua minoica, pero hay algunas pruebas de cómo era. Al igual que otras civilizaciones antiguas, los minoicos no tenían mucho uso para una escritura. Casi todos eran analfabetos y no tenían necesidad de leer o escribir. Los únicos que lo hacían eran los escribas de la corte, los comerciantes y algunos miembros de la clase religiosa. Por eso la mayoría de los documentos que llevan la escritura lineal A son registros contables.

Capítulo 6 - Los posibles predecesores de la religión griega

Los arqueólogos, historiadores y otros académicos creen que los minoicos desarrollaron los elementos que evolucionarían en la futura religión griega antigua. Algunos de los objetos religiosos descubiertos en sitios como Creta incluyen pinturas, estatuillas y anillos de sello que apuntan a una práctica cultual específica que gira en torno a dioses influyentes, diosas y una clase de sacerdotes y sacerdotisas. Como se mencionó anteriormente, los minoicos fueron únicos entre las culturas antiguas en que su religión enfatizaba y elevaba a las mujeres en su práctica. Los artefactos e imágenes que han sobrevivido indican que las sacerdotisas desempeñaban los papeles más esenciales en el culto y tenían más poder que sus homólogos masculinos. Las pruebas apuntan además a que la principal deidad minoica era una mujer más que un hombre. Esta es la famosa diosa serpiente.

La diosa serpiente

Basándose en las pruebas, los arqueólogos y antropólogos creen que la deidad más importante de la religión minoica era una diosa asociada a las serpientes. A veces los artistas también la representaban con toros, leones o palomas, animales significativos en las religiones de todo el mundo antiguo. Esta figura parecía tener algún tipo de significado médico ya que las mujeres dejaban ofrendas de azafrán, su planta de uso múltiple, en sus altares. En las imágenes, la diosa a veces puede verse con un hombre más pequeño y joven que los arqueólogos creen que era su consorte o hijo. Aunque no había templos públicos formales, la diosa era adorada y atendida por sacerdotisas.

Los arqueólogos sospechan que la deidad sería cooptada en la antigua religión griega y representada como Ariadna, la hija del famoso rey Minos de quien los minoicos toman su nombre. En las tabletas tomadas de Cnosos, la diosa es a veces referida como la "señora del laberinto". Estos documentos están escritos en el lineal B, el lenguaje de los griegos micénicos, en lugar del lineal A. Esto podría indicar que civilizaciones como los micénicos y los antiguos griegos adaptaron la religión minoica preexistente en sus propios panteones[14].

Las dos figuras de la Diosa Serpiente encontradas en 1903

[14] Castledon, *Minoans.*

La figura original de la diosa serpiente fue descubierta por Arthur Evans en 1903 y representaba a una persona obviamente femenina con una serpiente en cada mano. Las serpientes no tenían una connotación negativa para los minoicos y parecían indicar domesticidad, el hogar, la maternidad, y potencialmente la curación y el dominio sobre la naturaleza y los animales. Evans postuló originalmente que la mayor de las figuras descubiertas era una diosa mientras que la menor era una sacerdotisa. Estas estatuillas en particular solo se han encontrado en santuarios domésticos y otros lugares domesticados, por lo que los arqueólogos sospechan que la diosa estaba asociada con el hogar. Sin embargo, las menciones a una poderosa diosa serpiente también se pueden encontrar en los santuarios de todo el paisaje minoico, lo que deja la situación muy poco clara.

El nudo sacro

El nudo sacro fue un descubrimiento de Evans en Cnosos. Este nudo tenía un lazo en la parte superior y dos extremos con flecos que colgaban debajo. Apareció varias veces en las estatuillas minoicas, principalmente en las dos estatuillas de la diosa serpiente. El nudo se colocaba entre sus pechos y se podía ver a lo largo de los artefactos religiosos minoicos en una variedad de materiales. Evans especuló que el nudo sacro era un importante símbolo religioso similar al hacha de doble filo, que también aparecía en todos los lugares donde se asentaron los minoicos.

El hacha de doble filo

El hacha de doble filo era un símbolo común que aparecía en casi todos los sitios religiosos descubiertos en el territorio minoico. Su apariencia se explica por sí misma: el hacha tenía una hoja a cada lado del mango y era ceremonial. El hacha se puede encontrar en el simbolismo religioso de numerosas culturas a través del Mediterráneo en el mundo antiguo. Sin embargo, a diferencia de su representación en otras culturas, el hacha de doble filo en la religión minoica solo aparecía con figuras femeninas y no representaba un arma o una conquista militar. Algunos académicos creen que el hacha era representativa del origen del mundo conocido debido a su forma, y otros la asocian con la importante diosa femenina mencionada anteriormente.

El Hacha de Arkalojori (c. 2000 a. C.)

El hacha de doble filo no solo apareció como un símbolo. Se han encontrado algunos artefactos, incluyendo el Hacha de Arkalojori que data del segundo milenio a. C. El hacha votiva de bronce fue excavada por el arqueólogo griego Spyridon Marinatos en 1934. En los bordes hay inscritos quince símbolos que algunos sospechan que es el lineal A, pero el material está demasiado degradado para distinguir claramente las formas. Los arqueólogos piensan que el hacha fue usada durante ceremonias religiosas y, de nuevo, no fue un arma. El hacha se encuentra actualmente en el Museo Arqueológico de Heraklion.

La práctica de la adoración: Una estructura culta

Los artefactos religiosos son algunos de los objetos más duraderos de los minoicos. Algunos de los numerosos artículos encontrados incluyen figuras votivas de metal y arcilla, figuras de animales y humanos, hachas dobles especiales y miniaturas de objetos que los minoicos habrían utilizado en su vida cotidiana.

Los arqueólogos y antropólogos también han encontrado más de 300 santuarios y cuevas separadas llenas de objetos sagrados que podrían haber sido los centros de un culto religioso prominente. Esta versión de culto no tiene las mismas connotaciones negativas de los cultos modernos. Cuando se usa en la discusión de la historia antigua, la palabra "culto" simplemente se refiere a un pequeño grupo que adoraba a una deidad o figura particular, o a una forma de culto religioso que no estaba organizada oficialmente o en la corriente principal.

Los templos, tal como los conoce el público contemporáneo, no eran un concepto entre los minoicos, y no había lugares claros de edificios utilizados para el culto formal y organizado. Se especula que los minoicos seleccionaban y educaban a sacerdotisas, y a veces a sacerdotes, que luego llevaban a cabo ceremonias y rituales para grupos de apoyo en sitios al aire libre. Estos sitios habrían sido los templos de los minoicos. Los complejos palaciegos no tenían espacios religiosos designados, y ningún fresco minoico superviviente muestra ninguna deidad. Los únicos indicadores tienden a ser las estatuillas consistentes, que representan a la misma mujer llevando dos serpientes, una en cada mano.

Curiosamente, había una figura culta única que desconcertó a los arqueólogos cuando fue descubierta por primera vez. Se trataba de algo llamado el Genio minoico. Se describe mejor como una extraña criatura que mezcla las características de un león y un hipopótamo. Los académicos han observado que existen numerosas similitudes entre el Genio minoico y algunos de los animales fantásticos representados en el arte egipcio antiguo, y creen que el animal demuestra una conexión entre las dos culturas. En la religión minoica, el Genio parecía ser un protector de los niños, así como una figura importante durante los rituales de fertilidad. También se le mostraba frecuentemente con ovejas, o jarras de agua, y parecía desempeñar un papel importante en la entrega de libaciones durante las ceremonias religiosas.

Salto de toro

El salto de toro tenía claramente cierta importancia entre los minoicos ya que era un tema popular para los frescos, la cerámica e incluso las escenas inscritas en las joyas. En el salto de toro, un atleta emprendedor tenía que saltar sobre un toro de carga agarrando los cuernos, impulsándose hacia arriba y aterrizando en el lomo del animal. Las obras de arte indican que tanto hombres como mujeres participaron en tales eventos y que los ganadores eran elogiados.

Se debate si la actividad poseía algún tipo de creencia ritualista, religiosa o culta. El salto de toro era claramente un tema popular y parecía poseer algunos rituales propios, pero las imágenes no suelen encontrarse en los templos. Algunos académicos del mundo antiguo establecen conexiones entre los toros representados y el Toro Sagrado, una característica popular en las religiones antiguas. Este Toro Sagrado era considerado un símbolo de respeto y poder y tendía a ser asociada con el jefe o la deidad suprema de la religión. Para los minoicos, se puede argumentar una conexión entre el toro y la diosa serpiente mencionada anteriormente.

Otros argumentan que los toros no tenían ningún significado y que la obra de arte ni siquiera representaba el salto de un toro. Afirman que las escenas son en realidad algo humorísticas: son imágenes de jóvenes hombres y mujeres intentando montar un toro por primera vez y fallando miserablemente[15].

La existencia del sacrificio humano

¿Participaron los minoicos en el sacrificio humano?

Tal vez.

Existen tres sitios principales en los que los arqueólogos creen haber encontrado pruebas que apoyan la idea del sacrificio humano ritual: Anemospilia, un complejo en Fornu Korifi, y un

---

[15] Nanno Marinatos, "Minoan Religion". Columbia: University of South Carolina, 1993.

edificio en Cnosos conocido como la Casa Norte. Los hallazgos en cada lugar son inclusivos y podrían no ser realmente de un sacrificio, pero los sitios son lo suficientemente sospechosos como para dar a los académicos una pausa. En orden de plausibilidad de las pruebas encontradas, lo menos probable que sea un incidente de sacrificio humano es la escena encontrada en Anemospilia.

Anemospilia presenta una situación interesante para los arqueólogos. El sitio es un templo destruido por el terremoto del período minoico medio. En su interior había restos de una estatua de culto, así como cuatro esqueletos humanos: dos hombres, una mujer y uno inidentificable. Uno de los esqueletos masculinos estaba atado en una posición contorsionada y contraída en una plataforma elevada a la que habría sido doloroso entrar a la fuerza. Una hoja de bronce fue descubierta dentro de su pila de huesos. El cuchillo de 15 pulgadas tenía representaciones de un jabalí, un animal sagrado, a cada lado. La decoloración de uno de los lados de los huesos indicaba que el hombre probablemente murió por pérdida de sangre antes del terremoto. Dos esqueletos fueron encontrados en diferentes etapas de sorpresa alrededor de la extraña víctima. Los arqueólogos creen que se sorprendieron cuando el terremoto golpeó, y sus huesos aplastados significan que el templo se derrumbó durante el ritual.

El esqueleto de género indeterminado fue descubierto en uno de los salones del templo con más de cien fragmentos de cerámica a su alrededor. La decoloración indica de nuevo que la vasija que llevaban estaba llena de sangre. Los arqueólogos que excavaron la escena nunca dieron un informe oficial de sus hallazgos, y el único documento importante publicado es un viejo artículo de *National Geographic* publicado en 1981.

Aunque los profesionales especulan, muchos creen que Anemospilia no fue una escena de sacrificio humano. Algunos afirman que el hombre que se desangró pudo haber estado muriendo por una herida recibida en el mar y que la hoja había sido colocada sobre su cuerpo como símbolo de honor. Otros están de acuerdo con esta idea y piensan que toda la situación fue un rito funerario que salió mal. Finalmente, bastantes personas piensan que toda la escena fue causada por el terremoto y que es probable que la supuesta víctima del sacrificio se desangrara por las heridas causadas por los escombros que cayeron. El cuchillo se asemeja a una punta de lanza, que podría haber caído fácilmente de un estante y atravesado la caja torácica del joven de dieciocho años.

El siguiente sitio es un complejo de santuario en Furnu Korifi. Aquí se recuperaron fragmentos de un cráneo humano de una cámara que contenía una variedad de equipos de cocina y una chimenea. Los arqueólogos creen que el cráneo era el resto de alguna forma de sacrificio humano, pero la situación es, por decirlo de forma sencilla, dudosa. Cuando se trabaja con restos antiguos, pueden aparecer las cosas más extrañas. En esta situación, es probable que el cráneo provenga de un individuo que murió en su cocina o área de cocción. La única advertencia de esta teoría es que el resto del esqueleto no se encontró en la zona. Esto da lugar a la idea de que la cabeza humana fue transportada al área de cocina por razones potencialmente nefastas.

Finalmente, está Cnosos. Si fuera a haber evidencia de sacrificio humano minoico, ignorando la logística de tratar de encontrar cultura material de una civilización de hace milenios, sería en Cnosos. La capital administrativa, cultural y religiosa de los minoicos, Cnosos incluía numerosos sitios de entierro masivo donde los arqueólogos descubrieron pruebas casi definitivas del sacrificio de niños. Los hallazgos indican que lo más probable es que las víctimas fueran canibalizadas por sus asesinos[16].

La evidencia de los sacrificios humanos ritualista proviene del despojo de la carne de los huesos de una manera similar a la de los animales sacrificados. Todos los niños del lugar de entierro parecían estar sanos, por lo que las posibilidades de que estuvieran enfermos o se les dejara morir son escasas. Los arqueólogos que excavaron el sitio junto con otros profesionales piensan que el sacrificio podría haber sido parte de un ritual cultural en el que los niños eran sacrificados, cocinados y luego comidos como una forma de renovar y mejorar la fertilidad en el año siguiente. A veces para tener un hijo, uno debía aparentemente matarlo[17].

Nadie sabe cómo se eligieron los sujetos para el sacrificio. La datación de los esqueletos revela que casi todas las víctimas eran menores de dieciocho años de edad con preferencia a los individuos jóvenes y sanos. La carne y la sangre fueron tomadas de las víctimas, y como se mencionó antes, existen algunas pruebas de canibalismo. Que los minoicos pudieran haber tenido tal comportamiento no es sorprendente ya que muchos cultos rituales de la Edad de Piedra, el Bronce e incluso la temprana Edad de Hierro incluían tales prácticas. Sin duda, los humanos de todo el mundo se han sacrificado y comido unos a otros para apaciguar a la naturaleza o a los dioses.

¿Pero qué dice esto sobre la religión minoica?

Por un lado, las pruebas de sacrificio demuestran el poder de las creencias culturales, así como la presencia de rituales preordenados que debían ser completados. Los historiadores no saben por qué, pero pueden decir que las prácticas religiosas que tenían los minoicos eran importantes para ellos y requerían sitios

---

[16] Castledon, *Minoans*.

[17] Peter Warren, "Knossos: New Excavations and Discoveries". *Archaeology* (July /August 1984): p. 48-55.

especiales, sacerdotisas, sacerdotes e implementos especializados como el cuchillo de jabalí de bronce.

Prácticas de entierro y mortuorias

Los restos funerarios constituyen muchos de los artefactos de la Edad de Bronce porque los pueblos antiguos tendían a seguir comportamientos estrictos y rituales durante los funerales y hacían todo lo posible por preservar los cuerpos de sus amados. Para los minoicos, muchos de los restos provienen de la época de los minoicos medios y de la isla de Creta. Los restos se guardaban en tumbas de casas o en tumbas de colmenas y seguían la técnica de inhumación. Un sitio en Agia Fotiá tiene evidencia de ser una cámara reservada específicamente para niños muertos. Los minoicos no parecían cremar a sus muertos, pero enterraban a más de una persona en una sola tumba. Los arqueólogos especulan que los cuerpos enterrados en la misma parcela estaban relacionados o eran miembros de una tumba pública. Las familias ricas o notables poseían criptas, mientras que los individuos más pobres se conformaban con los cementerios públicos o sus propias tierras.

En general, las familias intentaban dejar los bienes y muebles en la tumba de sus difuntos. Nadie sabe si los minoicos creían que los muertos podían llevar los objetos a la otra vida o si había un ritual para colocar los objetos. Una teoría actual, basada en el número desmesurado de tazas y vasos con forma de animales que se encuentran en las tumbas, es que algún tipo de ritual de tostado formaba parte de la preparación del difunto para el entierro. Otros bienes funerarios comunes eran herramientas y armas, joyas, cerámica y jarras de almacenamiento especiales. Los objetos podían estar relacionados con la profesión o las preferencias personales de un individuo, por ejemplo, un granjero podía ser enterrado con su azada, mientras que un noble rico podía ser enterrado con su colgante favorito.

Las tendencias cambiaron durante la época de los últimos minoicos. En lugar de las parcelas de entierro en grupo, los minoicos preferían los entierros individuales en los que el cuerpo se colocaba en un recipiente de arcilla o se dejaba descansar en un sarcófago de arcilla o madera. Estos no se almacenaban en una tumba construida. El recipiente o sarcófago se pintaba y se cubría con escenas similares a las de los frescos, y el propio cuerpo se doblaba para que encajara en el pequeño recipiente. A pesar de la popularidad de este nuevo método, muchos de los fallecidos seguían siendo enterrados en tumbas excavadas en roca o en antiguos lugares de enterramiento familiar.

Influencia duradera en los micénicos y los griegos

Los académicos siguen divididos sobre cuánta influencia pudieron tener los minoicos en los micénicos y los griegos en lo que respecta a la religión. Quedan pocos hechos concretos sobre la cultura religiosa minoica, y el fracaso de los profesionales modernos para traducir o entender el lineal A significa que muchos no saben nada sobre los nombres de las deidades, los dominios e incluso los significados. Sin embargo, hay pruebas de que los micénicos y los griegos estaban familiarizados con los cuentos y leyendas minoicos, ya que utilizaban algunos elementos comunes e incorporaban nombres e ideas cretenses en su propio mito. Los minoicos también demostraron su influencia al proporcionar el marco para varios mitos griegos importantes, incluido el del Minotauro. A pesar de la inquietud en el campo, algunos académicos todavía se presentan y afirman que la diosa griega Atenea se derivó de la deidad de la serpiente minoica vista anteriormente. Sea cual sea el caso, la religión minoica sigue siendo un misterio y seguirá siéndolo sin que se produzcan avances en la interpretación y traducción del lineal A o en las nuevas excavaciones del sitio.

Capítulo 7 - Arte

Aunque los minoicos dejaron pocos registros escritos, sus obras de arte resistieron el paso del tiempo y siguen siendo excavadas en sitios de Creta, Santorini y las islas circundantes. Las obras de arte, la cerámica y otros ejemplos de la cultura material son beneficiosos para los académicos porque demuestran lo que los minoicos consideraban importante, sus estándares de belleza, cómo se pensaba que se veía la gente, e incluso pueden revelar las normas y distinciones de la sociedad. Estas artesanías también permiten comprender lo avanzados que eran los minoicos desde el punto de vista tecnológico, ya que ciertas técnicas requerían habilidad y comprensión de las propiedades fundamentales del metal y de los productos químicos o compuestos que se encontraban en los materiales. Por último, sus obras de arte también indican cuánto comerciaban los minoicos con otras civilizaciones y cómo influyeron en las futuras culturas del Egeo, ya que los micénicos y los antiguos griegos copiaron muchos de los estilos minoicos incluso siglos más tarde[18].

---

[18] Reynold Higgins, *Minoan and Mycenaean Art*, London: Thames and Hudson, 1997.

Cuando se habla del arte minoico, es importante señalar que los académicos solo cuentan las piezas que pueden ser fechadas entre el 2600 a. C. y el 1100 a. C. Cualquier cosa anterior o posterior tiene la posibilidad de pertenecer a una civilización separada. La mayor colección se encuentra actualmente en el Museo Arqueológico de Heraklion, cerca de Cnosos en Creta. Las piezas se clasifican como pertenecientes a los minoicos tempranos, medios o tardíos debido a algunas diferencias técnicas que aparecen[19]. Desafortunadamente, los textiles y otros materiales degradables como la madera ya se han descompuesto, por lo que los mejores ejemplos del arte minoico provienen de los productos más duraderos que los ricos habrían poseído, así como la cerámica. La alfarería es omnipresente, ya que casi todos los individuos de todas las civilizaciones del mundo necesitaban una jarra en algún momento, incluso ahora. Por estas razones, los mejores ejemplos del arte minoico son los frescos, la cerámica, la metalurgia y la joyería.

Frescos

Un fresco es una imagen pintada en una pared o techo como decoración. Se puede hacer a través de numerosas técnicas y con una variedad de materiales, pero los frescos son una de las formas de arte más antiguas y duraderas de la civilización humana. Los minoicos dejaron numerosos ejemplos, aunque un problema de su conservación es que son inherentemente frágiles, ya que las secciones pueden erosionarse, la pintura se desvanece y muchos de los frescos descubiertos parecen haber sido movidos de su lugar original por personas emprendedoras. A pesar de esto, los frescos demuestran algunos aspectos importantes de la vida, cultura y valores minoicos a través de su elección de temas y tendencias artísticas.

---

[19] Ibíd.

El fresco del pescador

Los arqueólogos y especialistas en arte creen que el trabajo hecho por los minoicos es un ejemplo de buon fresco. En esta técnica, el artista utiliza pigmentos de color para pintar sobre yeso de cal húmedo. No hay ningún aglutinante, lo que significa que el yeso absorbe la pintura y protege la imagen de la decoloración. Los profesionales pueden detectar esta técnica observando las impresiones de las cuerdas dejadas en el yeso, así como la profundidad de las capas de pintura. El grosor demuestra cómo los minoicos habrían aplicado la pintura húmeda directamente sin depender de materiales adicionales[20].

En general, los frescos minoicos poseían un efecto tridimensional y utilizaban numerosos colores brillantes. Los más populares eran el azul, el blanco, el rojo y el negro, aunque a veces aparecían el amarillo y el verde. El sombreado no parecía

[20] M. A. S. Cameron, R. E. Jones y S. E. Philippakis, "Scientific Analyses of Minoan Fresco Samples from Knossos". *The Annual of the British School at Athens* 72 (1977): pgs. 121-184.

existir. Basándose en los frescos existentes, los profesionales creen que los minoicos copiaron algunas de las obras de arte de los egipcios haciendo que la piel de las mujeres fuera blanca y la de los hombres roja, y asignando diferentes colores primarios a los metales preciosos. Por ejemplo, la plata se representaba como azul mientras que el bronce era rojo.

Los minoicos representaron numerosas escenas en sus frescos, muchas de las cuales tenían un significado cultural. Algunas de las más comunes eran imágenes de los saltos de toro, así como festivales, rituales y potencialmente ceremonias religiosas. A menudo aparecían sacerdotisas, así como bailarinas. Los sujetos naturales y los animales salpicaban los frescos por todos los asentamientos minoicos con flores identificables como lirios y crocus. Los animales se mostraban en sus hábitats naturales e incluían lo mundano, como las cabras, y lo mitológico, como el grifo. Se podían encontrar cañas y representaciones de criaturas marinas como los peces voladores, especialmente en los palacios. Los delfines parecen ser los favoritos de la cultura minoica.

El Fresco de Pez Volador

Las técnicas y temas de los frescos minoicos duraron mucho tiempo después del fin de su civilización. En particular, los micénicos copiaron la técnica de los frescos minoicos e incluyeron muchos de sus temas, aunque sus artistas también destacaron la importancia de la cultura militar y material. Algunos arqueólogos también relacionan los frescos egipcios posteriores con los minoicos porque contienen muchas de las mismas técnicas, en particular, la obra de Tell el Dab'a[21].

Los frescos son algunos de los artefactos más significativos para los académicos porque demuestran lo que era importante para los minoicos. Los profesionales pensaron durante mucho tiempo que los minoicos eran pacíficos, y parte de su evidencia era la clara falta de armamento o escenas militaristas en los frescos que sobrevivieron. Parecía que los minoicos se contentaban con representar sus vidas cotidianas, hombres y mujeres hermosas y la gloria de la naturaleza que los rodeaba. La incorporación de patrones geométricos, así como de técnicas artísticas de Egipto mostraba cuánto comerciaban los minoicos y cómo estas interacciones afectaban a su propia cultura. Aunque los frescos revelan mucho, comparten su posición como la forma de arte más significativa que sobrevive con la cerámica, una habilidad omnipresente que produjo tanto piezas mundanas como elaboradas.

Cerámica

Los académicos contemporáneos saben una cantidad ridícula sobre la cerámica minoica porque gran parte de ella se ha encontrado en sitios en todo el mar Egeo. La cerámica es una herramienta importante para datar la civilización minoica porque los profesionales pueden saber la edad de los materiales examinando las técnicas utilizadas y el desgaste de la superficie. Los estilos artísticos y las elecciones de diseño revelan

---

[21] Sara Cole, "The Wall Paintings of Tell el-Dab'a: Potential Aegean Connections". Pursuit - The Journal of Undergraduate Research at the University of Tennessee 1, no. 10 (2010).

información sobre los diferentes períodos de tiempo en los que se hizo la cerámica, y la presencia de muestras en todo el Mediterráneo en lugares como Egipto, Siria y Chipre demuestra hasta qué punto comerciaban los minoicos[22].

Las cerámicas descubiertas en Creta y sus alrededores incluyen vasijas, ritones, figuras de cerámica y algunas pequeñas estatuas. Los sarcófagos de cerámica se hicieron populares durante el período minoico medio y tardío y pueden encontrarse llenos de cenizas cremadas, aunque la cremación no era común. La mayor parte de la colección mundial de cerámica minoica se encuentra actualmente en el Museo Arqueológico de Heraklion en Creta. Los arqueólogos siguen sin estar seguros de cómo se producía la cerámica, pero se sospecha que las piezas se hacían individualmente o en pequeñas cantidades en talleres específicos donde había suficiente arcilla. Tanto hombres como mujeres eran alfareros y trabajaban durante todo el año para producir los bienes buscados. Algunos talleres se ocupaban específicamente de los palacios, mientras que otros producían objetos para el público en general.

Ritón de cabeza de toro minoico tardío

---

[22] Philip B. Betancourt, *The History of Minoan Pottery*, Princeton: Princeton University Press, 1985.

Las primeras cerámicas minoicas continuaron las tradiciones del período Neolítico Final. Los objetos que datan de este período tienden a presentar variaciones locales que indican que no había un patrón o técnica establecida entre los minoicos en esta etapa. Esta cerámica se puede dividir en varios tipos diferentes: Cerámica de Pirgos, Cerámica incisa, Agios Onouphrios, Cerámica Vasilikí, Cerámica gris fina, Cerámica Lebena, y Cerámica Kumasa. Estas clasificaciones se refieren a la forma general que tomó la cerámica, así como su acabado, color y técnica potencial de elaboración.

La cerámica de Pirgos, también conocida como cerámica bruñida, tendía a ser cálices creados haciendo una taza y uniéndola a un soporte en forma de embudo. Los arqueólogos sospechan que este tipo se usaba para los rituales en el sitio de Pirgos donde se excavaron los cálices. El sitio parecía ser un refugio de roca con significado religioso. Los cálices de Pirgos serían negros, marrones o grises y tendrían un patrón lineal inscrito alrededor de la pieza. La cerámica incisa, llamada cerámica grabada, eran jarras bruñidas y jarras bulbosas cubiertas de patrones de líneas incisas. Se pueden encontrar en el norte y noreste de Creta, y los académicos creen que el patrón podría haber sido importado de otra civilización.

Agios Onouphrios es una colección de cerámica con líneas paralelas pintadas alrededor de las piezas. Este tipo de cerámica fue coloreada con un deslizamiento de arcilla roja que podía ser oxidado en un horno. Este estilo se encontró en el norte y el sur de Creta. La cerámica de Lebena fue encontrada en los mismos lugares y era un estilo similar de cerámica con patrones blancos pintados en arcilla roja. Ambos estilos datan del 2600 a. C.-1900 a. C.[23]

---

[23] Ibíd.

La cerámica Vasilikí presenta un vidriado moteado, algunos esfuerzos para controlar el color, y caños alargados. Los alfareros hacían el efecto moteado manipulando el calor a través de una cocción desigual para crear colores oscuros. Podrían haber colocado carbones calientes contra la arcilla también para cambiar ciertos puntos. La cerámica Vasilikí se puede encontrar en el este de Creta.

Jarrón minoico temprano, c. 2400 a. C. - 2200 a. C.

Finalmente, los primeros minoicos produjeron cerámica Kumasa y fian gris. La cerámica Kumasa es similar a Agios Onouphrios y tiende a presentar diseños rojos y negros en una vasija de arcilla ligera. Estos tienden a ser tazas, tazones, jarras y otros recipientes para beber. La cerámica fina gris es similar, pero tiende a ser cilíndrico con una superficie pulida. Los alfareros incidían formas en estas vasijas para crear diseños.

El período minoico medio vio el surgimiento de una cultura palaciega urbanizada que requería vasijas versátiles que pudieran ser usadas para el almacenamiento y el uso diario. La creación de cerámica se estandarizó en los talleres, y se produjeron más artículos de élite, creando una diferencia entre las vasijas utilizadas por los nobles y las utilizadas por los plebeyos. La rueda de la cerámica llegó a los minoicos del Levante, y los artesanos y artesanas se hicieron más hábiles en el uso de las tiras de arcilla de color rojo hierro para añadir colores a las vasijas en hornos aislados. De este período surgieron los Pitos, que eran enormes recipientes de almacenamiento capaces de contener 1.100 libras de líquido. Se encontraron más de 400 en las ruinas del palacio de Cnosos. En esta época, los artesanos pintaron menos escenas naturales y en su lugar prefirieron motivos de formas geométricas, espirales y elaborados verticilos.

Con las nuevas técnicas y los cambios culturales llegaron nuevos estilos de cerámica. Estos fueron los incisos, la barbotina, la cáscara de huevo, y los Kamarés. Los incisos se asemejaban a los diseños incisos de los primeros minoicos con algunos ligeros cambios en la temática. La barbotina era bulbosa, con protuberancias elevadas, perillas, conos, crestas y ondas aplicadas añadiendo más arcilla a un producto para darle textura y definición. En algunas piezas, estos diseños imitaban el crecimiento del percebe que se veía en los barcos. La cerámica de cáscara de huevo recibe su nombre porque está compuesta de arcilla fina como el papel.

Una gran colección de cerámica de Kamarés fue descubierta en el santuario de la cueva de Kamarés en el monte Ida en 1890. En la colección había algunas de las primeras vasijas policromadas y evidencia de cerámica hecha en la nueva rueda importada desde el este. Estas vasijas tendían a tener fondos claros y estaban cubiertas de rojos, marrones y, a veces, blancos para crear espirales, diseños florales y otras formas. La simetría era clave, pero los artistas tendían a ser creativos.

Una colección de copas minoicas medias de Festo

Hacia el final del período minoico medio, los artistas se alejaron de sus diseños geométricos y en su lugar se centraron una vez más en motivos animales y de la naturaleza. Estos podían incluir vegetación, flores, lirios, palmeras y otra flora local. Sorprendentemente, a pesar del auge de los diseños de la naturaleza, el verde no se usó en la cerámica, quizás por su dificultad para mezclarse con los materiales disponibles.

Por último, estaba la cerámica de los minoicos tardíos. En esta época, los minoicos comenzaron a influenciar los estilos de otros pueblos del mar Egeo y exportaron su trabajo hasta Egipto. El estilo floral del minoico medio tardío continuó, siendo la escena más popular las hojas y flores pintadas de rojo y negro sobre fondo blanco. Los arqueólogos pueden decir qué piezas vinieron de cada taller porque la cerámica exhibe los sellos distintivos de determinados artistas. Los nombres, sin embargo, siguen siendo desconocidos.

Más tarde, los alfareros comenzaron a usar el estilo marino. Aquí, escenas enteras fueron hechas de criaturas marinas con fondos de algas, esponjas y rocas. Los pulpos eran algunos de los más emblemáticos, y todo el estilo evitaba la estructura para hacer que los animales parecieran flotar en el envase. El estilo marino es considerado el último verdadero estilo minoico porque la erupción de Thera siguió poco después y destruyó muchos de los talleres y centros de producción[24].

Jarra de cerámica minoica de estilo marino, 1575 a. C.-1500 a. C.

Esta imagen demuestra lo importante que era para los artistas minoicos cubrir el lienzo de su trabajo con elaborados e intrincados diseños. Esta jarra, producida en el siglo XVI a. C., presenta una hermosa representación de la vida marina, así como simples, pero opulentos patrones geométricos alrededor de la boca y el mango. Es probable que esta jarra en particular fuera

[24] Ibíd.

hecha para decoración más que para fines utilitarios, pero la obra de arte sigue siendo reveladora. Esta pieza en particular es un ejemplo del estilo marino minoico tardío.

Metalurgia

Otra forma de arte era la metalurgia, o la creación de adornos, joyas e incluso tazas de metales como el oro y el cobre. Ambos materiales necesitaban ser importados, y demostraban el estatus de sus dueños. Una técnica común para el trabajo de los metales era la granulación del oro, que permitía a los artistas crear piezas elaboradas como el famoso colgante de abeja de oro, un collar que parece una abeja con alas. Para hacer tales artículos, los artesanos necesitaban comprender las propiedades básicas del metal y ser capaces de manipular el fuego a temperaturas precisas para unir el oro sin quemarlo. Estas habilidades se desarrollaron a lo largo de los tres períodos minoicos, ya que los minoicos aprendieron primero a dar forma al bronce y comenzaron a incorporar más metales a medida que sus redes comerciales se expandían.

Los arqueólogos han localizado recipientes de metal en Creta que datan aproximadamente de la mitad del período minoico temprano, o alrededor del 2500 a. C. Algunos de los trabajos en metal más recientes datan de 1450, lo que indica que los minoicos seguían produciendo sus icónicas artesanías hasta la caída de su civilización. Los primeros ejemplos de metalurgia se hicieron con metales preciosos como el oro, pero los productos más recientes se hicieron con arsénico o bronce de estaño. Los historiadores sugieren que la adaptación fue el resultado de que más individuos pudieron permitirse la metalurgia, así como un mayor suministro de materiales, ya que se seguían fabricando objetos de metales preciosos. Sin embargo, la mayoría pertenecía a familias de clase alta. Las copas formaban la mayoría de la metalurgia de metales preciosos, mientras que un conjunto más diverso de objetos podían ser hechos de bronce. Estos incluían cacerolas, tazones, tazas, lámparas, cuencos, calderos y ritones.

Los minoicos exportaron sus productos de metal a las diversas civilizaciones con las que comerciaban. En la Grecia continental se han encontrado bastantes tazas y vasijas con características minoicas. Se cree que los minoicos vendieron su metalurgia a los micénicos o les regalaron piezas elaboradas. Los objetos no comercializados se usaban en casa para cocinar, almacenar alimentos y quizás para rituales de tostado relacionados con el culto minoico. La metalistería de bronce y oro se encuentra frecuentemente en las tumbas.

Los minoicos hacían sus vasijas de metal principalmente a través de la fundición a la cera perdida o el levantamiento de láminas de metal. Se usaban martillos de piedra y herramientas de madera para levantar el metal caliente hasta darle la forma deseada, y las piezas adicionales como las patas y los mangos debían fundirse por separado y luego remacharse en el cuerpo de una pieza. Los metalúrgicos sabían cómo incrustar metales preciosos adicionales, recipientes dorados, y añadir numerosas decoraciones como vida marina, toros, flores y formas geométricas.

Joyería

Los minoicos hacían y usaban joyas inspiradas en la naturaleza, con los diseños más populares que incluían flores, animales y abejas. Sus técnicas y elecciones fueron influenciadas por las civilizaciones y culturas con las que comerciaban, incluyendo a los babilonios y egipcios. Numerosos depósitos de estos artículos de lujo fueron descubiertos por los arqueólogos en múltiples islas debido a la durabilidad del metal. Una de las mayores colecciones de joyas era parte del Tesoro de Egina, un tesoro de oro precioso encontrado en la isla de Egina. Todas las joyas incluían oro, ya sea como materia prima o como acento para las cuentas. La colección incluía cuatro anillos para dedos, tres diademas, un colgante o broche de pecho, dos pares de pendientes, al menos cinco anillos adicionales y no usables, una copa de oro, un brazalete de oro macizo y numerosas tiras decorativas[25].

Como sus islas incluían depósitos de metales naturales y recursos como plata y bronce, los minoicos pudieron extraer materiales y luego perfeccionar las prácticas de fundición y trabajo con metales[26]. Debido a la delicada naturaleza de la fabricación de joyas, la mayoría de los artesanos y artesanas completaban las piezas individuales a mano. Las principales excepciones eran cuando alguien quería crear anillos o cuentas individuales para collares. Debido a la naturaleza minúscula de estas piezas, los minoicos se basaban en una técnica llamada fundición a la cera perdida.

El íbice dorado de abajo fue encontrado en Santorini y, aunque quizás no era minoico, usaba el mismo proceso para ser creado que los minoicos usarían para hacer estructuras de metal como cuentas. En la fundición a la cera perdida, se creaba un molde de cera con un diseño ahuecado en el interior. El molde sería sellado, y el material fundido se vertería a través de una abertura cerca de la parte superior. El metal se endurecería y tomaría forma en el molde, resultando en objetos y diseños elaborados que podrían ser rehechos una y otra vez[27].

---

[25] R. Higgins, *The Aegina Treasure - An Archaeological Mystery*, London: 1979.

[26] Aunque los minoicos pudieron extraer algo de oro del subsuelo, la mayor parte de su suministro provino del comercio con el norte de África, donde el metal era más común.

[27] J.V. Noble, "The Wax of the Lost Wax Process". *American Journal of Archaeology*, 79, no. 4 (1975).

Estatua de la cabra montés de oro c. Siglo XVII a. C. (Santorini)

Entonces, ¿qué les gustaba usar a los minoicos en sus joyas?

Los metales preciosos tendían a formar la base de todas las piezas. Las personas más ricas podían permitirse joyas hechas completamente de oro o plata, mientras que las piezas de bronce y de bronce chapado en oro eran más rentables y las usaba la gente común. Los minoicos pudieron comerciar o extraer una variedad de piedras semipreciosas y minerales que ofrecían colores brillantes y contrastes. Las favoritas parecían ser el lapislázuli (azul), la cornalina (naranja), el granate (rojo intenso) y la obsidiana (negro). A veces los joyeros también usaban jaspe, una piedra que estaba disponible en una variedad de tonos, incluyendo el raro verde. Las amatistas procedían de Egipto y tuvieron un gran auge entre los minoicos, en parte porque su comercio era algo económico. Según varios académicos, la disminución del valor de la amatista se produjo una vez que la nobleza egipcia dejó de favorecer la piedra semipreciosa. En resumen, el vibrante material púrpura pasó de moda[28].

---

[28] Jacke Phillips, "Egyptian Amethyst in the Bronze Age Aegean". *Journal of Ancient Egypt Interconnections* 1, no. 2 (2009).

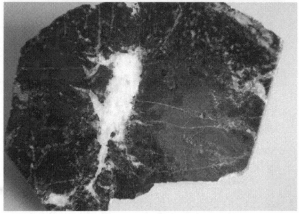

Amatista y Lapislázuli

Otras opciones eran artículos y materiales más creativos como conchas, que podían ser recolectadas a lo largo de las costas de Thera y Creta. La esteatita, o piedra de jabón, era un mineral duro con un aspecto cremoso y semitranslúcido que destacaba sobre el metal recogido en las islas locales. Los minoicos también comerciaban con marfil de África. Los materiales azules siguieron teniendo una gran demanda debido a la rareza del color en el mundo natural, así como al hecho de que los minoicos disfrutaban de la decoración y los motivos marinos y acuáticos. Los comerciantes iban a Egipto para traer de vuelta una sustancia llamada frita azul, o azul egipcio, que era un material sintético que no era exactamente loza egipcia y no vítreo.

La loza egipcia, en general, demostró estar de moda. La loza egipcia era una sustancia particular desarrollada por los egipcios a partir de cuarzo y arena. El resultado fue un material vítreo y moldeable que podía ser moldeado, endurecido y secado. Los acabados se aplicaban al exterior para que el producto final cambiara de color una vez expuesto al calor del proceso de secado. Estos acabados incluían cantidades variables de óxido de cobre, magnesio, calcio, potasio y sodio. Una vez más, la elección de color más popular para la loza egipcia era el azul, aunque los minoicos también importaban el material en verde, rojo, negro y blanco. Algunos análisis químicos también indican que los minoicos podrían haber sabido cómo hacer su propia loza, potencialmente imitando los métodos aprendidos de los artesanos egipcios[29]. Una vez más, el color favorito era un azul brillante que no era claro, pero tampoco muy rico. El mejor ejemplo del color proviene de un artefacto egipcio (y un favorito personal de este autor), el hipopótamo "William".

"William", el hipopótamo de la antigua loza egipcia

---

[29] M.S. Tite; Y. Maniatis; D. Kavoussanaki; M. Panagiotakic; J. Shortland; S.F. Kirk, "Colour in Minoan faience". *Journal of Archaeological Science* 36, no. 2 (2009): pgs. 370-378.

A pesar de ser la mercancía más rara, el oro era favorecido porque simbolizaba el estatus y la riqueza del portador. Solo aquellos con un alto nivel económico podían permitirse una sola pieza de joyería de oro. El oro también es un metal blando, lo que hace que sea fácil de trabajar, pero también simple de raspar. Los artesanos necesitarían la experiencia necesaria para no arruinar sus suministros, y su artesanía se mostraba en sus productos acabados. Debido a su suavidad, el oro apareció en numerosas formas en la joyería. Podía ser batido, grabado en relieve, e incluso perforado con sellos para hacer un diseño consistente. También podía ser transformado en materiales más delicados como la filigrana o la hoja de oro. Algunas joyas incluso muestran la antigua técnica de granulación, donde minúsculas esferas de oro podían ser adheridas a una pieza principal de joyería aplicando y calentando una mezcla de sal de cobre y pegamento hasta la conexión deseada. Esta orfebrería no era para los débiles de corazón.

Los minoicos produjeron casi todo tipo de joyas imaginables, incluyendo collares, brazaletes, diademas, horquillas, cadenas, broches, brazaletes e incluso piezas pectorales. Sin embargo, los anillos tenían un gran significado cultural porque podían utilizarse como sellos en los documentos administrativos. Estos anillos tenían tallas distintivas que formaban un diseño al ser prensados en cera caliente. Muchos anillos de sello eran de oro sólido, aunque algunos también incluían conchas y materiales duros que no se verían afectados por la cera. Algunos podían abrirse y cerrarse para exponer el sello. El diseño estándar era un óvalo convexo unido en ángulo recto al aro del anillo.

"El Anillo de Minos", c. 1500 - 1400 a. C.

Los Signet o anillos de sello llevaban todo tipo de patrones y escenas completas en miniatura de eventos con significado cultural, incluyendo el salto de toros y la caza. Los paisajes y los animales eran frecuentemente representados, incluyendo insectos y arácnidos como mariposas y arañas[30]. Como muchas joyas y arte minoico, los artistas preferían llenar toda la superficie con grabados, así que diferentes elementos luchaban por el espacio. Esto hace que la imagen total sea difícil de ver en varios casos, pero también es un testamento de la artesanía de los trabajadores. En la actualidad, los arqueólogos han descubierto más de doscientos anillos separados o impresiones duraderas, lo que demuestra la prevalencia e importancia del anillo de sello.

Un legado duradero de los minoicos fue su joyería. Sus técnicas y estilos siguieron siendo utilizados por otras comunidades del Egeo mucho después de que su civilización desapareciera. Sus sucesores, los micénicos y los antiguos griegos, siguieron utilizando el oro, incluyendo temas como la vida salvaje

---

[30] Se pueden encontrar ejemplos y un estudio más detallado de la importancia cultural de los anillos en: Archaeologies of Cult: Essays on Ritual and Cult in Crete in Honor of Geraldine C. Gesell (Hesperia Suppl. 42), editado por Anna Lucia D'Agata y Aleydis van der Moortel, pp. 43-49. Princeton: American School of Classical Studies at Athens 2009.

y las flores, y destacaron la importancia de los sellos y los artículos de lujo como símbolos de estatus.

Capítulo 8 - Arquitectura

Los minoicos poseían una forma de arquitectura simple, pero con estilo. La mayoría de los edificios tenían techos de tejas planas y tenían entre dos y tres pisos de altura, incluyendo casas en las ciudades. Los muros inferiores estaban hechos de piedra comprimida y escombros con poco mortero, mientras que en los niveles superiores se utilizaba el ladrillo de barro. El ladrillo de barro es un material de construcción compuesto de ladrillos secados al aire hechos de una mezcla de arena, marga, agua, barro y materiales aglutinantes como cáscaras de plantas. Eran fáciles de hacer y han existido de alguna forma desde el 7000 a. C. Los minoicos cocinaron su ladrillo de barro, lo que hizo que cada ladrillo fuera más duradero. Los interiores de los edificios tenían pisos de laja, yeso o madera. Algunas casas más pobres podrían haber usado tierra apisonada, pero no queda ninguna prueba.

Edificios importantes como palacios y villas fueron construidos con materiales más resistentes y difíciles de obtener como la piedra caliza, la arenisca y el yeso. No había un patrón único para la construcción, ya que los edificios en diferentes lugares se basaban en bloques de material pesado y megalítico o en mampostería de sillería. Las piedras de sillería se cortaban cuidadosamente para que fueran uniformes, pequeñas y estables.

Tanto los palacios como los edificios regulares usaban maderas de techo para mantener el tejado en su sitio.

Debido a que los asentamientos de la isla eran pequeños, los minoicos pudieron pavimentar sus caminos usando piedras. Esto facilitó el movimiento de las carretas tiradas por bueyes entre las granjas, la costa y las ciudades.

Fontanería

La gente a veces olvida que mientras que la plomería moderna es un lujo del que los humanos antiguos carecían, las civilizaciones todavía construyeron intrincados sistemas diseñados para manejar el manejo de desechos. Especialmente alrededor del mar Mediterráneo y más al este hacia el Levante, las sociedades construyeron sistemas de alcantarillado y evitaron las desagradables condiciones de los europeos medievales, en los que muchas audiencias modernas tienden a pensar cuando tratan de imaginar las cañerías históricas.

Para los minoicos, el aspecto más importante de la fontanería era el desarrollo de grandes y extensas vías fluviales que podían proporcionar agua dulce y también arrastrar residuos y aguas pluviales indeseables que podían estar contaminadas con suciedad[31]. Los minoicos avanzaron y crearon sus propios acueductos, cisternas y pozos aislados para asegurar que el agua dulce, un recurso precioso en medio del mar, no se desperdiciara ni se mezclara con los desechos humanos. Para facilitar la fontanería, los trabajadores de la construcción incluyeron la construcción de la fontanería en sus diseños. Por ejemplo, la tendencia minoica a los tejados planos y a las entradas inclinadas en los patios abiertos ayudó a los individuos a recoger el agua de la lluvia y a colocarla en cisternas[32]. Las grandes estructuras como los palacios también tendían a tener

---

[31] J.B, Rose y A.N, Angelakis, *Evolution of Sanitation and Wastewater Technologies through the Centuries*. London: IWA Publishing, 2014, pg. 2

[32] Rose y Angelakis, *Evolution of Sanitation*, pg. 5.

tuberías que corrían a través y alrededor del edificio, persiguiendo el agua en áreas de almacenamiento designadas.

Las alcantarillas del palacio de Cnosos con un tubo de piedra

Aún más alucinante es que los minoicos desarrollaron algunos de los primeros dispositivos de tratamiento de aguas. El más común era un tubo de arcilla poroso por el que el agua podía fluir repetidamente. El agua se deslizaba a través de los poros de la arcilla, dejando atrás suciedad y escombros demasiado grandes para pasar por los agujeros microscópicos. Sin embargo, como se puede imaginar, la mayoría de los ejemplos de fontanería intrincada procedían de las ciudades, y se especula con que los minoicos de las zonas rurales se vieron obligados a vivir sin ella. Sin embargo, las familias rurales todavía poseían el sentido común de almacenar la lluvia y el agua dulce en cisternas separadas o incluso en vasijas para mantenerla limpia y alejada de los residuos humanos y animales.

Palacios y Columnas

Los palacios eran grandes complejos de edificios diseñados para servir a fines administrativos y defensivos. Los registros y las cuentas comerciales podían almacenarse en archivos y mantenerse a salvo del entorno, y la gente también podía buscar refugio detrás de los muros durante los ataques y los desastres naturales como el tsunami que azotó Creta. La mayoría de los palacios han sido descubiertos por los arqueólogos en Creta, principalmente en la ciudad de Cnosos. Cada palacio excavado posee características únicas, pero todos los palacios minoicos comparten algunas características básicas como columnas gigantes, patios, áreas de almacenamiento designadas, múltiples pisos y robustas escaleras interiores y exteriores. Debido a que los palacios necesitaban sobrevivir varias generaciones y preservar los bienes y registros, fueron construidos con piedra pesada para una máxima durabilidad.

Los arqueólogos datan los primeros palacios al final del período minoico temprano, alrededor del tercer milenio a. C. Las estructuras más antiguas existentes se encuentran en Malia y proporcionan información básica sobre el plan de construcción minoico[33]. Debido a las variaciones en la edad de los cimientos de las secciones de la misma estructura, los académicos creen que los minoicos construyeron originalmente palacios más pequeños y luego agregaron nuevos desarrollos a lo largo del tiempo para adaptarse a las necesidades de la comunidad. Aunque hay algunas diferencias en los estilos de los períodos de tiempo minoico temprano, medio y tardío, la arquitectura y el diseño no cambiaron mucho a lo largo de los siglos. Los nuevos palacios de los minoicos medios compartían rasgos comunes con los estilos de construcción de los minoicos tempranos, incluyendo el espacio para los tribunales occidentales y las detalladas fachadas occidentales que incluían refuerzos y decoración adicionales. Algunos creen que este tratamiento indica que la dirección cardinal hacia el oeste tenía algún significado cultural.

Los palacios se construyeron para que coincidieran con las características geográficas y la topografía preexistentes para lograr la máxima estabilidad y fluidez. Los edificios también se alineaban con hitos significativos como el monte Ida y el monte Juktas en un distintivo eje norte-sur, lo que indica que las

---

[33] Donald Preziosi y Louise A. Hitchcock, *Aegean Art and Architecture*, Oxford History of Art series, Oxford University Press, 1999.

montañas poseían una forma de significado ritual[34]. Un ejemplo de este tipo de comportamiento de las sociedades más modernas sería la tendencia de las iglesias cristianas a mirar al este hacia el sol debido a la importancia de la salida del sol. Esta tendencia pareció perder importancia en los palacios construidos durante el período minoico medio tardío, aunque las fachadas occidentales seguían recibiendo un tratamiento especial mediante el uso de mampostería de sillería de piedra arenisca.

A pesar de las numerosas similitudes, la arquitectura de los palacios cambió lentamente debido a la aplicación de técnicas de construcción más eficientes y a un aumento de la población que facilitó la construcción. Por esta razón, los académicos tienden a dividir la arquitectura en el período del Primer Palacio y el período del Segundo Palacio. Durante el período del Primer Palacio, la construcción interior de un palacio seguía un diseño básico de sala cuadrada por sala cuadrada en el que los individuos entraban y caminaban directamente de una sala a otra sin estructuras intermedias como pasillos. En el período del Segundo Palacio, este diseño simplista no tuvo éxito y fue reemplazado por la tendencia a construir divisiones internas más elaboradas, pasillos y áreas de "hueco" entre las habitaciones principales.

Mucha de la información actual sobre la estructura de los palacios minoicos proviene de la mayor y más completa ruina minoica que existe: el palacio de Cnosos[35]. Este palacio mide aproximadamente 492 pies de ancho y tiene un área de 215.278 pies cuadrados. Algunos especulan que los pisos superiores de la estructura poseían más de mil cámaras separadas que variaban en tamaño y estaban separadas por pasillos. El palacio era tan extenso durante su época que muchos lo asocian con el mito

---

[34] Ibíd.

[35] Anna Lucia D'Agata, "The Many Lives of a Ruin: History and Metahistory of the Palace of Minos at Knossos". *British School at Athens Studies* 18 (2010).

griego del toro de Minos, o el Minotauro, del cual los minoicos obtienen su nombre moderno gracias a Arthur Evans.

Un segmento existente del Palacio de Cnosos

El palacio de Cnosos presenta quizás la mayor contribución minoica a la arquitectura del Mediterráneo, que son las columnas rojas que se ven en la foto de arriba. Estas columnas estaban invertidas, lo que significa que la parte superior es más ancha que la base. Este estilo era el opuesto al que usaban los griegos, que favorecían bases más amplias que acentuaban la altura de la estructura. Los minoicos adicionalmente hicieron sus columnas de madera en vez de piedra, aunque la columna estaba montada sobre una base de roca básica para su estabilidad. La parte superior de las columnas tendía a ser redondeada o almohadillada, de nuevo llamando la atención hacia arriba y poniendo énfasis en el techo[36].

[36] F. Bourbon, *Lost Civilizations*, New York: Barnes and Noble, Inc., 1998.

La arquitectura del palacio de Cnosos es más compleja que la de otros sitios existentes, con toda la estructura construida alrededor de un patio central y que consiste en extensos pórticos, escaleras, cámaras, áreas de almacenamiento y una sala de embellecimiento potencial donde hombres y mujeres por igual irían a maquillarse —algunos académicos incluso consideran que es el equivalente de un salón de hoy en día. Las cámaras en diferentes niveles podrían estar conectadas por rampas, escaleras ocultas, o construidas en características geográficas previamente existentes como laderas, dando a todo el palacio una apariencia elaborada, pero azarosa. A pesar de esto, el palacio de Cnosos es hermoso, con algunos de los más detallados y coloridos frescos pintados por los minoicos. Estos frescos no solo estaban reservados para el salón del trono, ya que incluso se encontraron en zonas de almacenamiento.

Una vez más, los temas más comunes de las obras de arte fueron los siempre presentes delfines, peces, flores, azafrán y saltos de toro. Algunas áreas, como el salón del trono, presentan criaturas más inusuales, incluyendo un animal rojo con apariencia decorativa. El rojo y el azul eran los colores más populares.

Capítulo 9 - Teorías sobre el colapso de la civilización

Según todos los indicios, los minoicos tenían una civilización floreciente y parecían tener un control sobre el mar que rodeaba sus islas. Estas ventajas no los salvaron, sin embargo, de que eventualmente se desmoronaran y perdieran su cultura en favor de sus vecinos cercanos como los micénicos. Las pruebas recogidas en islas como Creta indican que algo enorme sucedió que sacó a los minoicos de su situación favorable, convirtiéndolos en presa fácil de vecinos más militaristas. En la actualidad, hay una teoría importante sobre por qué la civilización minoica se derrumbó: los resultados de la erupción de Thera.

La teoría de la erupción minoica

El hogar minoico de Santorini existía en un lugar peligroso. Como se puede ver en la imagen adjunta, el grupo de islas de Santorini consistía en varias pequeñas masas de tierra, incluyendo la propia Santorini (Thera), Therasia y las islas Kaméni. En el centro de este grupo había una caldera que aún existe en tiempos contemporáneos. Una caldera es un hueco parecido a un caldero en una región volcánica que se forma cuando entra en erupción una cámara o depósito de magma.

Esta evacuación repentina desplaza el suelo, dando lugar a un colapso que crea un sumidero de tierra blanda y material fundido. Con el tiempo, la caldera puede rellenarse lentamente con el magma de los cuerpos volcánicos circundantes y estar lista para entrar en erupción una vez más.

Hoy en día, la caldera de Santorini mide 7,5 x 4,3 millas y tiene acantilados de 980 pies en tres lados. Los volcanes en escudo superpuestos forman la base de la caldera y a menudo crean nuevas calderas más pequeñas a partir de sus erupciones. Las dos islas del centro, Nea Kaméni y Palea Kaméni, están hechas de roca volcánica y cenizas de erupciones anteriores.

El arqueólogo griego Spyridon Marinatos desarrolló la teoría de la erupción minoica entre 1935 y 1939. Según esta teoría, hubo una erupción masiva en Thera entre 1550 y 1500 a. C. Fue una de las mayores explosiones volcánicas de la historia conocida y expulsó entre 14 y 24 millas cúbicas de material. En la escala moderna del Índice de Explosividad Volcánica, la erupción obtuvo un 7.[37]

La erupción de Santorini generó tanto flujo que devastó el cercano asentamiento minoico de Akrotiri y lo cubrió con una gruesa capa de piedra pómez. Santorini estaba aproximadamente a 62 millas de Creta, donde se encontraban los principales asentamientos minoicos. Según Marinatos, la erupción fue tan devastadora que afectó gravemente el desarrollo y la estabilidad de la cultura minoica. En las teorías de la primera mitad del siglo XX, los académicos propusieron que tanta ceniza volcánica provino de la explosión de Thera que la vida vegetal de la mitad oriental de Creta fue completamente asfixiada e incapaz de crecer. Esto hizo que la población local se muriera de hambre e

---

[37] Sigurdsson H, Carey, S, Alexandri M, Vougioukalakis G, Croff K, Roman C, Sakellariou D, Anagnostou C, Rousakis G, Ioakim C, Gogou A, Ballas D, Misaridis T, y Nomikou P, "Marine Investigations of Greece's Santorini Volcanic Field". *Eos* 87, no. 34 (2006).

impidió un nuevo crecimiento y un mayor desarrollo de la cultura y el ejército.

Tras un examen más detallado con instrumentos modernos, los científicos descubrieron que no más de 5 milímetros de ceniza cubrieron ninguna sección de Creta, lo que indica que el crecimiento de las plantas no se habría visto afectado por el material volcánico. En cambio, había evidencia de algo igual de mortal. La explosión en Thera generó tanta fuerza que un tsunami masivo golpeó la costa de Creta y destruyó los asentamientos a lo largo de la mitad oriental de la isla[38]. El pueblo de Cnosos perdió la mayor parte de su riqueza e importancia, y la relevancia regional del asentamiento disminuyó.

Sin embargo, el declive no fue inmediato. Se han encontrado numerosos restos en la capa de ceniza minoica del siglo XVI que indican que el colapso no fue inmediato. La gente continuó viviendo, creando arte, reproduciéndose y comerciando con las civilizaciones circundantes, pero la erupción causó problemas significativos. Debido a que los minoicos dependían de su posición como potencia marina, la perturbación del tsunami puso en peligro su funcionamiento. Las pruebas indican que muchos de sus barcos de navegación habrían sido destruidos, y los almacenes y mercancías en Cnosos y otros asentamientos en la costa este de Creta también habrían desaparecido. Esto significó que el comercio y la defensa general declinaron significativamente.

Si la destrucción fue suficiente para iniciar inmediatamente el colapso de la civilización es el tema de un acalorado debate. Los asentamientos en Creta muestran que el armamento micénico fue enterrado en los sitios poco después de la erupción inicial, y los micénicos aún tardaron varias décadas en deponer a los minoicos. Lo que es seguro es que la erupción dio lugar a una

---

[38] Floyd W. McCoy y Grant Heiken, "Tsunami Generated by the Late Bronze Age Eruption of Thera (Santorini), Greece". *Pure and Applied Geophysics*, 157, no. 157 (2000).

grave crisis económica y de recursos que hizo a los minoicos vulnerables a los ataques. Según el académico Sinclair Hood, los minoicos probablemente sucumbieron a una fuerza invasora después de la erupción[39]. Él y varios otros creen que, debido a la desigualdad de los daños y la destrucción en Creta, los micénicos fueron los verdaderos destructores de la civilización minoica en Creta. Esto se evidencia además por el hecho de que el palacio de Cnosos fue preservado y utilizado por los micénicos más tarde. También hubo una grave deforestación en la zona, lo que significa que los minoicos lograron superar la capacidad ambiental de la región[40]. Es probable que los minoicos ya estuvieran al borde del colapso antes de la erupción debido al despojo de recursos.

La interpretación de la Atlántida

La interpretación de la Atlántida del destino minoico se inspira en gran medida en la erupción de Thera que devastó Santorini y potencialmente Creta. Debido a que esta erupción generó suficiente fuerza para crear un tsunami masivo, algunos creen que el destino de los minoicos no solo inspiró el cuento moderno de la Atlántida, sino que también ocurrió. En muchos sentidos, la idea de que la civilización minoica se convirtió en la Atlántida es una teoría conspirativa, ya que no hay pruebas sólidas de una ciudad submarina secreta. Sin embargo, los arqueólogos e historiadores creen que los eventos que llevaron al colapso minoico fueron responsables del desarrollo de la narrativa atlante.

---

[39] Sinclair Hood, *The Minoans: Crete in the Bronze Age*, London: Thames & Hudson, 1971.

[40] .D.S. Pendlebury y Arthur Evans, *Handbook to the Palace of Minos and Knossos with Its Dependencies*, Kessinger Publishing, 2003.

Los escritores griegos como Platón escribieron extensamente sobre una ciudad que fue envuelta por el mar y se hundió en el agua, pero es vago en detalles. Algunos documentos indican que ocurrió bajo los "Pilares de Hércules", montañas del golfo de Laconia, el golfo más meridional de la antigua Grecia (aunque otras fuentes apuntan a que los pilares estaban cerca de Malta, Sicilia o el estrecho de Gibraltar). El asentamiento que fue la inspiración de la Atlántida fue destruido, pero la retórica es vaga en cuanto a si realmente desapareció por completo en el agua o no. La mayoría de los académicos piensan que el lenguaje es solo una forma de licencia creativa y que la erupción de Thera, combinada con el colapso de la Edad de Bronce tardía y la caída de los minoicos, fue a lo que los griegos se refirieron cuando hablaron de la Atlántida[41].

Ya sea que uno suscriba la teoría de la conspiración o se apegue más a las interpretaciones académicas, está claro que la erupción de Thera fue quizás el evento más significativo que le sucedió a los minoicos. Aunque en última instancia, los micénicos provocaron su fin, se enfrentaron a un gran declive después de la erupción, perdiendo partes de su cultura e importantes asentamientos debido a un desastre natural aleatorio, más que a cualquier fallo o maldad personal.

---

[41] Spyridon Marinatos, *Some Words about the Legend at Atlantis* (2nd ed.), Athens: C. Papachrysanthou, 1972.

Conclusión - ¿Dónde están ahora?

Cuando se habla de civilizaciones antiguas, casi siempre hay una pregunta que prevalece en las mentes contemporáneas: ¿Qué les sucedió? Aunque esta pregunta puede estar relacionada con desapariciones misteriosas, también hay otra razón fundamental para la pregunta: A menudo, los individuos quieren saber si la civilización antigua podría ser sus predecesores o antepasados. Los profesionales modernos en los campos de la arqueogenética han pasado la última década trabajando para descubrir dónde los minoicos pasaron por el examen del material genético extraído de los esqueletos antiguos. Estos profesionales pueden comparar la información extraída del **ADN** mitocondrial para determinar si los minoicos fueron absorbidos por la civilización micénica y finalmente por los griegos, si se trasladaron a un nuevo lugar y se reprodujeron con un grupo de pueblos ya existentes (cambiando así los rasgos generales registrados en el **ADN**) o si, por el contrario, fueron aniquilados por una combinación de guerras y desastres naturales.

Si bien los estudios de los arqueogenetistas pueden responder a preguntas personales candentes, también pueden proporcionar una pista a otros profesionales sobre el movimiento de diferentes grupos de personas[42]. El campo de la genética, cuando se aplica a la historia, ha demostrado que la mayoría de los grupos de seres humanos son descendientes de unos pocos individuos específicos que portaban rasgos genéticos separados. Esta información es importante para determinar cómo se desarrollaron los diferentes grupos étnicos con genes y adaptaciones específicas. Aunque el ADN mitocondrial tomado de los minoicos no dice mucho sobre los rasgos distintivos, sí permite a los arqueólogos responder a la pregunta: ¿Dónde están ahora?

En 2013, un grupo de arqueólogos tomó ADN mitocondrial de una muestra de antiguos esqueletos minoicos que fueron encontrados sellados en una cueva en la meseta de Lasithi. Se desconoce lo que le pasó a los individuos, pero los huesos preservados datan de entre 3.700 y 4.400 años[43]. El equipo comparó el ADN mitocondrial minoico con muestras tomadas de residentes nativos de Grecia, Egipto, el norte de África en general, Anatolia y un amplio espectro de lugares de Europa occidental y septentrional. Los resultados del estudio indicaron que los minoicos compartían una genética similar con los cretenses modernos y los europeos neolíticos del norte y el oeste. Había pocas o ninguna similitud con las poblaciones egipcias o libias, lo que significa que los minoicos no se trasladaron al sur de África después del colapso de su civilización. Estas pruebas apoyan la idea de que los minoicos fueron absorbidos por las poblaciones del norte y que sus sucesores probablemente no abandonaron la isla de Creta. Según el coautor del estudio,

---

[42] A. Bouwman y F. Rühli, "Archaeogenetics in Evolutionary Medicine". *Journal of Molecular Medicine* 94 (2016): pgs. 971-977. doi: 10.1007/s00109-016-1438-8.

[43] Hughey, Jeffrey. "A European Population in Minoan Bronze Age Crete". *Nature Communications* 4 (2013): pg. 1861. 10.1038/ncomms2871.

George Stamatoyannopoulos, de la Universidad de Washington, "Ahora sabemos que los fundadores de la primera civilización europea avanzada fueron europeos. Eran muy similares a los europeos del neolítico y muy parecidos a los cretenses actuales"[44].

En 2017, se completó otro estudio de arqueogenética en un grupo separado de restos minoicos. Este trabajo concluyó que los minoicos estaban genéticamente relacionados con los griegos micénicos y tenían rasgos similares, pero no idénticos. El ADN fue entonces comparado con las poblaciones griegas modernas. Basándose en los resultados, los académicos pudieron concluir que los minoicos, micénicos y los antiguos griegos estaban todos relacionados y que las mismas cepas genéticas continuaron en la época contemporánea. En resumen, los minoicos siguen viviendo en la población griega moderna y en otras que provienen del Mediterráneo en el lado europeo.[45]

Puede ser difícil para la gente entender por qué las civilizaciones antiguas son importantes para el mundo moderno, especialmente cuando se trata de un grupo tan pequeño como los minoicos. Sin embargo, los minoicos allanaron el camino para pueblos como los micénicos, que luego influirían en la cultura de los antiguos griegos, que siguen siendo uno de los pueblos europeos más duraderos del mundo. Desde el punto de vista social, aprender sobre los minoicos puede demostrar que el mundo antiguo no era una masa sólida. Leer sobre las civilizaciones más antiguas puede hacer creer a la gente que los humanos se desarrollaron de una manera: agricultura pesada, roles estrictos de género, sociedades feudales y ejércitos masivos. Los minoicos desafiaron estos estándares ofreciendo una civilización basada en el comercio con casi los mismos derechos

---

[44] Tia Ghose, "Mysterious Minoans Were European, DNA Finds". *LiveScience*, 2013.

[45] Brigit Katz, "DNA Analysis Sheds Light on the Mysterious Origins of the Ancient Greeks". *Smithsonia*.

para hombres y mujeres, espacio para el progreso social, y una marina que pasó la mayor parte de su tiempo comerciando.

Sin los minoicos, la vida moderna no sería la misma en absoluto.

Tercera Parte: Los Fenicios

Una Guía Fascinante sobre la Historia de Fenicia y el Impacto de una de las Mayores Civilizaciones Comerciantes del Mundo Antiguo

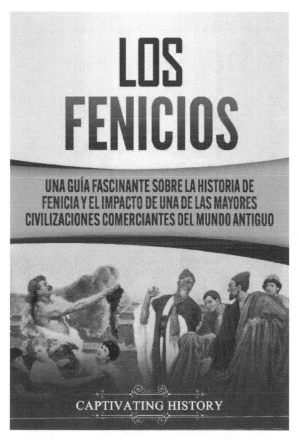

Introducción – ¿Quiénes eran los fenicios?

Los fenicios siguen siendo una de las civilizaciones antiguas más enigmáticas, que suscitan la especulación y las conjeturas de historiadores y eruditos. Aunque muchos escritores griegos, romanos y egipcios hacen referencia a los fenicios en los documentos comerciales, las batallas militares y las transacciones artísticas, los propios fenicios dejaron pocos registros, otorgando a los eruditos modernos el rol de completar los espacios en blanco con conjeturas.

La percepción antigua sobre esta civilización es mixta. Por cada escritor como Pomponius Mela que prodigaba elogios a los fenicios, había otro que se burlaba de ellos y los consideraba como tramposos y vendedores ambulantes que mantenían bloqueado el comercio de otros estados a través de redes de dominio y negocios ridículos. Mela los describía así: "Los fenicios eran una raza inteligente, que prosperó en la guerra y la paz. Destacaron en escritura y literatura, y en otras artes, en náutica y en gobernar un imperio".

Si diseccionamos la cita de Mela, nos damos cuenta de que los fenicios fueron grandes escritores, pero casi no dejaron documentos. Puede que fueran excelentes marineros y comandantes navales, pero no construyeron ningún imperio territorial. Fueron artistas estelares, pero su trabajo contiene pocos elementos originales. Es posible que hayan sido constructores inteligentes, pero sus monumentos se derrumbaron. Y los fenicios eran una sola civilización, pero estaban divididos en ciudades-estado.

¿Cómo una civilización con tantas contradicciones pudo haber existido, y cómo pueden los historiadores modernos utilizar evidencia que parece que ya no existe para descubrir la verdad?

¿Quiénes eran los enigmáticos fenicios, por qué se derrumbó su civilización y por qué debería importarle al público moderno?

Abra este libro para averiguarlo.

Capítulo 1 – Orígenes

El origen de la civilización fenicia había sido durante mucho tiempo un misterio para aquellos que no pertenecían a ella debido al secretismo con el que se conducían los famosos comerciantes. Herodoto, un famoso historiador griego, escribió una vez, alrededor del 440 a. C., que los fenicios eran un pueblo que abandonó las orillas del mar Eritreo y eligió establecerse alrededor del Mediterráneo.[46] A partir de ahí, distribuyeron sus mercancías entre las poblaciones locales, creando una de las civilizaciones comerciales más grandes de la historia.

Herodoto y muchos otros griegos creían que los fenicios provienen de alguna región cerca del mar Eritreo, que era una designación para el noroeste del océano Índico, alrededor del golfo de Adén. Esto habría significado que los fenicios vinieron de Yemen o Somalia, aunque Herodoto más tarde sostendría que provenían de Bahréin.[47] Otro historiador griego, Estrabón, reiteraría la creencia de que los fenicios procedían de Bahréin. Sin embargo, los arqueólogos no han podido descubrir evidencias de algún tipo de ocupación humana a gran escala en esta región, en el momento en que debería haber tenido lugar la

---

[46] Las fechas se refieren utilizando el Sistema de Antes de Cristo (a. C) y después de Cristo (d. C)

[47] En la actualidad, Bahréin es una isla-nación en el golfo Pérsico.

migración: 2200 a. C. a 1600 a. C. En cambio, la mayoría de las ciudades-estado estaban ubicadas en el Líbano contemporáneo, que está por encima del Israel moderno en la costa oriental del mar Mediterráneo.

La gente de la ciudad de Tiro, en el sur del Líbano, mantiene vínculos con los fenicios, y con frecuencia reclama las similitudes entre los nombres "Tylos", el nombre antiguo de Bahréin, y "Tiro". También señalan similitudes entre la cultura del golfo Pérsico y la cultura de los fenicios. Estas afirmaciones tienen cierto respaldo científico, ya que los estudios genéticos han llevado a algunos científicos a concluir que existe una fuerte evidencia de que los fenicios eran étnicamente del Líbano. Estos indicios se pueden encontrar en estudios genéticos detallados que examinan los fragmentos de ADN existentes en los esqueletos.

Estudios genéticos

Los científicos han recorrido un largo camino en el campo de la genética y, a menudo, trabajan junto con expertos en humanidades para resolver preguntas sin respuesta sobre los pueblos antiguos. Utilizando ADN extraído directamente de los esqueletos, los genetistas pueden extraer información sobre civilizaciones como los fenicios, como su procedencia, nutrición, dieta y salud. En 2008, un estudio publicado por Pierre Zalloua y su equipo de científicos reveló una posible conexión entre los fenicios y las poblaciones masculinas contemporáneas en el Líbano y otras regiones del Levante.

También hubo distintas similitudes entre el ADN fenicio antiguo y las muestras tomadas de individuos nativos del sur de Turquía, Malta, Sicilia, Marruecos, España, Cerdeña, Ibiza y Túnez. Estos resultados hicieron que el equipo concluyera que los fenicios probablemente procedían del Líbano porque poseían una firma genética distinta llamada haplogrupo J2. La presencia de similitudes en otras regiones se consideró indicativa de la expansión fenicia a través del mar Mediterráneo tras el ascenso de su civilización.[48]

En 2013, Zalloua dirigió otro estudio, esta vez incluyendo en la muestra más comunidades geográficas para determinar si ciertos grupos poseían o no una tasa más alta de lo que se denominó la "firma fenicia", o una secuencia de ADN y genes distintos que parecían tener su origen en la civilización fenicia. En algunas comunidades, esta "firma" aparecía más a menudo, lo que llevó a Zalloua y sus colegas a concluir que Líbano, la ubicación de origen de los fenicios, ya poseía en aquél entonces una población diversa formada por "comunidades bien diferenciadas con sus propias peculiaridades genéticas" sobre las que luego se reflejaron las divisiones religiosas y culturales. En resumen, los fenicios no representaban una población homogénea del Líbano, sino un grupo étnico particular que saltó a la fama y finalmente unificó la región, permitiendo que la firma fenicia se extendiera a nuevas regiones.

Otros estudios llevados a cabo en las dos últimas décadas produjeron resultados similares, pero también identificaron a los parientes supervivientes más cercanos de los antiguos fenicios mediante la identificación de similitudes genéticas. El grupo étnico contemporáneo más cercano a los fenicios son los semitas levantinos, una categoría que incluye un amplio espectro de individuos libaneses, judíos, palestinos y sirios. También hay una notable similitud genética, a veces hasta un noventa por ciento, entre la población libanesa moderna y los sidonios de la Edad del Bronce. Los sidonios eran fenicios de la ciudad-estado de Sidón, que estaba al norte de Tiro. Eran famosos productores de vidrio.

---

[48]Pierre A. Zalloua, Daniel E. Platt, Mirvat El Sibai, Jade Khalife, et al. "Identifying Genetic Traces of Historical Expansions: Phoenician Footprints in the Mediterranean".

Sin embargo, descubrir tal información, aunque revela detalles fascinantes sobre la genética y el movimiento de la población, dice poco sobre los fenicios como cultura. Para encontrar esta información y comprender los orígenes de la otrora gran civilización comercial, uno tiene que ver quiénes eran los fenicios como sociedad. La respuesta es que eran cananeos

Un Antepasado Cultural

De dondequiera que vinieran los fenicios, en última instancia eran una rama de los cananeos. Aunque la mayoría de la gente asocia a los cananeos con el estado de Canaán, el término se refiere a una serie de pueblos y poblaciones indígenas que vivían en un área del antiguo Cercano Oriente llamada Levante. El Levante es un término geográfico histórico que se utiliza para referirse a un gran segmento del Mediterráneo Oriental. Incluye principalmente lo que el público moderno llama Líbano, Siria, Jordania, Israel y Palestina.

Los cananeos eran pueblos de habla semítica con una cultura única derivada de las antiguas tradiciones y prácticas religiosas mesopotámicas. Había muchos grupos diferentes que podían considerarse cananeos sin dejar de mantener sus propias diferencias étnicas y culturales. Un arqueólogo, Jonathan N. Tubb, lo describiría así "los amonitas, moabitas, israelitas y fenicios indudablemente lograron sus propias identidades culturales y, sin embargo, étnicamente todos eran cananeos". Ser cananeo no era formar parte de un monolito; significaba forjar una identidad única propia mientras se compartía algunas similitudes culturales con los otros grupos de habla semítica del Levante.

Como unidad, los cananeos se vieron obligados a hacerse un nicho único en el mundo antiguo porque vivían en una región árida rodeada de enemigos poderosos como los egipcios, asirios, babilonios, acadios e incluso minoicos de Creta. Crear una patria fue difícil y un ejército estable era difícil de alimentar y mantener mientras se desplazaba. Eventualmente, los cananeos descubrieron que operaban bien como intermediarios entre otras civilizaciones y se convirtieron en comerciantes, transportando mercancías de un lugar a otro y obteniendo grandes beneficios.

Mantener el poder siempre sería una lucha. Los cananeos estaban plagados por cambios climáticos y problemas como la sequía y el hambre dificultaban el comercio y la capacidad de alimentarse de la población. Durante miles de años, la gente se mantuvo en movimiento, tratando de encontrar un lugar donde poder mantenerse. Estuvieron presentes durante el infame Colapso de la Edad del Bronce, que fue cuando muchas de las poderosas civilizaciones de la Edad del Bronce, el período de la historia de la humanidad en el que las culturas descubrieron cómo fabricar armas y herramientas de bronce, de repente entraron en una era oscura. Durante el Colapso de la Edad del Bronce, las civilizaciones murieron de hambre y lucharon entre sí, potencialmente debido al cambio climático y a la llegada de un enemigo extranjero conocido como los Pueblos del Mar.

Pero, ¿qué significó para los fenicios ser cananeos?

Como cananeos, los fenicios heredaron una rica cultura arraigada en las tradiciones de Mesopotamia. La civilización hablaba una lengua semítica, o una variación de la familia de lenguas afroasiáticas que se originó en el Medio Oriente y que compartían muchas otras civilizaciones. Un ejemplo contemporáneo de lengua semítica sería el árabe, que se originó en la misma región y evolucionó con el tiempo de las antiguas lenguas semíticas a lo que es hoy. Esto les dio a los fenicios algunas similitudes culturales con sus vecinos al tiempo que les aseguraba que se mantuvieran al margen de socios comerciales como los griegos y los egipcios.

Como cananeos, los fenicios heredaron una rica cultura arraigada en las tradiciones de Mesopotamia. La civilización hablaba una lengua semítica, o una variación de la familia de lenguas afroasiáticas que se originó en el Medio Oriente y que compartían muchas otras civilizaciones. Un ejemplo contemporáneo de lengua semítica sería el árabe, que se originó en la misma región y evolucionó con el tiempo de las antiguas lenguas semíticas a lo que es hoy. Esto les dio a los fenicios algunas similitudes culturales con sus vecinos al tiempo que les mantenía separados de socios comerciales como los griegos y los egipcios.

Los fenicios también heredarían la religión mesopotámica, que era politeísta y tenía sus raíces en el tribalismo y en múltiples culturas. Creían en un dios supremo que había logrado producir deidades menores y, a menudo, realizaban ritos y rituales religiosos destinados a impulsar la agricultura, la riqueza y la salud. Tenían un sacerdocio y una mitología que compartían con sus otros vecinos cananeos, incluidos los israelitas. Cada región tendía a adorar a un dios diferente por encima de todos los demás, lo que agregaba nuevas complejidades a la mezcla.

Finalmente, los fenicios heredaron las normas sociales cananeas. Esto significaba que tendían a vestirse con modestia, tenían roles de género extremos para hombres y mujeres, construían sus hogares utilizando métodos tradicionales y moldeaban su sociedad en torno a ciudades-estado llenas de poderosos nobles. Aunque los cananeos tienen una mala reputación entre muchos seguidores de las religiones abrahámicas debido a su descripción en los libros sagrados, en realidad eran una cultura complicada centrada en tratar de sobrevivir en un mundo severo. Los fenicios cargarían con este legado mientras se labraron una poderosa reputación en el mundo antiguo como los mejores y más astutos comerciantes que la historia haya visto.

Capítulo 2 – El Mundo de los Fenicios

Para comprender la red comercial masiva y las relaciones interestatales cultivadas por esta civilización única, los lectores deben comprender qué constituía el mundo en ese momento. Aunque muchos pueblos antiguos sabían de la existencia de algo más grande que ellos mismos, es probable que ninguno pudiera hacerse una idea de la enormidad del planeta. En cambio, su mundo consistía en el mar Mediterráneo, partes del sur de Europa, norte de África y Asia occidental. Los fenicios fueron a lugares clave en cada uno de estos continentes y establecieron ciudades desde las que comerciar, formando un estado pequeño, pero expansivo.

Los fenicios comenzaron su civilización en una región fértil y desarrollada conocida como el Levante. El Levante fue una de las cunas originales de la civilización e incluía a la mayoría de lo que los contemporáneos ahora consideran el Medio Oriente. Los fenicios se asentaron a lo largo de la costa mediterránea, pero también tenían un territorio que se expandió por todo el Líbano moderno. Esta tierra era excelente para la agricultura e incluía grandes bosques de cedros que proporcionaban madera para hogares y barcos.

El territorio fenicio central existía en una posición envidiable y, por tanto, era atacado regularmente por los estados vecinos. El territorio abarcaba varios pasajes notables utilizados para el comercio entre Asia y África. Conquistadores, reyes y señores de la guerra, todos querían controlar la región porque significaría una riqueza incalculable y numerosas ventajas políticas al intentar subyugar a los rivales.

Aunque Fenicia se hizo conocida por su armada, su gente aún necesitaba estar protegida de los ataques terrestres. Con el tiempo, en cada asentamiento individual se desarrollaron fuertes fortificaciones militares y robustas. Los ejércitos de las ciudades-estado solían trabajar juntos, pero aún eran entidades separadas bajo el control de una variedad de generales locales. Aunque los militares nunca alcanzaron las alturas de las civilizaciones mediterráneas más poderosas, los fenicios tenían una ventaja, ya que eran una civilización incipiente que no surgió hasta el final de la Edad del Bronce, lo que les permitió hacer la transición de su cultura y sociedad más fácilmente que otras civilizaciones establecidas en la Edad del Hierro.

La Edad del Hierro del antiguo Cercano Oriente comenzó alrededor del 1300 a. C. y se refiere al período de tiempo en el que los humanos aprendieron a crear y usar hierro para fabricar utensilios herramientas y armas. Los fenicios surgieron por primera vez como una cultura distinta cuando las otras civilizaciones en el Levante experimentaron un colapso social que eliminó a la mayoría del poder estatal y dejó territorios que eran básicamente regalos para cualquiera que pudiera manejar los numerosos asaltantes y los misteriosos Pueblos del Mar.

Habiendo surgido justo antes de la Edad del Hierro, los fenicios heredaron gran parte de la tecnología y los desarrollos sociales de sus predecesores, incluidos los cananeos. Poder usar estos elementos en combinación con la relativa debilidad de enemigos formalmente poderosos como Egipto les permitió labrarse una posición ventajosa a lo largo de la costa, desde la cual podían controlar el comercio desde ciudades-estado fuertemente fortificadas.

Sin embargo, los fenicios no obtendrían su monopolio sobre el comercio hasta después del colapso de la Edad del Bronce y, por lo tanto, se enfrentaron a muchas otras civilizaciones poderosas en la región que representaban amenazas inminentes para la seguridad y el éxito de la civilización fenicia. Estos eran los monstruos del antiguo Levante, grupos poderosos y peligrosos para los fenicios debido a su proximidad. Los más importantes fueron los asirios, griegos, egipcios, babilonios y persas, que aparecerían en diferentes momentos a lo largo de la vida de la civilización fenicia.

Ciudades-Estado influyentes

Debido a que los fenicios estaban tan dispersos, poseían numerosas ciudades-estado que formaban parte esencial de sus intrincadas redes comerciales marítimas. En total, los arqueólogos han descubierto alrededor de ochenta ciudades-estado separadas esparcidas por una región diversa. Las ciudades-estado más importantes se encontraban en la región del Líbano, donde se originaron los fenicios. Otros asentamientos influyentes se pueden encontrar en Argelia, Chipre, Italia, Libia, Malta, España, Túnez, Turquía y Marruecos. Los historiadores también creen que los fenicios controlaban ciertos puertos en Portugal y Grecia, incluida Lisboa.

Tiro

Tiro era una ciudad-estado insular con sede en la costa del Líbano. Fue construido por gobernantes que usaron tierra, arena y rocas de las playas cercanas para llenar el espacio entre dos arrecifes, creando un lugar en el que se podría construir la ciudad. Con el tiempo, los gobernantes continuaron agrandando y expandiendo el territorio, creando lo que debería haber sido uno de los lugares más defendibles del Mediterráneo. Desafortunadamente, la arrogancia de la monarquía de Tiro llevó a que Alejandro Magno saqueara la ciudad en el siglo IV a. C., lo que provocó la pérdida de la mayor parte de la ciudad.

Tiro era influyente como puerto para el comercio, pero dependía en gran medida del continente para mantenerse abastecido de materiales de construcción, alimentos y agua dulce. Los barcos viajaban de la isla a la costa para abastecerse, y la ciudad controlaba las tierras cultivables cercanas para la agricultura y la ganadería. Dentro de los muros de Tiro, los lugareños recolectaban agua de lluvia en cisternas y se dedicaban a una variedad de artesanías, incluida la fabricación de tintes, la producción de cerámica y la fabricación de joyas.

Byblos

Byblos era un puerto marítimo y una ciudad importante en la base de las montañas libanesas que se especializaba en la creación y exportación de rollos de papiro. La ubicación se estableció originalmente en el período neolítico y fue una de las ciudades fenicias más antiguas y duraderas. Fue conquistada y convertida en estado vasallo por los invasores varias veces a lo largo de su historia, pero sirvió como la joya central de la corona fenicia del comercio durante muchos siglos durante la edad de oro fenicia. Había mucho acceso a agua dulce y cobre, lo que hacía de este un centro urbano rico en recursos y lleno de artesanos que se beneficiaban del trabajo de los agricultores y pastores cercanos.

Sidón

Sidón era otra ciudad-estado ubicada en el Líbano actual que sirvió como un puerto marítimo para el comercio. Había estado ocupada desde el período Neolítico y se destacaba de otros centros urbanos por tener acceso a frondosos bosques de madera de cedro, tierras del interior y fértiles territorios agrícolas. Teñir era una actividad popular porque la ciudad estaba cerca de una cala donde los buzos podían localizar caracoles, que eran necesarios para hacer un tinte púrpura lujoso y único. En la época contemporánea, Sidón es bien conocida en los círculos arqueológicos por tener algunas de las tumbas y cementerios mejor conservados, lo que proporciona una visión muy necesaria de los rituales de los fenicios y su visión del más allá.

Cartago

Cartago es una de las ciudades-estado de las que muchos han oído hablar debido a su famosa rivalidad con Roma, pero comenzó como una colonia de Tiro en el norte de África (en la actual Túnez) que eventualmente se convirtió en una poderosa ciudad-estado. Cartago era fuertemente militarista, proporcionando a los fenicios armas y formidables elefantes de guerra. Sin embargo, la gente también hizo cerámica, desarrolló su propio estilo de escritura y lenguaje, y produjo grandes cantidades de texto que se quemaría cuando Roma saqueara la ciudad.

Además de estos cuatro actores principales, había docenas de ciudades y colonias adicionales que formaban la masiva red comercial fenicia. La mayor parte de la evidencia sobre sus idas y venidas proviene de excavaciones arqueológicas, que pueden ubicar los esqueletos de templos y otros edificios importantes, así como artefactos claramente fenicios. Estas otras ubicaciones incluyen:

- Beirut
- Trípoli
- Sarepta
- Baalbek
- Hippo
- Icosium
- Marion
- Tharros
- Leptis Magna
- Callista

- Utica

- Lisbon

- Sexi

Sin duda, algunos de estos nombres les resultarán familiares a los lectores. Estos territorios se distribuyeron en un área amplia y abarcaron lugares como el norte de África, Chipre, Sicilia, la península ibérica, la actual Turquía, la actual Argelia y el actual Líbano.

Capítulo 3 – Estructuras Políticas y Legales

El primer paso para comprender las complejidades de una civilización con una historia poco conocida es echar un vistazo a lo que los eruditos sí saben. Para empezar, lo que sí entienden es cómo los fenicios llevaban a cabo su vida diaria y operaban sus ciudades-estado. Uno de los fundamentos subyacentes de cualquier civilización es su estructura política, una entidad que muchos historiadores antiguos creen que diferenció a los humanos de sus raíces de cazadores-recolectores y ayudó a desarrollar una sociedad basada en la agricultura.

La civilización fenicia no constaba de un solo estado, sino de varios poderes importantes que se organizaban en focos de influencia y comercio. Estas serían conocidas como las ciudades-estado, o entidades políticas que controlaban una ciudad importante y gran parte del territorio circundante a su alrededor. Otro ejemplo similar de este tipo de civilización serían los antiguos griegos, que operaban desde asentamientos individuales que controlaban las tierras agrícolas cercanas.

La Estructura Política: las Clases Sociales

La estructura política de la civilización fenicia variaba según la ubicación y adoptó las costumbres de vecinos y socios comerciales por igual. A lo largo de gran parte de la historia de la cultura, Fenicia estuvo dividida entre varias ciudades-estado independientes que compartían una cultura similar, pero mantenían el poder político dividido entre una serie de monarquías hereditarias. Las más famosas de estas ciudades-estado fueron los puertos comerciales como Tiro, Sidón y Biblos. Fenicia nunca se convirtió en una entidad política única, y los reyes ejercerían un control casi completo hasta la destrucción de la civilización.

Sin embargo, antes de su fin, el poder político se dividió debido a la presencia de múltiples clases sociales y familias influyentes. Si bien los monarcas eran los jefes de cada ciudad-estado, dependían de una administración para llevar a cabo el gobierno real del territorio. En la mayoría de los casos, los administradores del gobierno eran miembros de una clase de sacerdotes, así como importantes familias nobles. Los nobles podían proporcionar recursos como comida y soldados, lo que implicaba que a los monarcas les convenía tener buena relación con ellos. Si bien casi todas las familias nobles nacieron nobles, algunas personas lograron unirse a este rango de élite haciendo una fortuna en el comercio internacional.

Debido a que las ciudades-estado eran independientes entre sí, pero compartían una cultura similar, cooperaron para fomentar un poderoso imperio construido sobre el comercio. Muchos historiadores comparan a los fenicios con los antiguos griegos, que vivían en ciudades-estado como Atenas y Esparta, compartían una cultura y ocasionalmente se aliaban para defenderse de enemigos externos. Si bien los fenicios a veces unían sus ejércitos, las ciudades-estado enfatizaban la cooperación no tanto para la defensa sino para construir una potencia económica en el Levante y el cercano Mar Mediterráneo.

Las ciudades-estado independientes serían muy poderosas en diferentes momentos de la historia. La ciudad-estado con más recursos tenía, por tanto, más influencia política y poder en comparación con las demás. Esto significaba que la estructura política de Fenicia podía cambiar en función de qué región era la más rica o poseía más soldados. Por ejemplo, Sidón fue la ciudad-estado más poderosa entre los siglos XII y XI a. C. y, por lo tanto, pudo intimidar o coaccionar a las ciudades-estado cercanas de Tiro y Biblos para que hicieran lo que ellos querían. En el siglo X a. C., Tiro se convirtió en el más poderoso. Aunque las ciudades-estado fenicias evitaban hacer alianzas formales, no dejaban de hacer acuerdos informales estructurados en torno a la fuerza y el comercio omnipresente.

Cuando se trataba de política exterior, las ciudades-estado eran totalmente independientes. Fenicia no tenía un solo gobernante o consejo reconocido, por lo que lugares como Sidón y Tiro podían elegir ayudar a los aliados que quisieran. Si el monarca de uno deseaba ayudar a los griegos, por ejemplo, podía hacerlo. Si no quería, ningún poder político lo presionaría para unirse a un esfuerzo de guerra. Esto se pudo ver a lo largo de la historia de Fenicia. El mejor ejemplo es durante la famosa guerra entre Grecia y Persia cuando cada ciudad-estado en Fenicia eligió gradualmente ayudar a Jerjes enviando barcos para reforzar la armada del emperador persa. Esta no fue una decisión cohesionada, sino que nació de la conveniencia y el deseo de poder. Después de todo, Persia controlaba varios de los territorios fenicios en este punto de la historia, y las ciudades-estado independientes restantes no querían incurrir en la ira y la ira de Jerjes.

Monarquías Hereditarias

Los miembros de las monarquías hereditarias son las figuras políticas fenicias más conocidas. Aunque no conmemoraron sus logros a través de esculturas u obras de arte como los faraones de Egipto o los reyes de Grecia, los gobernantes fenicios dejaron sus nombres en las inscripciones de las tumbas. Los arqueólogos han podido fechar ataúdes y templos, y los historiadores han descubierto numerosas referencias a los reyes fenicios en fuentes primarias.

Según las inscripciones de las tumbas, los monarcas hereditarios lograron ejercer el poder absoluto hasta el siglo VII a. C., cuando los miembros descontentos de la sociedad fenicia decidieron que les gustaría una mejor porción del pastel del poder político. Al mismo tiempo, es obvio que los monarcas no podían gravar mucho a sus poblaciones debido al pequeño tamaño de la civilización. En cambio, los reyes necesitaban comerciar y financiar expediciones para adquirir bienes y ganar dinero gravando a los comerciantes.

Cuando se habla de los monarcas, es importante tener en cuenta que las mujeres, aunque podían convertirse en reinas, no gobernaban por sí mismas. No eran tan importantes como los herederos varones y rara vez tenían sus nombres inscritos en los anales de la historia. El derecho a gobernar se transmitía de padres a hijos. Si no hubiera herederos varones, el esposo de la heredera más cercana se convertiría en el nuevo rey. Los historiadores han creado una lista algo completa de los diferentes monarcas de ciudades-estado como Sidón y Tiro. Los lectores entendidos se darán cuenta de que ni un solo nombre pertenece a una mujer y que muchos gobernantes incorporaron "baal" en sus nombres. En la historia fenicia temprana, Ba'al era la deidad principal y se lo consideraba el señor supremo del cosmos. Hacer referencia a él en las prácticas de nombres reales se vio como una forma de legitimar la monarquía.

En Byblos, la línea de sucesión es así:

- 1000 a. C. Ahiram
- 980 a. C. Ittobaal
- 940 a. C. Abibaal
- 920 a. C. Yehimilk
- 900 a. C. Elibaal
- 880 a. C. Shipitbaal

Los anales de Tiro y otras fuentes complementarias nos dan la siguiente lista de reyes de Tiro:

- 969-936 a. C. Hiram I
- 935-919 a. C. Baal-Eser I
- 918-910 a. C. Abdastrato
- 909-898 a. C. Methustratos
- 897-889 a. C. Astharymos
- 888 a. C. Phelles
- 887-856 a. C. Ithobaal I
- 855-830 a. C. Baal-Eser II
- 829-821 a. C. Mattan II
- 820-774 a. C. Pygmalion
- 750-740 a. C. Ithobaal II
- 739-730 a. C. Hiram II
- 730-729 a. C. Mattan II
- 729-694 a. C. Elulaios
- 680-640 a. C. Baal I
- 591-573 a. C. Ithobaal III
- Baal II
- Mattan III
- Hiram III

Los monarcas poseían reinados razonablemente largos para la historia antigua, y la mayoría se mantuvo en el poder durante dos o tres décadas. Solo una inscripción de Sidón es una mujer, Unmiashtart, que se convirtió en regente de su hijo en el siglo V a. C. La única otra figura política femenina influyente proviene de una fuente cuasi mitológica y es Dido, la famosa hermana de Pigmalión. Ella era del norte y ayudó a establecer la ciudad de Cartago en la costa de África.

El sacerdocio

El sacerdocio se consideraba una clase separada de la nobleza, aunque la mayoría de los miembros provenían de la línea real, así como de las principales familias de comerciantes. Los sacerdotes eran responsables del mantenimiento de templos importantes, así como de la realización de rituales destinados a mantener la sociedad fenicia y complacer a los dioses. En múltiples casos, los registros indican que los sacerdotes también podrían convertirse en miembros de la realeza o estar estrechamente relacionados con la familia. Un ejemplo famoso es Ozbaal, que se convirtió en rey de Biblos, pero que era hijo de un sacerdote de Baalat llamado Paltibaal.

Los sacerdotes trabajaban en estrecha colaboración con los monarcas de las ciudades-estado porque, en la cultura fenicia, el cargo de rey conllevaba derechos y obligaciones religiosos. El rey era visto como un representante de los dioses y se esforzaban para asegurarse de que fueran vistos como justos y rectos, además de poderosos. De vez en cuando, un rey podía afirmar ser un dios encarnado en la tierra, aunque los sacerdotes se opusieran a esta maniobra. Para convertirse en sacerdote, un hombre necesitaba nacer en una familia noble y someterse a años de formación. Los sacerdotes tenían acceso a lugares a los que los plebeyos e incluso otros nobles no podían ir, en particular a los santuarios internos de muchos de los templos.

Altos funcionarios

Si un hombre quería el poder en la sociedad fenicia, podía convertirse en un alto funcionario del rey. Al igual que los sacerdotes, los altos funcionarios solo podían ser nobles y debían ser ancianos. El rey de ciudades-estado como Tiro consultaba con los ancianos para obtener consejos sobre el mejor curso de acción política. Según un historiador griego antiguo llamado Arriano, los altos funcionarios fenicios debían tomar decisiones importantes cuando el rey no estaba disponible. Otros historiadores también mencionaron la figura del consejo y creían que tenía el mayor poder en las ciudades-estado. Sin duda, la membresía solo pertenecía a los nobles superiores y comerciantes influyentes, y se desconoce si el rey tenía que someterse a su voluntad. Sin embargo, existe alguna evidencia de que el consejo podría obligar al rey a adherirse a sus decisiones en tiempos de crisis.

Además del consejo, los otros dos cargos de importancia eran el gobernador y el comandante del ejército. Cada ciudad-estado tendría un gobierno, y sus funciones se centrarían en la administración, la recaudación de impuestos y la coordinación de la defensa de la ciudad. El gobernador también necesitaba supervisar los tribunales y garantizar que se hiciera justicia. Desafortunadamente, faltan muchos detalles sobre estos trabajos porque los textos tomados de El Amarna, Chipre y Ugarit están fragmentados.

Formas Alternativas de Gobierno

En algún momento, Tiro se opuso a la monarquía original y adoptó un sistema de gobierno en el siglo VI a. C., donde todo estaba controlado por un par de jueces llamados *suffetes*. Estos jueces fueron elegidos entre las familias nobles más poderosas y parecían ejercer un control casi dictatorial sobre la justicia y el gobierno del territorio. Este sistema sería adoptado por Cartago más adelante.

Además de los *suffetes*, los reyes de las ciudades fenicias también tendrían que gobernar junto a un gobernador asirio cuando los asirios dominaban la región en el siglo VII a. C. Incluso la correspondencia oficial no podía abrirse sin la presencia del gobernador, y el rey se convirtió más en una figura decorativa en un estado vasallo. Este sistema continuaría cuando llegaron los babilonios y Nabucodonosor II decidió que se necesitaba un ministro para gobernar junto al rey de Tiro, un sistema que los persas continuaron más tarde.

Sin embargo, tales sistemas tendían a ocurrir bajo el imperialismo y el vasallaje de civilizaciones más poderosas y estaban confinados a las ciudades-estado conquistadas. Tiro quizás experimentó la mayor cantidad de cambios en el gobierno porque fue conquistado una y otra vez debido a su posición deseable en la costa del Líbano actual.

Ley y Orden

Los eruditos poseen poca información sobre la administración de la ley y el orden de los fenicios. Es evidente que tenían un sistema de tribunales con jueces y magistrados que se encargaban de imponer sanciones y resolver disputas entre ciudadanos. Las leyes también se aplicaban de manera diferente a las distintas clases sociales, ya que el asesinato de un plebeyo por parte de un noble no se castigaba con tanta severidad como se castigaría a un hombre normal si cometiera una agresión o matara a alguien de las clases altas. Del mismo modo, las mujeres poseían muchos menos derechos que sus contrapartes masculinas, y los esclavos casi no tenían protección.

Debido a que los fenicios eran cananeos desde el punto de vista cultural, compartían algunas similitudes con los sistemas de justicia practicados por los cananeos, israelitas y otros del Levante. Desafortunadamente, no hay documentos conocidos porque los fenicios escribían típicamente en papiro, que se degradó rápidamente con el tiempo. Sin embargo, los historiadores aún pueden reconstruir elementos cruciales del sistema legal examinando tablillas de arcilla o referencias al sistema en los documentos de civilizaciones cercanas. En general, los fenicios no parecían diferir mucho de otras sociedades levantinas, prefiriendo un sistema legal sesgado y severo.

Al igual que con muchas otras culturas que se desarrollaron en el Levante, había un sistema algo codificado de leyes y prácticas generales que pretendían controlar el comportamiento dentro de la civilización. En general, las clases altas tenían la mayoría de los derechos en la sociedad y las leyes no siempre se aplicaban por igual. Las personas con dinero normalmente podían escapar del castigo pagando multas, y no era raro que un hombre pudiera desviar el castigo a su esposa, hijos o esclavos en lugar de a sí mismo. Por ejemplo, un hombre podía enviar a sus familiares y esclavos a trabajar en su lugar si había contraído una deuda importante con otra persona.

El estado aplicaba las leyes y la mayoría de los asuntos legales eran responsabilidad de los administradores y gobernantes clave dentro de las ciudades-estado. La abogacía se convertiría en una profesión de manera tardía. En cambio, los hombres libres podían representarse a sí mismos, mientras que todos los demás tenían que esperar que alguien defendiera su caso por ellos. Esto dificultó que las mujeres, los jóvenes menores de edad, los esclavos y los sirvientes recibieran justicia.

Los castigos tendían a ser severos y a menudo se centraban en el concepto del "ojo por ojo". Por ejemplo, si alguien mataba al esclavo de otro, su propio esclavo sería ejecutado. A los violadores se les obligaba a casarse con sus víctimas y pagar una suma de dinero al padre de la mujer en lugar de enfrentar cualquier otro castigo.

Existían prisiones y cárceles, pero los fenicios usaban esas instituciones más como espacios de celebración antes de los juicios que como lugares para que la gente cumpliera sus condenas. Era mucho más fácil imponer una multa, un castigo o una ejecución que mantener a alguien con vida durante años.

Desafortunadamente, esto es todo lo que conocemos sobre el sistema legal de los fenicios. Está claro que cada ciudad-estado y colonia tendría sus propios estatutos, y también había leyes religiosas que debían cumplirse. Todo esto afectaría a la cultura de la vida diaria fenicia de diversas formas.

Capítulo 4 – Vida Cotidiana

Aunque los tribunales fueron importantes para los comerciantes y las clases altas, no fueron los únicos factores que determinaban el modo de vida de esta sociedad. Había docenas de otras instituciones sociales y culturales responsables de controlar cómo se esperaba que el individuo promedio se condujera y se comportara con los demás. El más significativo, además de la clase, era el género. A hombres y mujeres se les asignaron diferentes roles que tenían que cumplir en todo momento.

Roles de Género

Como era típico entre las culturas del Levante, los hombres eran vistos como el género dominante y, por tanto, controlaban la ley, la política y la familia. Si bien los hombres de la clase alta podían ser comerciantes, jueces, altos funcionarios y participar en la política, la mayoría de la población masculina eran agricultores pobres u ocasionalmente artesanos, trabajadores, carpinteros y otras profesiones que requerían trabajo físico. El pago se recibía a menudo en comida, aunque el dinero podía cambiar de manos en las ciudades.

Solo los nobles tenían plenos derechos para participar en los tribunales y afirmar su independencia, pero los hombres fenicios todavía tenían más derechos que las mujeres. Si bien no podían votar, podían poseer propiedades, celebrar contratos y viajar y comerciar por su cuenta. Eran responsables de la vida y muerte de sus esposas e hijos, e incluso podían ejercer control sobre las madres viudas. Hay algunos casos de hombres fenicios que vendieron a sus esposas e hijos como mano de obra para pagar deudas, y los hombres podían tener aventuras sin ser castigados a menos que se acostasen con la esposa de otro hombre.

Las mujeres tenían pocos derechos y eran consideradas propiedad de sus padres y luego de sus maridos. Si bien muchas tenían trabajos como jornaleras, tejedoras y bordadoras, también se esperaba que cuidaran de sus hogares y tuvieran y criaran hijos. Contrariamente a la creencia popular, las mujeres fenicias antiguas, como muchas otras en el Levante, se dedicaban a un trabajo físico agotador como agricultoras, obreras de la construcción y mineras, además de sus deberes domésticos.

Sin embargo, a diferencia de los hombres, nunca podrían alcanzar una posición de poder por encima de su contraparte masculina. Por ejemplo, una mujer podría ser una trabajadora de construcción, pero nunca podría ser la capataz. Las mujeres tampoco podían poseer propiedades ni celebrar contratos, y no podían vivir solas incluso cuando eran viudas. Se esperaba que se unieran a la casa de su pariente masculino más cercano, ya fuera un hijo, un hermano, un cuñado o un padre. Las mujeres de clase alta definitivamente tenían más derechos que las mujeres pobres, pero aún estaban restringidas y confinadas en sus roles. Algunas aprendieron a leer y podían ejercer influencia política, pero aún se esperaba que estuvieran subordinados a los parientes varones.

En la cultura fenicia, hay una influencia cananea obvia. Los hombres debían aprender un oficio entre los once y los trece años, mientras que las mujeres permanecían en casa y necesitaban cuidar a sus hermanos y capacitarse con sus madres para convertirse en buenas esposas y amas de casa. Esto implicaba aprender a peinar las fibras de lana y tejerlas en la tela, coser, reparar artículos del hogar, cocinar, limpiar, hornear y también preparar bebidas alcohólicas. Mientras tanto, los hombres dedicaban su juventud a convertirse en expertos en la agricultura, el pastoreo, la construcción o una profesión similar que pudiera mantener a una familia. Muchos aprendieron habilidades adicionales como reparar las herramientas de su oficio, el trueque en los mercados públicos o la contabilidad básica, como la suma y la resta.

Los hombres y mujeres de clase baja no sabían leer ni escribir, y la contabilidad compleja estaba reservada para la nobleza. En cambio, la mayoría de las personas sabrían matemáticas básicas, como una simple suma. Esto no significaba que los fenicios fueran tontos, sino que carecían de acceso a la educación. Los hombres y mujeres de la clase alta generalmente poseían alguna forma de alfabetización, y el conteo y la aritmética complejos eran esenciales para aquellos que querían convertirse en comerciantes e ingresar a las grandes empresas comerciales que caracterizaban la economía. Desafortunadamente, la mayoría de las personas serían simples trabajadores en lugar de ricos participantes de la industria.

Como ocurre con la mayoría de las sociedades del Levante, los fenicios también esperaban diferentes comportamientos sexuales dependiendo del género. El sexo casual estaba mal visto en la sociedad fenicia, pero los hombres aún podían acostarse con prostitutas, especialmente si eran miembros de las clases altas. Las mujeres, por otro lado, necesitaban ser vírgenes al casarse y solo podían tener relaciones sexuales con sus maridos. Si bien la reproducción era el objetivo, algunos documentos indican que los fenicios también creían en el sexo para la intimidad como señal de un matrimonio feliz. No está claro si los fenicios practicaron la poligamia como otras civilizaciones levantinas.

La mayoría de los matrimonios ocurrían cuando el hombre tenía alrededor de dieciocho años y la mujer estaba más cerca de los quince o dieciséis. Aunque había diferencias de edad entre las parejas y algunas mujeres se casaban a los doce o trece años, estos eran raros y casi siempre eran matrimonios nobles. En estos casos, la boda se concertaba cuando los participantes eran niños y no se consumaría hasta que los novios estuvieran más cerca de los dieciséis o diecisiete años. Esto se debía a que los fenicios sabían que las mujeres jóvenes no podían tener hijos de manera segura hasta que hubieran crecido y desarrollado caderas más anchas.

Dieta

Los fenicios no poseían demasiado territorio terrestre, pero adquirían numerosos alimentos de sus socios comerciales en el mar Mediterráneo. La dieta fenicia típica tendía a combinar los alimentos naturales del Levante con algunas opciones más inusuales provenientes del mar. Algunas opciones incluían aceitunas, vino, pan elaborado con granos locales, pescado seco, ajo para darle sabor, cordero, cabra, queso e incluso sandía y uvas. Los higos y los dátiles también eran locales y se podían usar como un bocadillo fresco para ayudar a nivelar la monotonía de los cereales y las verduras.

El Higo Común

Los fenicios no tenían suficiente tierra para cultivar grandes granjas debido a sus ciudades costeras, por lo que tendían a depender de los productos comercializados, así como de los mariscos que podían tomar del Mediterráneo. Su pescado fresco habría incluido atún y caballa, y hay alguna evidencia que sugiere que los fenicios comían crustáceos y mejillones también. Las lanzas y los botes habrían sido ideales para pescar, y las redes podrían estar tejidas con fibras ásperas. También había caza, y los fenicios comieron productos locales de vacas, jabalíes e incluso caballos. Después de todo, tenían poca necesidad de estos animales terrestres cuando casi todo su comercio se realizaba en barco en la vasta extensión del Mediterráneo.

Si bien es posible que las ciudades hayan tenido panaderos y cerveceros profesionales, las mujeres hacían muchos de estos productos en casa. Hornear pan era una tarea diaria que requería varias horas de trabajo duro, durante las cuales las mujeres necesitaban moler granos como el centeno hasta convertirlos en polvo antes de mezclarlos con levadura y agua. Por lo general, el pan se hacía plano a lo largo de los bordes de grandes ollas de barro y se comía con una variedad de hierbas y verduras cultivadas y recolectadas localmente. Por lo general, no podían cocinar grandes lotes de pan a la vez debido a la falta de conservantes, lo que implicaba que los restos de pan se pudrirían rápidamente.

Vivienda y Arquitectura

La arquitectura fenicia recordaba a la de sus antepasados cananeos. Estaba ejemplificada por grandes templos que poseían fachadas de dos columnas al frente y al centro. Los visitantes podían ascender a los templos subiendo una pequeña escalera y luego entrando en espacios sagrados cerrados. Estos espacios tendían a estar cerrados a todos menos a los miembros más importantes de la sociedad, incluidos los sacerdotes y la realeza. Una vez dentro, los espacios se caracterizaban por santuarios en forma de cubo con frentes abiertos. Además de los templos, era común encontrar presas y puertos artificiales, que eran necesarios para que la civilización marinera siguiera funcionando correctamente.

Lejos de los puertos y templos, los asentamientos estaban rodeados por grandes muros de fortificación que se construyeron altos y gruesos. Los materiales más utilizados en la construcción de estos muros fueron la piedra caliza extraída de las canteras del Levante y el adobe de fuentes cercanas. Torres cuadradas y grandes puertas se repartían por las murallas, lo que permitía a las personas que traían bienes y alimentos del campo entrar y comerciar. Aunque los fenicios poseían bastante tierra agrícola, la mayoría de la población vivía en ciudades y normalmente trabajaba en negocios relacionados con el comercio.

Los edificios domésticos y las viviendas tendían a ser bastante modestos, especialmente entre las clases bajas. El ladrillo de barro volvió a ser el material de construcción más común, especialmente porque los constructores y las familias podían hacerlo por su cuenta y luego ensamblarlo. La mayoría de las casas estarían compuestas de un solo piso con una, dos o tres habitaciones donde la familia y su ganado vivirían juntos. Era más fácil crear un techo con juncos que con cualquier otro material, aunque las personas más ricas podían permitirse un modelo de madera. La nobleza tenía más opciones y tendía a vivir en casas de dos o tres pisos. Si bien los comerciantes podrían haber usado un modelo de adobe o piedra caliza, la mayoría de la nobleza y la realeza podrían haber tenido una casa completamente de piedra. Los templos también estaban hechos de piedra caliza y solían ser el hogar de sus sacerdotes y sacerdotisas.

Más allá de estos conceptos básicos, los historiadores y arqueólogos están intentando por todos los medios reconstruir las tendencias más importantes en la arquitectura fenicia porque muchos de los edificios de la civilización fueron destruidos o asediados y tomados por otros imperios. Gran parte de los diseños originales, por lo tanto, se perdieron.

Sin embargo, los arquitectos fenicios parecían preferir la austeridad, si las tablillas de arcilla dejadas por autores griegos y romanos visitantes son una indicación. Sus edificios eran sencillos en comparación con los de sus vecinos, pero se inclinaban por tener una elegancia opulenta que usaba con moderación los elementos decorativos en favor de líneas limpias.

Después de investigar un poco sobre la geografía local y la practicidad de adquirir piedra (no era práctico en absoluto), los arqueólogos creen que muchos edificios se construyeron con madera de los abundantes bosques de cedros cercanos, lo que habría proporcionado un material duradero. El problema con esta elección es que gran parte del material no quedó para la posteridad, ya que la madera se degrada mucho más rápidamente que la piedra y no puede sobrevivir a los vestigios del tiempo. Entonces, en lugar de tener mucho conocimiento sobre edificios más pequeños y comunes, los historiadores tienen una mejor comprensión de cómo habrían sido los grandes templos públicos y espacios de reunión.

Sin embargo, la vivienda urbana se puede ver representada en las pinturas y murales de otras sociedades como los antiguos griegos, que registraron la mayoría de las casas fenicias con dos columnas en la entrada y, a veces, abarcando varios pisos. Las viviendas domésticas tenían hornos y piedras de basalto que usaban las mujeres para moler el grano para la cerveza y el pan, y las esquinas estaban redondeadas para un acabado más agradable. Los edificios más pequeños tenían rejillas que permitían el acceso a los sistemas de alcantarillado público para evitar que el flujo de desechos enfermara a las personas. El adobe se utilizó como material de construcción principal, aunque las personas más ricas podían permitirse la piedra y maderas raras como el olivo, o el roble. Casi no hay evidencia de planificación urbana en el diseño general de las ciudades porque los fenicios estaban restringidos por los confines de su territorio, según los registros.

No se puede hablar de arquitectura sin examinar cómo una sociedad se preocupa por sus muertos. Las tumbas fenicias están notablemente intactas y son duraderas, especialmente en comparación con las viviendas y las estructuras más temporales. El *tophet* jugó un papel central en estas tumbas, ya que era un altar de sacrificios para animales, y potencialmente humanos, donde los seres vivos eran asesinados y luego quemados para honrar a los dioses y a los difuntos. Las cenizas se raspaban de la superficie plana del *tophet* y se colocaban en urnas, que a veces también contenían cenizas de personas. Estas urnas se sellaban con piedras y se colocaban en el *tophet*, que podía contener entre cinco y veinte urnas. Estos *tophets* a menudo se construían dentro de tumbas de pozo, que tenían varios metros de profundidad y eran accesibles a través de un corredor vertical. La mayoría de la población sería quemada y colocada en estas tumbas de pozo, mientras que las familias más ricas podían permitirse tumbas personales construidas en las laderas, a las que se podía acceder por escaleras.

Cuando se trata de santuarios y templos, parece haber dos estilos. Uno era de un centro religioso ubicado en un claro natural, típicamente cerca de montañas, ríos, en lo profundo de los bosques o junto a piedras que tenían importancia para una deidad en particular. Tales santuarios podían estar decorados con ramas y flores y tenían elementos como el *tophet*, pero no poseían muchas estructuras permanentes. Los templos, por otro lado, eran lujosos y estaban hechos de piedra y, a veces, de mármol. Las columnas eran estilos esenciales y mostrados tomados de civilizaciones como los asirios, egipcios y griegos.

Cada templo tenía un santuario interior sagrado donde solo podían ir los sacerdotes, así como un área de almacenamiento para las reliquias religiosas. Las libaciones se podían hacer en el templo o en la entrada, y muchas presentaban tronos y relieves de pared simbólicamente tallados para las deidades que representaban. Los fenicios, a diferencia de los egipcios, asirios y griegos, parecen haber prohibido la creación de grandes figuras escultóricas de sus dioses. La mayoría de los dioses y diosas tenían templos individuales en lugar de una única ubicación central para la adoración, y todas las ciudades-estado tenían un templo accesible para la deidad principal de ese lugar.

Capítulo 5 – Belleza y Vestimenta

Debido a que los fenicios cultivaron el comercio y las relaciones sociales, los comerciantes se convirtieron quizás en la parte más influyente de la población. En lugar de formar empresas como los comerciantes modernos, estos comerciantes tendían a mantener el negocio en la familia y formaban asociaciones duraderas con otras familias en lugares atractivos como Egipto. Los hombres y mujeres de esta clase no estaban obligados a participar en el servicio militar o en trabajos sucios como la agricultura y, por lo tanto, cultivaron una cultura de belleza y estilo, encargando la creación de elaboradas túnicas, collares y sombreros. Otros nobles adinerados adoptaron este estilo, y la ropa y los accesorios se convirtieron en la mejor manera de saber cuán importantes e influyentes eran las personas.

Vestimenta Masculina

La clase social determinaba el estilo de la ropa masculina fenicia, aunque hubo tendencias generales. Entre las personas comunes, se podría esperar que los hombres usasen una túnica ajustada que se estiraba desde la cintura hasta justo por encima de la rodilla. El lino o el algodón era el material preferido porque era ligero y ayudaba a los trabajadores a soportar el calor a lo largo del mar Mediterráneo. Faltaba ornamentación o bordados debido al costo del hilo y las joyas no eran comunes. La mayoría de los hombres usaban un tocado redondo o cónico con un moño que le daba a la parte superior una apariencia esférica. Todos los individuos usaban sandalias.

Los hombres de clase alta usaban ropa similar, pero con más galas y detalles. Su túnica, llamada *shenti*, a menudo presentaba patrones cosidos y bordados para denotar el rango de un hombre. La parte delantera se separaba para revelar una pieza de tela para dar más detalles a la cintura. Las orejeras adornadas también decoraban el frente, y las fajas eran populares. Sobre el *shenti* se podía usar otra túnica ajustada que se enganchaba a los hombros y la parte superior de los brazos. Si bien algunos arqueólogos en el pasado lo han descrito como similar a una camiseta moderna, se parece más a una chaqueta bolero de mujer que termina debajo de la línea del busto.

Cuando no sigue el estilo de *shenti* y una chaqueta de hombro, un hombre rico o importante podría usar una bata interior que le llegara a los pies. Encima llevarían una blusa o camisa exterior que descendiera hasta justo por encima de las rodillas. Si no usaban esta blusa, podrían tener un manto sobre su hombro izquierdo, que seguiría al hombre como una capa mientras se movía. La mayoría de los hombres tendrían, una vez más, un sombrero cónico con un moño, aunque estos tocados eran mucho más elaborados que los de los hombres de clase baja.

Los sacerdotes eran una clase separada, pero aún compartían muchos elementos similares con sus compañeros seculares. Sus tocados, por ejemplo, tenían moños, pero también coronas estrechas cubiertas con representaciones de cabezas de toro. Su túnica principal era una túnica larga que se extendía desde la base del cuello hasta los pies. Sobre la túnica había un manto que cubría el brazo y el hombro derechos y llegaba hasta la rodilla derecha. La ornamentación detallada decoraba cada prenda, y el bordado era común alrededor del cuello y el dobladillo de la túnica.

El cabello, especialmente el vello facial, era de suma importancia para un hombre fenicio porque denotaba limpieza y su posición en la sociedad. La mayoría de los hombres mantenían su cabello debajo de una gorra y no lo cepillaban con frecuencia. Cuando se quitaban la gorra, el cabello tendía a ser un desorden rizado, aunque a los hombres les gustaba peinarlo de manera que una o dos filas de rizos colgaran debajo del borde del tocado. Muchos historiadores comparan las barbas fenicias con las de los asirios porque los hombres de ambas culturas tendían a diseñarlas como de tres a cinco filas de rizos apretados o como una masa larga y rizada. Los bigotes no eran comunes y parecían afeitados en favor de barbas largas.

Accesorios Masculinos

El accesorio masculino más común era el collar, que se usaba alrededor del cuello y solía estar hecho de tres filas de metales preciosos. Estos se parecían a los collares egipcios y los usaban principalmente las élites que podían permitirse el lujo de utilizar oro. El collar se extendía desde la garganta hasta el pecho y con frecuencia se complementaba con brazaletes, pulseras y anillos para los dedos. Los brazaletes tendían a ser la ornamentación más simple, a menudo siendo una pieza de metal retorcido que se enroscaba una o dos veces alrededor de la parte superior del brazo. Las pulseras eran similares, pero ocasionalmente podían incluir piedras preciosas y ágatas. Los anillos eran populares entre todas las clases, pero los mejores estaban hechos de plata u oro, tenían una piedra incrustada y, a menudo, se usaban como sellos para cerrar documentos.

Un ejemplo conocido de joyería masculina proviene del gobierno de Etyander, un rey de Paphos. Los arqueólogos descubrieron sus brazaletes, que estaban hechos de pequeños giros de oro que apenas se tocaban en los extremos. Estaban desnudos excepto por una sola inscripción: "Eteadoro to Papo basileos", que en español significa "Propiedad de Etyander, rey de Paphos". Aunque simple, todos sabían que las joyas transmitían poder y respeto.

Los estudiosos no saben si los hombres solían llevar collares. La mayoría de las obras de arte representan a mujeres que llevan los tradicionales tres o cuatro hilos, pero los hombres se ven con menos frecuencia con este tipo de joyas. Muchos historiadores educados creen que los hombres sí usaban collares basándose en los datos que se poseen actualmente sobre las modas europeas, asiáticas y africanas de la época. Las joyas se usaban a menudo culturalmente para representar el estatus social, y las personas más ricas a menudo se vestían con finas piezas hechas de oro y joyas. Entonces, si bien hay poca evidencia de que los hombres poseyesen collares, es muy probable que los tuvieran.

Vestimenta Femenina

Aunque las diosas femeninas a menudo se representaban desnudas, las mujeres fenicias se vestían cuidadosamente de la cabeza a los pies por modestia. Mientras que los hombres tenían túnicas ajustadas, las túnicas femeninas debían estar sueltas y usarse en pliegues colocados de manera estratégica. Los únicos puntos de interés eran típicamente alrededor del busto y la cintura, donde era aceptable tener alguna forma antes de que la tela se volviera ondulada y creara pliegues pesados . Se utilizaban fajas para dar la definición del material y se ataban en la parte delantera. Las enaguas eran comunes y típicamente iban debajo de las túnicas. Las mujeres usaban sandalias de cuero para protegerse los pies de la arena, las rocas y otros peligros.

Había variedad de peinados para las mujeres. Aunque las mujeres de algunas regiones usaban gorras para ocultar sus mechones por modestia, otras llevaban el pelo suelto en ondas que se partían en el centro de la cabeza. El cabello tendía a llegar hasta los hombros y se podía peinar con una sola banda tejida o de cuero. Otras usaban capuchas sueltas, que también protegían la cara del sol. Por lo general, las mujeres más ricas tenían más probabilidades de peinarse con bandas, mientras que las personas de clase baja se cubrían la cabeza para ayudar a prevenir las quemaduras solares. Debido al calor que hacía en las ciudades-estado, las mujeres fenicias evitaban dejarse crecer el pelo más que los hombros.

Accesorios Femeninos

Las mujeres fenicias usaban muchos más adornos y accesorios que sus homólogos masculinos. La joyería y la ornamentación denotaban riqueza familiar y estatus social, y por lo tanto, los comerciantes, la realeza y las hijas y esposas de familias nobles fueron las más condecoradas. Las excavaciones realizadas en los territorios fenicios revelan cientos de anillos, collares, brazaletes, pulseras, aretes, anillos para los dedos, broches, relicarios, hebillas e incluso botones de materiales preciosos y joyas. Incluso algunos artículos de tocador estaban hechos de estos componentes, especialmente espejos.

Collares

Los collares son un adorno interesante entre las fenicias y se consideraban una parte necesaria de su atuendo. Sin embargo, los arqueólogos creen que muchos de los artefactos descubiertos pertenecían a la nobleza debido a su presencia en tumbas y tumbas reales, por lo que es poco probable que el fenicio promedio usara hebras opulentas. En cambio, una plebeya probablemente poseía collares con cuentas de arcilla de colores que tenían múltiples hebras en capas para lograr un hermoso efecto.

Se cree que las mujeres llevaban de tres a cuatro capas de collares a la vez. La primera capa se envolvía alrededor del cuello, similar a una gargantilla, y descansaba justo debajo del mentón. El segundo collar sería un poco más ornamentado y terminaría donde comenzaba el cofre, generalmente justo alrededor de la clavícula. La tercera y cuarta hebras eran mucho más largas y tendían a presentar adornos ornamentales hechos de vidrio, oro, cristal y otras piedras preciosas. Muchos colgantes tenían la forma de elementos naturales como granadas, bellotas y flores de loto. También eran posibles formas geométricas, especialmente conos y jarrones.

Las cuentas adornaban todas estas capas. Estas cuentas podrían estar hechas de arcilla para las clases bajas, mientras que las personas de la clase alta generalmente tenían cuentas grandes hechas de oro o vidrio. Ocasionalmente se usaban piedras preciosas para hacer cuentas, pero estas eran raras. Un collar corto podía tener entre cincuenta y sesenta cuentas, mientras que una hebra larga podía tener más de cien. Las cuentas a menudo se intercalaban con cornetas hechas de cornalina u ónix, y las joyas que provenían de Egipto a menudo tenían cuentas ovaladas de vidrio azul o verde azulado. Estas cuentas estaban hechas de un material llamado "azul egipcio", que se fabricaba mediante un proceso químico específico y se convertiría en un elemento básico del comercio entre los egipcios y los fenicios.

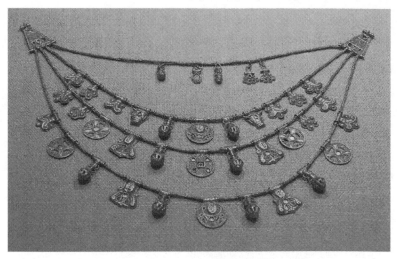

Collar de Oro con Colgantes, 900 a. C.

Varios collares que sobrevivieron a la decadencia del tiempo provienen de las mujeres nobles de Chipre. El primero tiene una fila de 103 cuentas de oro en un patrón de esferas y óvalos alternados. Las cuentas ovaladas están conectadas a colgantes de oro que parecen flores de loto, mientras que el colgante central es una cabeza y un busto de mujer al estilo egipcio. La atención al detalle es clara en la mano de obra y el collar en sí es pesado. Otra pieza de Chipre tiene 64 cuentas. Veintidós de las cuentas son más grandes que el resto y se fijan a dieciocho colgantes con delicadas flores doradas.

Aunque los gustos varían, un elegante ejemplo de la artesanía fenicia es un collar hecho con un cordón de oro macizo tejido martillado y moldeado para ser suave y elástico. En cada extremo del collar hay tapones para proteger el cordón. Un lado presenta una cabeza de león forjada con un anillo en la boca, mientras que el otro extremo tiene un gancho para formar un cierre completo. Los arqueólogos han estado fascinados por esta pieza durante años debido a su calidad, con un solo escrito: "En esta disposición, en las curvas del delgado alambre, que se dobla sobre sí mismo una y otra vez, hay un aire de tranquilidad, una aparente negligencia, que es la perfección misma de la habilidad técnica".

Otras Joyas

Las mujeres cultivaban un estilo centrado en diseños opulentos y ornamentación adicional que representaba la clase social y la riqueza frívola de una persona, y las pulseras eran una opción popular debido a su visibilidad. Las mujeres fenicias de la clase alta a menudo usaban muchas variedades, siendo el oro la más común. Algunas pulseras eran bandas de oro macizo sin ornamentación. Estas podían pesar entre 200 y 300 gramos (entre un poco más de 7 y 10,5 onzas), lo que las hacía pesadas . Otras eran diseños abiertos destinados a usarse alrededor de la parte superior del brazo. Estas no se juntaban en los extremos, pero a menudo tenían diseños a lo largo de los extremos, como cabezas de leones o toros. Si había decoraciones, tendían a ser tallas y decoraciones elaboradas con motivos florales o representaciones del alfabeto fenicio.

Tanto hombres como mujeres usaban pendientes, y podían ser algunas de las piezas más creativas, yendo desde lo simple hasta lo curioso y absolutamente fantasioso. Algunos estaban conectados con cadenas para hacer elegantes patrones suspendidos, otros presentaban grandes medallones y otros tenían la forma de cabezas humanas. En general, los fenicios preferían los pendientes que tenían un anillo insertado en la oreja, seguidos de largas cadenas centrales que se conectaban entre sí y suspendían largos amuletos o decoraciones representativas de algo significativo. Estos eran con frecuencia los símbolos de deidades, pequeños jarrones o animales.

Un visitante del Museo de Nueva York se tomó el tiempo de ver una colección traída de Chipre y describió con exuberante detalle la naturaleza lujosa de los pendientes fenicios:

"Un tipo completamente diferente es el de un pendiente en el Museo de Nueva York traído de Chipre, donde el lazo del adorno se eleva a partir de una especie de herradura, estampado con patrones y espirales, y rodeado por un ribete tosco de perillas, colocadas a poca distancia unas de las otras. Otras formas que se encuentran también en Chipre son el pendiente con el colgante largo, que se ha llamado "una pera alargada", adornado hacia el extremo inferior con pequeñas flores, y que termina en una bola diminuta, que recuerda a las "gotas" que todavía utilizan los joyeros de nuestros días; el bucle que sostiene una *crux ansata*; el que tiene adjunto una pequeña caja cuadrada; y los que sustentan frutos de diversa índole. Un arete de mucha delicadeza consiste en un anillo retorcido, curvado en un gancho en un extremo y en el otro que termina en la cabeza de una cabra, con un anillo adherido a él, a través del cual pasa el gancho. Otro, más curioso que elegante, consiste en un doble giro, adornado con rombos, y que termina en puntas triangulares finamente granuladas". [49]

Los pendientes eran, por tanto, uno de los complementos más complicados y deseados, aunque las mujeres también tenían mucho cuidado con sus artículos de tocador, hebillas y broches. Las damas fenicias necesitaban abrocharse los vestidos con hebillas, pero preferían los metales simples a la decoración por comodidad. Las mujeres ricas en cambio gastaban sus fortunas en espejos circulares con respaldo de metal, jarrones de cristal, embudos de oro e incluso frascos de perfume de oro. Estos eran elementos que significaban riqueza y poder y se disfrutaban en la privacidad de los hogares.

[49] George Rawlinson, *The Great Empires of the Ancient East: Egypt, Phoenicia, Parthia, Chaldea, Assyria, Media, Babylon, Persia, Sasanian Empire, Israel, and Judah.* Oxfordshire, 1906.

Capítulo 6 – Una Historia Temprana No Escrita

Los fenicios dejaron poco atrás, pero dejaron pistas en la tierra para que las descubrieran los arqueólogos y eruditos modernos. Durante gran parte de los siglos XVIII y XIX, la gente se basó en textos religiosos y documentos históricos de griegos, romanos, egipcios y asirios para acercarse a esta enorme civilización marinera. Esto plantea varios problemas importantes. Primero, todos están intrínsecamente sesgados, ya que fueron desarrollados por civilizaciones rivales a quienes convenía que los fenicios se vieran bien o mal dependiendo de sus acuerdos comerciales actuales. En segundo lugar, los historiadores contemporáneos no pueden utilizar los textos religiosos como fuentes fácticas, especialmente porque han sido traducidos y reescritos en numerosas ocasiones durante los últimos 2000 años.

Esta tendencia de utilizar fuentes tan poco fiables ha cambiado en las últimas décadas a medida que las excavaciones arqueológicas en curso en el Líbano, Túnez, la península ibérica y el resto del Mediterráneo han dado lugar a pruebas materiales importantes para explicar varios elementos de la civilización fenicia. Los artefactos se consideran cultura material, y con la cultura material, los académicos pueden estudiar un período de tiempo, una civilización o una sociedad.

Una de las principales desventajas de este enfoque es que los elementos más utilizados por una civilización dada con frecuencia se desintegran y se pierden en el tiempo porque fueron hechos con materiales baratos o porque nadie se encargó de salvarlos debido a su poco valor. Sin embargo, uno de los beneficios de estudiar las civilizaciones antiguas a través de la cultura material es ver cómo grupos como los fenicios enterraban objetos con sus muertos. Estos ajuares funerarios podrían ser joyas y símbolos de riqueza, pero también enterraban cosas más útiles y prácticas, como peines, espejos, platos y objetos similares.

A través de expediciones arqueológicas realizadas bajo los auspicios de instituciones como el Museo Nacional de Beirut, la Universidad Americana de Beirut y el Museo Británico, los estudiosos modernos ahora tienen acceso a esta cultura material y han comenzado a construir una historia de los fenicios, aunque aún carecemos de detalles sobre determinadas ciudades-estado o elementos de la vida diaria. Sorprendentemente, el mundo sabe más sobre la Segunda Guerra Mundial, que duró siete años, que sobre los fenicios, que vivieron durante más de mil años.

La historia temprana es la más difícil de reconstruir por una plétora de razones. La primera y más importante es el desarrollo de la tecnología. Las civilizaciones más antiguas escribían en tablillas de arcilla o barro que podían borrarse y reescribirse. Si alguien quisiera conservar una tablilla, podría endurecerla al fuego. Estas tablillas no se pudrían por la exposición al sol o al aire y, por lo tanto, pudieron sobrevivir. Como dato curioso, una enorme biblioteca de tablillas de arcilla, que se quemó para destruirla, sobrevivió al incendio con cientos de tablillas intactas que el público moderno aún puede ver.

Desafortunadamente, los fenicios no usaban tablillas de arcilla. Para cuando llegaron a la historia, la humanidad ya había desarrollado el papiro. Queriendo mantener una ventaja sobre sus competidores, disfrutando del acceso a las materias primas necesarias para fabricarlo y aprovechando la ligereza del papel, los fenicios recurrieron al papiro para llevar sus registros. El principal problema con esto es que el papiro se degrada rápidamente, especialmente cuando se expone al aire, al agua y al sol. Entonces, quedan pocos registros escritos dejados por los fenicios.

Otro problema al tratar de armar la historia temprana es que los fenicios surgieron hacia el final de la Edad del Bronce, alrededor de una época conocida como el Colapso de la Edad del Bronce. Apenas se habían distinguido de sus antepasados, los cananeos, cuando la sociedad del Cercano Oriente colapsó repentinamente. El Colapso de la Edad de Bronce podría haber sido provocado por una variedad de fenómenos (los estudiosos todavía debaten hasta el día de hoy sobre cómo ocurrió realmente), incluidos problemas ambientales como sequías, hambruna, uso excesivo de recursos y la llegada de una fuerza misteriosa llamada Pueblos del Mar. Estos Pueblos del Mar se mencionan en documentos sobre varias situaciones y parecen haber sido un pueblo marinero que llegó a la costa oriental del Mediterráneo y empezó a masacrar a los pueblos locales.

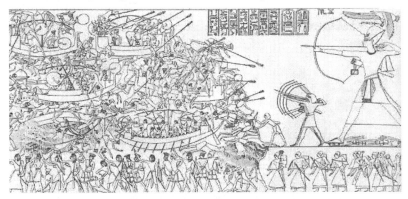

Una Imagen Egipcia representando a los Pueblos del Mar

Como se puede imaginar, este malestar provocó la pérdida de muchos registros. Las civilizaciones se descarrilaron y las sociedades se vieron obligadas a reagruparse y reformarse. Los fenicios se trasladaron a una región del Levante que estaba relativamente intacta y continuaron construyendo su propia sociedad, aprovechando el caos para reclamar un terreno viable y un lugar ventajoso en el mar. Sin tanta inquietud, ¿habría sido posible para los fenicios tener una ventaja sobre los poderes cercanos como los cananeos, hititas y egipcios? Probablemente no.

La historia fenicia se puede dividir en varios períodos diferentes que explican cuál fue el tema o la tendencia general en su civilización. Estos incluyen:

- La Edad de Bronce Tardía (1550 al 1200 a. C.)

- La Edad de Hierro I (1200 al 900 a. C.)

- La Edad de Hierro II (900 al 586 a. C.)

- El Período Babilónico (586 al 539 a. C.)

- El Período Persa (539 al 332 a. C.)

- El Período Helenístico (332 al 63 a. C.)

- El Período Romano (63 a. C. al 324 d. C.)

Estos períodos reflejan cuando los fenicios surgieron por primera vez como una cultura distinta, cuando comenzaron a convertirse en un poder independiente, su edad de oro, su subyugación bajo los asirios, convirtiéndose en vasallos de los babilonios, luego sirviendo a los persas, la conquista de Alejandro Magno, y su eventual caída ante la influencia y el poder de Grecia y Roma. A lo largo de este tiempo, la sociedad y la cultura de los fenicios sufrieron numerosos cambios, especialmente en términos de tecnología, poder comercial, arte y estructura política. Sin embargo, solo algunos de estos desarrollos quedan para la posteridad.

La Edad de Bronce Tardía

La historia de los fenicios comienza cuando apenas comenzaban a distinguirse de sus predecesores y primos, los cananeos. Por esa época, los pueblos originarios del Levante comenzaron a gravitar hacia las grandes ciudades costeras que ofrecían oportunidades de riqueza, seguridad, trabajo regular y cultura. Algunas de las más grandes fueron Biblos y Tiro, que se convertirían en dos de las ciudades-estado fenicias más exitosas. Los individuos de estos centros urbanos se hicieron un hueco al convertirse en intermediarios en el comercio entre Egipto y los estados sirios cercanos, lo que ayudó a formar la tradición de los fenicios como comerciantes.

Sin embargo, puede ser difícil distinguir cuándo los cananeos comenzaron a convertirse en fenicios. ¿Se podía ser cananeo y fenicio? ¿Se podía ser fenicio y seguir siendo cananeo? La respuesta definitiva es más o menos. Ser fenicio requería tener herencia cananea, vivir en la región del Cercano Oriente y participar en la religión y el idioma. Alguien podría ser un cananeo y un fenicio, pero sería difícil para un fenicio no ser cananeo.

Antes del 1230 a. C., los cananeos estaban en su propia edad de oro, que es un término que se refiere a cuando la cultura, el comercio y la sociedad florecen. Esto se detuvo por completo durante el Colapso de la Edad de Bronce cuando una fuerza misteriosa diezmó la ciudad de Ugarit, dejando la región abandonada. Al mismo tiempo, los israelitas cercanos invadieron e intentaron tomar tierras cultivables, mientras que los misteriosos Pueblos del Mar del oeste llegaron y comenzaron a devastar a cualquiera que se interpusiera en el camino de la conquista total. Los filisteos entraron y reclamaron las ciudades cananeas del sur como su territorio.

Para agregar más leña al fuego, el Cercano Oriente experimentó una oleada de factores ambientales desfavorables, incluida una sequía prolongada. La hambruna resultante llevó a muchos a abandonar las ciudades en busca de recursos naturales como vegetación salvaje y agua dulce. La estructura política de la ciudad central se extinguió, impulsando a los cananeos a volverse más nómadas. El caos que siguió requirió de un reordenamiento completo de la sociedad, y cuando cayó el polvo, un nuevo poder conocido como Fenicia surgió de los sobrevivientes cananeos, convirtiéndose en una región independiente en la costa.

La Edad de Hierro I

Desafortunadamente, quedan pocas fuentes para informar a los estudiosos modernos sobre la vida en Fenicia durante el siglo XII a. C., aunque algunas pruebas indican que las ciudades de Biblos y Sidón pudieron recuperarse rápidamente de la devastación económica del colapso de la Edad del Bronce. Estas ciudades se convertirían en centrales para el poder de la civilización fenicia, ya que eran gigantes económicos y tenían acceso a rutas comerciales por tierra y agua. Al mismo tiempo, Sidón comenzó a distinguirse como una potencia militar, al igual que Arwad.

La primera fuente textual que tenemos sobre los fenicios de la Edad del Hierro es un relato de la campaña del rey asirio Tiglat-Pileser I contra los fenicios en algún momento entre 1114 y 1076 a. C. Tiglat-Pileser I deseaba conquistar los abundantes bosques de cedros controlados por los fenicios y lanzó asedios militares terrestres contra Biblos y Sidón. El rey registra cómo se las arregló para exigir tributo a los líderes de estas ciudades. Tiro estaba presente en este punto, pero se consideró demasiado insignificante para agregarlo al documento.

La siguiente fuente principal sobre los fenicios fue creada por Wen-Amon, un alto funcionario egipcio de Tebas que trabajaba en el templo de Amon-Ra. Viajó a lo largo de la costa para conseguir madera de cedro para la construcción de una nueva barcaza sagrada, y menciona que Biblos y Sidón se consideraban algunas de las ciudades y poderes costeros más impresionantes de la época. Se menciona Tiro, pero nuevamente se pensó que era insignificante en la estructura de poder del mundo mediterráneo. El relato de Wen-Amon data de 1075 a 1060 a. C., lo que indica que los asedios de Tiglath-Pileser I podrían no haber sido tan efectivos como él había afirmado.

De particular importancia fue que Biblos y Sidón estaban en una posición tan ventajosa que cuando Wen-Amon llegó y exigió madera de cedro, los fenicios pudieron negociar en lugar de entregar tributos. El príncipe de Biblos, Zakar-Baal, le dijo al funcionario que Egipto tenía que pagar primero antes de recibir la madera. Debido a que Biblos había estado previamente subordinado al imperio egipcio, la capacidad de solicitar dinero antes de que se entregaran los bienes era impresionante. Esto demuestra cómo el poder egipcio estaba en declive mientras que los fenicios aumentaban.

Es difícil reconstruir la historia exacta del subsiguiente siglo XI a. C., ya que hay menos relatos e inscripciones personales y referencias más vagas en las amplias historias de civilizaciones como Egipto. Los textos religiosos, como los libros bíblicos de Josué, Jueces y Samuel, comienzan a usar el término "sidonio" en este momento para indicar a alguien que podría ser fenicio. Hay algunas razones por las que esto podría haber sido así, pero el hecho de que Sidón se construyera cerca de tierras agrícolas cultivables le dio al centro urbano una ventaja. Tiro, después de todo, estaba atrapado en una isla.

El ascenso de Sidón al poder transformó la estructura política general fenicia. Mientras que los fenicios originalmente se pusieron del lado de Egipto como su socio comercial, Sidón no tenía ningún interés en hacerlo. En cambio, Sidón dirigió su atención a la cercana potencia siria, que estaba creciendo y demostró ser un socio comercial más cercano y fiable. Esta fue una mala noticia para Tiro, que dependía de las compras egipcias de bienes como madera de cedro para poder mantener alimentada y comercialmente exitosa a la gente de la ciudad isleña.

La Edad de Hierro II

Desafortunadamente para Sidón, su poder no duró hasta el siglo X a. C. La edad de oro de Tiro comenzó cuando Hiram I (c. 969 a 936 a. C.) ascendió al trono. Cambió el equilibrio de poder hacia Tiro explotando sistemáticamente las rutas comerciales panmediterráneas cercanas. Hiram I se esforzó por lograr un monopolio marítimo y lo logró empleando una flota capaz de viajar por toda la costa levantina para transportar importaciones y exportaciones y también derrotar a sus rivales a través del poder naval.

Hacia mediados del siglo X a. C., surgió una nueva ciudad-estado como la más poderosa: Tiro. Ignorado hasta ese momento, Tiro se urbanizó y siguió los nuevos desarrollos en la fabricación de cerámica, lo que requirió que los artesanos se establecieran y trabajaran en las ciudades para producir este artículo.

Tiro también adoptó nuevos socios comerciales, y decidió hacer tratos con la cercana Israel. Estos dos estados se sometieron a empresas comerciales conjuntas para adquirir oro y se alimentaron de las fortalezas del otro. En particular, Tiro le dio a Israel más acceso a la costa, mientras que Israel permitió que Tiro tuviera cierto control sobre las rutas comerciales terrestres que se adentraban más en Asia. Tiro ahora podía administrar el flujo de mercancías desde Siria hasta Egipto, promulgando impuestos e imponiendo sus propios términos comerciales. Esto también le dio acceso a la ciudad-estado a especias y metales preciosos como plata y oro, que llegaban de Arabia.

Sin embargo, las alianzas de Hiram I no podrían durar mucho. El reino de Israel del rey Salomón se dividió en Judá e Israel debido a los pretendientes políticos rivales, y el rey fenicio necesitaba encontrar un socio comercial más estable y fiable en lugar de intentar que los dos estados israelitas trabajaran juntos. Tiro, por lo tanto, tuvo que reevaluar sus decisiones políticas y comenzó a alejarse de Israel y Judá, eligiendo cooperar con las ciudades-estado fenicias cercanas y enfocándose en el norte de África.

Tiro experimentó un breve declive en su éxito, pero logró entrar en una segunda edad de oro con la coronación de Ithobaal I (gobernó de 887 a 856 a. C.). Los intereses de Ithobaal residían en la conquista territorial. En más de una década, logró adquirir y controlar tanto territorio que se declaró a sí mismo el "Rey de los sidonios", título que sería adoptado por sus sucesores en Tiro durante los siglos venideros. El título también apareció en los poemas homéricos griegos y en los libros religiosos del Antiguo Testamento.

Ithobaal I fusionó Tiro con el territorio de la cercana Sidón, creando los primeros indicios de un solo estado fenicio. Nombró a Tiro como la capital y llegó a establecer las primeras colonias fenicias: Auza en Libia y Botrys, al norte de Biblos. Estas colonias fueron diseñadas para agregar recursos naturales preciosos adicionales a las redes comerciales de Tiro, incluido el cobre y otros metales. Ithobaal también crearía una colonia en Chipre.

Sin embargo, el éxito de Tiro volvió a ser puesto en duda, esta vez por los asirios. El Imperio asirio era un gigante asiático cercano. Los fenicios vivieron durante mucho tiempo al margen de esta civilización, evitando las numerosas excursiones militares asirias pagando tributos. De hecho, Tiro a menudo se aprovechó de las conquistas asirias para reclamar un territorio que fue interrumpido por la guerra y el caos. Sin embargo, el éxito de Tiro cambió cuando los asirios coronaron rey a Salmanasar III (gobernó de 859 a 824 a. C.).

Capítulo 7 – Vasallos de los Imperios

Si bien es sencillo dividir los primeros años de los fenicios según los avances tecnológicos, los últimos años se comprenden mejor si analizamos a qué gran imperio estaban subordinadas las ciudades-estado. Aunque los fenicios eran una potencia económica, ejercían poco poder militar. Agrupadas en la costa y con una pequeña población natural, las ciudades-estado se vieron obligadas repetidamente a someterse a los imperios mucho más grandes y poderosos que barrieron el Levante y que contaban con enormes extensiones de tierra en Asia, África y Europa. El primero de estos imperios fue el de los asirios.

Vasallos del Imperio Asirio

El rey Salmanasar III subió al poder en 858 a. C. y ascendió al trono con planes de conquista. Tan pronto como reunió sus fuerzas militares, comenzó una campaña agresiva en todo el norte de Siria y el sur de Anatolia. Uno de sus principales objetivos fueron las ciudades-estado fenicias a lo largo de la costa del mar Mediterráneo, a las que subyugó durante tres años. Los fenicios ahora se verían obligados a pagar una cantidad excesiva de tributo a los asirios en dinero, bienes y recursos físicos.

En este momento, los fenicios podían considerarse vasallos del más poderoso Imperio asirio. En términos políticos, un vasallo es un país que está subordinado a otro y entabla una relación en la que uno rinde tributo a otro para evitar ser invadido o atacado. Sin embargo, ser vasallo de los asirios no era una situación desfavorable para los fenicios, que consiguieron hacerse con una posición privilegiada entre los numerosos vasallos de Oriente Medio.

A diferencia de otros estados de la región, los fenicios fueron tratados bien por Salmanasar III, quien recordó que las ciudades-estado como Tiro cooperaron con su padre y no intentaron rebelarse. La importancia geopolítica de los fenicios fue aún más beneficiosa para Asiria, que necesitaba que las ciudades-estado llevaran a cabo la diplomacia alrededor del Mediterráneo y continuaran sirviendo como fuente de ingresos para el imperio en constante expansión. De esta manera, Fenicia pudo negociar la santidad de sus ciudades-estado con sus recursos económicos y autoridad comercial. Los asirios también temían que los fenicios cayeran en manos de sus rivales, los egipcios.

Incluso después de la muerte de Salmanasar III en 824, las ciudades-estado fenicias aún pudieron mantener un estado de semiindependencia. Los sucesores de Salmanasar III no querían interferir en los asuntos internos de Fenicia, lo que permitió a las ciudades-estado mantener un nivel limitado de autonomía.

Desafortunadamente, esta suerte se acabaría alrededor del 744 a. C. En este punto, Tiglat-Pileser III ascendió al trono asirio e inmediatamente comenzó numerosas campañas de gran alcance en el Levante. Como parte de las campañas, el gobernante recién coronado buscó acabar con los diversos estados independientes de la región y hacer que su territorio formara parte del creciente Imperio Asirio. Esto significó que las ciudades-estado fenicias, particularmente Tiro, se convirtieron en objetivos.

Después de varios años de batallas, la totalidad del Levante se sometió a la autoridad asiria en 738 a. C. Las ciudades de la costa norte de Fenicia fueron anexadas al imperio, mientras que las ciudades-estado del sur como Tiro y Biblos lograron mantenerse independientes. Sin embargo, ya no se les permitió operar bajo un sistema económico y político autónomo.

Sin embargo, Tiro no estaba satisfecho con la situación. Apenas un año después de la anexión, el rey de Tiro decidió aliarse con una coalición anti-asiria en el Levante. Tiglath-Pileser respondió reuniendo sus fuerzas y barriendo la costa fenicia, aplastando a la oposición. Al ver la situación, Tiro se rindió de inmediato y ofreció tributo. Tiglath-Pileser aceptó y se fue, demostrando que el continuo éxito económico de la ciudad fenicia era más importante para él que aplastar a la ciudad por su insolencia.

Aunque no fue destruida, Tiro sufrió las consecuencias. Asiria instaló inspectores y funcionarios del mercado en los puertos de Tiro, eliminando la independencia económica y política. Los reyes subsiguientes también debieron pagar 150 talentos de oro al año a Asiria, una suma equivalente a 150 millones de dólares, si no más. Tiro pagó el tributo durante varios años y luego se rebeló nuevamente, esta vez aliándose con la cercana Sidón. La guerra duró de dos a tres años, momento en el que las ciudades-estado fenicias fueron capturadas y subyugadas una vez más.

El monarca asirio Senaquerib invadió los territorios periféricos de Tiro en 701 a. C., lo que obligó al rey a huir a Chipre. La alianza entre Tiro y Sidón fue destruida y Tiro perdió el control de la cercana Sidón, así como de la mayoría de su población en Asiria. Miles de residentes fueron deportados a la capital, Nínive, y los puertos costeros fueron bloqueados. Los bloqueos futuros fueron establecidos por generaciones de los siguientes reyes asirios como Esarhaddon (681-669 BCE) y Ashurbanipal (669-631 BCE). Hacia el 640 a. C., toda Tiro continental se convirtió en una provincia asiria.

Sin embargo, el dominio asirio en el Levante no duraría. Aumentaba una nueva amenaza: los babilonios. El Imperio asirio se convirtió en víctima de la política expansionista babilónica, y los asirios se aliaron ciegamente con su antiguo enemigo, los egipcios, para intentar retener el control del Levante y de todas las ciudades-estado fenicias. Desafortunadamente, las fuerzas combinadas de Asiria y Egipto no fueron suficientes para ahuyentar a los babilonios, quienes derrotaron a ambos imperios en Carquemis en 605 a. C.

El dominio de los babilónicos

Los babilonios fueron uno de los pueblos más antiguos de la historia conocida, habiéndose desarrollado alrededor de la ciudad de Babilonia en el siglo XIX a. C. El estado de Babilonia experimentó numerosos cambios y oleadas de poder a lo largo de su vida, siendo en un momento un gran imperio antes de ser reducido a un pequeño estado controlado por los asirios. Aunque los babilonios fueron subyugados y rindieron tributo a los asirios desde el 911 hasta alrededor del 612 a. C., su momento volvería a llegar. Cuando el famoso gobernante asirio Ashurbanipal murió y dejó un vacío de poder, los babilonios vieron su oportunidad y se liberaron de los grilletes del vasallaje, rebelándose y formando el Imperio Neobabilónico.

Fue el Imperio Neobabilónico el que reclamó el territorio fenicio a continuación. En el primer año de su largo reinado, el rey neobabilónico Nabucodonosor II (605-562 a. C.) inició campañas militares en toda Siria con la intención de capturar y subyugar influyentes territorios asirios. Cuando llegó a la costa fenicia, la mayoría de las ciudades-estado entendieron en qué dirección soplaba el viento. La mayoría renunció inmediatamente a su lealtad a los asirios y, en cambio, envió tributo a los babilonios.

Tiro, sin embargo, se rebeló una vez más. La feroz resistencia de la ciudad-estado resultó en un asedio de trece años desde el 586 a. C. hasta el 573 a. C., cuando la ciudad se vio obligada a reconocer la derrota y la rendición. Las acciones de los líderes tuvieron resultados desastrosos para los ciudadanos de Tiro. El rey en ese momento, Ithobaal III, fue enviado a Babilonia en cautiverio. Se instaló un gobernante títere antes de ser reemplazado por un gobierno lleno de jueces babilónicos que gobernaron usando su propio sistema de justicia.

La otrora poderosa Tiro ahora se redujo de estatus entre las ciudades-estado fenicias y ya no se jactaba de un fuerte éxito militar, naval o económico. Sidón inmediatamente ocupó el lugar de Tiro, esencialmente usurpando los contactos comerciales y los recursos naturales de la ciudad. Sidón se convirtió en la ciudad fenicia más próspera y ocupó este cargo durante muchos años hasta que Alejandro el Grande llegó y la derribó.

Bajo el dominio babilónico, la vida en Fenicia era difícil. Las empresas comerciales disminuyeron enormemente y gran parte de la riqueza de las ciudades se destinó a llenar las arcas de la monarquía neobabilónica. La anexión babilónica de regiones estratégicas, como el sur de Palestina, aisló a los fenicios de sus rutas comerciales estratégicas, y Nabucodonosor II robó el comercio de cedros. Los fenicios eran considerados ciudadanos de segunda clase y a menudo estaban sujetos a la ley babilónica y "alentados" a seguir las prácticas religiosas babilónicas.

Las cosas no mejorarían para los fenicios hasta después de la muerte de Nabucodonosor II. Los nuevos monarcas no fueron tan efectivos como su predecesor y se distrajeron con el surgimiento de otro imperio en el horizonte: los persas. El rey Nabonido restableció todas las líneas reales fenicias originales en un intento de ganarse la lealtad de las ciudades-estado, pero no fue suficiente. Ciro el Grande se acercaba y nadie lo detendría.

El imperio aqueménida

Un grabado de Ciro el grande

La imagen de arriba de Ciro el Grande fue creada copiando una estatua de piedra del famoso líder persa de uno de sus numerosos proyectos de construcción. Ciro gobernó desde el 559 a. C. hasta el 530 a. C. y logró conquistar Sippar y la ciudad de Babilonia más tarde en sus conquistas militares. Esto interrumpió el poder babilónico en el Levante, lo que permitió a los fenicios ejercer más influencia en casa. En realidad, Ciro trató a los fenicios de manera bastante favorable, aparentemente reconociendo que su poder naval y contactos comerciales podrían ser beneficiosos para el imperio que imaginaba.

Bajo los persas, los fenicios encontraron un nuevo propósito. Se convirtieron en la columna vertebral naval de Ciro el Grande en el mar Mediterráneo y entraron en un período próspero que duró la mayor parte del período aqueménida. Las cuatro principales ciudades-estado fenicias (Tiro, Sidón, Biblos y Arwad) pudieron restablecer sus monarquías y su dominio dinástico. Se expandieron física y económicamente, reclamando territorio en el Levante, ya que estaba bajo el control de los persas aqueménidas.

Inicialmente, las ciudades-estado fenicias se agruparon en una sola satrapía, o distrito administrativo, que estaba bajo control persa. La satrapía se llamaba Athura o Asiria. Cuando Darius I tomó el control desde 522 a. C. hasta 486 a. C., subdividió el distrito en provincias separadas para controlar mejor el flujo de riqueza y política.

El control bajo los persas podría considerarse quizás una de las últimas edades doradas de las ciudades-estado fenicias. Encontraron un tremendo nicho que sirvió como patrocinadores comerciales y gobernantes de una gran parte de la armada persa. Algunos relatos griegos incluso atestiguan que los fenicios eran los formidables comandantes navales de Jerjes, que atravesarían el Mediterráneo y harían la guerra con las antiguas ciudades-estado griegas.

Desafortunadamente, la prosperidad nunca dura en la historia. Los últimos años del siglo V a. C. trajeron un creciente malestar a los persas, que no tenían gobernantes fuertes ni una administración eficiente. El territorio comenzó a fragmentarse y surgieron rebeliones. Grecia continental, Egipto y Asia Menor occidental fueron algunos de los primeros lugares en eludir el dominio persa, y los fenicios se inquietaron al ver partir a sus influyentes socios comerciales. Sintiendo la creciente debilidad del estado persa, los fenicios decidieron marcharse.

En este punto, el lector probablemente pueda adivinar qué ciudad-estado se rebeló primero. Los monarcas de Tiro vieron la oportunidad de irse y se unieron a una alianza anti-persa que incluía a Egipto, Chipre y Atenas. La alianza atacó Persia con todas sus fuerzas, pero fue derrotada decisivamente en una batalla naval en 381 a. C. Con el tiempo, otras ciudades-estado también se rebelaron contra los persas, incluida la poderosa Sidón. Desafortunadamente para Sidón, el nuevo gobernante persa, Artajerjes III, era mucho más formidable que sus predecesores. Lideró un ejército masivo para sofocar la revuelta en Sidón. Hacia el 344 a. C., todas las ciudades-estado fenicias volvieron a estar en manos de los persas.

Sin embargo, aún habría otro conquistador más en el horizonte.

La llegada de los macedonios

Mientras aún estaba bajo el control de los persas, Fenicia se enfrentaría a otro conquistador interesado en la adquisición de sus territorios y los bienes de lujo que controlaban. Estos serían los griegos macedonios, que fueron dirigidos por el famoso Alejandro el Grande, un rey que no tenía más de veinte años cuando marchó sobre Tiro en 332 a. C. Debido a su posición, Alejandro no pudo atacar la ciudad directamente desde el mar, y estaba demasiado amurallada a lo largo de la tierra para ser capturada rápidamente. En cambio, Alejandro inició un sitio y ordenó a sus hombres y esclavos capturados que construyeran una calzada de un kilómetro de largo (un poco más de media milla) hasta la isla donde estaba situada Tiro.

Alejandro el Grande

Esta calzada se construyó sobre un pequeño puente de tierra natural que tenía menos de dos metros de profundidad (un poco más de seis pies y medio), por lo que era la única oportunidad realista que tenían los macedonios para atacar la ciudad.[50]

Poco podían hacer los fenicios para retrasar la destrucción además de tratar de apedrear o disparar a los trabajadores de la construcción cuando se acercaban a los muros de Tiro. Finalmente, se completó y la artillería macedonia se acercó a la ciudad. Algunos de los restos aún existen en la región, ya que toda la pasarela fue construida en piedra.

Debido a que el agua cerca de la ciudad era más profunda que el resto, Alejandro el Grande no pudo llevar su calzada directamente a las murallas. En cambio, Alejandro se vio obligado a construir dos torres cercanas que medían alrededor de 50 metros (160 pies) de altura. La construcción de las torres se retrasó repetidamente por los ataques de Tiro y de la armada de Tiro, pero las plataformas de artillería en movimiento pronto se completaron. Se construyeron catapultas en la parte superior para atacar a los defensores de los muros de Tiro, mientras que se agregaron balistas debajo para arrojar piedras a los barcos de la marina y las partes inferiores de los muros. Estas torres y plataformas estaban hechas de madera, que era más fácil de transportar que la piedra, y estaban cubiertas con cuero crudo tratado para que los fenicios no pudieran destruirlas con flechas de fuego.

Los tirios estaban decididos a no dejarse vencer por las torres. Aunque las plataformas macedonias eran las más grandes de su tipo en ese momento de la historia, los fenicios utilizaron un viejo barco para transportar caballos e idearon un plan. Lo llenaron con una variedad de sustancias combustibles, incluido azufre, brea y ramas secas. Luego colocaron calderos colgantes llenos de aceite a lo largo de los mástiles para que cayeran

---

[50] Stephen English, *The Sieges of Alexander the Great* (Wiltshire: Pen & Sword Books Ltd., 2010).

cuando los mástiles se incendiaran. Pesaron la parte trasera del barco, por lo que el frente se inclinó hacia arriba y luego lo enviaron directamente a las torres antes de prenderle fuego.

El barco se estrelló contra las torres y las llamas se extendieron rápidamente, ardiendo a lo largo de las enormes plataformas. Los calderos de aceite caían con espectaculares salpicaduras, enviando fuego en todas direcciones. Los macedonios estaban desorientados y el equipo de asedio se incendió rápidamente. Después, miembros de la armada de Tiro invadieron el muelle artificial y destruyeron todo lo que estuvo a su alcance, incluido el equipo restante y los soldados y esclavos macedonios que intentaron apagar los incendios.

Alejandro se sintió intimidado y frustrado, pero no había terminado. Deseaba Tiro.

Después de considerarlo cuidadosamente, se convenció de que la única forma de capturar la ciudad fenicia era mediante el uso de una armada consumada. Desafortunadamente para los fenicios, tuvo uno debido a sus conquistas anteriores de otras ciudades-estado fenicias que habían sido controladas por los persas, incluidas Arwad, Byblos y Sidón. Mediante la adquisición de barcos persas, Alejandro tenía una flota de ochenta barcos fuertes. Luego se unieron a ellos 120 galeras de guerra enviadas por Chipre, cuyo rey deseaba unirse a Alejandro, potencialmente como una forma de evitar ser dominado. Jonia en Grecia envió otros 23, dejando a Alejandro con una impresionante flota de 223 barcos listos para el combate. La armada de Tiro no tenía ninguna esperanza de victoria.

Alejandro navegó sobre Tiro y bloqueó los puertos por donde llegaban los suministros a la ciudad. Los barcos más lentos fueron reacondicionados con arietes, pero tuvieron que ser retirados porque Tiro había colocado enormes bloques de piedra bajo el agua para bloquear arietes muchos años antes. En cambio, los arietes estaban anclados cerca de las paredes, pero los tirios enviaron buzos para cortarlos. Alejandro luego reemplazó las cuerdas con cadenas. Los tirios intentaron lanzar otro contraataque, pero no tuvieron éxito. Los carneros macedonios rompieron los muros mientras su armada diezmaba los barcos fenicios, poniendo fin al asedio en un baño de sangre y masacre absolutos.

Una vez que Alejandro capturó Tiro, se volvió draconiano. Mató a 6.000 combatientes y crucificó a 2.000 de sus principales ciudadanos en la playa. Luego permitió que el rey permaneciera en el poder, pero asesinó a gran parte de la familia real y a cualquiera que se opusiera a los macedonios. La ciudad fue saqueada, los ciudadanos fueron golpeados en las calles y las mujeres fueron capturadas y violadas por los soldados. Más de 30.000 tirios fueron tomados como esclavos para el ejército macedonio. Después de una demostración de poder tan brutal, muchas de las otras ciudades-estado fenicias accedieron al gobierno macedonio sin luchar, temerosas de lo que podría suceder si se resistían.

Cuando Alejandro el Grande pereció en 323 a. C., Fenicia se dividió entre varios de los siguientes imperios creados por los sucesores de Alejandro, aunque la mayoría estaba controlada por la dinastía ptolemaica de Egipto. Entre 286 y 197 a. C., los ptolomeos redujeron la influencia de Fenicia sobre las rutas comerciales del Mediterráneo oriental e instalaron sumos sacerdotes de Astarté como gobernantes vasallos en toda la región. Esto provocó una tremenda reacción cultural y una recesión económica significativa en Fenicia, que luchó por prosperar y continuar su cultura con la influencia de Persia, Grecia y Egipto.

Capítulo 8 – Comercio y Economía

Los fenicios se encontraban entre los mayores comerciantes del mundo antiguo, capaces de controlar redes masivas de bienes a través del mar Mediterráneo, del este a Asia y de África. La mayor parte de su prosperidad podría atribuirse a las habilidades de sus comerciantes, que gobernaban los mares con mano de hierro y tecnología superior. Establecieron numerosos puestos de avanzada comerciales diseñados para ser accesibles por barcos que necesitaban atracar entre viajes para reponer sus suministros y vender bienes a una variedad de civilizaciones. La más estratégica fue Cartago en el noroeste de África, que estaba al sureste de Cerdeña y era necesaria para el transporte de plata y estaño desde Iberia y el norte de Europa. Sin embargo, los fenicios no siempre fueron un monstruo comercial, especialmente cuando tenían que enfrentarse a vecinos más poderosos.

Antes de que el Colapso de la Edad de Bronce despejara el camino para que se volvieran poderosos, los fenicios comerciaban principalmente con los griegos. En este momento, los griegos habían establecido una civilización deseable con numerosas ciudades-estado y puertos que salpican las pequeñas islas a lo largo del Mediterráneo. Los fenicios comerciaban con madera, esclavos, vidrio y un tinte en polvo llamado púrpura de Tiro. Los artesanos hicieron púrpura tiria a partir de las conchas trituradas de un caracol específico que vivía en los mares, y los funcionarios de élite lo utilizaron para colorear sus prendas y mostrar su estado con una sola mirada. El púrpura era el color más raro en el mundo antiguo, y era casi imposible de hacer, lo que le valió al tono un lugar deseable en la rueda de colores.

Con el tiempo, los griegos confiaron más en los fenicios. Liberaron parte de su dominio cuando el comercio y la colonización se extendieron por el mar Mediterráneo hasta que el mar se dividió en dos mitades, con los fenicios dominando el sur y los griegos controlando el norte. Eventualmente, esta situación cambiaría de cabeza, con los griegos manteniendo el este mientras los fenicios se establecieron en el oeste después de las guerras sicilianas.

Después de que el Colapso de la Edad del Bronce arrasó con muchas de las civilizaciones cercanas, los fenicios emergieron como una importante potencia naval y comercial alrededor del 1200 a. C. Esta vez, controlaron el inmensamente deseable tinte púrpura tirio, habiendo descubierto que podría derivarse de la glándula hipobranquial del caracol marino murex. Con este conocimiento y un suministro aparentemente ilimitado de caracoles de las costas que controlaban, los fenicios pudieron establecer un centro comercial masivo en Sarepta, una ciudad en el Líbano actual. Confiaron tanto en el caracol murex que los fenicios finalmente provocaron su extinción local por codicia por el hermoso lujo que proporcionaba. Antes de hacerlo, los fenicios hicieron del caracol y su tinte el centro de su imperio comercial e incluso lograron establecer un segundo centro de producción en la ciudad de Mogador, cuyas ruinas se encuentran en el Marruecos contemporáneo. Además del tinte, el vidrio fue otra exportación influyente de los fenicios debido a la dificultad para hacer platos, frascos y cuentas de vidrio.

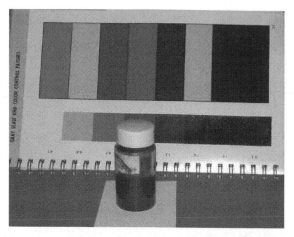

Un componente importante del tinte púrpura de Tiro

Los fenicios no se limitaron a proporcionar artículos de lujo no consumibles. También fueron excelentes para llenar los vacíos en los inventarios de otras civilizaciones, especialmente el cercano Egipto. Tras el colapso de la Edad del Bronce, los egipcios lucharon por recuperar su equilibrio en el mundo antiguo, una situación que no fue ayudada por años de tumultuoso gobierno dinástico. Una cosa que a los egipcios les faltaba especialmente cuando se trataba de lujos era el vino.

Las vides no podían crecer en Egipto, pero los fenicios poseían amplios paisajes costeros para cultivar enormes viñedos capaces de producir un vino rico. Los barriles solían enviarse al sur del Líbano y Sarepta, donde el vino se almacenaba en vasijas hechas a mano y se vendía a Egipto a cambio de oro nubio. Los historiadores poseen un gran conocimiento sobre estas transacciones gracias a los naufragios vívidamente documentados que fueron descubiertos en 1997 a unas treinta millas al oeste de Ascalon, conocido como Ashkelon hoy. Según todos los informes, los egipcios eran uno de los mayores consumidores de vino importado y proporcionaban gran parte del oro que se destinaba a la fabricación de joyas fenicias para hombres y mujeres.

Al mismo tiempo, los fenicios habían descubierto que los egipcios también carecían de madera, ya que su tierra era principalmente desértica y llanuras aluviales alrededor del río Nilo. Entonces, los marineros y comerciantes comenzaron a traer enormes troncos de cedro de las montañas del Líbano a Egipto y los cambiaron por aún más oro, lino, papiro e incluso piel de vaca. Una transacción bien documentada ocurrió en algún momento entre 1075 a. C. y 1060 a. C. Un enviado egipcio llamado Wen-Amon llegó a Fenicia y compró siete enormes troncos de cedro por la desmesurada suma de "4 vasijas y 1 kakmen de oro; 5 jarras de plata; 10 prendas de lino real; 10 kherd de buen lino del Alto Egipto; 500 rollos de papiro terminado; 500 pieles de vaca; 500 cuerdas; 20 bolsas de lentejas y 30 canastas de pescado". Wen-Amon llevó la mercancía de regreso a Egipto en barco y se pensaba que había conseguido mucho por sus siete troncos, que se podían dar vuelta y vender por una suma aún mayor en casa.

Sin embargo, el camino para convertirse en los comerciantes más poderosos del Mediterráneo llevaría tiempo. Antes de que se convirtieran en comerciantes de renombre, la evidencia arqueológica indica que la economía fenicia primitiva dependía en gran medida de la agricultura y la ganadería. Los fenicios originales heredaron este conocimiento de sus predecesores en el Levante y, por lo tanto, pudieron utilizar el clima templado de su posición en el mar Mediterráneo para producir vastas cosechas básicas de trigo y cebada. Estos alimentos podrían usarse para mantener a una población masiva y a menudo extendida, pero los extras también eran bienes comerciales valiosos que podían transferirse a socios en Egipto o más al este.

Las florecientes economías agrícolas de los fenicios dependían de cultivos rentables como el trigo, pero eventualmente se ramificarían gracias a desarrollos tecnológicos como sistemas de riego y arados duraderos tirados por bueyes en lugar de músculos humanos. Hacia el 1200 a. C., los artefactos indican que la agricultura permitió que Fenicia se volviera tan próspera que los miembros de la población pudieran dedicarse a otras actividades, lo que condujo a una floreciente economía marítima en las orillas del Mediterráneo. Estas economías eventualmente se traducirían en asentamientos y colonias en todo el Mediterráneo, ya que la destreza marítima fenicia permitió a la civilización superar a su competencia y reclamar ubicaciones ventajosas.

El mar se convirtió en el componente integral de toda la economía fenicia, con dos bienes comerciales primarios que emergen de sus profundidades saladas: una variedad de peces sabrosos y los caracoles necesarios para hacer el raro tinte púrpura. La industria de la construcción naval floreció aún más y fue un componente necesario de la economía que fue impulsada por el agua. Para obtener la madera necesaria para la construcción naval, los fenicios talaron los bosques cercanos para sus enormes cedros y arrastraron los troncos a la costa para darles forma. Cuando fue posible, los fenicios evitaron comprar madera de otras civilizaciones.

Desafortunadamente, como es el caso de la mayoría de las situaciones relacionadas con los fenicios, los arqueólogos e historiadores luchan con la falta de evidencia directa de las costumbres y prácticas comerciales. La mayor parte de lo que se sabe sobre socios comerciales y bienes proviene de los registros de civilizaciones amigas cuyas tablillas explican lo que trajeron consigo los fenicios, con quién preferían hacer negocios y qué precios alcanzarían sus bienes en los mercados locales y extranjeros. Uno de los beneficios de estas tabletas es que brindan una excelente información económica, ya que los comerciantes rara vez mienten sobre sus transacciones, pero viene con la desafortunada falta de una perspectiva fenicia sobre el comercio.

Lo que los historiadores entienden es que los fenicios se basaron en el poder blando, o el poder político de su comercio y cultura para influir en otras civilizaciones y evitar la guerra cuando fuera posible. Si bien su armada era poderosa, Fenicia evitó los conflictos porque su cultura, en general, se centró en la adquisición de riquezas para prosperar. En el siglo XII a. C., los fenicios poseían una economía mixta que había incorporado los sectores agrícola, industrial y comercial con excelentes resultados.

De estos tres sectores, los dos más importantes fueron la agricultura y el comercio. Además de ser muy conocidos por su comercio y artículos de lujo, los fenicios fabricaban una impresionante cantidad de vino que era codiciado en todo el Mediterráneo por su excelente sabor y calidad. Si existieran sommeliers en la antigüedad, sin duda habrían podido identificar un cabernet fenicio a una milla de distancia.

A los efectos de discutir su economía, es mejor dividir los temas según su función principal sea la agricultura o el comercio. Si bien hubo algo de industria, se centró principalmente en la construcción naval.

El Sector agrícola

Los fenicios dependían de la agricultura para alimentar a una población en crecimiento que consumía más de lo que producía en lo que respecta a alimentos. Los cultivos de cereales y la viticultura (viticultura) fueron los más importantes, pero Fenicia también tenía sus propias verduras y animales domésticos reservados para uso local. En primer lugar, en esta discusión están los granos de cereales, que se refieren a plantas como la cebada y el trigo que podrían usarse para hacer "cereales" o un tipo de papilla.

La agricultura y la ganadería formaron la mayor parte de la economía fenicia, aunque muchos asocian la civilización con el comercio. La mayoría de las cosechas de cereales se destinaban a los campesinos que las cultivaban y necesitaban las calorías para sobrevivir. Existe evidencia de que la mayoría de los agricultores fenicios usaban los cultivos para pagar sus impuestos. Estos granos se transportarían a la fortaleza de un noble, donde la comida se guardaría para uso personal o se vendería a comerciantes. Dado que la economía era una mezcla de rural y urbana, muchos terratenientes más ricos pagaban a los trabajadores con comida además de algo de dinero. Al igual que en los antiguos babilonios, existe evidencia que indica que la cantidad de comida que recibía un trabajador era proporcional al género, la edad y el tamaño general. Entonces, un joven recibió casi el doble que una anciana.

El cultivo agrícola no fue un proceso simple. Debido a que los fenicios estaban en la costa, la frecuente escasez de agua dulce combinada con la salinidad del suelo significaba que los agricultores debían estar bien informados sobre el riego para crear reservas de agua. Las principales ciudades-estado crecieron alrededor de tierras cultivables que formaban graneros en miniatura, y aprovecharon los sistemas de riego para desarrollar sistemas de alcantarillado público rudimentarios para mantener las ciudades relativamente saludables y limpias. La tecnología del riego también se utilizó para desarrollar cisternas y crear una red que abasteciera de agua dulce a las ciudades para comerciantes y trabajadores. Las investigaciones arqueológicas revelaron que los fenicios "cultivaron las laderas más bajas de las montañas libanesas", lo que aumentó la cantidad de espacio de cultivo disponible y facilitó todo el proceso de riego en general.[51]

A pesar del cultivo extensivo, Fenicia tenía un déficit de cereales. La población creció constantemente desde la Edad del Hierro en adelante, y el terreno árido y rocoso dificultaba el mantenimiento de grandes campos de cereales. Por lo tanto, los fenicios tenían la tendencia de cultivar cebada siempre que era posible, incluso si eso significaba atender pequeñas parcelas de cultivos. La cebada se recolectaba y almacenaba en silos para conservar los granos, y se prefería al cultivo de trigo porque resistía mejor la salinidad del aire. Para complementar su alimentación, casi todos cultivaron sus propias frutas y verduras para completar su dieta y reducir el déficit.

---

[51] Woolmer, *Ancient Phoenicia*, p. 71.

Si bien la agricultura de cereales era esencial para la supervivencia, los fenicios reforzaron su sector agrícola participando en una viticultura extensiva. La viticultura es una rama de la horticultura que se centra en el cultivo de uvas para el vino. A diferencia de los cereales, que requerían toneladas de agua dulce y espacios abiertos del que carecía el terreno, Fenicia era en realidad perfecta para el cultivo de uvas. Era soleado, rocoso y se mantuvo cálido durante todo el año, lo que permitió que las vides crecieran y proporcionaran a los fenicios una cantidad impresionante de vino que luego podían intercambiar por más grano para combatir el déficit. Como era de esperar, las uvas frescas en sí también eran deseables y podían comprarse y venderse a precios elevados en el mercado.

Uvas tintas mediterráneas

Un producto similar fue la aceituna. Las aceitunas eran un alimento básico de la dieta mediterránea, y los fenicios podían cultivar olivos fuertes y prensar los frutos para convertirlos en aceite que se conservaría, vendería o usaría para rituales religiosos. Al igual que las uvas, las aceitunas frescas también fueron apreciadas y compradas por civilizaciones como los egipcios, que querían comerlas frescas. Autores como Mark Woolmer, profesor de doctorado en historia antigua, afirman que las aceitunas no solo demostraron estabilidad política, sino que también fueron importantes porque crecieron bien y maduraron en diferentes momentos que los cereales, lo que significa que había mano de obra disponible para cosechar ambos.

Un olivo mediterráneo

El vino y el aceite de oliva disfrutaron así de una posición codiciada en la economía fenicia y de herramientas de comercio en todo el mundo antiguo. En 1999, los arqueólogos descubrieron dos buques mercantes hundidos que, al ser explorados, revelaron una serie de ánforas selladas con discos de madera de pino. Las bodegas estaban llenas de estos barcos y parecían haber sido barcos dedicados al transporte de vino y aceite. No todo se comercializó, por supuesto, ya que los miembros de la población local también disfrutaron de los frutos de su trabajo, literalmente. Se creía que uno de los únicos filósofos fenicios conocidos, un hombre llamado Zenón, era tan aficionado al vino que murió por una dosis alcohólica por consumir demasiado en una sola toma.[52]

Además de los cultivos, Fenicia también se dedica a la cría de animales, en particular al ganado. Sin embargo, también domesticaron otros animales para satisfacer sus propósitos. El ganado era el animal más popular debido a su sabrosa carne y su capacidad para producir leche, pero los burros le siguen de

---

[52] Algunos historiadores especulan que los textos también podrían referirse a la insuficiencia hepática tras un consumo permanente, pero la teoría no está clara.

cerca. Mientras se comía ganado, los burros eran necesarios para transportar mercancías a través del terreno rocoso del Líbano actual. Las ovejas eran excelentes para tener lana y las cabras eran esenciales para la leche. Sorprendentemente, las ovejas y las cabras fueron quizás los primeros animales domesticados, y parecían ser llamados "ganado pequeño" en lengua fenicia. Se mantuvieron en grandes bandadas en lugar de en pequeñas granjas. La mayoría de los rebaños estaban controlados por el estado, los templos regionales o los terratenientes ricos que tenían los medios para permitir el pasto.

El pastoralismo era el nombre del juego, aunque la mayoría de los pastores eran mano de obra contratada. Debido a que el robo de ovejas y cabras eran delitos graves, cualquier animal que se matara mientras estaba bajo la vigilancia de un asalariado debía presentarse al propietario como prueba de que no lo robó. La lana se usaba para confeccionar ropa y la leche de cabra hacía deliciosos quesos y yogur para el consumo.

Además de los pastores, los rebaños estaban protegidos por perros domesticados. El perro era el principal animal doméstico fenicio y desempeñaba un papel importante en la protección de los animales de la fauna local. Los historiadores han rastreado dos razas hasta los fenicios: un gran perro gris y una raza que ya no existe, pero que era tan alta y fuerte como un mastín o un gran danés moderno. Existe alguna evidencia de que los perros domésticos podrían usarse como animales de guerra y lo más probable es que no se comerciaran con otras civilizaciones. No se puede decir lo mismo de los patos, gallinas y gansos, que eran aves populares.

Finalmente, los fenicios destacaron por su apicultura. La miel sirvió como la principal fuente de azúcar para la población, y la capacidad de cuidar a las abejas era una habilidad preciada. La apicultura de colmena posee una historia que se extiende a lo largo de miles de años, por lo que no debería sorprender que la miel fuera popular en esta época. Además de este producto alimenticio de color ámbar, los apicultores también cultivaban y usaban cera de abejas, que creaba un sellador hermético y podía utilizarse con fines medicinales.

El Sector Comercial

Los fenicios eran, ante todo, comerciantes, y se dedicaban al comercio interregional a una escala sin precedentes. Sin embargo, a pesar de ser comerciantes extensivos, un rasgo que se destaca de sus prácticas fue que no implementaron la acuñación de monedas nacionales hasta mediados del siglo V a. C. Los historiadores atribuyen este fracaso a la adopción de la moneda a la historia de colonización de Fenicia, especialmente cuando la civilización se convirtió en vasallo de los persas. Era más fácil comerciar con una amplia variedad de socios mientras se usaba un sistema de trueque e intercambio, y los propios persas usaban un sistema de intercambio que no requería monedas.

Eventualmente, la moneda se filtró en Fenicia luego de la afluencia de comerciantes griegos que llegaron a las ciudades-estado fenicias después de las guerras persas. Grecia fue una de las primeras civilizaciones en acuñar su propia moneda, y ciudades-estado como Sidón y Tiro siguieron su ejemplo para mantenerse al día con la práctica comercial. El resultado fue que Fenicia adoptó las monedas, pero también tuvo un sistema en el que cada ciudad-estado demostraba su autonomía produciendo su propia moneda[53].

Un shekel cartaginés, c. 237-227 a. C.

La moneda fenicia se basó en temas e ideas presentes en sus contrapartes griegas, incluida la representación del gobernante actual o una deidad favorita en el anverso y algún tipo de símbolo nacional en el reverso. La moneda de la ciudad-estado de Cartago arriba tiene el rostro del dios Melqart, su deidad preferida, así como un elefante de guerra, un elemento básico de la provincia del norte de África. Lugares como Sidón, Byblos y Arwad siguieron su ejemplo, eligiendo representar una galera (un tipo de barco) en su moneda.

Debido a que las monedas se desarrollaron mientras los fenicios luchaban bajo el dominio persa, no se utilizó oro. Esto se debe a que la moneda predeterminada era el shekel persa de oro, y el metal raro se destinaba a la acuñación de esos. En cambio, los fenicios hicieron varias monedas de plata y luego incorporaron bronce para denominaciones más pequeñas que podrían ser utilizadas por el ciudadano promedio. Como cualquier otra moneda, el dinero fenicio tardó varios años en generalizarse.

---

[53] Dato interesante: Muchas monedas no pertenecen a instituciones como museos y se compran y venden regularmente en línea como artefactos intrigantes o posesiones preciadas para los coleccionistas de monedas. Aunque el dinero ya no está en circulación, las monedas siguen siendo valiosas hoy en día.

Como comerciantes, los comerciantes fenicios se mantuvieron al tanto de las diversas complejidades del sector comercial. Mientras continuaban comerciando con los productos agrícolas producidos en el interior, también se esforzaron por trabajar como prestamistas y necesitaban navegar en una posición única en la sociedad. Todos los comerciantes operaban bajo los auspicios de la monarquía o la nobleza local, y se esperaba que participaran en un sistema de entrega de obsequios, intercambio y comercio regular. Este sistema era difícil de navegar y requería que los comerciantes adoptaran un papel diplomático en la forma en que realizaban sus negocios.

se entrelazaron alrededor del siglo XIV a. C. cuando los comerciantes "no solo participaron en la administración pública, sino que el estado les confió la organización de agencias comerciales y la compra y venta en calidad de enviados del rey". Este era un vestigio del período antiguo, donde los miembros de la casa real solían hacer todo el comercio de la región. En el siglo VIII a. C., los comerciantes pudieron romper con el antiguo sistema y desarrollar su propia casta o clase mercantil, lo que permitió a familias e individuos privados acumular riqueza para sus propios fines.

Estos comerciantes disfrutaban de un estatus social y un prestigio que los distinguía de los nobles regulares y la gente común. Un comerciante fenicio era un profesional calificado y especialista; Fueron bien educados y, a menudo, se convirtieron en parte de la familia real ampliada a través del matrimonio y la política. Sus habilidades tenían una gran demanda y la mayoría sabía leer, escribir y hacer cálculos para mantener sus vastas redes. Los préstamos se dispararon y, en los siglos VII y VI a. C., los historiadores ven patrones que indican que los comerciantes comenzaron a formar sus propias "casas" o redes que recuerdan a los gremios medievales de especialistas y artesanos. Incluso la familia real comenzó a comerciar para ganar más riqueza privada y no para ayudar a la ciudad-estado. Los intereses públicos y privados se mezclaron, creando una economía fuerte.

Cuando todo está dicho y hecho, los sectores agrícola y comercial de la economía fenicia no habrían prosperado sin el mar Mediterráneo. Desde su posición en la costa, se suponía que los fenicios ejercerían una inmensa influencia si podían llevar sus bienes a través de las profundidades saladas. Para hacerlo, necesitaban los mejores barcos disponibles que pudieran transportar artículos, pero también resistir y derrotar a los piratas: necesitaban una marina mercante.

Navegando con una Marina Mercante

En la cultura moderna, los fenicios son los más conocidos por su formidable armada. La construcción naval se realizó principalmente en Biblos, y los buques terminados se pudieron transportar a otros lugares a través de vías fluviales. El comercio se podía realizar en galeras, donde cincuenta parejas de marineros musculosos remaban cuando no se podía confiar en el viento y las olas. La proa delantera podría usarse para embestir piratas y trirremes cuando sea necesario, y los marineros dispararían flechas a los barcos que se aproximaban.

Debido a que los fenicios escribieron en papiro y carecen de una gran cantidad de registros conservados, los historiadores y arqueólogos modernos han utilizado los naufragios para reconstruir las plantillas de las embarcaciones, así como la carga más común. Los fenicios eran muy apreciados por sus productos y lograron evitar la mayoría de las excursiones militares, pero a menudo eran susceptibles a la piratería. Mucha gente estaba interesada en sus lingotes de oro y plata, aceite de oliva, vino, tintes morados y madera de cedro.

Según los arqueólogos, había tres tipos diferentes de barcos. Cada uno tenía quillas poco profundas para poder atravesar los muelles y bahías de las ciudades-estado. Los buques de guerra eran birremes, que tenían dos largas filas de remos. El frente incluía un ariete, al que se podía acceder a través de la amplia plataforma. El segundo tipo de barco también era un birreme, pero tenía un casco ancho capaz de almacenar carga. Los lados de la cubierta también eran altos y estaban reforzados para que la carga también pudiera almacenarse en la parte superior. Estos barcos comerciales a menudo viajaban en grupos de entre veinte y cincuenta a la vez y estarían rodeados por barcos de guerra.

Por último, había un buque comercial mucho más pequeño que podía utilizarse para viajes cortos. Este poseía un solo banco de remos y a menudo tenía una cabeza de caballo en la proa para decoración y protección religiosa potencial. Estos barcos no se utilizaron con frecuencia; Los arqueólogos piensan que podría haber sido utilizado para pescar o realizar pequeñas excursiones por la costa.

Debido a su papel como antiguos marineros, los fenicios carecían de dispositivos de navegación como la brújula. En cambio, confiaron en su conocimiento de las características naturales de la costa y las estrellas. Los historiadores creen que la constelación más importante fue la Osa Menor. El North Star era esencial para la navegación y el seguimiento de las direcciones cardinales. Hasta hace poco, debido a su dependencia de la costa para marcar sus rutas, la mayoría de los historiadores creen que los fenicios se apegaron a los bajíos y solo navegaron durante el día, levaron anclas por la noche y esperaron la mañana antes de moverse nuevamente. Recientemente, esta opinión ha sido cuestionada. De hecho, podría haber sido más peligroso para los fenicios permanecer más cerca de las costas. Los marineros estarían sujetos a más peligros como rocas y bajíos allí, lo que podría dañar sus embarcaciones y provocar naufragios.

El barco fenicio promedio era capaz de moverse a una velocidad de seis millas por hora. Para llegar del Levante a una colonia en la península ibérica, los viajeros tardarían casi noventa días, que sería casi toda la temporada de navegación. La tripulación tendría que esperar hasta el próximo año para hacer el viaje de regreso.

Además de esta información, es difícil para los historiadores distinguir otros hechos concretos. Las rutas preferidas por los fenicios son un tema de acalorado debate, y los eruditos se pelean entre sí para determinar cuáles son las verdaderas. Si bien hay naufragios sobrevivientes, las corrientes naturales del mar los habrían desplazado por muchas millas. Sin embargo, se sabe que los valientes navegantes lograron algunas hazañas inusuales, incluido un intento de navegar alrededor del continente africano y llegar al océano Índico para encontrar nuevos productos para comerciar.

Capítulo 9 – Lengua y Alfabeto

Aunque los fenicios eran cananeos, desarrollaron su propio lenguaje único que se transformó con el tiempo del tradicional cananeo semítico a algo llamado fenicio, o *Put* en documentos egipcios antiguos. Este idioma sería parte del subgrupo cananeo de los idiomas semíticos del noroeste debido a su estructura gramatical y raíces similares a las del cananeo tradicional, pero logró distinguirse por estar codificado, se le asignó un alfabeto claro y fue algo estandarizado por los escalones superiores. de la sociedad. Otros miembros de la misma familia lingüística son el hebreo, edomita, moabita y amonita. Todos se desarrollaron en sociedades que comenzaron como cananeos y luego formaron sus propias culturas separadas.

Debido a que los fenicios poseían una extensa red de ciudades-estado, el idioma se hablaba en la región costera del Mediterráneo. Algunas de las áreas donde podría haberse escuchado incluyen la región de la Gran Siria y Anatolia, que abarca países de hoy en día como Líbano, Israel / Palestina, Siria, Turquía y Chipre. También se pudo escuchar en áreas colonizadas como el actual Marruecos, Argelia, Libia, Túnez, Sicilia, Cerdeña, Córcega, Malta, Islas Baleares y la mayor parte del sur de España. Si bien funcionaba como un idioma común, lo que significa que la gente de clase baja lo hablaba a diario, también se enseñó y aprendió como un idioma de prestigio entre los griegos y los egipcios para un comercio más efectivo entre civilizaciones.

Aunque fueron precedidos por otras sociedades cananeas, los fenicios fueron la primera sociedad a nivel estatal que utilizó el alfabeto semítico a un nivel generalizado para enseñar y comprender el idioma. El alfabeto que lo acompaña es también el alfabeto consonántico verificado más antiguo del mundo, lo que significa que es el primer alfabeto con caracteres que representan consonantes que tiene evidencia que respalda su edad. La mayoría de los arqueólogos consideran que el idioma es "protocananita" hasta el 1050 a. C., cuando los artefactos restantes comienzan a tener un idioma más distinto. Los estudiosos creen que el alfabeto fonético fenicio podría ser en realidad un antepasado parcial de casi todos los alfabetos contemporáneos que existen, con excepciones hechas por la distancia.

El alfabeto fenicio temprano

El fenicio ocupa un lugar único desde una perspectiva lingüística simplemente porque los eruditos luchan por determinar qué tan diferente era del cananeo, lo cual no se comprende bien. Los textos y los artefactos no indican si el fenicio poseía ligeras diferencias, fue superficial en su desarrollo o si se trataba de un lenguaje verdaderamente complejo y único. Cualquiera que sea el caso, su alfabeto se adoptaría en todo el Mediterráneo debido a su importancia para el comercio. Un ejemplo de esto en tiempos más contemporáneos es cuántos países y culturas aprendieron a hablar inglés para hacer negocios con East India Company y otras empresas modernas de forma regular.

El alfabeto fenicio se extendió rápidamente a los griegos, quienes lo utilizaron como plantilla para crear su alfabeto griego. El alfabeto griego, a su vez, se extendió a los etruscos y romanos, y estos últimos crearon el alfabeto latino. Varias culturas del norte de África también lo adoptaron, incluidos los pueblos de la región de Marruecos. En algún momento, la futura civilización cartaginesa colonizaría gran parte del Mediterráneo occidental y difundiría también el fenicio, donde se convertiría en la lengua púnica distintiva. El púnico se extinguió mucho después del fenicio desde que sobrevivió hasta el siglo V d. C. Los romanos colonizarían las antiguas áreas cartaginesas, difundiendo el latín.

El Alfabeto

Después de décadas de usar la escritura protocananita, los fenicios finalmente desarrollaron su propio alfabeto para registrar su idioma. Este guion se llama abjad, lo que significa que se centra en el uso de consonantes en lugar de sílabas cuando se trata de caracteres escritos. Muchos historiadores creen que el fenicio fue esencial porque formó la base del alfabeto griego posterior, que, a su vez, influyó en el alfabeto latino. Como se mencionó anteriormente, los cartagineses también continuaron usando el alfabeto después de que los mismos fenicios desaparecieron, lo que resultó en la forma púnica única de la escritura.

La escritura púnica era ligeramente diferente de la fenicia original. Mientras que los fenicios escribieron en grandes letras mayúsculas, los cartagineses desarrollaron una forma más cursiva en sus letras. Alrededor del siglo III a. C., el alfabeto púnico presentaba la presencia de vocales, que los fenicios habían ignorado en gran medida. Las vocales finales también recibieron más atención y, a veces, tienen caracteres como un aleph o un ayin que las marcan. La letra aleph es un carácter derivado de la apariencia de la cabeza de un buey, mientras que un ayin es un símbolo en algunos alfabetos que significaba que la persona necesitaba pronunciar un carácter con una fricativa faríngea. En otras palabras, ambos símbolos cambiaron las pronunciaciones tradicionales y pusieron énfasis en la vocal final.

El alfabeto púnico formó quizás la huella más duradera del fenicio original, y continuó creciendo y evolucionando durante siglos. Alrededor de la época de la segunda guerra púnica, el guion se volvió aún más cursivo en apariencia. Esto evolucionaría neopúnico, que era más conservador que el púnico original. Por conservador, esto significaba que tenía menos detalles, lo cual era apropiado, ya que surgió después de la destrucción de Cartago por Roma alrededor del 146 a. C. El neopúnico estaba más organizado y estandarizado que el púnico normal y el alfabeto fenicio original porque tenía "letras consonánticas" específicas para distinguir los sonidos de las vocales. Esto fue diferente porque el fenicio original no marcaba las vocales, mientras que el púnico tenía un par de formas de escribir un sonido de una sola vocal, lo que podía resultar confuso para las personas que intentaban leer el guion, incluso con el contexto.

Con todo esto en mente, ¿qué hizo diferente al fenicio? Ciertamente, era diferente de otras abjads de la época, como el arameo, el árabe y el hebreo bíblico. En la forma escrita, las vocales largas no se expresan y no se registran incluso si provienen de diptongos. Esto significaba que cualquiera que leyera un documento fenicio necesitaría saber cómo se pronunciaban las palabras y qué consonantes estaban involucradas; de lo contrario, la escritura sería ininteligible. No fue hasta que el fenicio se convirtió en púnico que los escribas y escritores comenzaron a usar símbolos para marcar las vocales finales y largas, lo que les dio a los eruditos modernos una oportunidad de luchar cuando se trata de descifrar el idioma. Los lingüistas e historiadores saben más sobre las vocales fenicias gracias a estas inscripciones púnicas, que se traducían con frecuencia al griego y a otros idiomas.

Ejemplos de elementos que han sobrevivido

El fenicio, combinado con el púnico, tiene aproximadamente 10,000 inscripciones sobrevivientes alrededor del Mediterráneo que pueden ser examinadas por lingüistas históricos para reconstruir el idioma. Estas inscripciones se pueden complementar con los glosarios de libros escritos en otros idiomas antiguos como el griego, el latín y el árabe, que explican un par de palabras y ofrecen traducciones aproximadas. Aunque los fenicios parecían ser escritores prolíficos debido a la naturaleza de su civilización comercial, pocas fuentes han sobrevivido, lo que significa que es difícil para el público contemporáneo comprender completamente el idioma y el alfabeto fenicio.

Cuando llegó el momento de escribir, los fenicios no optaron por utilizar tablillas de barro o arcilla y evitaron las inscripciones en piedra a menos que estuvieran destinadas a un ataúd o una tumba. En cambio, los comerciantes y escribas usaban papiros o hojas de pergamino que se habrían degradado rápidamente, haciendo casi imposible que sobrevivieran los ejemplares. Esto significa que no hay historias ni registros comerciales, ya que todo el papiro y el cuero se pudrieron o moldearon en las condiciones húmedas que rodeaban las ciudades-estado fenicias junto al mar. Esta joya de una civilización literalmente degradada en la tierra a pesar de que los fenicios fueron los responsables de difundir la alfabetización y la capacidad de escribir entre numerosas clases sociales y miembros de la población. Las únicas fuentes físicas disponibles, además de las de las tumbas, son un par de cartas y notas sobre cerámica rota, tres fragmentos de papiros y algunas inscripciones monumentales talladas en piedra.

Tal falta de información es abrumadora y decepcionante, considerando que los fenicios y cartagineses parecían escribir libros enteros, como aluden autores romanos como Salustio. Solo unos pocos volúmenes sobrevivieron gracias a la rara traducción al latín o la preservación de un par de fragmentos de obras de teatro romanas; para ver algunos ejemplos, consulte el tratado de Mago o las obras de Plauto. Fenicio siguió siendo un misterio que no fue hasta que el Cippi de Melqart fue descubierto en Malta en 1694 EC que un erudito francés, Jean-Jacques Barthelemy, pudo descifrar y reconstruir el alfabeto púnico alrededor de 1764. El Cippi de Melqart era bilingüe inscripción en griego antiguo y púnico.

Dibujo de Guyot de Marne del Cippi de Melqart, c. 1760

Además del Cippi de Melqart, existen pocas inscripciones significativas de fenicio. Algunos de los ejemplos más conocidos e influyentes son el sarcófago de Ahiram, la Piedra de Nora, las Tablas de Pyrgi y el Templo de Eshmun.

El sarcófago de Ahiram es el sarcófago de un rey fenicio de Biblos que gobernó c. 1000 a. C. El lugar de descanso de piedra fue descubierto en 1923 por el excavador Pierre Montet en la tumba V de la necrópolis real de Biblos. El sarcófago tiene magníficos bajorrelieves y 38 palabras escritas en un antiguo dialecto fenicio de la región de Biblos. Actualmente reside en el Líbano y proporciona una excelente fuente del alfabeto fenicio original y algunas de las imágenes y obras de arte comunes de la época. La traducción de las 38 palabras parece decir lo siguiente (según el trabajo más reciente realizado por lingüistas antiguos):

Un ataúd lo hizo [Pil] sibaal, hijo de Ahirom, rey de Biblos, para Ahirom, su padre, he aquí, así lo puso en reclusión. Ahora bien, si un rey entre reyes y un gobernador entre gobernadores y un comandante de un ejército subieran contra Biblos; y cuando luego descubra este ataúd - (entonces :) puede despojarse del cetro de su poder judicial, puede ser derribado el trono de su reino, y la paz y la tranquilidad pueden huir de Byblos. Y en cuanto a él, uno debe cancelar su registro con respecto al tubo de libación del sacrificio conmemorativo.[54]

---

[54] Reinhard G. Lehmann: Die Inschrift(en) des Ahirom-Sarkophags und die Schachtinschrift des Grabes V in Jbeil (Byblos), 2005, p. 38.

El sarcófago de Ahiram

La Piedra de Nora, también llamada Inscripción de Nora, es una estela de piedra descubierta en la costa sur de Cerdeña en 1773 EC. La estela proviene de finales del siglo IX o principios del VIII a. C. y es una de las inscripciones más antiguas encontradas en Cerdeña. Las inscripciones han sido difíciles de traducir, pero los estudiosos creen que transmiten el mensaje de que un general ganó una batalla influyente en la región y erigió la estela como un monumento a su victoria. Otros dan a la escritura una connotación más religiosa.

Las Tablas de Pyrgi son un par de tablillas bilingües que presentan inscripciones en etrusco y fenicio. Han sido fechadas en 500 a. C. y fueron descubiertas en 1964 d. C. Fueron encontradas durante la excavación de un santuario de la antigua Pyrgi en la costa tirrena de Italia, lo que explica la presencia de etruscos. La escritura parece ser una dedicatoria a la diosa fenicia 'Ashtaret.

Finalmente, está el importante Templo de Eshmun. Este templo estaba dedicado a la deidad Eshmun, que era un dios fenicio de la curación. El templo está ubicado en el noreste de Sidón en el Líbano, y parecía estar ocupado entre el siglo VII a. C. y el siglo VIII d. C. Después de los fenicios, otras culturas, como los nativos sidonios y árabes, ocuparon el templo. Este templo es un gran ejemplo de la arquitectura fenicia, pero también cuenta con varias inscripciones influyentes que han permitido a los estudiosos descifrar un poco del idioma y el alfabeto fenicio. La mayoría de las inscripciones se encontraron durante el siglo XX d. C. e incluyen ejemplos como los siguientes:

Por lo que se ha podido averiguar, esta inscripción en particular es una escritura funeraria del siglo IV a. C. para el rey Bodashtart de Sidón.

Capítulo 10 – Religión

Los historiadores no poseen muchas fuentes primarias para la religión fenicia y, en cambio, deben confiar en los informes sesgados y a menudo negativos dados por civilizaciones vecinas como la judía y los cristianos posteriores en Israel, Babilonia y Egipto. Alrededor de este punto en el tiempo, surgió un cisma religioso entre aquellos que practicaban religiones politeístas, o religiones que tienen múltiples deidades, y poblaciones que abrazaron el monoteísmo o la creencia en un solo dios. Los primeros judíos y cristianos, particularmente en Israel y áreas cercanas, escribieron negativamente sobre civilizaciones rivales, y sus obras se han conservado bien debido a la continua popularidad de las religiones abrahámicas en la sociedad moderna.

La información directa sobre la religión fenicia solo proviene de las inscripciones que se dejan en los sarcófagos y en las tumbas, pero esto a menudo no es suficiente para contrarrestar las acusaciones de comportamientos viles y monstruosos como el sacrificio humano ritual, que era común en casi todas las religiones de la Edad del Bronce y principios de la Edad del Hierro. Las inscripciones revelan que los fenicios eran profundamente politeístas y heredaron el panteón mesopotámico de sus antepasados cananeos, que destacaban al dios creador único de Ba'al y un panteón masivo de otras deidades.

Figurín de Bronce de Ba'al, siglo XIV-XII a. C.

Sin embargo, es difícil describir un panteón fenicio, ya que cada ciudad-estado adoptó una deidad diferente para proteger la región. Esta figura recibía la mayor cantidad de libaciones y oraciones y era vista como la deidad más importante o influyente en el panteón fenicio, así como la religión en su conjunto, dentro de una región determinada. Entonces, mientras que una ciudad puede adorar a Ba'al más que las otras, otra podría pensar que Astarté es la más significativa.

Mientras que Ba'al era el dios predominante hasta 1200 a. C., todo esto cambió con una agitación religiosa que resultó en que los fenicios empezasen a adorar a dioses menos conocidas como Astarte y crear nuevas deidades como Melqart, Eshmun y Reshef. Además de estos dioses y diosas, los fenicios también fueron influenciados considerablemente por los panteones de los egipcios, hurritas, mesopotámicos y otros, por lo que el número total de deidades adoradas por los fenicios provino de una mezcolanza de múltiples culturas.

La Práctica del Culto

Cuando el público contemporáneo escucha la palabra "culto", a menudo piensa en una religión malvada y secreta o en líderes como Jim Jones, que orquestó suicidios masivos entre seguidores fanáticos (en inglés, "cult" quiere decir "secta"). Para las religiones antiguas, el término culto se refiere a las prácticas de los seguidores de una deidad en particular. Por ejemplo, estaba el culto a Melqart y el culto a Ba'al. Estas prácticas variaron entre ubicaciones, pero también compartieron algunas similitudes centrales significativas, especialmente en relación con el calendario.

El calendario de culto fenicio se inspiró en el agrícola, y los sacrificios se relacionaban con la siembra, la cosecha y otros eventos importantes. Por ejemplo, a menudo se realizaban ofrendas cuando aparecían las primeras frutas y cuando los productos lácteos estaban disponibles después del año nuevo. La fertilidad de la tierra estaba relacionada con la fertilidad de los humanos, y los movimientos del sol y la luna también afectaron el calendario, con sacrificios realizados por solsticios, eclipses e incluso lunas nuevas o llenas. La luna, en particular, tenía una importancia especial para los fenicios porque creían que la luna moría durante cada ciclo y luego resucitaba.

Los rituales y ritos de culto se llevaban a cabo cerca de la naturaleza, y los funcionarios religiosos se aventuraban a las montañas, cerca de los ríos, en los bosques o más allá de las murallas de la ciudad hacia lugares sagrados. Muchas prácticas reflejan leyendas religiosas, incluida la recreación de la quema y resurrección de Melqart. Sin embargo, las acusaciones de sacrificios regulares provocan la mayor ira de las civilizaciones vecinas e incluso del público moderno. Aunque el sacrificio humano es objeto de debate, los fieles mataban corderos, ovejas y animales similares de forma regular. Estos a menudo se quedaron con verduras y otros alimentos.

Cuando se trata de sacrificios humanos, los cuerpos de los bebés nacidos muertos se descubrieron en lugares sagrados, junto con algunos huesos humanos. Los historiadores se dividen en dos opiniones sobre los bebés. O bien fueron venerados de alguna manera por la cultura y se ofrecieron a las deidades porque nacieron muertos, o podrían haber nacido sanos antes de ser asfixiados o estrangulados como sacrificio. Las inscripciones que hacen referencia a estas prácticas parecen indicar que el sacrificio humano ocurrió, pero a menudo era de adultos y solo se realizaba en tiempos de grandes problemas, como una hambruna.

Además de ofrecer animales, comida y, ocasionalmente, seres humanos, los fieles tendían a ofrecer a los dioses y diosas votivas o artículos similares hechos con un propósito religioso y dedicados a las deidades. Algunos ejemplos incluyen pequeñas estatuas de bronce, cuencos, platos, jarras de vino y aceite de oliva y, a veces, esculturas de marfil o piedra. Estos podían darse en ceremonias individuales, pero a menudo se derramaban en masa sobre una deidad durante una fiesta o festival. Los artefactos representan a funcionarios religiosos y mujeres adherentes o bailarinas que llevan votivas a lugares sagrados, y los textos mencionan que hubo fiestas, bailes y otros rituales realizados en los días sagrados. Las mujeres podían ser funcionarios religiosos hasta cierto punto, pero sus libertades estaban limitadas.

En las ciudades, las fiestas rituales tenían una importancia especial y se llevaban a cabo en un marzeh o "lugar de reunión". Cada *marzeh* se desarrolló como un lugar donde amigos y parientes podían reunirse y celebrar mientras se honraba a los antepasados fallecidos. Con el tiempo, el poderoso *marzeh* comenzó a influir en la vida política y comercial de lugares como Tiro, demostrando cómo la religión a menudo se mezclaba con la política y la estructura social en general.

Finalmente, la adivinación y la belomancia jugaron un papel en los resultados de las decisiones políticas y la vida personal. Los adivinos eran funcionarios religiosos especialmente entrenados que buscarían signos o símbolos en la naturaleza y los interpretarían para conocer el resultado de eventos futuros. La belomancia fue una subcategoría de esta práctica que se centró en examinar el vuelo de flechas. Se podían encontrar presagios y portentos en cualquier lugar, incluidos los sueños y las entrañas de los animales. El resultado fue un mundo complejo de rituales, superstición y relaciones políticas que caracterizó a los fenicios durante más de mil años.

Astarte

Astarté era una diosa marginada en el panteón del Cercano Oriente que adquirió una nueva importancia gracias a los fenicios, que la adoraban mucho en Tiro, Sidón y Biblos. Estaba asociada con la fertilidad, la sexualidad y la guerra, y poseía numerosos motivos animales, incluidos el león, la esfinge y la paloma. Además, fue representada con las estrellas y la luna, siendo la luna creciente su símbolo más común. Ella era la hija virgen de un dios del cielo y fue quizás la deidad femenina más representada en los territorios fenicios. A continuación se muestra una estatua de mármol que la representa.

Melqart

Melqart era la deidad principal de Tiro y se creía que era el progenitor de la familia real de Tiro. Su culto se extendió desde el Líbano a España, y los griegos lo asociaron con Heracles y los romanos a Hércules. La mayor parte de la evidencia arqueológica sobre él proviene de templos ubicados en el norte de África y la península ibérica, pero tiende a limitarse a estatuas e inscripciones en sarcófagos.

Melqart se asoció con el mar, el comercio, la nobleza, la realeza y la colonización. Fue el foco central de un festival de resurrección durante un mes que abarcó los actuales febrero y marzo, durante el cual se quemó una efigie de él y luego se resucitó. Esto también le da asociaciones con el fuego, y además se creía que era el fundador del tinte púrpura murex por el que los fenicios se hicieron conocidos.

Se dedicaron templos especiales a Melqart, y un recinto sagrado funcionó como tesoro de la ciudad. Las mujeres, los extranjeros y los cerdos no podían ingresar al recinto, ni siquiera durante los rituales y festivales. Los tres grupos fueron vistos como indignos o inmundos de alguna manera. Parece que se le ofrecieron sacrificios humanos en tiempos de conflicto y estrés. Con el tiempo, a medida que la influencia fenicia disminuyó y los griegos y los romanos comenzaron a volverse más poderosos, Melqart se asoció con Hércules (Heracles para los griegos) y los doce trabajos. Los historiadores debaten si esto tiene connotaciones de lucha libre o si los doce trabajos simbolizan cómo los fenicios se aventuraron por todo el mar Mediterráneo.

Eshmun

Eshmun era el dios de la curación y la principal deidad de Sidón. A diferencia de varios otros dioses, fue adorado en múltiples ciudades-estado debido a su benigno panteón. Poco se sabe de él, excepto que tenía varios templos dedicados e inscripciones que lo representan empuñando un bastón con dos serpientes que podrían haber sido la inspiración para varios símbolos contemporáneos. Está asociado con el dios griego Apolo, aunque algunos lo comparan con el hijo de Apolo, Asclepio.

El más allá

Para los fenicios, la muerte parecía ser un ser sobrenatural genuino que representaba el caos del universo. Después de haber perdido una disputa con las otras deidades, la Muerte, conocida como el dios Mot para los fenicios, fue castigada y su poder se limitó a controlar únicamente a los humanos. Aunque la muerte no era adorada como otros dioses y diosas, los fenicios poseían una relación compleja con la muerte, especialmente en los ritos funerarios. Se requirieron períodos de duelo y lamentación durante un funeral para garantizar un paso seguro al más allá, y la gente se cubría de cenizas, se arrancaba el cabello, gemía y se golpeaba. Se rompían cerámica y estatuillas, y una tumba solo se sellaba con libaciones y oraciones, potencialmente a la muerte misma.

Cuando se trata de la otra vida, pocas fuentes sobreviven que describan las creencias fenicias exactas. La religión no parecía establecer una gran distinción entre el cuerpo y el alma, y los historiadores no han podido determinar si los fenicios creían que les esperaba alguna vida después de la muerte. Los cuerpos se preparaban antes de dejarlos en las tumbas, a menudo envueltos y rociados con aceite perfumado. Las inscripciones sobre las tumbas contienen advertencias sobre visitantes que perturban el sueño eterno de los ocupantes, lo que lleva a algunos a creer que los fenicios creían que las personas, y sus almas, por extensión, dormirían para siempre después de la muerte.

Capítulo 11 – La Guerra

Los pueblos levantinos a menudo lucharon no solo entre sí, sino también con las civilizaciones cercanas en el norte de África y en todo el mar Mediterráneo, incluidos los primeros griegos antiguos. Estas guerras ocurrían por una variedad de razones, pero las justificaciones más comunes fueron la obtención de riqueza comercial, el control de las rutas comerciales, el deseo de recursos naturales locales como la madera o el hierro y las disputas fronterizas. Aunque los fenicios amaban el mar, no eran una excepción a la regla y parecían tener una fuerza militar terrestre también, aunque pocos registros sobreviven de batallas o encuentros. Como las civilizaciones mesopotámicas, las ciudades-estado fenicias consideraban la guerra como una forma de castigo o retribución divina.

Por lo que los historiadores pueden decir, estas ciudades-estado no pudieron reunir grandes ejércitos debido a la falta de amplios recursos territoriales. Si bien Fenicia incluía muchas ciudades-estado en todo el Mediterráneo, no tenían suficiente terreno para formar y mantener un ejército, y tenían un déficit de granos, lo que dificultaba la alimentación de los soldados. En lugar de mantener un ejército permanente, se supone que los fenicios reunían la fuerza civil en tiempos de necesidad y complementaban a las tropas nativas con mercenarios comprados en la cercana Anatolia.

El ejército

Sin una forma de entrenamiento regular, no había estandarización para el soldado fenicio. Los registros indican que los hombres reclutados para luchar traían consigo las herramientas de su propio oficio consideradas más peligrosas en lugar de recibir entrenamiento en armas más importantes como la espada o el arco. Por ejemplo, un cazador que estaba obligado a defender un lugar como Tiro llegaría y lucharía con su propio hacha, arco o honda. Solo si un hombre no tuviera acceso a utensilios como estos, por ejemplo, si fuera un granjero, el gobierno de la ciudad proporcionaría armas como lanzas, espadas, arcos, mazas y escudos pequeños o grandes.

Para el siglo VII a. C., existe evidencia arqueológica adecuada que indica la implementación completa de armas de hierro. Se han encontrado puntas de lanza y espadas cortas en tumbas pobres en lugar de solo en las de los ricos o la nobleza, y se descubrieron grandes cantidades de armas en lugares como Cerdeña. Los fenicios parecían fabricar algunas de sus propias armas, pero lo más probable es que importaran la mayoría de regiones como Anatolia.

Una espada fenicia variaba en longitud, pero la mayoría de las veces medía entre 82 y 130 centímetros (entre un poco más de 32 y 51 pulgadas) con una hoja recta. La hoja era gruesa y triangular en el centro, pero tenía bordes afilados que terminaban en extremos limpios y afilados que podían usarse para cortar. La punta estaba desafilada, por lo que no era posible perforar. Esto indica un estilo de lucha que no incorpora empuje, potencialmente porque los enemigos probablemente usaban alguna versión de malla de placas de hierro que no se podía perforar fácilmente.

Una desafortunada realidad para un soldado fenicio era que estaría bien equipado para una campaña ofensiva, pero carecía de defensa. Además de las espadas, hay evidencia de que las lanzas y mazas están bien hechas con hierro fino y puntas afiladas, pero se ha encontrado poca o ninguna armadura. Los propios fenicios también rara vez representaron a sus soldados con armaduras, cascos, botas, guanteletes u otras necesidades básicas para proteger la persona de posibles daños. Esto resultó en la muerte de muchos ciudadanos reclutados. Se teoriza que los mercenarios de Anatolia estaban mejor equipados y tenían más probabilidades de sobrevivir a un encuentro.

Al igual que otras civilizaciones del antiguo Cercano Oriente, los fenicios hicieron un uso intensivo del arco oriental y, en el año 1200 a. C., existe evidencia significativa de que se adoptó el arco compuesto. Un gran número de arqueros y honderos complementaban a la infantería, a menudo disparando desde la distancia e intentando eliminar a sus contrapartes enemigas. Estos arcos compuestos más antiguos podrían dispararse con una distancia máxima de alrededor de 150 a 200 metros. Cualquier cosa más allá requería mucha fuerza y habilidad, y los arqueros no podrían rastrear objetivos individuales. El diseño del arco oriental era crucial para el disparo rápido, ya que se podía dibujar con varios dedos y el arquero podía sostener varias flechas en la mano para recargar y disparar rápidamente. Debido a que el arco estaba sobre la rodilla, sus tiros eran poderosos y cubrían una gran distancia.

En términos de caballería, los fenicios parecen haber implementado el carro del Cercano Oriente. Los cartagineses, en particular, utilizaron más de 2.000 modelos durante las guerras púnicas. Estos carros estaban hechos de terracota pesada y requerían cuatro caballos para ser operado. Equipos de tres hombres cabalgarían encima, uno conduciendo, otro disparando un arma a distancia y otro equipado con una espada para el combate cuerpo a cuerpo. Se usaron cuchillas afiladas en los cubos de las ruedas para cortar las piernas de los soldados enemigos que se acercaban demasiado, y un par de modelos también tenían cuchillas similares en la parte posterior. Eran armas formidables y requerían un entrenamiento intensivo, lo que significa que los nobles o los soldados de carrera tenían más probabilidades de usar una.

Además de los carros, los cartagineses también usaban elefantes de guerra. La propensión de Cartago a los elefantes es tan conocida que es lo primero que la gente suele recordar de la ciudad-estado, y muchos recuerdan cómo un general, Hannibal Barca, cruzó los traicioneros Alpes con una gran fuerza de elefantes. Incluso programas de televisión famosos como *Los Simpson* hacen referencia al conflicto que se produjo después del cruce de las fuerzas de Hannibal, y los artistas de siglos anteriores quedaron cautivados por la idea de transportar a los magníficos animales a través del mar y hacia las montañas.

Hannibal Barca Atravesando el Rhône, de Henri Motte, 1878

Los elefantes de guerra eran una fuerza muy eficaz. Por un lado, formaban una fuente de intimidación contra las tropas enemigas, que necesitaban lidiar con estas grandes bestias que hacían ruidos de trompeta atronadores, tenían colmillos enormes y podían aplastar a un hombre con los pies. Encima de los elefantes había otra amenaza, ya que los arqueros estaban protegidos dentro de pequeños refugios en la espalda del animal. Estos jinetes tenían arcos y hondas, a menudo con munición con veneno, e intentaban matar a cualquiera que se acercara a las piernas del elefante.

Llevar elefantes al campo de batalla fue un movimiento peligroso. Aunque poderoso, un elefante herido a menudo se volvía contra sus manejadores y necesitaba ser asesinado, momento en el que los jinetes estaban a merced de los soldados enemigos cercanos. Sin embargo, intimidaron ferozmente a los líderes enemigos, incluido Alejandro el Grande. Cuando se encontró por primera vez con el elefante de guerra indio durante su conquista de Mesopotamia en el siglo IV a. C., se sorprendió tanto que hizo un sacrificio al "Dios del Miedo" (Fobos) la noche antes de la batalla de Gaugamela.

Fortificaciones, muros y otras defensas de la ciudad

Debido a que su civilización consistía en poderosas ciudades-estado, los fenicios gastaron una gran cantidad de tiempo y dinero para fortalecerlos de asedios y asaltos directos. La necesidad de murallas se vio reforzada por el hecho de que cada ciudad también constaba de grandes centros comerciales con dinero en efectivo, bienes y objetos de valor que los comerciantes almacenaban en sus casas y almacenes. Fenicia y sus territorios siempre estuvieron bajo amenaza de ataque, y la ubicación de las ciudades-estado centrales no ayudó.

Mientras que otras civilizaciones como Egipto tenían la ventaja de estar al sur de la mayor parte del Levante, o Grecia que estaba al otro lado del mar Mediterráneo, la mayoría de los fenicios vivían justo en el centro de las rutas terrestres que conectaban el mundo mediterráneo con las fértiles tierras de Asia Occidental. Como tal, numerosos señores de la guerra se esforzaron por tomar el territorio para controlar las rutas de comercio y transporte, incluido Alejandro el Grande en el 330 a. C.

Cuando aparecieron por primera vez, las murallas y otras fortificaciones no rodeaban toda la ciudad y, en cambio, se utilizaron para evitar que el ganado se convirtiera en presa de animales salvajes y cazadores furtivos sin escrúpulos. Algunas también sirvieron como protección contra inundaciones repentinas, que eran capaces de arrasar todo un sector residencial con una inmensa agua aplastante. Con el tiempo, las paredes de adobe dieron paso a variantes de piedra genuinas y se convirtieron en un símbolo de riqueza y poder.

El muro estándar constaba de cimientos que eran en parte de ladrillo y en parte de arcilla. Los parapetos estaban hechos de ladrillo, mientras que la piedra se usaba para defender los puntos clave. Se construyeron puertas en las paredes para permitir el movimiento regular de personas, y las murallas eran necesarias para sostener a un gran número de arqueros. Cuando era posible, los fenicios preferían retirarse a sus ciudades y disparar a los enemigos desde lejos, lo que reducía las bajas y beneficiaba a la población. Durante la Baja Edad del Hierro, los fenicios implementaron nuevas tecnologías de construcción como el cemento de yeso para fortificaciones y la implementación de zanjas defensivas para que cayeran los caballos.

Si bien los muros eran efectivos contra los asedios, también generaban un exceso de confianza, y los fenicios solo disfrutaron de un breve período de paz antes de convertirse en vasallos de civilizaciones más grandes y poderosas. En particular, el caso de Tiro contra Alejandro el Grande demuestra cómo depositar demasiada confianza en las fortificaciones puede resultar en que una ciudad entera sea sitiada, incendiada y luego saqueada. Sin embargo, si este es el mejor ejemplo o no, se reduce a si uno cree o no que Alejandro el Grande es un ejemplo brillante de un conquistador habitual.

En la Marina

Aunque los fenicios participaron en la guerra terrestre, realmente su elemento era el agua. La civilización comenzó su patrón de exploración del mar en una serie de torpes balsas, pero finalmente se convirtió en embarcaciones con casco basadas en modelos asirios y el *pentecónter*, una galera que se remaba con cincuenta pares de remos. Después de estos desarrollos, vino una expansión en el comercio exterior y el eventual desarrollo del buque de guerra, que era independiente de los buques mercantes estándar, pero podía funcionar como uno si fuera necesario.

El buque de guerra fenicio avanzó significativamente desde el siglo VIII hasta el siglo V a. C. Se propulsaban gracias a dos líneas de remeros y contaban con arietes con puntas metálicas que podrían usarse para aplastar barcos enemigos y causar graves daños en el casco. Los arqueros se alineaban en la cubierta y disparaban a los enemigos cuando el buque de guerra se acercaba a otras galeras, y era necesario intentar romper los remos del oponente para que no pudieran remar o maniobrar normalmente.

A diferencia de los buques modernos, los buques de guerra antiguos enfatizaban la maniobrabilidad y la velocidad. Los buques de guerra fenicios presentaban cascos huecos que aseguraban que cada buque fuese rápido y ligero, pero esto significaba que los impactos de un ariete enemigo podrían ser mortales. Al igual que los barcos comerciales, el buque de guerra estándar se construyó con maderas de resina dura, como ciprés, roble y cedro, para resistir mejor el impacto. Los componentes interiores no esenciales podrían estar hechos de madera blanda, y la carcasa se construyó primero. Todo recibía un revestimiento impermeable, y algunos barcos de guerra también podrían haber sido tratados para resistir el fuego.

Durante la batalla de Salamina en 480 a. C., los registros históricos indican que 300 buques de guerra fenicios estuvieron involucrados en el conflicto. Estos barcos llevaban un total de 30.000 marineros, lo que significa que un solo barco podía contener a 100 personas. Muchos de estos hombres se habrían pasado el tiempo remando, mientras que otros manejaban velas o disparaban a los enemigos.

Aproximadamente en el 700 a. C., los griegos adoptaron el trirreme de los fenicios. El trirreme tenía tres hileras de remos que aseguraban un movimiento más rápido, aunque el barco era más pesado que el birreme, o un barco con dos filas. En relación con el trirreme griego, el trirreme fenicio tenía una cubierta elevada, usaba un ariete más largo e incluía amuletos o mascarones de proa de protección diseñados para mantener a los marineros a salvo mediante la supervisión de los dioses. Cerca de los amuletos estaban los ojos apotropaicos, que pretendían ser un amuleto contra la desgracia, pero también un símbolo que permitiera al barco "ver" mientras navegaba.[55]

Relieve de un buque de guerra fenicio, c. 700 a. C.

El trirreme fenicio fue considerado el barco más avanzado y poderoso del antiguo mundo mediterráneo, y civilizaciones como la griega y la egipcia escribieron extensamente sobre la superioridad de los buques de guerra y marineros de Fenicia. Debido a que las ciudades-estado dependían tanto de la guerra naval, no debería sorprender que se labraran un nombre en los mares. Sin embargo, una de las principales razones por las que los barcos fenicios sobrevivieron tanto tiempo fue su mantenimiento regular.

Los fenicios poseían una vista única de sus barcos, a menudo considerándolos entidades vivientes que estaban bajo la protección de los Cabiri. Los cabiri eran deidades ctónicas que podían apaciguarse mediante sacrificios de sangre y que protegerían a los marineros y a otras personas a bordo del barco una vez que estuvieran satisfechos. Sin embargo, la naturaleza exacta de cuánto sacrificaron los fenicios a estos dioses es un tema de debate. Los historiadores griegos y romanos aludieron a la práctica, pero al igual que las acusaciones dirigidas contra los cananeos, esta información debe tomarse con precauciones.

Un historiador romano, Valerius Maximus, dice que el lanzamiento de los buques de guerra cartagineses implicó una ceremonia brutal en la que los prisioneros fueron capturados, atados al agua y luego aplastados por el casco de un buque de guerra para que sus cráneos se rompieran y la sangre salpique contra la madera. La sangre de los cautivos estaba destinada a asegurar la victoria y el paso seguro de los marineros y soldados. Como Cartago era una de las ciudades-estado fenicias, los

---

[55] La magia apotropaica es una forma que pretende prevenir el daño y alejar las influencias malignas. La forma más común vista en las culturas occidentales modernas es el mal de ojo, diseñado para evitar que la desgracia caiga sobre quien lo usa.

historiadores antiguos atribuyen esta brutalidad a la civilización en su conjunto. Sin embargo, los historiadores modernos creen que esta es una exageración diseñada para difamar al enemigo.

Capítulo 12 – Arte en Múltiples Medios

El arte fenicio abarca numerosos medios que evolucionaron a lo largo de mil años, dando como resultado piezas creativas que combinaron símbolos culturales con desarrollos tecnológicos. El público contemporáneo está familiarizado con piezas de los egipcios, griegos y romanos, pero en el antiguo mundo mediterráneo, fueron los fenicios quienes eran considerados los artistas más hábiles. Los artesanos y las mujeres fueron elogiados por sus capacidades, especialmente cuando se trataba de tintes, textiles y marfil. El monopolio que los fenicios poseían sobre el lujoso tinte púrpura significaba que los artistas fenicios podían dar a su trabajo un color distintivo, y su capacidad para moverse rápidamente a través del mar significaba que las mercancías podían transportarse de manera simple y sencilla.

Historiadores y escritores como Homero adoraban a los fenicios y escribieron pasajes como:

... Un cuenco de plata ricamente labrado; Tenía seis medidas, y en belleza era, con mucho, el más hermoso de toda la tierra, ya que los sidonios, muy hábiles en la hábil obra, lo habían trabajado con astucia, y los fenicios lo llevaron sobre las turbias profundidades y lo desembarcaron en el puerto...[56]

Sin embargo, las comunidades artísticas modernas están menos que satisfechas con el trabajo de los fenicios. Las principales críticas a los fenicios son que los motivos, símbolos e imágenes de sus piezas fueron, en última instancia, tomadas de otras culturas y civilizaciones y luego mezcladas en un guiso de mezcolanza servido al resto del Mediterráneo. Es de gran importancia que muchos de los símbolos prestados se utilizaron incorrectamente y se colocaron en situaciones en las que no tenían ningún sentido; en cambio, solo se usaron porque la apariencia era estéticamente agradable. Algunos historiadores argumentan en contra de esta crítica, alegando que la combinación de múltiples elementos muestra en última instancia la habilidad y creatividad fenicia.

En última instancia, el hecho de que el arte fenicio sea especial o digno de estudio depende de las preferencias individuales. Es difícil identificar las características que podrían considerarse definitorias de la colección fenicia en general, pero Woolmer lo expresa mejor cuando señala: "... la característica principal del arte fenicio es su eclecticismo".[57]

Les encantaba adoptar los estilos de Egipto, Asiria, Anatolia y Siria y traducir el simbolismo preexistente a nuevos medios. Los fenicios lo hicieron en tal medida que los historiadores del arte antiguo decidieron dividir las obras de arte fenicias en categorías según la civilización que parecían emular más las piezas. En la actualidad existen cuatro:

---

[56] Iliad 23.740.
[57] Woolmer, *Ancient Phoenicia*, p. 112.

Asirianización: este es un estilo en el que los fenicios copiaron elementos de la cultura asiria e hitita, por lo general utilizando imágenes como esfinges, leones, sellos asirios y moda asiria. Las características de la religión mesopotámica también estuvieron presentes.

Cipro-fenicio: este es un conjunto de obras de arte que se encuentran solo en Chipre y que utilizan únicamente elementos asirios en lugar de combinarse con la cultura egipcia, que se volvió común durante la expansión mediterránea más amplia.

Egiptización: Se considera que gran parte del arte fenicio es egipcio o que ha copiado imágenes egipcias comunes como discos solares, esfinges sin alas y la moda egipcia. Se hizo tan popular que Chipre se distinguió por aferrarse a la cultura asiria en lugar de adoptar elementos egipcios.

Sirianización: los fenicios copiaron los estilos artísticos sirios, representando a personas con vestimenta y perfil sirios, pero conservando elementos egipcios. La principal diferencia entre la obra de arte fenicia sirianizada y el trabajo sirio regular era que los sirios atraían a personas mirando hacia adelante con rasgos faciales más distintos.

Esta mezcla de estilos y simbolismo ha sido conocida por historiadores y arqueólogos durante siglos, y un comentarista escribió en el New York Times en 1879:

Entraron en las labores de otros hombres y aprovecharon la mayor parte de su herencia. La Esfinge de Egipto se volvió asiática, y su nueva forma fue trasplantada a Nínive por un lado y a Grecia por el otro. Las rosetas y otros patrones de los cilindros babilónicos se introdujeron en la obra de Fenicia, y así pasaron a Occidente, mientras que el héroe de la antigua epopeya caldea se convirtió primero en el Melkarth tirio y luego en el Heracles de Hellas.[58]

---

[58] "Phoenician Art" (PDF). *The New York Times.* 1879-01-05. Retrieved August 22nd, 2019.

La mayor parte de la información que poseen los historiadores sobre las obras de arte fenicias proviene de ajuares funerarios o de elementos que fueron enterrados con sus dueños. Estos bienes se entregaron como signos del respeto de una persona hacia el difunto o para representar la riqueza de los enterrados, y podían consistir en una amplia gama de objetos como cuencos, platos, joyas, estatuillas pequeñas, escarabajos de protección, espejos, cajas de marfil, navajas y máscaras de terracota. Los historiadores creen que el arte funerario constituyó una gran parte del trabajo artesanal, aunque muchos artículos también se hicieron por razones estéticas.

Al examinar el arte fenicio, los eruditos deben asumir la realidad de que muchos edificios y documentos en papiro se han perdido en el tiempo. De lo que nos queda, los objetos materiales más prevalentes son las máscaras de terracota, artículos de metal, esculturas de marfil y piedra y textiles. Si bien los artesanos también trabajaron mucho con el vidrio y la loza, los fenicios preferían enviar vidrio como materia prima, pero conservaban algunos para producir joyas y pequeñas votivas.

Terracota

Los objetos de terracota son cerámicas de arcilla con un distintivo tono marrón rojizo. A diferencia de la producida por las civilizaciones vecinas, la terracota producida por los fenicios estaba destinada al uso doméstico y, por lo tanto, contenía más elementos del arte popular tradicional. Las líneas eran más toscas, más exageradas. La creación más común era una máscara que se podía usar con fines religiosos. Estas máscaras variaban, pero la mayoría poseían expresiones dramáticas, sonrisas retorcidas y rasgos alargados.

Existe evidencia que sugiere que las máscaras fueron pintadas con colores vibrantes después de ser marcadas para indicar dónde irían las pinturas. Las máscaras fueron usadas por personas de todas las edades, incluidos los niños. Aquellos que entraban en la adolescencia y, por lo tanto, llegaban a la edad adulta tenían ceremonias para usar durante los rituales, ritos y bailes de iniciación. Aunque las primeras máscaras fueron hechas a mano, los modelos más nuevos muestran signos de haber sido producidos en masa a partir de plantillas.

Además de las máscaras, los fenicios también crearon estatuillas de dioses y diosas predilectos. En una colonia, los arqueólogos descubrieron cientos de figurillas de una diosa favorita que habían sido elaboradas con un molde, lo que indica que estas estatuillas eran populares fuera de las ciudades centrales. Las máscaras, por otro lado, se limitaron a las regiones del Líbano y Medio Oriente y no se encuentran a menudo en otras costas del Mediterráneo.

Los objetos de terracota se dividen en tres categorías: los que fueron hechos a mano, los que se hilaron en una rueda y los que se hicieron con un molde. En general, las ofrendas hechas a mano son más toscas y tienden a ubicarse en las tumbas de los pobres. También es mucho más probable que estos artículos fuesen artículos básicos como ollas, tazas y platos que estatuillas. Los productos hechos en una rueda son más uniformes, mientras que los hechos en un molde tendían a ser pequeñas ofrendas votivas entregadas a las deidades durante las ceremonias religiosas. La figura más común descubierta es la de una mujer que sostiene sus senos, tal vez representando a Astarté. El segundo es una mujer embarazada con la mano en el estómago, que simboliza la fertilidad.

Metalurgia

Los fenicios desarrollaron una reputación excepcional por sus capacidades para trabajar los metales, con cuencos de metal que aparecieron en toda la región del Mediterráneo. Estos cuencos presentaban diseños intrincados, como esfinges aladas, y sintetizaban numerosos estilos y símbolos culturales. Los arqueólogos fechan la metalurgia fenicia en un lapso de 800 años, aunque los mejores ejemplos surgieron entre el 900 y el 700 a. C. Todos los cuencos poseían un medallón central circular con otras escenas y diseños colocados más allá de los círculos concéntricos que rodeaban el centro.

Los cuencos de metal fenicios eran poco profundos y representaban principalmente imágenes egipcias y asirias, y algunos modelos incluso mostraban a un faraón egipcio golpeando a las civilizaciones cercanas. Otros elementos comunes eran los duelos, las escenas religiosas, la naturaleza, los animales y las criaturas mitológicas: la esfinge era, nuevamente, una de las favoritas. La aleación de cobre era el metal preferido, pero algunos estaban hechos de plata y oro, con nombres personales inscritos en el interior, lo que potencialmente revelaba a los propietarios de estos finos artículos.

Los fenicios heredaron el conocimiento de la metalurgia del bronce de sus antepasados en el Levante, y rápidamente adoptaron el trabajo del hierro y las habilidades para trabajar con metales preciosos. La mayoría de los cuencos producidos parecen tener un propósito religioso, tal vez para hacer libaciones debido a su naturaleza superficial. Los arqueólogos teorizan que los platos más comunes estarían hechos de terracota o arcilla endurecida. Sin embargo, una característica interesante de muchos de los cuencos es que, si bien muestran características y símbolos egipcios, estos símbolos en realidad no tienen ningún sentido. No estaban destinados a una audiencia egipcia, pero lo más probable es que se enviaran como artículos turísticos a ciudades y civilizaciones de Europa y Asia.

Otros artículos de bronce que fueron populares son las navajas de afeitar y las figurillas. Las navajas de bronce eran comunes en los territorios occidentales como Cartago y comúnmente figuraban en los bienes funerarios. Es probable que la navaja haya sido enterrada con el propietario como un artículo profundamente personal, ya que se habría utilizado con regularidad. Las navajas se consideraban un artículo masculino, mientras que los espejos y peines de bronce eran más femeninos. Las figurillas servían como ofrendas votivas para ceremonias religiosas y típicamente representaban a diosas vestidas de Egipto con la mano extendida como gesto de bienvenida u ofrenda.[59]

Esculturas de marfil y piedra

Los fenicios fueron una de las primeras culturas del Levante en adquirir marfil en cantidad suficiente para producir obras de arte. El marfil formó una parte integral de la obra de arte en el mundo antiguo, y los fenicios aumentaron rápidamente la demanda al crear exquisitas esculturas e imágenes que se vendieron en todo el Cercano Oriente y África. El marfil procedía de ciudades-estado y colonias del norte de África, donde había una población de elefantes adecuada para suministrar el material. Se han descubierto objetos de marfil fenicio en toda la costa levantina y en Irak, Italia, Grecia y en numerosas islas del Mediterráneo.

Las esculturas y artefactos de marfil se pueden dividir entre grandes y pequeños. La mayoría de los objetos grandes descubiertos provienen del 900 al 800 a. C. e incluyen principalmente paneles de muebles para mesas, camas, sillas, taburetes e incluso tronos. Estos paneles fueron diseñados para formar motivos decorativos cuando se instalaron correctamente y aparecieron en artículos con filigrana de oro, pasta de vidrio de colores e incluso gemas preciosas y semipreciosas.

Los objetos más pequeños son mucho más numerosos. El marfil era un material popular para artículos de tocador como peines y espejos. Otro elemento que se encuentra con frecuencia es la caja de marfil, que era lo suficientemente pequeña como para contener las joyas y los adornos de alguien. Algunos historiadores creen que estas piezas más pequeñas se hicieron a partir de los restos producidos por la creación de objetos más grandes. Esta suposición se basa en el hecho de que los colmillos de elefante se transportaron desde el norte de Siria y eran más fáciles de trabajar y dar forma cuando se dejaban en una sola

---

[59] Continúa el debate sobre si estas estatuas son masculinas o femeninas, y la mayoría de los arqueólogos creen que las estatuas son de naturaleza femenina.

pieza. Los paneles de muebles largos también muestran evidencia de estar tallados en una sola pieza.

La escultura de piedra no disfrutó del éxito que tuvieron muchos otros materiales. Aunque la piedra era accesible en las ciudades-estado costeras y las colonias, los artesanos no se centraron en esta sustancia. Las únicas veces que apareció la piedra fueron los relieves de las paredes y los sarcófagos, piezas de gran tamaño que aprovechaban las piedras preexistentes que requerían poca forma. En cambio, los artesanos trabajaron a través del tallado y no desarrollaron muchas esculturas o estatuas de piedra independientes. Los fabricantes producían ataúdes de piedra con contornos masculinos o femeninos en la parte superior para indicar al ocupante, y también se desarrollaron lápidas con este material.

El sarcófago de piedra del rey Ahiram de Byblos, c. 1000 AEC

Textiles

Aunque pocos textiles sobrevivieron al paso del tiempo, los fenicios tenían la reputación de crear algunas de las telas más finas y ricamente teñidas utilizando algodón, lana y lino locales. Estos estaban bien tejidos y usaban el tinte púrpura murex característico por el que la civilización era famosa. Los textiles fueron transportados por barco por todo el Mediterráneo e incluso aparecieron en los textos religiosos abrahámicos modernos. Desafortunadamente, hoy en día no se conserva ni una pizca de ese tejido.

Conclusión: el legado de los fenicios

Aunque las arenas del tiempo se llevaron gran parte de la historia de los fenicios, el legado de esta civilización perdura gracias a los efectos de su cultura, educación y extensas redes comerciales. Uno de los efectos más significativos fue la tendencia del uso de alfabetos en todo el Mediterráneo para mejorar la alfabetización no solo de los sacerdotes jerárquicos, sino también de los comerciantes, comerciantes y artesanos influyentes. También reabrieron las rutas comerciales del Mediterráneo Oriental que habían caído durante el Colapso de la Edad del Bronce, conectando así a los griegos, romanos, anatolios y cartagineses con las civilizaciones egipcia y mesopotámica. Tal acto eventualmente conduciría a la "orientalización" del arte griego, o la implementación de elementos más orientales en murales y esculturas.

Cuando se trata de política, los fenicios fueron uno de los primeros desarrolladores de una estructura social oligárquica con raíces en la democracia. Esto fue ejemplificado por la capacidad de las ciudades-estado para tener comerciantes influyentes que no eran necesariamente miembros de la realeza o nobles, pero que aún podían ejercer su voluntad sobre estructuras tradicionalmente jerárquicas. Algunos historiadores creen que los fenicios inspirarían la revolución ateniense griega y el desarrollo de un gobierno constitucional griego. Continuando con la influencia en Grecia, muchos historiadores creen que Zenón de Citium, el fundador de la famosa escuela de filosofía conocida como estoicismo, era fenicio.

Por supuesto, hubo otros resultados importantes, especialmente relacionadas con el desarrollo de la tecnología militar y naval y los avances que fueron copiados o transmitidos a los griegos, romanos y etruscos. Aunque los fenicios obtuvieron pocas grandes victorias militares, demostraron el poder de la moneda dominando a sus vecinos con estrangulamientos financieros. Se podría decir que demostraron que la pluma puede ser más poderosa que la espada, pero la moneda pesa más que todas.

Si bien estos pueden parecer insignificantes para el individuo promedio que vive en la sociedad contemporánea, los fenicios ayudaron a establecer elementos de las culturas occidental y oriental al restablecer el contacto entre civilizaciones después del Colapso de la Edad del Bronce. Si se hubiera permitido que el contacto se desvaneciera, los humanos modernos habrían perdido miles de años de intercambio cultural y comercio internacional, lo que significa que la rica historia mediterránea de simbolismo e intercambio podría no haber ocurrido nunca o habría sucedido de una manera completamente diferente. ¿Cuántas personas disfrutan de avances como el judaísmo y el cristianismo en Occidente, y elementos de la guerra moderna como armas a distancia en Oriente? ¿Qué pasa con la ropa morada? ¿Matemáticas? ¿Civilización democrática?

Sin los fenicios para cerrar la brecha entre Oriente y Occidente, quién sabe cuándo las civilizaciones se habrían unido una vez más para compartir la cultura y los avances científicos. Si bien el Mediterráneo puede haber estado en guerra, el comercio fomentó conexiones profundas y aseguró que los avances pudieran compartirse en los continentes asiático, europeo y africano.

Cuarta Parte: Los micénicos

Una guía fascinante de la primera civilización avanzada de la antigua Grecia

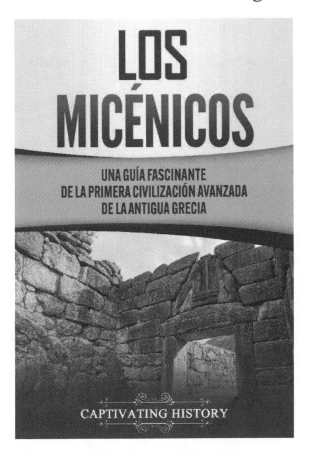

Introducción - ¿Quiénes eran los micénicos?

¿Qué estudiante del mundo occidental no ha estudiado a los antiguos griegos, una civilización tan influyente en la civilización contemporánea que los países de todo el mundo continúan implementando sus ideas políticas y su opulenta arquitectura hasta el día de hoy? Casi todo el mundo ha escuchado las historias de Atenas, de Esparta, de Zeus y Hera y Poseidón. ¿Pero quién ha oído hablar de los micénicos, los predecesores y creadores de los cimientos que hicieron tan grandes a los antiguos griegos?

Cualquiera que haya oído hablar de los antiguos griegos está un poco familiarizado con Micenas. Oficialmente llamados los griegos micénicos, los micénicos fueron una civilización nativa que vivió en el Peloponeso, o la porción continental de la península griega. Vivieron desde aproximadamente el 1600 a. C. hasta el 1100 a. C. En términos históricos, la abreviatura "a. C." significa "antes de Cristo" y se refiere a los años anteriores al equivalente gregoriano moderno del año 1. Así que, para entender hace cuánto tiempo vivieron los micénicos, se tiene que tomar el año actual —por ejemplo, 2019— y luego añadir el año que aparece antes del a. C. Dado que la civilización micénica se mide oficialmente a partir del 1600 a. C., entonces una persona puede calcular que los micénicos vivieron hace 2019 + 1600 = 3.619 años.

Grecia - El hogar de los micénicos

Los micénicos fueron la primera civilización avanzada que se desarrolló en la Grecia continental y fueron responsables de gran parte de la organización urbana y el desarrollo cultural que se observó en los primeros griegos antiguos. Los micénicos crearon extensos estados palaciegos, obras de arte únicas y sofisticadas, y poseían un sistema de escritura que podía ser utilizado para hacer registros. Por estas razones, se consideran un ejemplo de una próspera civilización de la Edad de Bronce.

La Edad de Bronce es un término académico utilizado para clasificar las civilizaciones que desarrollaron la metalurgia lo suficiente como para poder producir armas, armaduras y herramientas de bronce de forma regular. Esta tecnología dio a civilizaciones como la griega micénica una ventaja significativa sobre aquellas que carecían de tales habilidades, ya que el metal duro mejoró la destreza en el combate y la capacidad de cosechar los cultivos. A través del uso del bronce, los micénicos fueron capaces de crear un poderoso ejército y establecer numerosos centros de poder, incluyendo los prominentes Micenas, Pilos, Tebas, Atenas (sí, esa Atenas), Midea y Orcómeno[60]. Algunos asentamientos fuera de la Grecia continental estaban en islas en el mar Egeo, así como en el Levante e Italia.

Los micénicos fueron responsables de numerosas innovaciones y avances tecnológicos para la región, incluyendo la arquitectura y la estructura militar. Desarrollaron su propia escritura silábica llamada "lineal B" y también poseían los primeros registros escritos de la lengua griega. Tal vez más sorprendente para el público moderno, los micénicos adoraban a varias de las deidades famosas en la religión griega mucho antes del desarrollo del panteón olímpico. Aunque los micénicos caerían eventualmente durante lo que se conoce como el Colapso de la Edad de Bronce tardía, su civilización sobreviviría adaptándose y transformándose en los antiguos griegos tan bien conocidos en las civilizaciones occidentales.

---

[60] Charles Freeman, *Egypt, Greece and Rome: Civilizations of the Ancient Mediterranean* (3rd ed.). Oxford: Oxford University Press, 2014.

Capítulo 1 - Organización política y militar

Como la primera civilización griega, los micénicos sentaron las bases para el futuro desarrollo político. Al igual que sus sucesores los antiguos griegos, los micénicos desarrollaron un complejo sistema administrativo que se basaba en asentamientos dispares que compartían una cultura que trabajaba en conjunto. Estos asentamientos eran grandes centros urbanos como Micenas, Pilos, Atenas y Tebas. Aunque había un rey central y una dinastía centrada en Micenas, los otros estados palaciegos poseían fuertes gobernantes que tenían sus propios intereses militares y económicos. Era difícil que todo funcionara sin problemas, y sin embargo la civilización logró tener éxito durante cinco siglos gracias a la cuidadosa organización de los importantísimos estados palaciegos.

Los estados palaciegos

Las primeras menciones de los estados palaciegos provienen de famosas epopeyas griegas y de la mitología como la *Ilíada*, que menciona la presencia de estados independientes que operan bajo una cultura similar. El arqueólogo alemán Heinrich Schliemann, entre muchos otros, confirmó la presencia de estas políticas palaciegas organizadas en el siglo XX. Cada estado palaciego micénico poseía un palacio desde el que se gobernaba y administraba. Las poderosas figuras políticas que habitaban el palacio controlaban los territorios circundantes y a menudo ejercían influencia sobre importantes industrias como la fabricación de textiles y armas. Cada estado palaciego estaba dividido en subregiones con sus propios centros provinciales que eran dirigidos por gobernadores. Estas provincias más pequeñas se dividían a su vez en distritos llamados *da-mo*[61].

Los estados palaciegos contaban con sus propias fortificaciones militares que formaban un amplio sistema defensivo para el territorio micénico. Aunque no había una sola dinastía gobernante, los registros indican que Micenas controlaba hasta tres veces más territorio que los otros estados y parecía ser el más poderoso. Este poder le permitía controlar asentamientos adyacentes como Nauplia y Tirinto y es así como los micénicos se ganaron su nombre. Los registros arqueológicos de Grecia carecen de evidencia que apoye un estado micénico unificado, pero los documentos de los hititas y los egipcios hacen referencia a un estado que existía bajo una figura conocida como el "Gran Rey"[62]. En la actualidad, los académicos creen que la evidencia sugiere que hubo una coalición de los estados palaciegos similar a la que usaron los antiguos griegos posteriores. Por lo tanto, los centros de poder más probables habrían sido Micenas o Tebas, el más grande y rico de los estados.

Sociedad y cultura política

La sociedad micénica, potencialmente porque estaba conectada con muchas otras en todo el Mediterráneo, se asemejaba a otras civilizaciones de la Edad de Bronce en su estructura social. Hasta donde los historiadores pueden decir, había una clara jerarquía entre dos grupos separados de hombres

---

[61] Jorrit M. Kelder, *The Kingdom of Mycenae: A Great Kingdom in the Late Bronze Age Aegean*, Bethesda: CDL Press, 2010.

[62] Kelder, *The Kingdom of Mycenae*, p. 46.

libres —y el énfasis está en los hombres— y una clase de esclavos. La mejor manera de entender la sociedad micénica es como un pastel de tres capas con muchos deliciosos rellenos diferentes en las capas. Cada capa era distinta, y había numerosos "sabores" de categorización social en ellas. Las tres clases principales eran el séquito real o de palacio, los plebeyos o *damos* (más tarde y más comúnmente conocidos como *demos*), y los esclavos.

El séquito consistía en funcionarios ricos que provenían de familias influyentes y poderosas. Se les podía considerar nobles y solían ocupar importantes cargos administrativos o militares. Podían ser recaudadores de impuestos, consejeros, generales, posibles responsables políticos y otros agentes reales. Los historiadores creen que estas personas habitaban en las grandes casas y fincas cercanas al palacio, aunque lo más probable es que muchos de los habitantes de estas casas eran poco mejores que el resto de la población, ya que eran sirvientes. Sus contrapartes eran miembros del *demos*, que constituían la mayoría de la población. Los *demos* eran individuos técnicamente libres que realizaban un trabajo agotador y ocupaban puestos como granjeros y artesanos. Algunos podrían haber sido comerciantes, pero los demos tendían a ser pobres y de poca importancia. Más abajo en la escala social estaban los esclavos, que se llamaban *do-e-ro* o *do-e-ra* (formas masculinas y femeninas). Los esclavos trabajaban principalmente para el palacio o para los sacerdotes en los sitios religiosos.

Sin embargo, estas clases sociales poseían aún más dimensiones más allá de las tres básicas. En la clase alta, el individuo más poderoso era el *wanax*, o gobernante[63]. El *wanax* era siempre un hombre que poseía un papel de rey y las responsabilidades que lo acompañaban. Hacía leyes, determinaba los impuestos que pagaban los súbditos y era responsable de las declaraciones de guerra y del liderazgo

---

[63] Sigrid Deger-Jalkotzy e Irene S. Lemos, *Ancient Greece: From the Mycenaean Palaces to the Age of Homer*, Edinburgh: University of Edinburgh Press, 2006.

general. Los historiadores creen que el *wanax* también necesitaba realizar algunas ceremonias religiosas ya que el cargo estaba relacionado con la religión. Para los micénicos, el rey era significativo como conexión entre los dioses y los humanos promedio. La familia real era elegida para gobernar por las deidades y se consideraba que tenía una posición elevada en la sociedad y en la vida después de la muerte. Otro miembro importante del nivel superior era el *telestai*. Los investigadores creen que los *telestais* habrían sido líderes religiosos, similares a los sacerdotes, que dirigían ceremonias y cultos para el público en general. Lo más probable es que también fueran terratenientes.

Otros miembros del grupo superior eran los líderes militares. El líder más importante era el *lawagetas*, el segundo individuo de mayor rango en toda la civilización[64]. Los historiadores no están seguros de su papel, ya que siempre fue un papel masculino. El *lawagetas* podría haber sido el general de mayor rango, pero también podría haber sido una figura decorativa; por ejemplo, algunos estudiosos creen que el *lawagetas* era en realidad el príncipe mayor al que se le daba una posición influyente en preparación de su papel como futuro *wanax*. Por debajo de los *lawagetas* estaban los *hequetai*. Los *hequetai* eran una clase de guerreros y nobles que podrían haber cabalgado a la batalla como la caballería o los operadores de carros. Su habilidad para cabalgar, usar y tener caballos los colocaba por encima de los soldados de a pie regulares. Los miembros de los *hequetai* eran muy probablemente terratenientes como el resto de la alta sociedad. También habría un *kawete* local en cada una de las dieciséis provincias que funcionaban como alcalde[65].

---

[64] Ibíd.

[65] Ibíd.

En la parte inferior del nivel superior, casi en el medio, estaban los artesanos. Los artesanos eran hábiles en la fabricación de artículos de alta calidad como cerámica, armaduras y armas. Tendían a trabajar en el palacio o en otras propiedades de clase alta y fabricaban artículos de calidad superior en comparación con sus homólogos que fabricaban bienes comunes como herraduras. Los administradores proporcionaban a los artesanos materiales y productos típicamente comisionados necesarios para el ejército o para el bien común. Estos podían incluir más lanzas y escudos, pero también podían ser la creación de más vasijas para almacenar el excedente de aceite de oliva y grano en el palacio.

Las diferentes posiciones de los *demos* y los esclavos son menos conocidas. Los artesanos estaban claramente situados por encima de los agricultores y los trabajadores en general, pero no está claro cuánto. Los esclavos eran, según todos los indicios, tratados como humanos de segunda clase, pero los que trabajaban en el palacio tenían sus propias jerarquías. Por ejemplo, un esclavo que trabajara directamente para el *wanax* estaría por encima de alguien en la cocina.

Los militares

A diferencia de los vecinos minoicos, los micénicos poseían una desarrollada y compleja estructura militar evidente por las numerosas armas desenterradas en toda Grecia. El combate y el guerrero ideal eran temas populares en los frescos y la cerámica, mientras que los ejemplos de infraestructura y batallas militares se podían encontrar en los documentos micénicos escritos en el lineal B. En comparación con otros pueblos de la región del Mediterráneo septentrional, los micénicos eran laboriosos y dedicados a una infraestructura militarista que dominaba su civilización. Numerosos historiadores creen que el sistema micénico influiría en los siguientes griegos antiguos, que adoptaron numerosas tradiciones como la élite guerrera y los reinos guerreros —como mejor ejemplo, los interesados pueden investigar sobre la ciudad-estado griega de Esparta.

Los micénicos fueron uno de los varios reinos guerreros que existieron a finales de la Edad de Bronce en el Peloponeso. Los micénicos eran los residentes de Micenas, un reino que se expandía rápidamente hacia el mar Egeo a través de la costa de Anatolia. A través de su destreza militar, los micénicos se las arreglaron para conquistar lugares como Chipre mediante una combinación de sofisticadas tácticas e infantería pesada. Su armamento preferido durante la principal expansión en el siglo XV a. C. fue la clásica lanza y grandes escudos rectangulares diseñados para proteger la mayor parte del cuerpo del portador. En el siglo XIII, los cambios tecnológicos obligaron a los micénicos a ser más flexibles, y los soldados comenzaron a usar más a menudo armas más pequeñas y ligeras como las espadas. Los escudos también cambiaron, convirtiéndose en el conocido diseño de la "figura de ocho". Hacia la caída de Micenas, los militares poseían numerosas características de los hoplitas griegos.

Es importante notar que los materiales usados para las armas y los escudos cambiaron con el tiempo. En los primeros siglos, los micénicos fabricaron sus armas y escudos de torre casi totalmente de bronce sólido. Aunque era un metal blando, el bronce era lo suficientemente fuerte para bloquear los golpes de lanzas y espadas, y el diseño daba amplia cobertura a los combatientes. A medida que el combate se hacía más rápido y los ejércitos utilizaban armas más ligeras, los micénicos comenzaron a hacer sus característicos escudos de figura de ocho a partir de múltiples capas de piel de toro y tiras de cuero. Estos escudos seguían siendo fuertes, pero eran mucho más fáciles de llevar.

El ejército de la Edad de Bronce de Micenas se parecía al de muchas otras civilizaciones en este momento. La infantería pesada era el nombre del juego. Los guerreros y soldados estaban blindados y llevaban un impresionante armamento que tendía a ser pesado, largo y difícil de balancear. Se usaban picas y lanzas para mantener el combate lejos del cuerpo, y también se usaban escudos de torre. Un escudo de torre podía ser casi tan alto como el hombre que lo portaba, lo que dio lugar a tácticas que favorecían a grupos de soldados muy unidos que sostenían los escudos en formaciones apretadas para formar muros.

Los micénicos pueden o no haber usado carros de guerra — los historiadores y arqueólogos continúan debatiendo debido a la falta de pruebas. Aunque algunos frescos y registros muestran que se podían ver guerreros montados a caballo en el campo de batalla micénico, no está claro si representaban carros o si los hombres representaban arqueros u oficiales. La mayor información que los académicos pueden recoger es que desde los siglos XVI a XIV a. C., los micénicos usaron carros de guerra de forma limitada para luchar, pero que cayeron en desgracia y en cambio fueron usados para transportar bienes y suministros en el siglo XIII a. C.[66].

Fresco del carro de Pilos, aprox. 1350 a. C.

---

[66] Nic Fields, *Bronze Age War Chariots*, Oxford: Osprey Publishing Company, 2006.

Los frescos indican que el carro micénico era conducido por dos caballos y podía llevar más de un individuo. Estos carros se diferenciaban de los utilizados por otras civilizaciones de la Edad de Bronce de la época porque eran más ligeros y tenían una cabina abierta, que es la sección donde se paraba el conductor. La cabina habría dejado a los conductores y jinetes abiertos al ataque, dando lugar a la idea de que los carros se utilizaban mejor para el transporte hacia y desde los lugares que como vehículo de combate. Sin embargo, los arqueólogos han descubierto pruebas que muestran que los carros más ligeros, que son comunes de encontrar en lugares como Cnosos y Pilos, vinieron después de un carro más pesado que habría sido más adecuado para la batalla. Por eso los académicos continúan debatiendo qué propósito podrían haber tenido los vehículos. Es muy posible que los micénicos hubieran producido dos diseños separados para propósitos diferentes.

Si los carros y los soldados de a pie no lograban mantener a raya a los invasores, los micénicos podían recurrir a sus fortificaciones. Estas estaban hechas de piedra gruesa y típicamente construidas sobre terreno elevado para una ventaja táctica contra ejércitos extranjeros. Algunos centros conocidos también se desarrollaron en planicies costeras, particularmente el famoso Gla[67]. Gla estaba en Beocia y estaba hecho de piedra caliza. Estaba situado en un lago que actualmente está drenado, pero habría obtenido varios beneficios defensivos por estar situado en tal lugar, así como un suministro de agua dulce para las tropas durante los asedios. El fuerte tenía aproximadamente 20 hectáreas (49 acres) de tamaño y albergaba varios edificios.

Gla es uno de los mejores sitios para estudiar en busca de pistas sobre las fortificaciones micénicas porque el lugar parece haber sido construido exclusivamente para los militares. Los restos de las estructuras internas indican que los edificios estaban

---

[67] Nic Fields, *Mycenaean Citadels c. 1350–1200 BC* (3ʳᵈ ed.), Oxford: Osprey Publishing Company, 2004.

destinados para ser temporales y se crearon rápidamente, mientras que el grosor de los muros estaba destinado a soportar un asedio. La presencia de distintas tejas de cubierta y recipientes cocidos lleva a los arqueólogos a creer que Gla tuvo una vez un tejado a dos aguas similar a los utilizados por los sucesores de los micénicos, los antiguos griegos.

Gla y otras fortalezas micénicas fueron creadas al estilo ciclópeo. Los muros estaban hechos de grandes rocas sin trabajar, lo que significa que no se habían hecho cambios en las piedras cuando fueron cortadas de las canteras. La mayoría de estas rocas tenían un grosor aproximado de 6 metros y pesaban varias toneladas. Aparece la mampostería de piedra cortada, pero solo se usaba alrededor de puertas y portales[68].

Los guerreros micénicos llevaban armaduras hechas de placas o escamas de bronce. Un juego completo tendría una coraza, hombreras y cobertura en los brazos. El conjunto fue diseñado para ser flexible, robusto y lo suficientemente cómodo para que los hombres lo llevaran durante largos períodos de tiempo. Un juego completo llamado la panoplia de Dendra fue descubierto en Dendra en Grecia. El conjunto completo pesa aproximadamente 40 libras y fue elaborado entre 1450 y 1400 a. C. Hay sorprendentes similitudes entre la armadura de los guerreros micénicos y la de los antiguos hoplitas griegos, lo que indica que gran parte de la tecnología y el diseño utilizados durante la antigüedad griega clásica ya fueron implementados por los micénicos[69].

La armadura corporal, sin embargo, no podía cubrir todo, y los micénicos necesitaban defender sus cráneos de las peligrosas espadas y lanzas que esgrimían sus enemigos. La forma más común de protección de la cabeza micénica era algo llamado el

---

[68] Ibíd.

[69] Donald Kagan y Gregory F. Viggiano, *Men of Bronze: Hoplite Warfare in Ancient Greece*, Princeton: Princeton University Press, 2013.

casco de colmillo de jabalí. Estos eran tocados cónicos reforzados con filas de colmillos de jabalí para crear una capa de protección resistente. El interior del casco era una solapa de cuero forrada de fieltro para mayor comodidad, y los colmillos de jabalí se cosían al cuero. Algunos guerreros también llevaban cascos de bronce con amplias protecciones en las mejillas y crestas, o cascos con cuernos hechos de capas y cosiendo tiras de cuero.

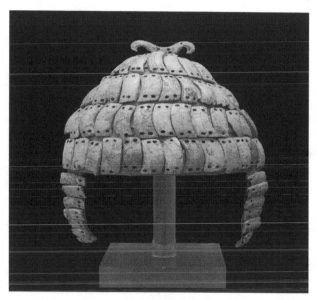

Un casco de colmillo de jabalí

Como se mencionó anteriormente, los antiguos griegos sacaron gran parte de su estructura cultural, política y militar de Micenas. Los historiadores creen que las epopeyas griegas de poetas como Homero describían las tribulaciones y victorias del ejército micénico y su élite guerrera. Las fortificaciones, armas, armaduras y tácticas utilizadas por los micénicos eran, por lo tanto, las posesiones de los héroes guerreros que los griegos creían que les precedían. Sin embargo, esto también significa que la percepción del ejército micénico está coloreada por la interpretación literaria, ya que las epopeyas describen a los guerreros micénicos como inconstantes, pendencieros, orgullosos y obsesionados con su propio honor personal[70]. Si esto es o no cierto es objeto de debate, pero entre los artefactos y las epopeyas, está claro para los académicos modernos que el ejército micénico era una fuerza a tener en cuenta, aunque no fuera el combatiente más innovador de la Edad de Bronce.

---

[70] Rodney Castleden, *The Mycenaeans*. London and New York: Routledge, 2005.

Capítulo 2 - Cultura y vida cotidiana

El público contemporáneo podría entender mejor la vida cotidiana micénica a través de sus similitudes con los mucho más famosos griegos antiguos. Micenas, el hogar de los micénicos, poseía una estructura regional y una clara jerarquía social que determinaba la posición de una persona en la civilización. Existía una monarquía rudimentaria, administradores y nobles influyentes, un poderoso ejército y una gran clase de agricultores y trabajadores que formaban la base de la población. Los micénicos practicaban además la esclavitud y se sabía que habían esclavizado a pueblos de otras etnias, así como a otros pueblos del Peloponeso.

En términos de la vida diaria de la persona promedio, los arqueólogos se topan con algunos obstáculos para determinar el alcance total de las experiencias de un individuo típico. Después de todo, la mayoría de la población no sabía leer ni escribir y no habría sido lo suficientemente importante o rica como para encargar obras de arte de sí mismos o de sus actividades. Sin embargo, los artefactos y otros recursos proporcionan algunas pistas.

Roles de género

En la civilización micénica, los varones ocupaban los puestos más influyentes de la sociedad. Eran los líderes políticos y administradores, sacerdotes, generales, cazadores, pescadores, guerreros y marineros. Eran el género que dominaba la esfera pública, los aspectos de la sociedad que se ocupaban del mundo en general más que del hogar. Los hombres libres se consideraban los jefes del hogar y frecuentemente tenían el poder de la vida y la muerte sobre sus esposas e hijos. La mayoría de ellos podían heredar bienes, celebrar contratos legales, elegir con quién casarse y disfrutar de libertad sexual. Aquellos que no podían normalmente estaban bajo el control de sus padres, quienes tenían la máxima autoridad como el hombre más viejo de la casa. El nombre y la posición de la familia se heredaban de forma patriarcal, lo que significa que los hijos pertenecían a la familia de su padre. El análisis de los esqueletos antiguos también muestra que los hombres comían mejores dietas llenas de más proteínas y nutrientes que sus homólogas femeninas, lo que indica que se daba preferencia en la distribución de los recursos en función del género.

A pesar de esta situación, la mayoría de los hombres de la civilización micénica realizaban trabajos difíciles, generalmente como simples agricultores y obreros. Aunque disfrutaban de mayores libertades que las mujeres, la mayoría no tenían derechos políticos ni voz en la administración debido a la presencia de la élite guerrera.

En los primeros períodos de la sociedad micénica, las mujeres micénicas eran diferentes de sus homólogas de otras civilizaciones y parecían poseer más derechos, privilegios y responsabilidades que otras. Según los textos y frescos antiguos, las mujeres ricas eran capaces de poseer propiedades, cumplir importantes funciones religiosas, dirigir ceremonias religiosas y trabajar como artesanas y trabajadoras especializadas. Aunque su papel principal parecía ser el de madres y mantenedoras de la esfera doméstica, las mujeres micénicas parecían disponer de algunas opciones adicionales.

Sin embargo, esto no significa que fueran iguales a los hombres. Los arqueólogos han descubierto claras disparidades entre el tratamiento de los hombres y las mujeres en las vasijas, en los tipos de bienes funerarios con los que fueron enterrados y en la forma en que fueron referidos en los documentos. En particular, las mujeres parecían carecer de las oportunidades de ascenso social que tenían sus homólogos masculinos y no podían ocupar puestos influyentes como los *wanax*, los *lawagetas* o los *hequetai*. Los bienes funerarios indican que a las mujeres se les prohibían las actividades de las que disfrutaban los hombres, entre ellas beber en público, festejar, pelear y asistir a eventos sociales populares[71].

Las mujeres micénicas parecen haber sido relegadas a una existencia de segunda clase y fueron consideradas propiedad o responsabilidad de sus parientes masculinos a finales de la Edad de Bronce, quedando así desprovistas de los privilegios que disfrutaban anteriormente. Aunque muchas mujeres tenían trabajos físicamente exigentes fuera del hogar, como rudimentarias obreras de la construcción y cosechadoras, también se esperaba que se encargaran de las tareas domésticas y de la crianza de los hijos. Las mujeres de los frescos micénicos suelen aparecer como esposas y madres dedicadas a las tareas domésticas, y a menudo se las ve con niños pequeños, lo que consolida su papel social en la civilización micénica.

---

[71] Lynne E. Schepartz, Sharon R. Stocker, Jack L. Davis, Anastasia Papathanasiou, Sari Miller-Antonio, Joanne M. A. Murphy, Michael Richards, y Evangelia Malapani, "Mycenaean Hierarchy and Gender Roles: Diet and Health Inequalities in Late Bronze Age Pylos, Greece", en *Bones of Complexity: Bioarchaeological Case Studies of Social Organization and Skeletal Biology* editado por Haagen D. Klaus, Amanda R. Harvey, y Mark N. Cohen, Gainesville: University of Florida Press, 2017.

Fresco incompleto de una mujer micénica, aprox. Siglo XIII a. C.

Parece que se ha aplicado un doble estándar sexual a los hombres y mujeres micénicos. Los hombres disfrutaban de una libertad sexual mucho mayor mientras que se esperaba que las mujeres fueran vírgenes hasta el matrimonio. El adulterio era un delito punible, pero las leyes se aplicaban más a las mujeres que a los hombres. En cuanto al matrimonio, las mujeres eran consideradas miembros de la familia de su padre hasta que se casaban, y después de la boda, formaban parte de la casa de su marido. Aunque en la civilización micénica existía una mayor igualdad entre los géneros que en otras, la mujer seguía siendo relegada al papel de propiedad. También existía una disparidad en la edad del matrimonio; según el lugar, las muchachas se comprometían y se casaban a los trece o catorce años, mientras que la mayoría de los hombres se casaban entre los dieciocho y los veinte años.

Lineal B

El lineal B era la escritura silábica utilizada por los micénicos para grabar su lenguaje[72]. La mayoría de la población no sabía leer ni escribir, por lo que la mayoría de los documentos fueron creados por escribas y administradores capacitados para llevar un

---

[72] Geoffrey Horrocks, *Greek: A History of the Language and Its Speakers* (2nd ed.), Oxford: Wiley-Blackwell, 2010.

registro del comercio y de las cantidades de suministros que se guardaban en los palacios. El lineal B se desarrolló antes de la escritura griega oficial, pero fue posterior al lineal A, que era la escritura silábica descubierta en los sitios antiguamente habitados por los minoicos. Los arqueólogos han sido incapaces de descifrar el lineal A, pero se han dado cuenta de que tiene numerosas similitudes con el lineal B.

Tabla de lineal B, aprox. 1400 a. C.

Las primeras instancias conocidas del uso del lineal B por los micénicos son alrededor de 1450 a. C., lo que significa que se desarrolló varios siglos en la existencia de la civilización. El lineal B consistía en 87 signos silábicos y 100 signos ideográficos. Un signo silábico representaba una sílaba hablada o un sonido, que sería similar a los alfabetos modernos utilizados por la mayoría de las lenguas del mundo en la época contemporánea. Los signos ideográficos no se hablaban, sino que se escribían, y representaban. un objeto o concepto. Nunca se usaron en oraciones con representaciones silábicas. A continuación, se incluye un ejemplo de un símbolo ideográfico del lineal B. Este en particular representaba un caballo, pero se usaban símbolos separados para distinguir entre yeguas y sementales.

El "Caballo" en lineal B

Dieta

La dieta micénica compartía numerosas similitudes con la cocina tradicional de la antigua Grecia porque las civilizaciones vivían en el mismo lugar y tuvieron pocos desarrollos agrícolas a lo largo de los siglos. Un cultivo básico eran las aceitunas, que podían comerse al madurar o recogerse y prensarse en aceite de oliva. Las verduras y carnes con sabor a aceite de oliva podían mezclarse en las bebidas, usarse como salsa para mojar el pan o formar parte esencial de las ceremonias religiosas. La mayoría de la gente consumía aceite de oliva de forma regular.

Otros cultivos significativos eran las frutas y verduras regulares capaces de prosperar en el terreno rocoso del Peloponeso. La mayoría de los micénicos no podían consumir carne con regularidad, y los cultivos como las legumbres desempeñaban un papel importante para asegurar que la gente común cumpliera sus objetivos calóricos y evitara la hambruna. Las nueces eran una fuente común de proteínas, y las familias comían hayuco, castañas y bellotas de los robles. Las verduras más populares eran las cebollas, el ajo y los garbanzos. Las frutas como los higos y las granadas se podían consumir como algo dulce o se secaban, conservaban o utilizaban para endulzar y dar sabor a los vinos.

Las uvas crecían salvajemente y podían ser usadas para hacer vino. El vino parecía ser usado para una variedad de propósitos, incluyendo como una bebida estándar, como bebidas para fiestas, y como una parte esencial de las ceremonias religiosas.

Las hierbas se usaban para darle diferentes sabores, y las uvas que no estaban fermentadas podían secarse y comerse como pasas.

El consumo de carne se basaba en la clase social. Los micénicos de todos los rangos podían comer mariscos, pero la mayoría de las clases bajas comían animales que podían criar ellos mismos, como los pollos. Las personas más ricas tendrían acceso a criaturas como los cerdos, mientras que las cabras se utilizaban tanto para la leche como para la carne. Las ovejas se criaban para la lana y no se comían hasta que morían. La gente del campo podía cazar para alimentarse y así consumir una variedad de aves y criaturas como los conejos.

Los cereales formaban la base de la dieta micénica. Los granos más comunes eran el trigo y la cebada, que podían ser remojados en agua o leche, o molidos y cocidos en pan. El pan se comía típicamente junto con el aceite de oliva y las verduras. Mientras que el resto de la dieta podía variar según la clase social, la época del año y la disponibilidad general de alimentos, todos los micénicos consumían granos de cereales diariamente.

Cebada

Quizás la parte más extraña de la dieta micénica era el consumo de un batido o bebida llamada *ciceón* en griego antiguo. Numerosas referencias a esta bebida provienen de las épicas homéricas, donde héroes como Odiseo la bebían como bebida y comida. El *ciceón* era esencialmente gachas de cebada diluidas con agua y sazonadas con hierbas. A veces, los micénicos también agregaban queso de cabra rallado para dar más sabor y proteínas. El *ciceón* era popular entre todas las clases sociales, pero parecía especialmente común entre los campesinos micénicos. Un equivalente contemporáneo sería potencialmente el batido de proteína usado como sustituto de la comida entre los atletas modernos y los aficionados a la salud.

La producción de alimentos y otros consumibles se dividía por género. Mientras que los hombres y las mujeres se encargarían de los cultivos, el refinamiento de los granos y la cocción del pan eran típicamente trabajos de mujeres, así como la creación y preparación de las comidas del hogar. Los hombres solían ser responsables de otras tareas como la fermentación comercial del vino y el prensado de aceitunas para hacer aceite de oliva. De nuevo, las mujeres creaban lotes más pequeños para el hogar si había un suministro de uvas o aceitunas. La carnicería parecía haberse dividido casi por igual entre hombres y mujeres dependiendo de la escala de la labor; en general, las mujeres carneaban animales que se comían en casa mientras que los carniceros profesionales eran hombres. Los pescadores y los cazadores también eran típicamente hombres debido a los requisitos de fuerza necesarios para ambas profesiones.

Los arqueólogos y otros profesionales han realizado estudios y pruebas en esqueletos micénicos conocidos y han determinado que las diferentes clases sociales e incluso los géneros poseían dietas variadas. Basándose en las caries y en la evidencia de astillas y picaduras, pueden decir que las mujeres y las clases bajas no comían tan bien como los hombres y las clases altas de la sociedad.

Ropa

Los hombres libres normales llevaban taparrabos o faldas cortas de lana o lino para trabajar. Eran largos trozos de tela que se tiraban entre las piernas, se envolvían alrededor de los huesos de la cadera y se ataban por delante. Un atuendo más formal era una falda corta con un taparrabos debajo y una túnica de manga corta con cinturón. Los hombres más ricos podrían permitirse kilts más largos con una trenza a cuadros y potencialmente un flequillo alrededor de los dobladillos. Los hombres también tendían a usar gorras negras para evitar el sol en sus cabezas[73]. Los aristócratas y élites usaban joyas, y a menudo consistían en collares, brazaletes y anillos de oro, todos ellos con gemas incrustadas en su interior. La moda masculina tendía a ser más simple que la femenina y consistía en piezas de tela más largas que el material utilizado para las damas. Sin embargo, los

---

[73] Rodney Castleden, *Mycenaeans*, p. 70.

hombres también llevaban la armadura cubierta bajo la sección militar.

La ropa de las mujeres micénicas estaba muy influenciada por la moda minoica. Basándose en el contenido de las tumbas, los arqueólogos creen que la moda femenina no cambió durante más de trescientos años a partir de 1550 a. C. y hasta aproximadamente 1250 a. C. Las mujeres llevaban vestidos largos y con volantes con boleros apretados alrededor del torso. El bolero se cortaba lo suficientemente bajo como para exponer los senos, pero tenía un soporte debajo para empujar el pecho hacia arriba y lograr la silueta curva ideal. Los corpiños eran de manga corta debido al clima mediterráneo y consistían en al menos ocho piezas de tela separadas. Las costuras estaban decoradas y reforzadas con trenzas especialmente tejidas por equipos de mujeres hábiles. Trenzas similares se usaban para formar las cintas de la cabeza.

Las faldas se envolvían alrededor de las caderas y se sujetaban con lazos y nudos. Un cinturón de cuerda alrededor de la cintura era la forma más simple y común de sujetar la tela. Algunas mujeres también llevaban pesas decorativas para sujetar los dobladillos de sus faldas. La base de la falda era un simple trapecio al que se cosían diferentes bandas de telas de colores para formar un patrón superpuesto. Una falda trapezoidal tiene la forma de un trapecio, como se ve abajo. A veces las mujeres lavaban las bandas, las plisaban, cosían los pliegues y dejaban secar la tela. Una vez secas, las puntadas se sacaban y creaban ondas y pliegues permanentes que eran agradables a la vista y tenían un volante extra[74].

---

[74] Rodney Castleden, *Mycenaeans*, p. 72-73.

Faldas de trapecio modernas

Las obras de arte y los artefactos indican que las mujeres se afeitaban la cabeza hasta la pubertad, momento en el que les podían salir mechones. Los peinados dependían de las clases sociales, y las mujeres con pelo más largo tendían a ser más viejas. Muchas mujeres llevaban el pelo en trenzas altas o trenzas en la espalda. Las joyas eran raras para la clase común, pero parecían ser usadas diariamente por las elites. La mayoría de las joyas eran de oro y estaban incrustadas con piedras como la cornalina. Los registros son tenues, ya que la mayoría de la información proviene de los bienes funerarios, que habrían sido los objetos más finos que una persona poseía.

Tanto hombres como mujeres iban descalzos o usaban sandalias de cuero. Sigue existiendo un debate sobre si los aristócratas o las élites usaban chanclas de metal, ya que los frescos a menudo muestran los zapatos como blancos. Otros académicos piensan que el blanco representaba el cuero o tal vez la madera con tela, ya que estos materiales habrían sido más comunes. Sin embargo, lo más probable es que las élites no anduvieran descalzas como las clases más pobres.

Capítulo 3 - Economía y comercio

Las pruebas indican que la economía micénica era premonetaria. En este sistema, la gente no usaba moneda, y el enfoque era más bien la redistribución de los recursos por la administración. Las mercancías como los bienes y el trabajo humano podían ser comercializados y entregados como pago por otros bienes y servicios dependiendo de la calidad del trabajo y la calidad de los productos. Las tabletas en lineal B que se encontraron conservadas en lugares como Pilos y Cnosos demuestran que el palacio, el trono de la administración, era el redistribuidor más importante y que los administradores examinaban de cerca el desarrollo de las industrias y los productos básicos que se cultivaban, fabricaban o importaban. El mejor ejemplo de este control proviene de una de las tabletas de Cnosos. El escribano que escribió sobre uno de estos artefactos llevó un cuidadoso seguimiento del número de ovejas en Creta, que ascendía a unos 80.000 a 100.000 animales, la cantidad de lana que se esperaba de los pastores en la temporada de esquila y cómo se redistribuiría la lana entre los artesanos, los trabajadores e incluso el público en general[75].

El gran fabricante de lana: Un elemento básico de la economía micénica

Sin embargo, el control palaciego sobre recursos como la lana no era omnipresente. Los palacios y sus administraciones se centraban en las industrias que estaban cerca de la estructura central o que eran producidas por artesanos que vivían y trabajaban en el propio palacio. En particular, los artículos de lujo como el bronce e incluso el perfume se vigilaban de cerca por varias razones. Una, los recursos involucrados eran valiosos y denotaban estatus. Dos, el exceso de producción podía utilizarse para el comercio con otras civilizaciones o incluso entre palacios en transacciones regionales. La cerámica, que se consideraba el trabajo de los esclavos o de los pobres, estaba en su mayor parte sin supervisión, a menos que una de las élites encargara una pieza a medida[76]. Era el trabajo de los pobres porque era una práctica común y también sucia. Se consideraba que requería menos habilidad que algo más raro como la metalurgia, y los

---

[75] Stephanie Lynn Budin, *The Ancient Greeks: An Introduction*, New York: Oxford University Press, 2009.

[76] Budin, *The Ancient Greeks,* p. 96.

materiales eran más toscos y fáciles de obtener. En general, los palacios micénicos también controlaban la producción de alimentos y se podía contar con ellos para almacenar el exceso de suministros y redistribuirlos como pago por la mano de obra o en tiempos de hambruna. Este sistema se parece a otras sociedades de la Edad de Bronce, como los minoicos, y era la forma más común de gestión de la economía premonetaria.

Debido a que los centros palaciegos eran el corazón de la economía, centraron su gestión de recursos en proyectos diseñados para mantener la civilización en funcionamiento. En particular, las administraciones de asentamientos como Micenas financiaban proyectos elaborados en campos como la agricultura y la industria para garantizar que la población tuviera suficientes alimentos y que la civilización desarrollara suficientes productos manufacturados para la guerra y el comercio. A veces, los centros palaciegos combinaban sus esfuerzos para planificar proyectos que beneficiaran a más de un asentamiento. Los mayores ejemplos tendían a ser de fontanería e irrigación, como el sistema de drenaje establecido en la cuenca de Copais en Beocia o el drenaje de un pantano masivo en el valle del Nemea[77]. Esas obras hicieron que las ciudades fueran más higiénicas y crearon tierras valiosas para la agricultura y la cría de ganado.

Otros sectores importantes de la economía pertenecían a la manufactura en gran escala y a la construcción naval, ambas necesarias para facilitar el comercio. Los micénicos construyeron grandes buques de la Edad de Bronce diseñados para transportar mercancías, pero también funcionaron como buques de guerra en las batallas contra piratas y enemigos en el mar Mediterráneo. Estos barcos necesitaban transportar docenas de hombres, suministros para alimentarlos y los objetos de valor para el comercio. Para acomodarlos, los asentamientos micénicos en la costa construyeron enormes puertos como el de Pilos, que era

---

[77] Kelder, *The Kingdom of Mycenae*, p. 116.

capaz de albergar numerosas embarcaciones en cualquier momento.

Los puertos y la industria de la construcción naval que los acompañaba facilitaron el desarrollo de sofisticados centros de fabricación a lo largo de los puertos y en asentamientos capaces de transportar productos acabados a la costa. Complejos de talleres capaces de albergar a cientos de trabajadores y sus equipos fueron descubiertos por los arqueólogos en lugares como Euonymeia, que está cerca de Atenas. El sitio fue descubierto mientras se trabajaba en la estación de metro de Alimos y se descubrieron numerosos objetos como ruedas de alfarería y hornos. El sitio en Euonymeia contenía múltiples instalaciones hidráulicas capaces de producir importantes elementos de construcción naval como velas y cuerdas, incluyendo pozos y conductos de agua necesarios para procesar el lino y hacerlo funcional. Estos centros también podían crear textiles y vajillas que serían comisionadas por miembros de la clase élite o vendidas a otras civilizaciones[78].

La economía premonetaria de los micénicos requería un elaborado sistema de controles y balances, así como registros detallados. Los bienes producidos internamente debían asignarse a la población y al mismo tiempo generar prosperidad para la administración y las élites. Para ello, los micénicos se volcaron al comercio.

Comercio

El comercio era una parte crucial de la economía micénica. El Peloponeso no albergaba una abundancia de materias primas, lo que dificultaba a la civilización la producción de artículos de lujo, armamento de bronce y otros productos terminados por sí sola. Para evitar este problema, los micénicos importaban materias

---

[78] William Gilstrap; Day, Peter; Kaza, Konstantina; Kardamaki, Elina, *Pottery Production at the Late Mycenaean Site of Alimos, Attica*. Materials and Industries in the Mycenaean World: Current Approaches to the Study of Materials and Industries in Prehistoric Greece, University of Nottingham, 9-10 May 2013, Nottingham, p. 13-14.

primas de otros asentamientos y civilizaciones y basaban su economía en la fabricación de productos acabados que luego podían comercializarse en otras regiones.

Algunas importaciones conocidas eran lujos como el marfil y el vidrio, así como los metales en bruto necesarios para producir bronce —el estaño y el cobre. Para adquirir estos productos, los micénicos vendían sus propios recursos domésticos: aceite de oliva, uvas fermentadas en vino, lana de la abundancia de ovejas y cerámica de arcilla estilizada en vasijas para almacenamiento y decoración[79]. Entre el 1600 a. C. y el 1400 a. C., los centros palaciegos dejaron de ser los únicos exportadores de estos bienes a medida que empezaron a aparecer en escena más y más comerciantes independientes. Estos comerciantes provenían de las clases libres y parecían ser una mezcla de las elites y los artesanos ricos.

La evidencia arqueológica apoya la idea de que los griegos micénicos se las arreglaron para comerciar extensamente con las civilizaciones de Anatolia y el Levante. Sus fuertes lazos comerciales llevaron a interacciones con la mayoría de los otros pueblos de la Edad de Bronce de este período, incluyendo los egipcios, asirios, cananeos y casitas[80]. Examinando el mapa de abajo, se puede ver que tiene sentido que los micénicos hayan podido establecer lazos comerciales y culturales con estas civilizaciones. Anatolia estaba en la actual Turquía, mientras que el Levante cubría la mayor parte de Oriente Medio. Dado que los micénicos eran gente de mar que lograron tomar el control del mar Egeo, naturalmente entraron en contacto con los otros grandes pueblos de la Edad de Bronce.

---

[79] Eric H. Cline, *The Oxford Handbook of the Bronze Age Aegean*, Oxford: Oxford University Press, 2012.

[80] Eric H. Cline, "Rethinking Mycenaean International Trade with Egypt and the Near East" in Galaty, M.; Parkinson, W. *Rethinking Mycenaean Palaces II: Revised and Expanded Edition.* Los Angeles: Cotsen Institute of Archaeology, 2007.

El mar Mediterráneo - El mundo comercial de los micénicos

Se descubrieron numerosas mercancías en Chipre, que parecía ser un lugar intermedio entre la Grecia micénica, Anatolia y el Levante[81]. Se encontraron más artefactos aquí que en cualquier otro lugar aparte de los asentamientos micénicos reales. El comercio con las civilizaciones interiores de la Edad de Bronce, sin embargo, parece haber sido limitado. Los micénicos lucharon por transportar mercancías a través de las masas de tierra, lo que significa que grupos como los hititas, que casi no tenían salida al mar, eran difíciles de alcanzar. Otras rutas comerciales muy conocidas se encontraban a lo largo de la costa del mar Negro, también visible en el mapa[82]. Mercancías como espadas han sido encontradas tan lejos como la ubicación de la Georgia contemporánea. Los arqueólogos creen que ese comercio no se realizaba en las rutas terrestres, sino que los micénicos navegaban tan lejos como podían, cruzaban el pequeño puente terrestre disponible o encontraban una ruta acuática alternativa, y luego comerciaban.

Al oeste, los arqueólogos descubrieron productos como la cerámica micénica hasta Sicilia, el sur de Italia continental y las islas Eólicas. Aún más sorprendentes fueron los fragmentos descubiertos en el sur de España, lo que indica el potencial de

---

[81] Thomas F. Tartaron, *Maritime Networks in the Mycenaean World*, Cambridge: Cambridge University Press, 2013, p. 29.

[82] Cline, "Rethinking Mycenaean International Trade with Egypt and the Near East", p. 196.

una ruta comercial también allí. Al norte de los griegos micénicos, se han descubierto algunas cerámicas, ámbar con símbolos de lineal B, e incluso hachas dobles de bronce del siglo XIII a. C. en lugares como Alemania, Irlanda e Inglaterra[83]. Los académicos continúan debatiendo si los micénicos comerciaban directamente con los pueblos de Wessex y Cornualles o si los artefactos viajaban allí a través de intermediarios.

Aunque la economía pudo haber sido premonetaria, está claro que los micénicos todavía comerciaban extensamente con las civilizaciones vecinas de la Edad de Bronce. Importaban materias primas y artículos que no podían fabricar ellos mismos, como el vidrio, y a cambio exportaban productos manufacturados como cerámica y armas de bronce. Aunque queda mucho por descubrir, el cuadro pintado con artefactos desenterrados significa que los griegos micénicos eran poderosos, capaces de mantenerse en el escenario internacional y poseían la tecnología necesaria para viajar por el Mediterráneo y comerciar con seguridad con las civilizaciones vecinas.

¿Pero qué hay de la historia de Micenas? Desafortunadamente, es más fácil para los académicos entender mejor el comercio y la cultura que los hechos reales por las razones explicadas en el siguiente capítulo.

[83] Budin, *The Ancient Greeks: An Introduction*, p. 53.

Capítulo 4 - El periodo de las tumbas de cúpula, alrededor de 1600 - 1450 a. C.

Aunque los griegos micénicos poseían una escritura silábica llamada lineal B, no se sabe mucho sobre los acontecimientos, los individuos específicos o incluso las guerras a gran escala. Los documentos con escritura frecuentemente no sobrevivían a las vicisitudes del tiempo, si es que siquiera se conservaban. La mayoría de las civilizaciones de la Edad de Bronce registraron información en tablillas hechas de arcilla húmeda. Mientras que algunos documentos de arcilla se conservaban endureciendo el material sobre fuego, la mayoría se limpiaban y las tablillas se reutilizaban. Así que los arqueólogos, académicos e historiadores necesitan recurrir a fuentes no textuales para reunir información. Para los primeros griegos micénicos, la mejor fuente son las tumbas.

El primer período conocido de la civilización micénica se llamó el periodo de las tumbas de cúpula, que duró desde aproximadamente el 1600 a. C. hasta el 1450 a. C. Durante sus primeras etapas, la civilización micénica estuvo fuertemente influenciada por los minoicos, un grupo rival en el Mediterráneo que vivía en islas como Creta y Thera. Tanto los micénicos como los minoicos fueron culturas que influenciaron a los antiguos griegos posteriores, que formarían la base de lo que ahora se conoce como civilización griega.

Durante el 1600 a. C., los micénicos comenzaron a desarrollar sofisticados centros de poder en el Peloponeso y crearon una serie de asentamientos que podían comerciar y defenderse unos a otros. Los micénicos experimentaron además un auge de población que permitió la creación de la sociedad de élite guerrera micénica por la que se hizo famosa[84]. En esta época, los micénicos comenzaron a desarrollar estructuras llamadas *megarones*, grandes salones rectangulares sostenidos por cuatro columnas que formaban la base de los palacios micénicos, así como fortificaciones que se convertirían en los palacios de los siglos posteriores[85]. Las murallas defensivas comenzaron a construirse alrededor de la misma época que los *megarones*, lo que indica el deseo micénico de mantenerse separado de las docenas de otros grupos que habitaban la península griega.

Los cimientos de un *Megarón* fuera de Micenas

---

[84] Louise Schofield, *The Mycenaeans*, Los Angeles: J. Paul Getty Museum, 2006.

[85] Richard T. Neer, *Greek Art and Archaeology: A New History, c. 2500-c. 150 BCE*, New York.

Alrededor del periodo de las tumbas de cúpulas, los micénicos se reunieron lentamente y establecieron rutas comerciales y relaciones diplomáticas con las civilizaciones vecinas. En particular, formaron relaciones duraderas con las cercanas civilizaciones minoica y cicládica. Los micénicos no conocían bien al pueblo cicládico, pero tenían algo de comercio. Los minoicos fueron el principal socio comercial de los micénicos. Los micénicos incluso adoptaron numerosas prácticas artísticas y arquitectónicas micénicas, e incluso podrían haber tomado y adaptado el lenguaje escrito para satisfacer sus propias necesidades, lo que constituiría la transformación potencial del lineal A al lineal B. Las pruebas de la profunda relación entre los micénicos y los minoicos proceden de la representación de los micénicos en un fresco minoico en la isla de Akrotiri, así como de la presencia de cerámica de cada civilización que se encuentra en el territorio de la otra.

Fuera de la civilización cicládica y de los minoicos, los micénicos comenzaron a exportar su cerámica y otros bienes a través del mar Mediterráneo. Se han encontrado artefactos y restos de objetos como vasijas y jarros hasta la costa occidental de Asia Menor, con algunos sitios clave como el Líbano, Egipto, Palestina, Troya, Chipre y Mileto. Lamentablemente, los historiadores no pueden reconstruir muchos de los acontecimientos reales que ocurrieron durante este período debido a la falta de historias o registros escritos.

Como no se conoce mucha historia, los arqueólogos e historiadores definen este período basándose en las prácticas mortuorias. Los académicos contemporáneos tienen acceso a una gran cantidad de tumbas por las que este periodo se ganó su nombre. Una tumba de cúpula es una forma distinta de estructura funeraria que está parcialmente sumergida en el suelo y tiende a tener un suelo de guijarros y un techo de listones de madera, con múltiples personas enterradas en las dos o tres habitaciones creadas. Estas tumbas de cúpula eran la forma de entierro más común para las élites de la sociedad y solían incluir numerosos artículos y objetos de lujo que se conservaron durante milenios. Estos artículos dan pistas intrincadas sobre cómo vivían los micénicos y el desarrollo de la arquitectura, el arte y la sociedad en general. No está claro lo que le sucedió a los micénicos comunes, pero podrían haber sido enterrados en tumbas menores que no se preservaron.

Las elites micénicas fueron enterradas en tumbas de cúpula con objetos distintivos que demostraban los roles de género, la riqueza de la civilización y la formación general de una clase noble más rica. Los arqueólogos descubrieron los cuerpos de hombres micénicos adornados con máscaras y armaduras de oro, mientras que las mujeres llevaban coronas y ropas de oro con joyas y ornamentos[86]. Las tumbas de cúpula real fueron descubiertas fuera de la acrópolis de Micenas, lo que significó el surgimiento de la dinastía real de habla griega que daría forma permanente a la cultura micénica y la convertiría en la potencia económica marítima que permaneció hasta el colapso de la Edad de Bronce tardía[87]. La prosperidad de la civilización es especialmente obvia debido a la presencia de máscaras funerarias de oro sólido. Tal vez los sitios arqueológicos más importantes para este período de tiempo serían los Círculos de Tumbas A y B, que son aquellos sitios fuera de Micenas.

---

[86] Schofield, 2006, pg. 32

[87] Oliver Dickinson, *The Origins of Mycenaean Civilization*, Götenberg: Paul Aströms Förlag, 1977.

Una máscara funeraria de oro

Hacia el final del periodo de las tumbas de cúpula, alrededor del 1500 a. C., la élite micénica comenzó a ser enterrada en imponentes estructuras llamadas *tholos*, o tumbas de colmena. Estas eran más grandes, hechas de piedra, y tenían techos abovedados. Los *tholos* representan un enigma para los arqueólogos porque es difícil saber si pertenecían únicamente a la élite y los plebeyos en cambio eran enterrados en tumbas comunales, ya que hay algunas tumbas que tienen numerosos cuerpos, lo que indica que podrían haber sido comunales. Hay pruebas de que facciones políticas o militares rivales intentaron construir los más grandes tholos en un intento de superarse unos a otros en el juego de los entierros conspicuos. El más famoso de estos *tholos* es el Tesoro de Atreus, también llamado la Tumba de Agamenón en honor al famoso héroe mítico griego. El Tesoro de Atreus fue quizás la tumba micénica más impresionante de este período y demostró la prosperidad de la civilización hacia el final de la era de las tumbas de cúpula. No solo era una de las tumbas más grandes, sino que también poseía algunos de los mayores tesoros de oro jamás registrados en la historia del descubrimiento arqueológico micénico.

Sección transversal del Tesoro de Atreus

Capítulo 5 – El periodo Koiné, aprox. 1450 - 1250 a. C.

El periodo Koiné, aprox. 1450-1250 a. C., fue cuando los micénicos comenzaron a ganar más poder en el mar Egeo gracias a la erupción de Thera. Thera era un conjunto de islas habitadas por los minoicos que formaban una caldera. Cuando entró en erupción, la fuerza envió una serie de terremotos y maremotos a través del mar, destruyendo numerosos asentamientos minoicos hacia 1500 a. C., enviando a la civilización minoica a la decadencia. Esto permitió a la flota micénica acceder a nuevas rutas comerciales y dirigir su atención a la dominación de los minoicos, que poseían valiosos recursos, puertos y relaciones comerciales con otras civilizaciones.

Alrededor de 1450 a. C., los micénicos tomaron el control de la capital minoica en Creta y conquistaron numerosas islas hasta Rodas[88]. Con los minoicos incapacitados, los micénicos se habrían convertido en la potencia dominante en el mar Egeo, apoyados por su cultura militar y uniforme en la Grecia continental. Esto se convertiría en la era dorada de los micénicos debido a su poder y desarrollo durante los dos siglos siguientes.

---

[88] Schofield, p. 71-72.

Con el control del Egeo, la civilización estaba en una posición ventajosa para comerciar con otros, especialmente con las sociedades de Asia Menor (la costa occidental de Anatolia que se ve abajo). La ubicación del mar Egeo con respecto al Peloponeso y al resto del Mediterráneo se incluye aquí, con el mar marcado en azul.

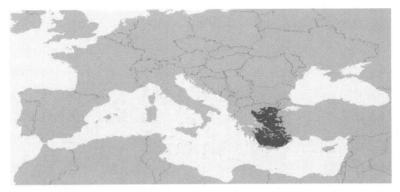

El territorio de los micénicos

Alrededor del siglo XIV a. C., los micénicos comenzaron a comerciar con nuevas civilizaciones llenando los huecos dejados por los minoicos. Algunas de las rutas más lejanas fueron a Apulia en Italia, asentamientos más pequeños en España, Amman en el Cercano Oriente y Chipre. Algunos de los estados palaciegos establecieron nuevas ciudades en estas áreas, incluyendo en Mileto en 1450 a. C. Mileto permitió a los micénicos acercarse a los hititas, con los que los micénicos tenían una relación complicada.

Alrededor del 1400 a. C., los micénicos comenzaron a construir sus impresionantes estructuras palaciegas y sus edificios y fortificaciones *megarones*. Aparecieron murallas ciclópeas alrededor de Micenas y Tirios, mientras que los cimientos de los palacios se erigieron en Tebas, Atenas, Midea, Pilos e Iolcos en Tesalia. Alrededor de este período, la antigua capital minoica de Cnosos en Creta se convirtió en un nuevo complejo micénico, ya que los micénicos construyeron un nuevo salón del trono y cambiaron la arquitectura. Los centros palaciegos se complicaron y se convirtieron en una sofisticada burocracia por la misma época, mientras que los asentamientos demostraron una mayor unidad cultural y social[89]. Se crearon oficinas especiales para supervisar las industrias y el comercio, y este es también el período de tiempo en el que los *wanax* aparecieron como una posición en su sociedad.

La participación con los hititas

Durante el periodo Koiné, los micénicos parecían tener el mayor contacto con los hititas. Los hititas fueron otra civilización de la Edad de Bronce que vivió en Anatolia, una región del Cercano Oriente. En los registros hititas, un grupo llamado *Ahhiyawa* (*Ahhiyawa* era una traducción de la palabra Achaeans, que los micénicos a veces usaban para ellos mismos) aparece entre los años 1400 a. C. y 1220 a. C. Estos documentos son algunas de las mejores fuentes para la participación de Micenas en Anatolia y áreas cercanas debido a la gran abundancia de materiales. Los arqueólogos descubrieron que un edificio entero de tablillas de arcilla —el método preferido de escritura— se conservó cuando el edificio se incendió. El calor endureció la arcilla, manteniendo los registros intactos.

Alrededor del periodo Koiné, los micénicos tenían relaciones diplomáticas con los hititas, pero también parecían chocar con ellos en el campo de batalla. Los micénicos interfirieron repetidamente en los asuntos de los reinos de Anatolia, incluso apoyando rebeliones anti-hititas y levantamientos en asentamientos y estados vasallos[90]. Esto a menudo dejaba a micénicos e hititas en desacuerdo, y parecía haber varios conflictos que llevaban al combate.

---

[89] Kelder, *The Kingdom of Mycenae: A Great Kingdom in the Late Bronze Age Aegean*, p. 11.

[90] Kelder, *The Kingdom of Mycenae: A Great Kingdom in the Late Bronze Age Aegean*, p. 23.

Los registros hititas indican que un *wanax* micénico, escrito en la lengua hitita como Attarsiya, atacó varios estados vasallos en Anatolia occidental. Algunos historiadores creen que Attarsiya era una traducción de Atreus, que fue un héroe mitológico griego y el fundador de una familia heroica. Los conflictos entre los hititas y los *wanax* micénicos continuaron ocurriendo con un acontecimiento notable que tuvo lugar en 1315 a. C. cuando los micénicos respaldaron un levantamiento en uno de los estados vasallos hititas. Hacia 1260 a. C., el rey micénico fue reconocido como igual a los otros líderes de la Edad de Bronce cerca del Mediterráneo, incluyendo a los hititas, los egipcios, los babilonios y los asirios[91]. En este período, los micénicos apoyaron otra revuelta del estado vasallo, esta vez liderada por un líder llamado Piyama-Radu. Los micénicos parecían aprovecharse de los disturbios dondequiera que ocurrieran y continuaron tomando la isla de Lesbos de Piyama-Radu cuando empezó a perder poder[92].

Los historiadores también creen que los conflictos entre los hititas y los micénicos condujeron al conflicto conocido por los griegos como la Guerra de Troya[93]. En algún momento, los hititas atacaron y sitiaron Troya, que figuraba bajo el nombre de *Wilusa* en los registros hititas. A diferencia del mito, no se mencionan caballos de madera gigantes, y la guerra llegó a su fin cuando los reyes intercambiaron correspondencia para crear un tratado que pusiera fin al conflicto.

---

[91] Kelder, *The Kingdom of Mycenae*, p. 119–120.

[92] Kelder, *The Kingdom of Mycenae*, p. 27.

[93] Trevor Bryce, *The Kingdom of the Hittites* (New ed.), Oxford: Oxford University Press, 2005, p. 361.

Capítulo 6 - El colapso, alrededor de 1250 - 1100 a. C.

Sin embargo, su poder no podía durar. Aunque los micénicos se aseguraron una posición favorable entre 1450 y 1250 a. C., se vislumbraban problemas en el horizonte. Lo que se avecinaba era una fuerza misteriosa que diezmó súbita y completamente muchas de las civilizaciones de la Edad de Bronce en Europa, Asia y el norte de África. Este fue el colapso de la Edad de Bronce tardía, un evento desastroso cuyas causas exactas se desconocen. A pesar de las numerosas ventajas, los micénicos serían incapaces de mantener su posición en el Mediterráneo con la llegada de lo desconocido.

Declive y resurgimiento

El declive de los micénicos puede entenderse mejor como una serie de olas que se fueron acumulando a lo largo de un siglo y medio y que lentamente causaron destrucción. La primera ola golpeó alrededor de 1250 a. C., cuando una serie de misteriosos desastres golpearon influyentes estados palaciegos. Tebas y Orcómeno se quemaron hasta los cimientos, mientras que importantes fortificaciones beocias como Gla fueron abandonadas y dejadas vacías. En Micenas, la ciudadela principal fue asediada y quemada, resultando en una expansión de las fortificaciones de piedra existentes. Algunos estados construyeron pasadizos subterráneos masivos para permitir el escape y las conexiones con las cisternas subterráneas, lo que indica que se produjo o se temía algún tipo de ataque masivo. Centros como Atenas, Midea y Tirinto eligieron construir aún más muros ciclópeos mientras Micenas duplicaba el tamaño de su ciudadela antes de que se quemara[94].

Después de una década de infortunio, la situación se equilibró, y los micénicos pudieron reanudar su forma de vida. La cultura floreció, y el pueblo volvió a prestar atención a acosar a los hititas, que parecían ser el principal enemigo de los micénicos. Alrededor de 1220 a. C., los micénicos apoyaron una vez más una rebelión del estado vasallo y también atacaron a Asiria a través de un embargo. Sin embargo, esas acciones podrían haber sido el resultado de una grave disminución del comercio en todo el Mediterráneo[95]. Los estados fueron incapaces de mantener un trasfondo político sólido que condujo a disturbios civiles y a ejércitos revoltosos. Otras civilizaciones que experimentaron dificultades fueron los mencionados hititas y asirios, así como los egipcios y los babilonios. Hacia 1190 a. C., un barril de pólvora esperando una sola chispa encendió y destruyó el vibrante estilo de vida mediterráneo.

El colapso final

Nadie está seguro de lo que desencadenó la segunda ola de destrucción que golpeó a Micenas en 1190 a. C. y envió ondas de choque a través del resto de los estados palaciegos. Todas las pruebas arqueológicas muestran que la ciudad fue destruida en su mayor parte y finalmente reocupada con una fracción de su población original[96]. Algo sucedió que mató a una gran parte de

---

[94] Castleden, *Mycenaeans,* p. 219.

[95] Tartaron, *Maritime Networks in the Mycenaean World.*

[96] Cline, *1177 B.C. The Year Civilization Collapsed.*

los micénicos, resultando en caos y desorden. En 1180 a. C., Pilos fue la siguiente, dejando atrás una serie de tablillas de arcilla endurecida con inscripciones en lineal B. Estas tablillas incluyen referencias a preparaciones de defensa apresuradas que finalmente no llevaron a ninguna parte. No se da ninguna información sobre quién podría haber sido la fuerza atacante, y el palacio fue destruido en un incendio masivo[97].

Los refugiados huyeron de múltiples secciones de la Grecia continental e inmigraron a nuevas áreas. Las zonas más afectadas, incluida Beocia, experimentaron dramáticas disminuciones de población debido a una combinación de altas tasas de mortalidad y familias que huían. Muchos micénicos se dirigieron a Chipre y a la costa levantina, lo que pareció haber evitado la destrucción. Extrañamente, no todos los estados palaciegos fueron afectados por el desastre. Algunos, como Atenas, permanecieron intactos y se convirtieron en una de las ciudades-estado griegas más famosas de la historia. Las islas del Egeo también prosperaron, pero solo por un corto período de tiempo antes de la llegada de la Edad Media griega.

¿Qué causó el colapso?

Aunque el primer instinto de mucha gente es adivinar que los micénicos fueron presa de los ataques de otra civilización o de hordas de merodeadores, los académicos no están tan seguros. Muchos creen que algo importante tenía que ocurrir para debilitar el poder de los estados palaciegos antes de que un asalto contra cualquiera de los grandes asentamientos tuviera éxito. La vía más probable de decadencia de los estados palaciegos era el debilitamiento del sistema palaciego, la administración que mantenía el mundo en funcionamiento. Esto podría haber ocurrido a través de un movimiento de población o alguna forma de conflicto interno.

---

[97] Freeman, *Egypt, Greece and Rome: Civilizations of the Ancient Mediterranean* (3rd ed.).

En la primera teoría, se produjo un movimiento de población porque los micénicos se vieron amenazados por un grupo griego nativo rival llamado los dorios. Esta idea, llamada la invasión dórica, se apoya en una amplia gama de pruebas arqueológicas. Hacia el final de la época micénica en el poder (1200-1100 a. C.), aparecieron nuevos tipos de entierros en el territorio de la civilización, incluyendo algo llamado tumba de cista. Una cista es un tipo de caja de piedra, similar a un ataúd, utilizado para almacenar múltiples cadáveres. Se sellaban y podían estar sobre o bajo tierra. Las tumbas de cista no fueron utilizadas por los micénicos, lo que indica que un nuevo grupo estaba invadiendo los estados palaciegos. Al mismo tiempo que aparecieron las nuevas tumbas, un nuevo dialecto griego, llamado dórico, comenzó a aparecer en los registros que se conservan, y un estilo de cerámica llamado "Cerámica Bárbara" se mezcló con fragmentos de cerámica micénica tradicional.

Según la hipótesis de la invasión dórica, los dóricos eran del norte de Grecia continental y comenzaron a dirigirse al sur. Su migración resultó en la devastación de las fronteras territoriales micénicas, ya que los dóricos no eran un grupo amistoso[98]. A medida que viajaban, arrasaban y quemaban asentamientos y se apoderaban de tierras de cultivo y otros valiosos recursos naturales. Con el tiempo, invadieron los asentamientos de Micenas y Pilos, entre otros.

La hipótesis de la invasión dórica está en desacuerdo con otra idea predominante, que es que los micénicos fueron una de las numerosas víctimas de los pueblos del mar. Los pueblos del mar son una de las fuerzas más misteriosas de la historia antigua porque nadie está seguro de quiénes fueron. Los pueblos del mar vinieron del mar Mediterráneo y devastaron muchas de las civilizaciones a lo largo de sus costas orientales, incluyendo Egipto. Muchos pueblos de Anatolia y el Levante

---

[98] George Emmanuel Mylonas, *Mycenae and the Mycenaean Age.* Princeton, NJ: Princeton University Press, 1966, p. 231-232.

desaparecieron, incapaces de luchar contra la marea de guerreros bárbaros que venían del agua. En los registros hititas, los micénicos suelen estar asociados con los pueblos del mar, potencialmente por las similitudes de los grupos étnicos[99]. Según algunos académicos, esta asociación significa que algunos de los pueblos del mar eran los dorios que buscaban expandir sus fronteras. Otros creen que los dóricos no eran el verdadero problema, y que eran los pueblos del mar todo el tiempo.

Otro escenario potencial es que los micénicos se destruyeron a sí mismos a través de guerras internas y rebeliones. Si los disturbios civiles eran lo suficientemente grandes en varios estados palaciegos, entonces la administración del palacio ya no sería efectiva. Esta teoría viene de dos formas. En la primera, los estados palaciegos luchaban entre sí por el territorio, los recursos y otras disputas. En esta teoría, la responsabilidad de la destrucción recae en la clase de guerreros de élite, ya que son los que tienen más poder. En la segunda, una clase libre inferior insatisfecha se cansó del estricto sistema jerárquico y se rebeló contra el *wanax* y su administración[100]. En cualquier caso, todo lo que quedaba de los otrora prósperos griegos micénicos eran asentamientos empobrecidos que carecían de un comercio y una cultura sofisticados.

Una última teoría es que los factores naturales perturbaron la agricultura y el comercio, causando rebeliones o facilitando que los enemigos invadieran los estados palaciegos. Algunos de los eventos más comúnmente hipotéticos son el cambio climático, las sequías que destruyen las cosechas y los terremotos de los volcanes cercanos. Después de todo, lo más probable es que los minoicos fueran devastados por las réplicas de una erupción, por

---

[99] Robert Drews, *The End of the Bronze Age*, Princeton: Princeton University Press, 1993, p. 49.

[100] Tartaron, *Maritime Networks in the Mycenaean World*, p. 19.

lo que parece lógico que los micénicos hubieran sufrido un destino similar[101].

Sea cual sea el caso, en el 1100 a. C., la Grecia micénica estaba en su fin. Aunque parte de la población todavía existía, la estructura política y el modo de vida micénicos habían dado paso a la pobreza, al comercio deficiente, a la poca conexión social y al surgimiento de nuevos sistemas culturales como los griegos dóricos. Pero, aunque desaparecieron, los micénicos no fueron olvidados. Durante la Edad Oscura griega, que tuvo lugar entre los años 1100 y 800 a. C., la cultura micénica continuó existiendo y se difundió de alguna forma. Tomaría nuevas ideas, se adaptaría y evolucionaría a lo largo de los siglos, convirtiéndose eventualmente en la cultura dominante de una de las civilizaciones más famosas de la historia —los antiguos griegos.

---

[101] Ibíd.

Capítulo 7 - Los precursores de la religión griega

El culto religioso entre los griegos micénicos se basaba en centros de culto más que en la religión organizada. Se han desenterrado estatuillas que podrían haber sido ofrendas, dando crédito a la idea de que podrían haber desarrollado santuarios en Filakopí, Delfos, Abae, Delos y otros lugares. Aunque existían múltiples deidades, los micénicos tendían a centrarse en dioses individuales en diferentes centros urbanos y rurales. La mayoría de las deidades poseían sus propios sitios religiosos que podían estar en edificios, palacios, o características geográficas naturales como cuevas. Algunos sitios de culto importantes eran lugares como Lerna, que parecía ser una casa santuario con un templo, un altar al aire libre, una imagen de la deidad, y algunos artefactos religiosos que podrían haber sido utilizados en ceremonias y sacrificios. También hay evidencia de animales que han sido sacrificados. Algunos académicos especulan si los humanos podrían haber sido sometidos al cuchillo también, una práctica común entre las civilizaciones de la Edad de Bronce, pero no hay mucho que apoye esta teoría.

A pesar de que los arqueólogos creen que tienen evidencia de culto, identificar elementos religiosos de los griegos micénicos no es una tarea fácil. Debido a que no hay evidencia de una religión central organizada, es difícil elegir los sitios de culto y las deidades individuales. Como el lineal B se usaba con moderación y los griegos micénicos interactuaban con otros grupos como los minoicos, la religión micénica sin duda infundió elementos de otras prácticas en su propio culto. Esto hace que sea difícil determinar qué ideas eran micénicas y cuáles provenían de otras culturas. Las prácticas religiosas específicas también son difíciles de descifrar porque no hay registros, y todo lo que los académicos pueden extrapolar provienen un puñado de artefactos como estatuillas, cuchillos y cerámica.

Otra fuente de controversia es si los griegos micénicos fueron los creadores de la famosa religión griega antigua. Algunos historiadores insisten en que los micénicos desarrollaron la mayoría de las deidades que se encuentran en el antiguo panteón griego, incluso si los conceptos y relaciones cambiaron durante la Edad Media griega. Otros, como Sir Moses I. Finley, insisten en que Micenas tuvo poca o ninguna influencia en los antiguos griegos. Uno de los mayores debates sigue siendo sobre el mundo representado en las obras del poeta Homero. Algunos creen que las epopeyas reflejaban la cultura micénica y también su religión, mientras que otros advierten que no se debe dar demasiado significado al texto. Sea como fuere, hay pruebas de que la religión de los griegos micénicos fue el origen genuino de la futura religión griega, con numerosas deidades que aparecieron por primera vez entre 1600 y 1100 a. C.

Las deidades micénicas

Las tres deidades primarias que ocupaban lugares de privilegio en la religión de los griegos micénicos eran Poseidón, Deméter y Perséfone. En documentos antiguos inscritos con texto en lineal B, el trío se puede encontrar referido como las "dos reinas y un rey", o *wa-na-ssoi* y *wa-na-ka-te*[102]. Poseidón, escrito como *Po-se-da-o*, parecía tener alguna asociación con la posición del *wanax*. Es lo que se conoce como una deidad ctónica, o un dios asociado con el mundo subterráneo bajo la tierra. Este término también puede ser traducido como sobrenatural o relacionado con el inframundo. En el caso de Poseidón, parecía estar conectado a los terremotos y se le hizo referencia usando la denominación *E-ne-si-da-o-ne*, o Agitador de la Tierra. También podría haber representado el espíritu del río del inframundo que dividía los reinos de los vivos y los muertos[103].

A menudo en asociación con Poseidón había referencias a múltiples damas o a una sola dama o amante con el título *Po-ti-ni-ja*, que literalmente se traduce como "dama". Estas inscripciones provienen principalmente de tabletas descubiertas en Pilos, y ella puede o no haber tenido un santuario significativo en el sitio de Pakijanes en la región[104]. Algunos arqueólogos observan similitudes entre *Po-ti-ni-ja* y la "señora del laberinto" minoica de Creta. Ambas mujeres parecían tener un papel de importancia monumental en sus respectivas religiones, pero hay poca información sobre sus identidades. Algunos historiadores creen que la *Po-ti-ni-ja* es Deméter o su hija Perséfone.

Deméter y Perséfone son, según todos los informes, dos de las más antiguas deidades griegas con rituales de iniciación especiales que se celebran cada año, llamados los misterios eleusinos. Múltiples registros indican que las dos diosas eran de origen micénico. En la cultura griega, a menudo se les llamaba "las dos diosas" o "las amantes", lo que demuestra su prominencia y naturaleza reconocible. Las inscripciones del

---

[102] Mylonas, *Mycenae and the Mycenaean Age*, p. 159.

[103] Nilsson, *Greek Popular Religion*.

[104] Mylonas, *Mycenae and the Mycenaean Age*, p. 159.

lineal B descubiertas en Pilos se refieren a dos diosas conectadas llamadas *Pe-re-swa* y *Si-to-po-ti-ni-ja*[105]. Mientras que *Pe-re-swa* se asocia con Perséfone, *Si-to-po-ti-ni-ja* era una diosa agrícola con un nombre basado en la palabra *sito*, o trigo. Se ha establecido una conexión con Deméter, que era la diosa de la cosecha con el título de culto *Sito*.

Los famosos misterios eleusinos de la antigua cultura griega se originaron durante el período micénico, alrededor del 1500 a. C. Los rituales parecen haberse basado en un antiguo culto griego a la vegetación diseñado para obtener buenas cosechas y puede que hubieran robado algunos elementos de los minoicos cercanos. Como el culto comenzó como uno privado, lo que significa que no había ningún reconocimiento u organización estatal palaciega, quedan pocos registros sobre sus prácticas. Sin embargo, se pueden encontrar similitudes entre los fundadores de los misterios eleusinos y el culto de Despoina. Los historiadores creen que el culto de Despoina adoraba una forma temprana de Perséfone. La documentación de Despoina proviene de Arcadia, una región del Peloponeso griego, donde hay registros adecuados de los primitivos mitos arcádicos que apoyan la existencia de figuras que se asemejan a Poseidón, Deméter y Perséfone.

En los mitos arcádicos, que son anteriores a los mitos micénicos, Poseidón era el espíritu del río del inframundo que perseguía a Deméter a caballo. Deméter se convirtió en una yegua y finalmente tuvo dos hijos: un caballo macho llamado Arión y una hija llamada Despoina con la cabeza o el cuerpo de una yegua. Esta historia dio lugar a múltiples opciones artísticas en reliquias religiosas e ídolos, incluyendo estatuas con cabezas de animales de Deméter, Despoina y otras deidades en toda Arcadia. Los frescos micénicos de 1400 a. C. continuaron esta tradición, mostrando individuos con máscaras de animales en

---

[105] John Chadwick, *The Mycenaean World,* Cambridge: Cambridge University Press, 1976, p. 95.

algún tipo de procesión o fiesta. Sus joyas también presentan estas máscaras de animales o humanos medio animales, como un anillo de oro descubierto en Tirinto que muestra una procesión de demonios que no son del todo humanos o animales[106]. Algunos historiadores tienen la hipótesis de que esta tradición micénica se trasplantó al mundo de los antiguos griegos a través del mito del Minotauro, aunque otros argumentan que el Minotauro es más una creación minoica. Sea cual sea el caso, Deméter y Despoina estaban fuertemente asociados con los manantiales, los animales y la vida vegetal, mientras que a Poseidón se le dio lo subterráneo y el agua. Incluso aparece una forma primitiva de Artemisa, que se conoce con el título de "amante de los animales". Es generalmente aceptado que ella podría haber sido la primera ninfa, que es un espíritu que estaba ligado a un árbol, planta o cuerpo de agua específico.

Hilas y las Ninfas, por John William Waterhouse, 1896

---

[106] Martin Persson Nilsson, *Geschichte der Griechischen Religion* (3rd ed.), Munich: C.H. Beck Verlag, 1967, p. 293.

En la tradición arcádica, y aún en la época de los griegos micénicos, Artemisa era la hija de Deméter y quizás la diosa más popular de la Grecia continental[107]. Su nombre estaba escrito como *A-te-mi-to* o *A-ti-mi-te* en lineal B. Algunos académicos tienen la hipótesis de que se basaba en la Britomartis minoica, que era una diosa representada por dos leones en numerosos artefactos de oro tomados de lugares como Creta. Alrededor de Esparta, los arqueólogos descubrieron máscaras de madera hechas para parecerse a los rostros humanos que se habrían usado durante los rituales del culto a la vegetación. Estas máscaras se remontan a la época de los micénicos, lo que indica que Artemisa estaba conectada a Deméter incluso entonces. Artemisa también puede haber estado relacionada con un "culto al árbol" minoico, famoso por sus orgías y bailes salvajes y extáticos[108].

Otras deidades micénicas eran Peán (*Pa-ja-wo*) y Atenea (*A-ta-na*). Peán era la personificación de una canción que podía curar a los pacientes que padecían diversas enfermedades y dolencias, lo que le convirtió quizás en el primer médico mítico griego. Con el tiempo, Peán comenzó a representar la canción de la victoria, así como a los magos en general, y se cree que podría tener vínculos con Apolo. El nombre de Atenea aparece en las inscripciones de lineal B de Cnosos y parece haber sido la diosa del palacio, así como la diosa de la guerra. Ella fue representada llevando un escudo de la figura de ocho y a veces tenía su nombre escrito como *A-ta-na po-ti-ni-ja*, o Señora Atenea. Los historiadores han notado la conexión entre estos textos y cómo Atenea es referida como la Señora Atenea en las obras homéricas[109].

---

[107] Pausanias, *Description of Greece*, VIII–37.6.

[108] Nilsson, Martin Persson, *Geschichte der Griechischen Religion*, p. 281.

[109] Chadwick, *The Mycenaean World*. Cambridge: Cambridge University Press, p. 88.

Mientras tanto, los arqueólogos e historiadores siguen estableciendo correlaciones entre los nombres y las figuras encontradas en las tablillas de lineal B y otros miembros del antiguo panteón griego. En la última década, los académicos creen haber encontrado referencias a Zeus, Hera, Ares, Hermes, Hefesto, y más dioses menores como Erinya y Eileithyia. Hefesto puede ser el micénico *A-pa-i-ti-jo*, pero su esposa, Afrodita, está ausente en los textos. El famoso epíteto de Hera, "ojos de vaca", aparece en los documentos como *Qo-wi-ja*, por lo que los historiadores creen que ella también podría haber estado entre el panteón micénico[110]. Se la menciona a menudo con su marido, aunque no con mucho detalle.

---

[110] Chadwick, *The Mycenaean World*. Cambridge: Cambridge University Press, p. 95.

Capítulo 8 - Arte y arquitectura

Aunque mucha gente piensa en los antiguos griegos o romanos cuando imaginan una arquitectura o infraestructura impresionante, los micénicos fueron en realidad una de las primeras civilizaciones en desarrollar una amplia red de carreteras y fontanería de ciudades. Por ejemplo, su proyecto más famoso fue la serie de caminos que cruzaban el Peloponeso, facilitando el despliegue de tropas y la protección de varios asentamientos[111]. Una enorme muralla defensiva también protegía el Istmo de Corinto y otras zonas más débiles, lo que indicaba que la civilización no solo tenía la tecnología para defenderse, sino también una razón para hacerlo.

Los griegos micénicos desarrollaron su propio arte y arquitectura, pero se inspiraron en los minoicos y otros grupos étnicos griegos que vivían en el continente. En términos de arte, la civilización dejó atrás hermosos ejemplos de trabajos en metal, frescos y cerámica que proporcionan una visión de las tecnologías disponibles de la época y lo que los micénicos consideraban hermoso o digno de pintar. La arquitectura ofrece

---

[111] Kelder, *The Kingdom of Mycenae,* p. 116.

una información similar, pero también puede indicar dónde se ubicaban los centros de poder y cuán defensivos debían ser los micénicos.

Palacios y viviendas promedio

Los palacios eran la pieza más significativa de la arquitectura de los estados palaciegos ya que eran el hogar de la administración. La ubicación geográfica del palacio tendía a variar en función del terreno en cada estado, pero la estructura siempre se construía en algún lugar central, pero con barreras defensivas naturales. Por ejemplo, los palacios de Micenas, Pilos y Tirinto, tres de los sitios mejor conservados, se encuentran en las cumbres de las colinas o en los afloramientos rocosos con espacio para construir el resto del asentamiento a su alrededor[112]. Los arqueólogos conocen una gran cantidad de información sobre los palacios porque la mayoría de ellos han sido descubiertos. En la Grecia central, las estructuras palaciegas de Tebas y Orcómeno están parcialmente descubiertas, mientras que el palacio construido en la Acrópolis de Atenas se ha desgastado hasta casi desaparecer.

Los palacios poseían algunas características similares sin importar el estado en que fueron construidos. El punto focal era siempre el *megarón*, que se usaba como salón del trono. Este cuarto poseía un hogar circular rodeado por cuatro columnas que sostenían el pesado techo. Los tronos estaban a la derecha de la entrada, mientras que muchas de las otras paredes estaban cubiertas de ricas decoraciones para demostrar la riqueza de la administración y la familia gobernante. Para llegar al *megarón*, los visitantes debían pasar por un patio al que se podía acceder a través de un *propileo*, que es esencialmente una entrada con puerta abierta. A continuación, se incluye un ejemplo.

---

[112] Fields, *Mycenaean Citadels c. 1350–1200 BC* (3rd ed.), p. 19.

Propileo

A lo largo de los estados palaciegos, los palacios compartían numerosos estilos de pintura e iconografía. Las imágenes marinas eran populares, incluyendo representaciones de delfines, pulpos y peces. Alrededor del *megarón* había numerosos patios abiertos que daban lugar a habitaciones como almacenes, viviendas y talleres. Algunos palacios poseían también salas de recepción o de saludo. Los palacios podían tener dos pisos, y los arqueólogos creen que las habitaciones de la familia real estaban arriba y lejos del ajetreo de la vida.

Los arqueólogos e historiadores saben menos sobre el asentamiento doméstico estándar que sobre los palacios. Sin embargo, se cree que tales estructuras eran edificios de un solo nivel hechos de ladrillos de barro de varios tamaños. Los techos estaban hechos de tordos, heno y a veces de madera, y los animales parecen haber sido mantenidos ya sea en un patio cerrado, un patio, o a veces incluso en la casa.

Metalurgia

La mayoría de los ejemplos de metalistería micénica provienen de los objetos de entierro tomados de los círculos de tumbas A y B cerca de Micenas. Los griegos micénicos tendían a hacer piezas de metal más pequeñas con materiales preciosos y guardaban el bronce para usar en armas y herramientas. Algunos tipos de metal incluyen copas, anillos de sello, joyas, broches y máscaras funerarias. Ejemplos famosos de estos artículos son la máscara de Agamenón, la copa de Néstor, el anillo de Teseo y el ritón de asedio de plata. Los artesanos especializados probablemente hacían piezas más pequeñas de trabajo usando metales preciosos mientras que los herreros dedicaban su tiempo a las armas, herramientas y herraduras. Basándose en la arquitectura de los centros palaciegos y los bienes encontrados allí, los arqueólogos creen que los hábiles herreros vivían cerca de la administración de los estados palaciegos.

Figuras y figurillas

La evidencia sugiere que los micénicos no crearon grandes esculturas, pero sí una variedad de pequeñas estatuillas, figuras y figurillas, siendo la arcilla el material más común. Hasta ahora se han descubierto objetos de esta variedad en casi todos los sitios arqueológicos micénicos conocidos, lo que indica que la práctica de hacer tales artículos era común y quizás incluso necesaria como parte de la cultura. Algunas figurillas parecen servir para fines religiosos mientras que otras eran más decorativas. Se han encontrado estatuillas con fines de culto en Tirinto y Agios Konstantinos.

La mayoría de las estatuillas griegas micénicas son de mujeres y tienden a ser antropomórficas o zoomórficas, lo que significa que poseen anatomía o características animales. Las figurillas femeninas pueden dividirse en tres categorías principales que experimentaron aumentos de popularidad durante diferentes períodos de tiempo. Las agrupaciones fueron del tipo phi, del tipo psi y del tipo tau. Una figura de tipo phi se parecía a la letra griega phi, que significa que los brazos dan al cuerpo una forma redonda. Este tipo data de aproximadamente 1450 a. C. Luego vinieron los tipos psi, que se asemejaban a una mujer con los brazos levantados y extendidos. Se originaron alrededor del 1250 a. C. y rápidamente se hicieron populares. El tipo tau fue el último en aparecer, no apareció hasta el 1100 a. C. Estos se parecían a la letra griega "tau". Los arqueólogos suponen que las figuritas tenían múltiples propósitos. Primero, eran probablemente votivos para altares caseros ya que se encuentran frecuentemente en montones de basura doméstica. Segundo, probablemente eran juguetes de niños ya que se encuentran en las tumbas de niños y niñas fallecidos, a veces aferrados al pecho[113].

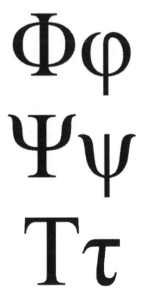

Griego "Phi" Griego "Psi" Griego "Tau"

[113] K.A. y Diana Wardle, "The Child's Cache at Assiros, Macedonia", in Sally Crawford and Gillian Shepherd (eds): *Children, Childhood and Society: Institute for Archaeology and Antiquity Interdisciplinary Studies (Volume I),* Oxford: Archaeopress, 2007.

Frescos

Como gran parte de su cultura, los micénicos fueron influenciados por los minoicos en sus frescos o en sus elaboradas pinturas murales. Se pueden encontrar piezas por toda la Grecia continental en palacios, así como en viviendas domésticas, con algunos de los mejores ejemplos procedentes de Pilos, Micenas, Cigoúries y Tirios[114]. Los micénicos pintaron sus frescos aplicando las pinturas directamente sobre la superficie de la piedra del muro sin una sustancia intermedia. Parecía que se utilizaban pinceles, potencialmente hechos de crin de caballo. Al igual que los minoicos, los micénicos representaban a los hombres usando el color rojo y a las mujeres con el color blanco. Los metales preciosos también se correspondían con los tres colores primarios: el oro era amarillo, la plata era azul y el bronce era rojo. Las escenas y temas populares de los frescos eran la caza, las procesiones religiosas, el salto de toros, las batallas famosas, las narraciones o eventos mitológicos y las formas geométricas en general. Los arqueólogos e historiadores del arte han notado similitudes entre los temas de los frescos y los de la cerámica.

---

[114] Sara A. Immerwahr, *Aegean Painting in the Bronze Age*, University Park: Pennsylvania State University Press, 1990.

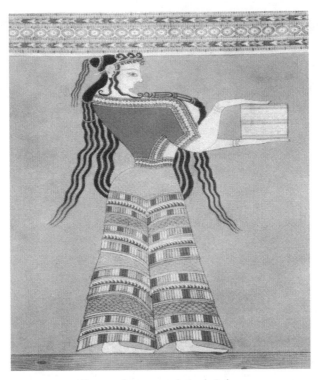

Fresco de una mujer micénica

Cerámica

La alfarería es quizás uno de los mayores activos de la comunidad académica contemporánea cuando se trata de entender a los micénicos. La cerámica no solo era omnipresente, lo que significa que casi todos los micénicos vivos necesitaban tener una vasija para funcionar en la sociedad, sino que gran parte de ella ha sobrevivido a miles de años de erosión y desastres naturales, por lo que los profesionales son capaces de identificar de dónde procedían los fragmentos, qué estilo tenían, quién podría haber utilizado la vasija terminada y la importancia cultural y económica del objeto.

La mayoría de la alfarería micénica consiste en cerámicas de terracota que fueron moldeadas y cocidas a mano para crear una variedad de estilos. Las vasijas terminadas podrían haber sido utilizadas por una amplia gama de razones, incluyendo el almacenamiento de alimentos sobrantes, la fermentación del vino, el transporte de agua, o la simple ornamentación y decoración. El estudio de estos objetos tiene una larga y complicada historia en el campo de la arqueología debido a las convenciones de denominación, los problemas de identificación errónea y el fracaso de la elaboración de sistemas de clasificación durante la primera mitad del siglo XX. A pesar de estos problemas, los académicos han creado un sistema completo de clasificación de la cerámica micénica.

Para contar como cerámica micénica, una pieza debía producirse entre 1600 y 1000 a. C. y ser creada por reconocidos alfareros micénicos griegos. Algunas piezas encontradas en la región de los asentamientos micénicos comparten algunas similitudes con las vasijas micénicas, pero se descubrió que eran minoicas. También se han descubierto trabajos de otras civilizaciones y lugares del Mediterráneo, incluido el Levante, fuera de lugares como Micenas. Mientras tanto, se ha encontrado cerámica micénica en abundancia en lugares como Italia y Sicilia, lo que indica la posible presencia de fuertes rutas comerciales[115].

Los arqueólogos dividen la cerámica micénica en cuatro fases principales que poseen sus propias categorías y complejidades. Estas fases son la micénica temprana, la micénica media, el período palaciego y el período pospalaciego[116]. Aunque los artesanos y los individuos fabricaban cerámica durante cada período y las piezas necesitaban ser utilizadas en la vida cotidiana, los arqueólogos creen que los especímenes encontrados pertenecían principalmente a la élite y a las clases altas. La alfarería era el trabajo de los esclavos o de la gente de clase baja, pero los pobres no podían permitirse enterrar a sus muertos con estas piezas. En su lugar, los ricos a menudo eran enterrados con sus vasijas más elaboradas o hermosas, lo que

---

[115] Evans, A.J. "Knossos: I The Palace (Plates XII and XIII)", *The Annual of the British School at Athens*, 1901, p. 3-69.

[116] Rutter, *The Oxford Handbook of the Bronze Age Aegean*, ed. by Eric H. Cline, Oxford: Oxford University Press, 2012.

permitía su preservación. La cerámica también podría haber sido utilizada durante las ceremonias religiosas y como regalos entre los gobernantes micénicos; estas piezas también eran típicamente seleccionadas para su preservación. A continuación, se presentan algunos ejemplos de cerámica micénica, entre ellos los ritones, que son copas con forma de cabezas de animales.

Una jarra de cuello falso

Una jarra de estribo

Krater, aprox. 1375-1300 a. C.

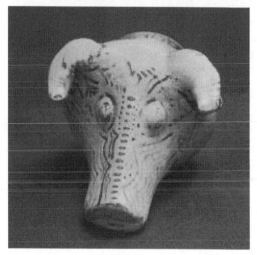

Ritón de cabeza de jabalí, aprox. 1300-1200 a. C.

Ritón de cabeza de todo, aprox. 1300-1200 a. C.

Estas imágenes muestran una gama de épocas y estilos, pero hay algunas similitudes entre las piezas. La cerámica tendía a ser gruesa y hecha de arcilla resistente, que se horneaba y secaba antes de ser pintada. Los micénicos favorecían los patrones geométricos, la vida marina y las flores. En algunas piezas, los artesanos podían cubrir la superficie con una escena como parte de un campo de batalla. Los arqueólogos creen que los ejemplos mostrados arriba representan cerámica que probablemente pertenecía a los ricos, quienes habrían podido encargar trabajos pintados. Sin embargo, sin estas piezas, el público contemporáneo no podría comprender la función de la cerámica, sus lecciones sobre la clase social micénica y las tecnologías a las que tuvo acceso la civilización.

Conclusión

Una de las preguntas más frecuentes sobre el estudio de las civilizaciones antiguas es una que hace llorar a los académicos, pero que necesita ser contestada: ¿Por qué a nosotros, como humanos, nos importa la forma en que la gente vivía hace miles de años?

En el caso de Micenas, hay numerosas razones para que la audiencia contemporánea se interese. Como pueblo, los micénicos dominaron gran parte del Mediterráneo y sentaron las bases para que la mayor civilización occidental diera frutos. La evolución y el desarrollo humanos no ocurren en el vacío. En cambio, puede entenderse mejor como una larga cadena llena de fosas, huecos, círculos cerrados y las conexiones más importantes que unen a las sociedades. Los griegos, tal como los conoce la gente moderna, y por extensión, todas las civilizaciones y países influenciados por ellas, no existirían si no fuera por los micénicos.

Aparte de estas razones prácticas necesarias para entender las civilizaciones antiguas, también hay una curiosidad natural. ¿Cómo pudo la gente vivir en un terreno tan duro como el Peloponeso y aun así desarrollar una administración cohesiva con un poderoso ejército y una marina capaz de establecer rutas comerciales que habrían tardado meses en recorrer? ¿Cómo vivían los humanos de hace miles de años?

¿Eran como nosotros?

Los micénicos desempeñaron un papel importante y fundamental en el desarrollo humano de la región del Mediterráneo, y también contribuyeron con innovaciones muy necesarias en tecnologías esenciales como la ingeniería y la arquitectura. Aunque muchos individuos modernos saben poco sobre ellos, es seguro decir que la vida no sería la misma si este robusto grupo de personas no hubiera decidido construir sus asentamientos en los afloramientos rocosos de Grecia hace casi 4.000 años.

Entonces, ¿qué hicieron? ¿Por qué deberíamos recordarlos? Los micénicos desarrollaron una estructura política y una religión que sigue siendo una de las más reconocibles de la historia. Sus rutas comerciales en el Mediterráneo conectaban sociedades dispares, y sus avances militares permitieron el desarrollo de Esparta, tal vez la cultura de lucha más legendaria conocida por Occidente. Los micénicos también poseían la primera instancia del griego escrito, y muchas palabras utilizadas en idiomas como el inglés son en realidad de origen micénico. En ingeniería, lanzaron proyectos a gran escala que no serían rivales en Europa hasta la llegada de los romanos y sus famosas carreteras. Como precursores y creadores de una cultura que sería adoptada y perfeccionada por uno de los pueblos más influyentes de la historia, no debe sorprender que muchos historiadores antiguos consideren que la Grecia micénica es una cuna de la civilización[117].

---

[117] Castleden, *Mycenaeans*, p. 231.

Quinta Parte: Los Etruscos

Una guía fascinante de la civilización etrusca de la antigua Italia que precedió a la República romana

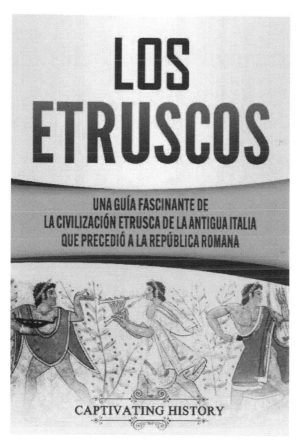

Introducción - ¿Quiénes eran los etruscos?

Casi todo el mundo ha oído hablar de los romanos, pero muy pocos conocen a los etruscos. Los etruscos fueron una de las civilizaciones más poderosas de la antigua Italia antes del surgimiento de los romanos. Prosperaron desde el 900 a. C. hasta su eventual absorción en Roma alrededor del 100 a. C. y disfrutaron de un extenso tramo de territorio llamado Etruria. Se podría decir que sus tierras incluían la Toscana, el oeste de Umbría, el norte y el centro del Lacio, junto con algunos asentamientos en la cercana Campania, Lombardía, Romaña, Véneto y el valle del Po. Estos etruscos desarrollaron su propio idioma, cultura y religión, pero también demostraron el multiculturalismo y la asimilación cultural comunes entre las civilizaciones alrededor del mar Mediterráneo. Solo se desmoronaron cuando se involucraron en las guerras romano-etruscas y no lograron derrotar a la enorme república que se estaba formando a sus puertas.

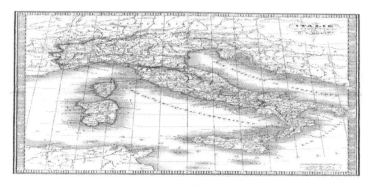
La península itálica

Los predecesores de los etruscos fueron los villanovianos, de los cuales los etruscos tomaron algunos elementos de la cultura y el lenguaje. Debido a su posición en Italia y a su origen étnico, los etruscos se consideraban parte de los itálicos, un grupo etnolingüístico indoeuropeo originario del noreste de África. Los arqueólogos y antropólogos pueden rastrear la migración de los itálicos a Italia hasta el segundo milenio a. C. Mientras que los itálicos se establecieron en Roma, otros viajeros indoeuropeos viajaron a nuevos lugares y se convirtieron en españoles, rumanos, franceses y portugueses, entre otros. Cuando se habla de los etruscos, la gente necesita usar años seguidos por la abreviatura a. C., que significa Antes de Cristo. Esto se refiere al punto anterior al año 1 en el calendario gregoriano moderno. Así que, cuando este volumen se refiere a la civilización etrusca como comenzando alrededor del 900 a. C., significa que los etruscos comenzaron 900 años antes del año 1, o 2.919 años antes del año 2019.

Los etruscos fueron una civilización antigua durante la Edad de Hierro, la última etapa del sistema de tres etapas desarrollado por los arqueólogos para describir el progreso de las civilizaciones basándose en sus tecnologías disponibles. Como miembros de la Edad de Hierro, los etruscos poseían el conocimiento de la metalurgia ferrosa o la elaboración del hierro. Podían desarrollar acero al carbono para fabricar armas más fuertes, armaduras e implementos como herramientas agrícolas que les dieran una ventaja en asuntos militares y en el cultivo de cosechas. La Edad del Hierro sucede a la Edad del Bronce, que fue cuando las civilizaciones aprendieron a crear herramientas de bronce y desarrollaron un sistema de escritura prototipo. Los etruscos ya tenían su propia forma de escritura en el momento de su desarrollo.

La mayoría de la información moderna sobre los etruscos no proviene de sus escritos, sino de la interpretación arqueológica de los artefactos. Para los estudiosos de los etruscos, estos artefactos pueden ser bienes funerarios y de entierro, tumbas, restos de edificios, joyas, pinturas, frescos, inscripciones, armas, herramientas y otros artículos que aún permanecen después de dos milenios de peligros ambientales, saqueos y robos de tumbas. Existen algunas fuentes escritas, pero son raras. También se puede recopilar información de los escritos de civilizaciones y culturas cercanas como la romana, que escribió extensamente sobre los etruscos. Sin embargo, estas fuentes deben ser tomadas con un grano de sal, ya que los antiguos historiadores y filósofos eran propensos a la exageración y a los sesgos en sus interpretaciones.

Sin embargo, la importancia de los etruscos se remonta a Roma. La República romana, y más tarde el Imperio romano, fue un conquistador inusual porque absorbería y asimilaría elementos de las culturas que dominaba. Una práctica habitual era permitir que los derrotados siguieran practicando su cultura y religión siempre que pagaran sus impuestos a tiempo. Tal procedimiento era parte de la razón por la que el cristianismo se filtraría en el Imperio romano alrededor del siglo I d. C., por ejemplo. Para los etruscos, esto significó que influenciaron aspectos de la civilización romana, una de las culturas más poderosas en la historia del mundo occidental.

La palabra "Roma" es de origen etrusco, al igual que los nombres de sus fundadores mitológicos "Remo" y "Rómulo". Varios de los mitos de la creación romana se centraron en ramas de los etruscos que se separaron para fundar Roma, y la propia Roma solía ser parte de la civilización etrusca antes de que se separara y empezara a desarrollar su propia sociedad. Cuando los etruscos fueron absorbidos, elementos de su cultura, idioma y religión se filtraron en la práctica romana. Antes de su asimilación, los etruscos regalaron a Roma gran parte de su ciencia política y su tecnología. A través de los etruscos, los romanos desarrollaron la monarquía, las murallas, los sistemas de drenaje y el poderoso foro.

Los etruscos no solo deben ser estudiados como el influyente de Roma, sino que es la conexión a través de la cual la mayoría de los individuos han oído hablar de su ilustre civilización. Otros desarrollos interesantes de los etruscos fueron su moda extravagante, su compleja estructura política, su planificación urbana y su religión fatalista. Como lector de este volumen, compruebe y vea dónde los etruscos suenan similares a los romanos, pero también interprete lo que hizo a los etruscos únicos, cuáles fueron los rasgos similares a los de otras culturas como la griega, y determine si fue posible para los etruscos evitar su destino contra los romanos durante el siglo I a. C.

Capítulo 1 - Política, gobierno y estructura social

Para entender la historia y la cultura etrusca, primero hay que entender la estructura social básica de su civilización. La organización del estado afectaba al poder de las ciudades-estado, a cómo vivía el individuo medio y a la respuesta etrusca a los vecinos en guerra, a las influencias extranjeras y al comercio. El primer lugar para mirar es la estructura política y el gobierno porque el estado a menudo ejercía el control sobre la vida de los individuos de una forma u otra. Durante los primeros siglos, el gobierno de las ciudades-estado poseía poco poder más allá de la recaudación de impuestos y de ofrecer un mínimo de protección. Sin embargo, no pasó mucho tiempo para que el gobierno creciera y diera paso a poderosas ligas y aristócratas.

Estructura política y gobierno

Al igual que muchas otras civilizaciones antiguas, los etruscos se alejaron del cacicazgo y de las formas tribales de gobierno que poseían sus antepasados y desarrollaron un estado centralizado. Este estado consistía principalmente en nobles varones que habrían sido los jefes o líderes tribales en tiempos anteriores. Aunque este estado central existió, las ciudades-estado etruscas permanecieron divididas y, por lo tanto, no todas las regiones participaron activamente en esta nueva forma de gobierno multiestatal. El uso etrusco del estado centralizado los separó de las cercanas itálicas, que se convertirían en los romanos en una fecha posterior. Durante el período de vida de los etruscos, estos itálicos siguieron organizándose en una serie de cacicazgos que hicieron que el poder estuviera menos organizado y concentrado. El estado etrusco, por otra parte, comenzó como una monarquía, pero rápidamente pasó a una democracia oligárquica en la que las familias de élite poseían el poder y votaban entre ellas para decidir el futuro del estado etrusco y su pueblo. Este cambio ocurrió en algún momento del siglo VI a. C.

Los historiadores describen la estructura política etrusca como una teocracia, o un gobierno basado en una religión del estado central. El gobierno del estado poseía la máxima autoridad sobre las organizaciones tribales y de clanes individuales, y estaba formado por élites de cada uno de ellos, al tiempo que garantizaba que los adherentes al poder del estado compartieran una religión común y obedecieran la ley religiosa. Se puede encontrar una Gorgona en las decoraciones etruscas, y los arqueólogos creen que el símbolo representaba el poder del gobierno y su capacidad para controlar la vida y la muerte de sus habitantes.[118] Debajo del propio estado había unidades más pequeñas políticamente unidas llamadas ciudades-estado, también llamadas el *methlum* o distritos. La población general se llamaba *mech*, mientras que existían numerosos cargos magistrales para recaudar impuestos y preservar el orden interno, junto con una variedad de otras funciones aún desconocidas para los estudiosos. Algunos de sus títulos eran el *parnich*, el *purth*, el *camthi* y el *macstrey*, pero se desconocen las traducciones

---

[118] Las Gorgonas eran tres mujeres en la mitología griega que fueron maldecidas para que su pelo se convirtiera en serpientes venenosas vivas y retorcidas. La más famosa es Medusa, pero también tenía dos hermanas que eran inmortales: Stheno y Euryale. Mientras que los estudiosos contemporáneos a menudo ven a la Gorgona como un monstruo, era un símbolo poderoso en el Mediterráneo que representaba la tenacidad, la durabilidad y el poder.

exactas de estos títulos. El gobernante de un *metlum* se llamaba el *zilach*, mientras que los textos etruscos más antiguos también llaman a la posición el *lucumo*, o monarca sagrado.

Las ciudades-estado, o *methlum*, se reunían en tres confederaciones o ligas que debían estar formadas por doce *methlum* cada una. Los nombres de las ligas son desconocidos debido a lo poco que se ha traducido la lengua etrusca. Los eruditos creen que el requisito de tener exactamente doce *methlum* estaba relacionado con una asociación religiosa con el número. Una liga se llamaba *mech rasnal*, y cada año, los miembros de la *mech rasnal* se reunían en un lugar sagrado llamado *fanu* y discutían sus asuntos actuales y planes para el año siguiente. La reunión también incluía la elección del *zilath mechl rasnal*, el individuo que encabezaría la liga para el año siguiente. Las mujeres parecen haber sido excluidas de estas reuniones y de ocupar cargos políticos o militares.

Los etruscos continuarían usando esta estructura política centralizada hasta que estallara la guerra con Roma alrededor del siglo IV a. C. Según fuentes históricas, Roma era potencialmente un miembro de una de las *mech rasnal*, probablemente de la liga Latina o Campania. Cuando Roma atacó a los etruscos, estos perturbaron la estructura de poder original y causaron disensiones internas que debilitaron los estados políticos en su conjunto.

Con el tiempo, la hegemonía política de Roma dominaría a los restantes puestos de avanzada etruscos, y la cultura etrusca se transformaría en la civilización romana.

La ley y el orden

Había múltiples clases sociales y económicas en la civilización etrusca. En la cima de la sociedad estaban las élites ricas que ocupaban la mayoría de los puestos de gobierno, casi toda la riqueza, y controlaban muchas de las rutas comerciales y los asuntos de la ciudad. También eran más propensos que otros a ser comandantes militares. Aunque las élites siempre estaban por encima de los demás miembros de la sociedad etrusca, su posición se hizo más clara y pronunciada a lo largo de los siglos hasta que la monarquía pudo describirse como una oligarquía dirigida por unos pocos ricos. Estas familias eran aristócratas y tendían a tener derechos y normas legales diferentes a las de las otras clases sociales. La mayoría podía tener propiedades, pagar multas en lugar de enfrentar la prisión u otras formas de castigo, y tenía voz en el gobierno.

Debajo de las familias aristocráticas había una gran población de hombres y mujeres libres. En los años de formación de los etruscos, algunos podían ser comerciantes, mercaderes y artesanos de gran habilidad. Con el tiempo, el enfoque cambió, y la mayoría de esos ilustres cargos pertenecían a un grupo muy pequeño de familias que podrían describirse como la clase media. La clase media no tenía derechos adicionales como la aristocracia, pero tenía el dinero necesario para tener mejores condiciones de vida que la mayoría pobre. El resto de la población eran trabajadores pobres, granjeros, trabajadores de la construcción y trabajadores de subsistencia en general que necesitaban mantenerse ocupados para sobrevivir. Los hombres de esta clase tenían algunos derechos legales, mucho más que las mujeres, y podían poseer y heredar propiedades con pocas restricciones más allá del orden de nacimiento y la edad. También eran libres de ir y venir a su antojo y eran los cabezas de familia, con el poder de la vida y la muerte sobre sus esposas e hijos. Esta situación también existía entre las familias aristocráticas.

Aunque a las mujeres se les prohibía ocupar cargos públicos, poseían más derechos en la sociedad etrusca que bajo el dominio romano. Las inscripciones encontradas en los frescos y la cerámica revelan que las mujeres casadas respetables poseían el derecho a realizar actividades de ocio y a asistir a fiestas con sus maridos. Podían beber vino en público y parecían ser capaces de poseer propiedades. Una mujer podía incluso heredar la propiedad si no había un heredero varón superviviente en la línea familiar. Si un hombre vivía, entonces la propiedad le sería otorgada automáticamente. De lo contrario, las mujeres tenían una posición social y legal por debajo de los hombres, que eran considerados sus superiores. Esta situación solo se exageró con el tiempo a medida que los etruscos se volvieron menos igualitarios y se asemejaron más al estilo de vida de la República romana.

En el último peldaño de la escala social estaba la clase esclava. Como la mayoría de las culturas antiguas, los etruscos utilizaban una importante clase de esclavos para reforzar los proyectos públicos y servir a las familias ricas que podían permitírselos. La mayoría de los esclavos estaban en manos de nobles influyentes que podían alimentar y albergar a poblaciones masivas de esclavos para trabajar como agricultores, canteros, mineros, alfareros, soldados, metalúrgicos, artistas, sirvientes domésticos, vinicultores, tutores y otras profesiones responsables del mantenimiento diario de la civilización. La mayoría de los esclavos no pertenecían a una raza o cultura en particular, ya que la mayoría eran prisioneros de guerra que habían sido capturados en otras ciudades etruscas o en lugares fuera de Etruria. Otros fueron comprados a socios comerciales de África y Oriente Medio que también se dedicaban al comercio de esclavos en el Mediterráneo. Los eruditos saben poco sobre los sirvientes individuales, aunque sus nombres a veces aparecen en frescos y pinturas de tumbas que incluyen los nombres de todos los que aparecen.

Los etruscos estaban acostumbrados a las revueltas de esclavos que frecuentemente resultaban en levantamientos armados. Las revueltas se hicieron más comunes a partir del siglo IV a. C. Los arqueólogos y eruditos piensan que los ciudadanos etruscos regulares, como los trabajadores, a menudo también se involucraban en los levantamientos debido a las malas condiciones de trabajo y a la gran disparidad de riqueza entre la mayoría de los pobres y la minoría de los ricos. La falta de dinero significaba que los individuos no podían obtener oportunidades para mejorar su posición social, por lo que la mayoría de la gente estaba atrapada como trabajadores empobrecidos.

La importancia de la familia en la sociedad

Los primeros indicios de la importancia de la familia en Etruria provienen de las tumbas sobrevivientes en las necrópolis etruscas. La mayoría de las tumbas sobrevivientes pertenecen a aristócratas ricos que enterraron a sus parientes en la cripta familiar durante siglos. Los arqueólogos e historiadores asocian esta práctica con el surgimiento de la familia aristocrática como una institución fija de la sociedad etrusca. Se establecen paralelos entre esta institución etrusca y los romanos, que tenían un grupo llamado la *gens*, y algunos creen que los etruscos fueron el modelo inicial para los romanos. Después de todo, la gens romana era esencialmente una institución familiar fija que se asemejaba mucho a la de los etruscos. Esta nueva institución aristocrática creció a medida que los etruscos prosperaron a través de las rutas comerciales alrededor del mar Mediterráneo y adquirieron riqueza, poder y fama. Casi todas las ciudades ricas y los diversos aristócratas estaban situadas en la costa, ya que los puertos recibían la mayoría de los recursos adquiridos a través del comercio.

Los etruscos llamaban a la familia *lautn*. En el centro del *lautn* había una pareja casada central llamada el *tusurthir*, lo que enfatiza la importancia de la monogamia en su cultura. El emparejamiento entre un hombre y una mujer era visto como la relación más significativa en la unidad familiar. Las imágenes talladas en las tapas de los sarcófagos solían ser de parejas casadas en su juventud, sonriendo, disfrutando de la compañía del otro y recostados uno al lado del otro. El mejor ejemplo es el Sarcófago de los Cónyuges, que se muestra a continuación. A veces la pareja era enterrada en el mismo sarcófago para poder estar juntos en la otra vida. Mientras que la mayoría de los matrimonios eran arreglados por el padre de la mujer y el futuro marido, el amor romántico parecía ser importante.

El Sarcófago de los Cónyuges, 519 a. C.

Aunque los griegos y los romanos creían que los etruscos eran una sociedad sexualmente relajada, los historiadores creen que tales interpretaciones eran malentendidos sobre el papel de la familia y la relativa libertad de las mujeres en Etruria. Los escritores griegos y romanos escribieron con frecuencia sobre la disponibilidad sexual de las mujeres etruscas, dando a entender que no se valoraban la virginidad y la pureza sexual y que las mujeres eran libres de tener múltiples parejas. De hecho, este no era el caso. Las mujeres poseían más derechos en la sociedad etrusca que sus homólogas de Grecia y Roma y se les permitía socializar con los hombres y salir de casa para interactuar con otras partes de la sociedad. A pesar de esta libertad, las normas sociales etruscas aún requerían fidelidad romántica y sexual, ya que la pareja era el centro de la unidad familiar. La importancia de la pareja se puede ver en las inscripciones funerarias de las tumbas, ya que las inscripciones mencionan el nombre de la persona, así como los nombres de su padre y su madre. En muchas otras culturas antiguas, solo se daba el nombre del padre.

Continuando con la relevancia de la familia estaba la importancia de los nombres. Hubo algunas etapas diferentes de desarrollo en lo que se refiere a las convenciones de nombres, lo cual es comprensible considerando que los etruscos existieron por más de 900 años. Los historiadores no están seguros de sí la mayoría de la población participó en las convenciones de nombres etruscos o si estaban reservadas a los aristócratas. En cualquier caso, la familia y la pareja central siguieron siendo importantes para los etruscos libres. Lo más probable es que los esclavos no se incluyeran en esas unidades familiares debido a su baja posición.

La primera parte del nombre etrusco era el *praenomen*, que todos poseían. Incluso los esclavos tenían un *praenomen*. Este era el primer nombre y tenía marcadores de género como *arnth/arntia, aule/aulia, o larth/lartha*. Las mujeres no estaban obligadas a tomar nombres masculinos o un derivado del nombre de su padre o esposo. Esto era inusual, ya que otros pueblos itálicos como los romanos carecían de nombres femeninos específicos. De hecho, muchos nombres etruscos estaban reservados enteramente a las mujeres, demostrando una vez más los derechos y la libertad general de las mujeres etruscas en comparación con las damas de otras sociedades antiguas.

Los nombres de hombres y mujeres diferían en cuanto a patronímicos y gamonímicos. Los hombres recibían un patronímico, que típicamente asociaba al hijo con el padre o con un clan general. Así, por ejemplo, un hombre podría llamarse *larth arnthal*, que significaba "Larth, hijo de Arnuth". Las mujeres, por su parte, se identificaban con un gamonímico. Un gamonímico era el nombre del marido y a veces se veía como similar a la práctica occidental de que las mujeres casadas tomaran el apellido de su marido. Cuando este no era el caso, las mujeres etruscas a veces poseían un matrónimo que las identificaba como hijas de sus madres. En algunos casos, los arqueólogos descubrieron tumbas de hombres que tenían matrónimos y mujeres con patronímicos, lo que indica un posible cambio a lo largo del tiempo. Es posible que los niños tomaran el nombre de cualquier padre que tuviera una mejor posición social. Sin embargo, en general, la sociedad etrusca tendía a ser patrilineal y patriarcal, potencialmente como un remanente de los villanovianos.

Otra parte de las convenciones etruscas de nombramientos fue el nomen gentile. El nomen gentile era el nombre de la familia similar a un apellido. Estos parecían aparecer durante la orientación etrusca, también llamada el período de la orientación. Había formas masculinas y femeninas del nomen gentile, y tendía a aparecer inmediatamente después del praenomen, pero antes del patronímico o gamonímico. Los historiadores creen que los romanos copiaron las convenciones etruscas de nombramientos, ya que el mismo modelo puede verse en ambas civilizaciones. Otras clases pueden haber usado estas convenciones de nombres, pero definitivamente significó más para la clase aristocrática, ya que estas convenciones de nombres eran más significativas para ellos, ya que estas convenciones de nombres eran importantes para identificar el parentesco y las conexiones familiares.

Las conexiones familiares se solidificaron a través de las convenciones de parentesco. El parentesco se define como la forma en que las personas se describen a sí mismas en relación con los demás. Por ejemplo, alguien que dice "Soy la hija de Marcela" está identificando su parentesco con Marcela, así como su papel en la familia. Para apoyar la idea de una sociedad patrilineal, las mujeres podrían describirse a sí mismas como la hija de un padre o la esposa de un marido, mientras que los hombres dirían que son el hijo de un padre, pero nunca el marido de una esposa, incluso si ella viene de una posición más alta. Los etruscos rastrearon seis generaciones de parentesco vertical o linaje, por lo que la mayoría de los individuos, especialmente los aristócratas, conocían los nombres de su tátara-tátara-tatarabuelo. Todas las personas tenían un *mi* (I), y un *apa* y *ati* (padre y madre). Los individuos también reconocían a su *sec* o *clan* (hija o hijo) así como a los nietos (*nefts*) y bisnietos (*prumaths*). Las palabras para nietas y bisnietas son difíciles de determinar.

La familia y el parentesco era la forma en que los etruscos se describían y entendían a sí mismos, haciendo de ello un aspecto central de la sociedad. Una persona que carecía de esa información era muy probablemente un esclavo y también carecía de la posición social de otros miembros de la civilización. Una vez más, gran parte de la información que poseen los historiadores procede del estudio de las familias aristocráticas, que podría haber sido más clara y severa en la delimitación de sus familias debido a su riqueza, propiedades y posiciones de poder en la sociedad.

Capítulo 2 - Cómo vivió un individuo

Bajo el amplio sistema político de los etruscos se encontraban los miles de personas que mantenían el estado y la sociedad funcionando eficientemente. Incluso después de la división en clases sociales, la gente se dividió aún más por su género, profesión y lugar de residencia. Después de todo, la vida de una mujer alfarera en una ciudad costera sería muy diferente a la de un hombre agricultor en las regiones del interior.

En lo que respecta al género, los etruscos solo creían en dos: hombre y mujer. Los hombres eran considerados el género superior y tendían a poseer más derechos y oportunidades que las mujeres. La mayoría de los hombres libres podían heredar propiedades y poseían el derecho de vida y muerte sobre los miembros de la familia que estaban bajo su control. El varón de mayor edad tendía a ser el cabeza de familia y tenía poder sobre su esposa, sus hijos y su madre si esta vivía en el hogar. Los hombres ricos sabían leer y escribir, podían ocupar cargos políticos y militares y se les permitía asistir a eventos, fiestas y simposios sin acompañantes. También podían beber vino en público y poseían más libertad sexual que las mujeres, ya que no se esperaba que los hombres fueran vírgenes. Los hombres podían elegir a sus esposas y arreglaban el matrimonio con el padre de la mujer - ella raramente poseía algún aporte.

Para el hombre libre promedio, la alfabetización y el poder estaban fuera de su alcance. La mayoría trabajaba como obreros, granjeros y trabajadores de canteras. Trabajaban todo el día para ganar dinero para comprar comida y recursos, pero volvían a casa y estaban a cargo de la casa. No tenían casi ningún papel en el cuidado de los niños, pero tomaban las decisiones finales sobre cómo se gastaba el dinero y lo que se permitía hacer a la esposa y a los hijos.

Aunque las mujeres carecían de muchos de los derechos y oportunidades de sus homólogos masculinos, poseían más igualdad de género en la sociedad etrusca que otras mujeres en civilizaciones antiguas similares como la griega. Las mujeres acomodadas de familias de élite tendían a ser alfabetizadas y se les permitía asistir a eventos sociales y simposios cuando estaban acompañadas por sus maridos. Si no se encontraban herederos masculinos, la heredera más vieja era capaz de heredar propiedades y riquezas. Cuando se mencionan en los documentos o en las leyendas de las pinturas y obras de arte, las mujeres tienden a recibir varios nombres: su nombre de nacimiento y el apellido adoptado al casarse. Sus obras de arte también muestran a mujeres participando en actividades atléticas, fiestas y festivales.

A pesar de estas ventajas, la suerte de la mujer común era difícil. La mayoría nunca podría heredar propiedades, eran analfabetas, y se esperaba que se casaran jóvenes, manejaran el hogar y criaran a los niños. Mientras que podían salir en público, llevar joyas, y tendían a tener ropa que exponía más la piel, la vida de la mujer promedio era dura. Como los hombres, la mayoría de las mujeres trabajaban desde el amanecer hasta el anochecer. Muchas eran trabajadoras, mientras que la mayoría preparaba la comida de la familia, mantenía la casa, sacrificaba animales, recolectaba plantas, hacía tratamientos medicinales y tejía y confeccionaba ropa. A diferencia de los hombres, se esperaba que las mujeres permanecieran vírgenes hasta el matrimonio y no solían elegir su propia pareja.

Vivienda

Hay pruebas de que los etruscos se dedicaron a la planificación urbana temprana. Los primeros asentamientos se construyeron en mesetas y crestas que se defendían fácilmente de los enemigos. La mayoría de las ciudades también poseían zanjas y a veces muros de piedra para reducir la vulnerabilidad. Un asentamiento sobreviviente llamado Marzabotto data del siglo V a. C. y estaba orientado a lo largo de un eje norte-sur con un patrón de cuadrícula. Esto facilitaba a los individuos la navegación por las calles, pero también estaba relacionado con las creencias supersticiosas de los etruscos. Los etruscos se centraban en rituales y ritos que determinaban la disposición de los edificios, y algunos arreglos particulares se consideraban auspiciosos tanto para los habitantes como para la ciudad en general. Aunque los detalles completos de los ritos son vagos, los eruditos creen que implicaban el rezo de oraciones y la lectura de presagios en el ambiente.

Las casas etruscas se construían con materiales perecederos fáciles de recoger, como ladrillos de barro secados al sol, madera, y paja y barro para las paredes. Las cámaras de piedra y piedra cortada se reservaban para las tumbas y los ricos, e incluso entonces, las casas eran más propensas a ser grandes casas de ladrillo de barro. Durante los siglos VII y VI a. C., las cabañas circulares y ovaladas parecían ser el diseño más común. Las ruinas descubiertas en Acquarossa demuestran que las paredes tenían un revestimiento de yeso para mayor protección y posiblemente con fines estéticos. Se utilizaban postes de madera para sostener los tejados de paja, y las pruebas indican que algunas casas también tenían decoraciones de terracota como motivos de loto y palmetas, mientras que la piedra a veces se utilizaba para crear cimientos sólidos y pisos inferiores. Estos niveles reforzados evitarían que las secciones inferiores de la casa se derrumbaran bajo el peso de los otros materiales.

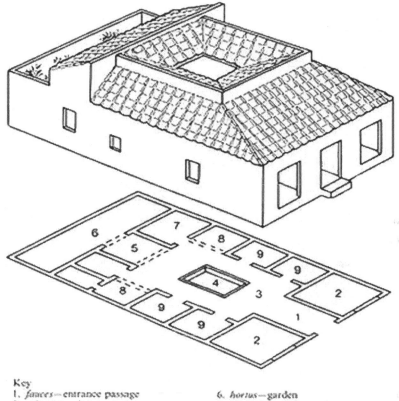

Key
1. *fauces*—entrance passage
2. *tabernae*—shops
3. *atrium*—hall
4. *impluvium*—rainwater basin
5. *tablinum*—passage room
6. *hortus*—garden
7. *triclinium*—dining room
8. *alae*—side-rooms
9. *cubiculum*—bedroom

La anatomía de una casa aristocrática etrusca

Algunas casas usaban tejas curvas alrededor del ápice o el centro del techo. La teja central tendría un agujero tallado en el centro a través del cual el humo podría escapar de los incendios y la luz podría entrar en la casa. Se guardaba un disco cerca del techo para cubrir el agujero cuando llovía. Alrededor de finales del siglo VI y principios del V a. C., estas tejas reemplazarían a la paja en la mayoría de las casas. Las vigas se protegerían clavando tejas de terracota o placas en los extremos para cubrir los bordes expuestos. A principios del siglo VI, las casas también evolucionaron para poseer una sola planta con múltiples habitaciones, un salón y, a veces, un patio privado donde las familias podían recibir a los invitados, plantar verduras y hierbas, y mantener animales como gallinas. En otros casos, las casas múltiples se agruparían alrededor de un patio central que tendría canales de drenaje cortados en la roca y unidos a las cisternas de la ciudad.

Los arqueólogos luchan por distinguir entre los estilos de casa de los aristócratas y los plebeyos porque las casas que quedan son los opulentos edificios de los nobles. En general, los estudiosos piensan que la gente más pobre probablemente vivía en viviendas más destartaladas que no habrían resistido el paso del tiempo. Lo más probable es que se construyeran con ladrillos de barro, madera y otros materiales más destructivos.

A partir de mediados del siglo VI a. C., comenzaron a construirse grandes edificios privados con techos a dos aguas y columnas. Los arqueólogos especializados en arquitectura creen que estos diseños vinieron de Fenicia y Asia Menor, dos regiones con las que los etruscos comerciaban. Estos edificios públicos incluían un atrio con una cuenca poco profunda que recogía el agua de lluvia para beber y cocinar. Frente al atrio había una habitación con una cisterna, una chimenea y un cuarto de servicio.

Dieta

Los etruscos no dejaron atrás ninguna receta que los arqueólogos puedan reconstruir, pero los hallazgos arqueológicos han descubierto algunos de los alimentos más comunes. La mayoría de las pruebas provienen de los artículos domésticos descubiertos en las antiguas cocinas, así como de los tipos de comidas representadas en las pinturas y las decoraciones de las antiguas necrópolis. A partir de estas pruebas, los estudiosos pueden determinar que la mayoría de la población etrusca no comía carne con regularidad. Si había un banquete, los invitados se daban un festín de caza asada, aves y cerdo. El cerdo era el animal doméstico más común porque podía comer varios tipos de comida y no necesitaba grandes pastizales o campos. El terreno y la flora del territorio etrusco presentaban numerosos robles y bosques donde se permitía a los cerdos correr libremente y comer bellotas y otros bienes. Al final del día, la gente encontraba sus cerdos y los traía de vuelta para pasar la noche.

La comida diaria de un etrusco consistía probablemente en queso, legumbres, gachas, hierbas y verduras variadas. El ajo y la cebolla eran los condimentos más comunes para las comidas, y las sopas podían hacerse en la misma olla y ser consumidas por toda la familia. Las aceitunas se cultivaban en enormes arboledas y se usaban para hacer aceite de oliva que podía usarse con la comida, pero también servía para un propósito ritual. Las ramas y hojas de olivo eran un símbolo popular en los frescos etruscos también. Las uvas se cultivaban para hacer vino para beber y para los rituales. A diferencia de los vinos modernos, los vinos antiguos tendían a ser aguados para poder ser consumidos regularmente. La fermentación de las uvas se usaba para prevenir la transferencia de bacterias que vivían en el agua dulce regular. Aunque los etruscos no conocían las bacterias, sabían que beber agua corriente a menudo enfermaba a la gente. Por lo tanto, a menudo la combinaban con otro líquido y luego la dejaban fermentar y crear alcohol, lo cual destruía los efectos de la enfermedad.

Uvas de vino nativas del territorio etrusco

Además de las uvas, aceitunas, cebollas y ajo, otros cultivos populares eran las judías, guisantes, melones, higos, habas, lentejas, garbanzos, cebada y mijo. Los manzanos se cultivaban a veces en huertos, mientras que las bayas se recogían de los arbustos del campo. Cuando los etruscos comían carne, era ganado o animales cazados en los bosques cercanos. Aparte de los cerdos, podían ser cabras, pollos, patos, conejos, jabalíes y ciervos. La pesca se hacía en los ríos y mares cercanos. Para complementar sus frutas, verduras y carnes, los etruscos desarrollaron una forma de convertir los granos en una delicia aún más sabrosa: Hay pruebas que demuestran que los etruscos hacían la pasta a partir de la masa con los rodillos tradicionales para amasar.

Cocinar los alimentos era una tarea que llevaba mucho tiempo y que podía llevar todo el día, y a pesar del largo proceso de cocción de los alimentos, los etruscos consumían dos comidas cada día. La mayoría de los horneados y cocciones se hacían en fogatas abiertas, y los granos para el pan debían ser molidos antes de su consumo. Las mujeres hacían una gran variedad de panes, incluyendo el pan de uva, un alimento que aún se come hoy en día. Algunos utensilios importantes que usaban eran las cacerolas, coladores, ralladores y sartenes.

Ropa

La información sobre la ropa de los antiguos etruscos proviene de artefactos como esculturas de bronce, figuras pintadas, tallas en relieves de piedra y las imágenes dibujadas en urnas funerarias. Es poco probable que las fibras utilizadas para hacer la ropa hayan sobrevivido a los rigores de la descomposición. Aunque gran parte de la cultura etrusca fue absorbida por los romanos, los arqueólogos e historiadores son capaces de distinguir entre la moda etrusca y la romana gracias a las imágenes conservadas. Lo que se descubrió es que los etruscos favorecían las prendas extravagantes y coloridas y los diseños que se destacaban, especialmente para las clases altas.

La ropa se creaba a partir de tejidos hechos con fibras naturales. Los descubrimientos de artefactos revelan que existían herramientas importantes como husos, pesos de telar y carretes mucho antes de que los etruscos estuvieran en la misma zona, lo que indica que muy probablemente heredaron su conocimiento sobre el tejido de sus predecesores, los villanovianos. Muchas mujeres etruscas se encargaban de tejer la lana en casa para crear ropa para la familia, pero no eran las únicas. Algunos objetos descubiertos en las tumbas indican que los hombres también tejían y podrían haber reparado su propia ropa, ya que las mujeres tenían otras tareas fuera del hogar. Con el tiempo, el desarrollo de la agricultura y el auge de la metalurgia significó que los etruscos pudieron desarrollar una clase de manufactura capaz de tejer y producir ropa a mayor escala. Las familias ya no tenían que ocuparse de la lana por su cuenta y podían comprar telas y linos a vendedores especializados. Los etruscos eran famosos por su producción de lino y también producían lana, pieles de animales tratadas y algodón para uso regular. La mayoría podía ser teñida para denotar su estatus y dar a la ropa sus características extravagantes.

Los arqueólogos pueden rastrear la influencia de Jonia y el Cercano Oriente en la cultura etrusca, ya que los etruscos preferían los sombreros cónicos suaves, los patrones decorativos y coloridos, y el calzado puntiagudo teñido con colores brillantes. La influencia griega también se produjo, con individuos que llevaban vestidos largos unidos por broches, simples capas blancas llamadas *himatión*, y túnicas de manga corta llamadas *chitón*. La moda griega era más común en las ciudades costeras donde se realizaba el comercio y se veían los bienes y las obras de arte de las ciudades griegas. La ropa de estilo griego tendía a ser hecha de lino ligero en lugar de otros materiales.

Sin embargo, el diseño real de la ropa cotidiana es difícil de definir. La mayoría de los recursos que los arqueólogos e historiadores han obtenido de los frescos y otras pinturas murales que tienden a representar a los individuos en ropas finas y ceremoniales. Los trajes de los músicos y bailarines no son fiables, ya que casi todas las culturas tienen ropa específica para las actuaciones. Sin embargo, los historiadores creen que, en general, los etruscos favorecían la ropa ligera en una variedad de colores, cortes, estilos y diseños. Los patrones eran populares, así como la extravagancia y otras extravagancias, especialmente en la aristocracia.

La ropa de las mujeres no fue una excepción al uso del color y el estilo. Las mujeres típicamente usaban corpiños, capas y abrigos cortos en una amplia gama de colores como naranja, verde, azul real, rojo y amarillo. Los patrones podían incluir rayas verticales y horizontales, así como lunares. Los vestidos podían ser sin mangas o tener una variedad de longitudes de mangas, pero no había un corte distintivo más allá de un corte de arco sobre los pies. Las borlas y los flecos decorativos también eran populares. La ropa femenina tendía a ser suelta en la falda misma, pero un poco ajustada alrededor de la cintura y el pecho para acentuar las curvas.

La ropa de los hombres también era extravagante. Tendían a llevar túnicas cortas o justillos con cinturón. Las túnicas largas eran populares para los cargos religiosos y políticos. Al igual que las prendas de vestir para las mujeres, los colores como el azul, verde, naranja, amarillo y rojo se utilizaban a menudo como colorantes. Se usaba un sombrero suave en forma de cono y se sujetaba con correas de tela o cuero en la barbilla. De nuevo, puede ser difícil determinar la naturaleza exacta de la ropa diaria de un hombre, ya que los hombres a menudo se pintaban con sus galas, equipo militar o túnicas ceremoniales en lugar de la ropa promedio de un individuo.

Bailarines etruscos en la Tumba del Triclinio, c. 470 a. C.

Los etruscos fueron tal vez los creadores de la toga, que fue llamada la *trebenna*. Este estilo de ropa era una larga pieza de tela cuidadosamente doblada y asegurada en su lugar sobre el hombro izquierdo de un individuo. Las clases altas la usaban para distinguirse de los demás y a menudo teñían la ropa en colores brillantes como el rojo y el azul. Tales estilos serían adoptados por los romanos más tarde, quienes usarían togas rojas y púrpuras como signos de victoria y gloria. En la mayoría de los casos, sin embargo, la *trebenna* etrusca era simple, blanca y la usaban todos los hombres libres.

A diferencia de los griegos, con los que se suele comparar a los etruscos, estos llevaban regularmente zapatos. El tipo de calzado más común parece haber sido un zapato puntiagudo que era un cruce entre una bota y una zapatilla. Estos eran atados en su lugar y frecuentemente eran teñidos de verde o burdeos con colores más profundos y ricos siendo comunes para los individuos más ricos. Los esclavos y los hombres y mujeres pobres libres típicamente usaban sandalias simples que se sujetaban al pie mediante el uso de correas cruzadas. Probablemente no eran de cuero, sino de tela y madera. Las sandalias descubiertas en las tumbas tendían a tener tacos de metal y finos injertos de metal alrededor de las suelas, potencialmente para mejorar la durabilidad. Durante los períodos de tiempo frío y húmedo, los etruscos probablemente cubrían sus botas o sandalias con finos zapatos de metal hechos de chapa de bronce.

Capítulo 3 - El origen de los etruscos

En cuanto a sus orígenes, los etruscos poseen una larga y compleja historia. Mientras que los científicos pueden hacer estudios genéticos modernos de los esqueletos para determinar el origen étnico de los etruscos como pueblo, los romanos y griegos que siguieron a su ilustre civilización desarrollaron sus propias hipótesis. Los romanos se veían a sí mismos como separados de los etruscos a pesar de haber copiado gran parte de su cultura y, por lo tanto, necesitaban una forma de explicar cómo se establecieron los etruscos en Italia. Desarrollaron una hipótesis para explicar el origen de la civilización etrusca en la temprana Edad de Hierro, mientras que los griegos también dieron sus propias explicaciones. Las siguientes hipótesis fueron creadas por varios historiadores y figuras políticas influyentes de diversas culturas en todo el Mediterráneo: El escritor romano Livio, el político romano Plinio el Viejo y los historiadores griegos Dionisio de Halicarnaso, Helénico de Lesbos y Heródoto.

Origen autóctono (indígena)

Dionisio de Halicarnaso expuso la primera teoría sobre el origen de los etruscos cuando escribió: "En efecto, probablemente se acercan más a la verdad aquellos que declaran que la nación emigró de ninguna otra parte, sino que era nativa del país, ya que se encuentra que es una nación muy antigua y que no concuerda con ninguna otra ni en su idioma ni en su forma de vida".[119]

Esta teoría se conoció como la teoría autóctona o indígena, que afirmaba que los etruscos eran habitantes originales o nativos de la península itálica. Esto significaba que no emigraban de otro lugar y que también eran descendientes de la cultura Villanova que precedió a la distinción de los etruscos. Algunos historiadores han estado de acuerdo con esta afirmación a lo largo de los siglos XX y XXI, argumentando que los villanovianos de la Edad de Hierro deberían haber sido llamados en realidad "protoetruscos", ya que la lengua etrusca no apareció en el vacío.[120] Algunos van más allá y describen a los etruscos como una comunidad étnica insular que evitó el aluvión de hablantes de lenguas indoeuropeas que dominaron el resto del mundo antiguo.

Algunos historiadores denuncian el trato inusual que recibieron los etruscos en los círculos académicos, argumentando que el hecho de que la civilización etrusca ya no existiera en su formato original no significaba que fuera un grupo étnico extranjero. El historiador y arqueólogo italiano Massimo Pallottino fue el mayor defensor de que los etruscos fueran nativos de su hogar en Etruria, afirmando que "nadie soñaría con preguntar de dónde vinieron los italianos o los franceses

---

[119] Dionisio de Halicarnaso, *Antigüedades romanas, Libro I Capítulos 30*, 1.

[120] Giuliano Bonfante y Larissa Bonfante, *La lengua etrusca, Una introducción (Edición Revisada)*, Manchester: Prensa de la Universidad de Manchester, 2002, pág. 3.

originalmente; es la formación de las naciones italiana y francesa lo que estudiamos".[121]

Origen alóctono (no indígena)

Otra idea era que los etruscos no se originaron en la península itálica en absoluto. Esta teoría en particular fue impulsada por los autores griegos y romanos que vieron a los etruscos como un problema histórico. Esto tenía que ver con la idea de que los etruscos eran simplemente demasiado diferentes de los otros itálicos debido a su teología y la inusual libertad de las mujeres, entre otros rasgos. Al describir el origen de los etruscos, los romanos a menudo recordaban sus propias amalgamas de cultura y mitología griega, afirmando que los etruscos eran diferentes de ellos mismos. Los romanos creían que eran los descendientes de los fugitivos de Troya tras la guerra griega de Troya. Los etruscos, mientras tanto, eran otra fuerza externa.

Heródoto, el escritor e historiador griego, afirmó que los lidios creían que los etruscos eran en realidad antiguos lidios de Asia Menor. Declaró que para los etruscos:

Esta es su historia: [...] su rey dividió al pueblo en dos grupos, y los hizo echar a suertes, de modo que uno de ellos se quedara y el otro abandonara el país; él mismo sería el jefe de los que echaran a suertes para permanecer allí, y su hijo, que se llamaba Tirreno, de los que se fueran. [...] llegaron a los ombrici, donde fundaron ciudades y han vivido desde entonces. Ya no se llamaban a sí mismos lidios, sino tirrenos, por el nombre del hijo del rey que los había llevado allí.[122]

---

[121] Eric Pace (1995-02-20). "Massimo Pallottino, 85, experto en antiguos etruscos, ha muerto". *The New York Times*. Extraído el 2010-05-02.

[122] *Historias* 1.94.

Los autores modernos tienden a discutir las reclamaciones de los romanos y los griegos, afirmando que las reclamaciones de los etruscos que se habían originado en otro lugar se difundieron por diversas razones políticas. Para los romanos, querían diferenciarse de su enemigo, ya que los romanos y los etruscos luchaban frecuentemente entre sí por los recursos y el territorio. Mientras tanto, los propios etruscos podrían haber planteado la idea de que eran originalmente griegos o que procedían de Asia Menor para impulsar su política exterior y sus rutas comerciales.

Origen de los pueblos del mar

Los pueblos del mar fueron una fuerza misteriosa del mar Mediterráneo durante los siglos XIV al XIII a. C. que desbarató muchas de las civilizaciones de la Edad de Bronce y los dejó para recoger los desarrapados restos de la sociedad. Quienquiera que fuera esta misteriosa fuerza, era una potencia para tener en cuenta que logró reunir nuevas bases de influencia en el Mediterráneo occidental. Algunos historiadores, en particular Massimo Pallottino, creen que los etruscos podrían haber sido esta fuerza. Sin embargo, la mayoría de los estudiosos siguen sin estar convencidos simplemente porque no hay pruebas concluyentes que apoyen tal teoría.

Pallottino basa su hipótesis en la palabra *tirreno* que aparece en las inscripciones egipcias cuando los egipcios describían a los pueblos del mar.[123] Esta palabra puede ser conectada a los etruscos porque fueron llamados los *tirrenos* por algunos de sus vecinos durante los siglos VI y V a. C. Sin embargo, los estudiosos no pueden encontrar vínculos lingüísticos significativos entre los etruscos, los pueblos del mar, y las inscripciones en Lemnos que algunos afirman que conectan a los etruscos con los poderosos piratas del Mediterráneo.

---

[123] Pallottino, *Los etruscos*, 49 y sig.

¿Podrían los etruscos haber sido los pueblos del mar de la leyenda? Es posible, pero improbable, considerando la falta de pruebas. Puede que el mundo contemporáneo nunca posea una respuesta definitiva, pero eso no significa que un vínculo no merezca ser investigado.

Estudios genéticos modernos

El desarrollo de la nueva tecnología genética significa que los científicos pueden probar el ADN dejado en los antiguos esqueletos etruscos, así como en las modernas poblaciones toscanas para tener una mejor idea del origen étnico etrusco. Los humanos, a pesar de moverse a nuevos lugares con el tiempo, pueden ser categorizados en varios grupos prominentes de ADN que indican su tierra natal. Después de examinar múltiples muestras de esqueletos etruscos, así como el ADN de la Toscana moderna, los científicos determinaron que hay pruebas significativas que apoyan la teoría de que los etruscos eran nativos de la península itálica. Mientras tanto, los estudios también explicaron que no hay suficiente evidencia que indique que las poblaciones contemporáneas de la Toscana son los descendientes directos de los etruscos.[124] Mientras que ha habido algún debate sobre la autenticidad y la exactitud de las antiguas pruebas de ADN, es posible hacer una suposición educada de que los etruscos probablemente posean un origen autóctono.

El estudio más grande de ADN mitocondrial se realizó en 2013. Basado en el ADN heredado por la madre, los etruscos probablemente provenían de una población nativa. Este estudio extrajo y determinó el tipo de ADN mitocondrial de catorce individuos de dos necrópolis. La información de estos lotes de ADN mitocondrial fue analizada junto con otras muestras más antiguas, así como el ADN contemporáneo y medieval de las poblaciones toscanas y de otros 4.910 individuos que viven en el

---

[124] Perkins, Phil (2017). "El ADN y la identidad etrusca". En Naso, Alessandro. *Etruscología*. Berlín: De Gruyter. págs. 109-118.

Mediterráneo. El ADN se analizó mediante varios millones de simulaciones por ordenador para descubrir similitudes y vínculos entre las muestras. Los resultados indicaron que los etruscos podían considerarse los antepasados de los toscanos medievales y que las poblaciones antiguas podían considerarse comparables al ADN mitocondrial de Anatolia. Esto apoya la teoría de que los etruscos pudieron haber migrado desde Anatolia entre 6.000 y 7.000 años atrás durante la Revolución Neolítica. Esto significa que los etruscos eran genéticamente los más cercanos a los agricultores neolíticos de Europa central, por lo que su herencia era más probablemente nativa de Europa.[125]

Varios otros estudios de ADN mitocondrial se llevaron a cabo entre 2007 y 2018. En cada estudio, los científicos compararon muestras de ADN mitocondrial e intentaron distinguir haplogrupos similares entre las poblaciones antiguas conocidas para ver si había más pruebas que apoyaran la idea de que los etruscos se desarrollaron a partir de poblaciones europeas nativas, procedían de Anatolia o tal vez migraron desde otro punto de origen en el Oriente Medio o África.[126]

En cada estudio, los científicos tenían que dar cuenta de la posible degradación del ADN, lo que implicaba realizar pruebas rigurosas y trabajar con el ADN dañado o contaminado de los hallazgos arqueológicos.[127]

---

[125] Ghirotto S, Tassi F, Fumagalli E, Colonna V, Sandionigi A, Lari M, y otros (2013). "Orígenes y evolución del ADN mitocondrial de los etruscos". PLoS ONE. 8 (2): e55519. doi:10.1371/journal.pone.0055519.

[126] Un haplogrupo es un término científico que se refiere a una categoría de haplotipos, o alelos de ADN heredados de un solo progenitor.

[127] Mateiu LM, Rannala BH (2008). "Inferencia bayesiana de errores en el ADN antiguo causados por la degradación postmortem". Biología Molecular y Evolución. 25 (7): 1503-1511. doi:10.1093/molbev/msn095.

La mayoría de las pruebas revelaron nueva información que ha dificultado la determinación del origen exacto de los etruscos. Algunos científicos creen que hay un origen de Oriente Medio, como el de Anatolia, mientras que otros siguen convencidos de que los etruscos procedían de algún lugar de Europa central. El arqueólogo británico Phil Perkins ofrece un análisis sucinto de los estudios de ADN realizados en los últimos veinte años en un volumen colectivo titulado *Etruscología*, que se publicó en 2017. En el libro, escribe: "Ninguno de los estudios de ADN realizados hasta la fecha demuestra de manera concluyente que los etruscos fueran una población intrusa en Italia originaria del Mediterráneo oriental o de Anatolia" y "hay indicios de que las pruebas de ADN pueden apoyar la teoría de que los etruscos son autóctonos en el centro de Italia".[128]

---

[128] Perkins, Phil (2017). "El ADN y la identidad etrusca". En Naso, Alessandro. *Etruscología*. Berlín: De Gruyter. págs. 109-118.

Capítulo 4 - La orientación etrusca, entre el 600 y el 400 a. C.

Los etruscos pasaron por un período de orientación en el que desarrollaron una cultura y una sociedad distintas de las de los villanovianos que les precedieron. Alrededor del año 600 a. C., los etruscos serían el más exitoso de los pueblos itálicos debido a su estable situación política, militar, las rutas comerciales con otros grupos étnicos y civilizaciones en la región del Mediterráneo, y su floreciente cultura. Aunque no hay muchas fuentes escritas supervivientes, los historiadores son capaces de reconstruir gran parte de la historia etrusca a través de obras de arte, restos arqueológicos, arquitectura y documentos escritos por los romanos, que alcanzarían una gran prominencia después de una serie de guerras con los etruscos. Muchos estudiosos consideran el período de orientación etrusca como uno de los momentos más significativos de la época para la península itálica, porque demuestra no solo los numerosos caminos de desarrollo que los grupos italianos pudieron tomar, sino también por qué Roma pudo tener tanto éxito y adelantar a la península a través de sus militares e ideologías.

Los arqueólogos e historiadores dividen frecuentemente Etruria entre los asentamientos del norte y del sur. Como se puede ver al estudiar las ligas etruscas, las ciudades-estado o asentamientos del sur eran los más avanzados y desarrollados, mientras que las pocas ciudades-estado del norte tendían a ser más débiles. Las ciudades-estado más prominentes que surgieron durante la orientación etrusca fueron Tarquinia, Veyes, Cerveteri, Vulci y Orvieto. Estos asentamientos poseían la arquitectura más progresiva, incluyendo templos de piedra y tejas de terracota en casas con cimientos de roca. Las cisternas y los sistemas de desagüe en roca eran también comunes. Asentamientos como Tarquinia y Veyes poseían comunidades satélites, lo que indica un control significativo sobre el terreno y la geografía circundantes.

Durante el siglo V a. C., los etruscos desarrollaron un sistema político basado en las ciudades-estado centrales. Dentro de los asentamientos, existía una jerarquía de familias nobles que poseían la mayoría de los recursos y tendían a casarse entre sí. Un líder comparable a un rey llamado *lucomo* dirigía cada ciudad-estado, pero no parecía haber una línea real de linaje. En su lugar, el título se otorgaba a un hombre elegido de una de las familias de élite o aristocráticas, normalmente el que poseía el ejército más fuerte y la mayoría de los recursos a la muerte del último lucomo. La presencia de una monarquía no era indicativa de estabilidad, sino más bien de una centralización del poder basada en un grupo de familias prominentes. Lo más probable es que estas familias lucharan entre sí por el control y la autoridad.

Sin embargo, este lucomo se hizo prominente durante el siglo V a. C. y parecía estar asociado a la reunión de la Liga Etrusca cada año para elegir un único representante de los doce asentamientos etruscos que participaron. Esta Liga Etrusca, nombre traducido aproximadamente por los lingüistas, era la más poderosa de las tres ligas en las que se organizaban las ciudades-estado. Continúa el debate sobre el alcance de los poderes prácticos del lucomo, pero se puede inferir que la posición era ritualista y sacerdotal y que el individuo elegido poseía importantes deberes religiosos que debían cumplirse. Mientras tanto, el poder legítimo se dividía entre otros individuos y magistrados influyentes, similar al de los romanos que vendrían después.

Alrededor de la época de la orientación política llegó un período de desarrollo militar, ya que las ciudades-estado etruscas trabajaron para ser más dominantes y militaristas para mantener y ampliar su territorio. Según el historiador Christopher Smith, "los etruscos estaban desarrollando una forma de guerra similar a la guerra griega".[129] En lugar de llevar armaduras ligeras y flexibles y de llevar espadas ligeras y armamento variado asociado a las pequeñas unidades tribales de la Edad de Bronce, los soldados comenzaron a ser engalanados con armaduras pesadas y llevaban múltiples implementos como escudos redondos, lanzas y espadas. Algunas guerras hoplitas parecían estar en efecto, pero eran la excepción más que la regla. En la guerra hoplita, los soldados luchaban con lanzas y escudos en formaciones muy unidas llamadas falanges. Los soldados podían provenir de la población general de hombres libres mientras que los comandantes eran élites.

Gran parte de lo que se considera cultura etrusca se desarrolló durante el período de orientación a lo largo de los siglos V y IV a. C. La arquitectura se transformó y comenzó a presentar grandes edificios construidos alrededor de patios públicos centrales, mientras que las calles de ciudades como Veyes muestran signos de planificación y desarrollo urbano en torno a un sistema lineal distinto con una clara orientación norte-sur. Otra ciudad importante es Marzabotto, fundada alrededor del año 500 a. C. Esta ciudad es una de las más organizadas, construida alrededor de un sistema cuadrado con edificios ordenados.

---

[129] Christopher Smith, *Los etruscos: Una introducción muy corta*, Oxford: Prensa de la Universidad de Oxford, 2014, pág. 65.

Su necrópolis, en cambio, es desordenada e irregular, aunque nadie sabe muy bien por qué. Las obras de arte llegaron a su apogeo, y algunos de los entierros más ricos aparecieron en este punto. Las élites desarrollaron una cultura de consumo y espectaculares despliegues de riqueza para consolidar su posición en la floreciente aristocracia. Estos incluirían lujosos funerales que duraban unos pocos días, así como ricos objetos funerarios.

También surgieron puntos de comercio en los asentamientos de Pirgi y Gravisca. Estas ciudades-estado eran regiones importantes porque proporcionaban información sobre el comercio etrusco con civilizaciones y pueblos de fuera de la península itálica con los otros grupos étnicos y sociedades distintas cercanas a los etruscos. Estas ubicaciones permitían un mayor grado de mezcla entre los diferentes pueblos, así como la posibilidad de los matrimonios mixtos, aunque esto no era común. Los historiadores teorizan que los etruscos solían estar más abiertos a otros pueblos entre los siglos VII y VI a. C., pero luego se cerraron alrededor del siglo V a. C. para mantener a las culturas extranjeras fuera de los centros urbanos centrales y lejos de los principales puertos del mar Mediterráneo. Un influjo de la cultura griega se puede encontrar en Pirgi y Gravisca, incluyendo varias deidades que serían incorporadas a las religiones de los itálicos. Los etruscos también comenzaron a adorar y a mostrar sus deidades en formas distintivamente griegas, aunque usaban terracota en lugar de mármol.

Si bien los estudiosos son capaces de describir las tendencias generales de la actividad de los etruscos, los acontecimientos históricos específicos son difíciles de determinar. La mayoría de los estudiantes contemporáneos asocian la historia con fechas y detalles concretos, pero los eruditos de los etruscos no reciben esa información. Esto se debe a que no hay registros como las tablillas de arcilla o mármol que han sobrevivido a los rigores de la degradación ambiental y la erosión. En su lugar, los historiadores y arqueólogos reconstruyen la historia examinando los objetos de los entierros y la edad de las ciudades y los artefactos encontrados en toda la región. A través de estos métodos, los historiadores pueden ver que los etruscos se volvieron más agresivos durante su período de orientación, tratando de desplazarse tanto al norte como al sur fuera de su territorio y dentro del territorio de los otros itálicos cercanos.

Cuando los etruscos intentaron moverse hacia el sur, fracasaron drásticamente, perdiendo importantes asentamientos y territorio junto con las rutas comerciales asociadas. Esta pérdida fue compensada por el éxito en el norte, donde los etruscos pudieron superar algunas pequeñas y débiles ciudades que muy probablemente estaban subpobladas en ese momento. Múltiples asentamientos aparecieron en esta época, incluyendo Marzabotto, Spino y Pisa. Según historiadores como el mencionado Christopher Smith, estos asentamientos fueron cruciales para las complicadas redes comerciales de los etruscos.[130] Las ciudades individuales fueron importantes para hacer que el sistema funcionara, ya que esos asentamientos a lo largo de la costa proporcionaban conexiones con otras civilizaciones como la griega. Estos asentamientos luego, a su vez, pasaban los bienes hacia el interior mientras enviaban los bienes manufacturados etruscos como la cerámica hacia el exterior.

Durante el período de orientación, los etruscos mostraron algunos rasgos de la colonización. Es cierto que desarrollaron asentamientos fuera de su territorio, de los que fueron protectores y utilizados como puestos de comercio y puntos de apoyo en regiones más allá de la península itálica. Sin embargo, los historiadores debaten si el término "colonización" es realmente exacto, ya que los etruscos no tomaron ninguna medida drástica para hacer únicamente asentamientos etruscos fuera del continente. Otra cuestión es que la civilización etrusca no se organizó en torno a un solo poder estatal, sino que fue una amalgama de ciudades-estado que se sabía que se excluían entre

---

[130] Smith, *Los etruscos*, pág. 70.

sí en las empresas políticas y militares. Por ejemplo, la expansión hacia el norte excluyó deliberadamente a muchas de las ciudades-estado del sur, potencialmente debido a que no lograron ampliar las fronteras hacia el sur.

Eventualmente, Etruria desarrollaría una relación con Campania. Campania es una región del sur de Italia que una vez estuvo poblada por tres grupos de antiguos italianos que hablaban la lengua de los oscanos: los osci, los aurunci y los ausones. Otro pueblo llamado los samnitas eventualmente se mudaría a la región desde el centro de Italia durante el siglo VIII a. C. El alcance de la relación entre Etruria y Campania es turbia y difícil de entender. Había una obvia conexión cultural entre las dos regiones, ya que compartían desarrollos y tradiciones similares. Un ejemplo de ciudad con similitudes es Pontecagnano, que compartía la agricultura, algunos elementos del lenguaje e incluso similitudes en las obras de arte, como menos representaciones de figuras mitológicas griegas. Las interacciones entre Etruria y Campania aumentaron entre los siglos VII y VI a. C., como lo demuestra la afluencia de artefactos encontrados en la región.

Sin embargo, el alcance y la dinámica de poder de la relación se oscurece con el tiempo. Algunos historiadores miran a Roma como ejemplo de lo que sería una relación etrusca con una sociedad itálica. A primera vista, este procedimiento parece una idea sensata. Pero hay algunas cuestiones importantes. Para empezar, la historia romana temprana es un enigma para los historiadores contemporáneos porque las mejores fuentes provienen de historiadores como Livio que escribía sobre el siglo VIII a. C. a mediados del siglo I a. C. bajo el reinado de Augusto durante el Imperio romano. El propio Livio, el historiador romano más destacado, lamentó su falta de fuentes y creyó que muchas fueron destruidas durante los incendios del siglo IV a. C. Sus escritos también están fuertemente influenciados por la mitología romana y la cultura popular. Por ejemplo, los romanos creían que eran los descendientes de los exiliados troyanos de la famosa guerra griega de Troya esbozada por la *Odisea* de Homero. Un escritor romano, Virgilio, incluso escribió la *Eneida* describiendo el exilio de Troya y la fundación de Roma.

Otro problema al centrarse en la relación entre los etruscos y los romanos es que Roma era una sociedad mucho más poderosa en comparación con las sociedades de Campania. A diferencia de Roma, la Campania luchó por ganar territorio y un punto de apoyo militar en la península itálica. Los romanos, por otro lado, estaban construyendo una importante fuerza cultural y militarista y ya estaban empujando sus fronteras. Esto significa que los etruscos y los romanos operaban en un campo de juego mucho más parejo, mientras que los etruscos y los pueblos de Campania habrían sido desiguales. Es totalmente posible que los etruscos dominaran Campania y los manipularan para obtener recursos, pero también es probable que su relación fuera cordial y amistosa. Desafortunadamente, nadie puede decirlo.

El período de orientación se caracterizó por la violencia y la discordia en el centro de la ciudad. El desarrollo de una fuerte cultura etrusca no era indicativo de paz o armonía entre los pueblos itálicos. Las historias registradas por los romanos demuestran que no era raro que los líderes influyentes se pusieran en marcha y trajeran consigo a sus seguidores en la búsqueda de poder y conquista. Estos líderes podían establecer sus propios asentamientos con estas personas y añadir más complejidad al paisaje político de la península italiana. Es posible que tal discordia permitiera a los etruscos hacerse poderosos, pero tal poder no podía durar. Simplemente había demasiada competencia en el Mediterráneo, no solo entre los pueblos itálicos, sino también con los griegos, las civilizaciones del Levante y de Anatolia, y las sociedades en ascenso en el norte de África.

Un gran golpe a los etruscos vino después de una guerra entre los persas y los griegos fenicios. Cuando los persas atacaron a los griegos fenicios y los expulsaron de algunas de sus colonias, los griegos se dirigieron al Mediterráneo para encontrar nuevos lugares para asentamientos. Una de las islas que vieron fue Córcega. Córcega era de importancia estratégica para los etruscos, y a Etruria no le agradaba ver la isla al oeste poblada por griegos. Para eliminar la nueva amenaza, los etruscos formaron una alianza con los cartagineses en el norte de África para expulsar a los fenicios. Los cartagineses también estaban descontentos con la pérdida de Córcega y luchaban con una mayor población de refugiados griegos. Juntos, Etruria y Cartago expulsaron a los griegos de Córcega alrededor del 540 a. C., y Cartago tomó la isla.

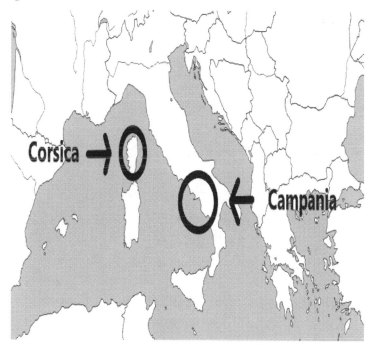

Los fenicios, habiendo sido desplazados una vez más, se establecieron en Calabria en su lugar. Y a pesar de su victoria, los etruscos sufrieron mucho. Después de apedrear a sus prisioneros fenicios hasta la muerte, Etruria fue golpeada por una calamidad: la peste. Una devota sociedad religiosa, los etruscos se dirigieron a un oráculo para rogar por una solución al problema y fueron informados de que el trato que daban a los fenicios era la causa. Para evitar de nuevo un incidente de este tipo, los etruscos fueron más indulgentes en su política exterior desde finales del siglo VI a. C., pero siguieron protegiendo agresivamente sus fronteras y colonias fuera de la península itálica. Esto les permitió asegurar Cerdeña, las islas Lipari y secciones de Córcega.

Esta celosa defensa de sus fronteras hizo que Etruria atacara a Cumas, un asentamiento griego en Campania. Los historiadores no están seguros de las razones exactas por las que Cumas cayó en la mira de los etruscos, pero Etruria se movió sobre la ciudad e intentó reclamarla mediante la conquista. Fuentes antiguas posteriores exageran el tamaño del ejército etrusco y plantean numerosas razones para el posible ataque. Una fue que Etruria simplemente quería expandirse. Otra fue que Etruria temía una Roma fuerte y quería acabar con los sentimientos pro-romanos en Cumas. Ninguna de las dos perspectivas es probable que sea toda la verdad, pero no importa lo que pasó para causarlo, el ataque etrusco a Cumas falló de todos modos.

Alrededor del 474 a. C., los etruscos volvieron a atacar Cumas, esta vez trayendo consigo un contingente de cartagineses. Incapaz de soportar ambos ejércitos, Cumas apeló al cercano tirano de Siracusa. Este tirano envió su flota para ayudar a proteger la ciudad, lo que resultó en una victoria masiva para Cumas y una vergonzosa derrota para los etruscos. La fuerza etrusca que atacó Cumas probablemente consistió en ciudades costeras del sur. Aunque los futuros escritores griegos y romanos describieron la victoria como humillante y un golpe mortal para los etruscos en Campania, lo más probable es que no vuelva a ocurrir. En todo caso, el fracaso en la toma de Cumas fue probablemente solo un paso de muchos que llevaron al declive de la influencia de Etruria en Campania.

La explicación más probable del declive de la influencia etrusca en la región fue la llegada de los belicosos samnitas de habla osca. Este grupo bajó de los Apeninos centrales y fue una de las tribus itálicas descritas anteriormente. Alcanzaron prominencia a través de los años 430 y 420 a. C., habiendo dominado Capua y luego poniendo sus ojos en Cumas. Las ciudades fueron tomadas en el 423 y 421 a. C., respectivamente. Los samnitas de habla osca trajeron, junto con sus ejércitos, oleadas de colonos cuya cultura y lengua se hicieron dominantes en Campania a lo largo del siglo V a. C., desplazando completamente y luego aniquilando la cultura etrusca allí. Los arqueólogos pueden rastrear la pérdida de las prácticas de entierro etruscas, los títulos políticos y las convenciones de denominación a medida que fueron siendo reemplazadas por las tradiciones oscas. Incluso la figura del guerrero se hizo más prominente, echando al erudito y artista etrusco como el ideal.

Al comenzar el siglo IV a. C., los etruscos estaban listos para recibir otra patada en el trasero. Esta vez, fue de una bota usada por los invasores galos. Los galos eran un grupo de pueblos celtas en el centro-oeste de Europa durante la Edad de Hierro. Mucha gente los recuerda por su continuo conflicto con los romanos. El historiador romano Livio ofrece varias explicaciones de por qué los galos decidieron mudarse al sur, y los etruscos son culpados en ambos casos. En la primera historia, un etrusco tonto llamado Arruns de Clusium fue al norte en vergüenza después de que su joven pupilo violara a su esposa y la expusiera en público. Mientras estaba allí, demostró la gloria de las llanuras de Etruria y atrajo a los galos al sur como colonos y trabajadores. Una vez que llegaron, Arruns fue incapaz de controlarlos.

El mismo Livio señala varios problemas con la primera historia, en particular con la línea de tiempo de los eventos. Si el problema hubiera sido causado por un hombre de Clusium, los galos no habrían cruzado los Alpes hace más de doscientos años, ya que Clusium no tuvo importancia hasta después de la llegada de los galos. En cambio, Livio encuentra la segunda narrativa más creíble: Los galos fueron atraídos al sur por ofertas de trabajo como mercenarios. De nuevo, este empleo fue propuesto por los etruscos, quienes habían estado manejando exitosamente una relación funcional con sus vecinos bárbaros del norte por varios cientos de años. Sin embargo, un problema se desarrolló cuando el viaje a través de los Alpes, la cadena montañosa del norte de Italia, se hizo más fácil. Los galos, que creían en la práctica de los asentamientos dispersos, cruzaron las montañas y comenzaron a bajar a la península del sur, violando y saqueando todo el camino. Los etruscos fueron naturalmente afectados, e incluso Roma fue saqueada en el 387 a. C.

Las formas exactas en que los etruscos fueron afectados son turbias. Hay evidencias, especialmente en la rápida construcción de las apresuradas almenas alrededor de las ciudades-estado etruscas, que los galos atacaron asentamientos a lo largo de Etruria, así como en Roma. La pérdida de tierras de labranza y otras tierras cultivables a favor de los galos, vista por la presencia de artefactos "bárbaros" en los antiguos territorios etruscos, indica que los etruscos fueron incapaces de suprimir totalmente a los galos. Muchas de las ciudades-estado se vieron obligadas a reunirse más a menudo y tratar de cooperar más. Algunos historiadores creen que las tres ligas de las ciudades-estado se reunían con más frecuencia e incluían también a figuras políticas más importantes.

Un grabado en madera que representa la invasión de los galos a Italia

Con la llegada de los galos, la campana de la muerte etrusca había sonado. Ya en el siglo V a. C., la situación solo empeoraría para la otrora orgullosa civilización. Para el 400 a. C., los etruscos habían perdido suficiente poder e influencia como para ser amenazados por otro vecino dominante: los romanos. Aunque los romanos habían sido saqueados por los galos, estaban en ascenso y formaban una poderosa república que se expandiría y un día se convertiría en un imperio aún mayor. En cuanto a los etruscos, experimentaron su edad de oro durante su orientación y lograron extender su cultura y sociedad a través de la península italiana e incluso en Grecia, además de adoptar elementos de estas otras civilizaciones. ¿Podrían los etruscos haber sido clasificados como un imperio durante este tiempo? Tal vez no, ya que su poder no estaba centralizado y no se basaba en el dominio militar. Pero ciertamente eran una proeza cultural que era un poder para tener en cuenta. Desafortunadamente, los romanos pronto se encargarían de su asimilación.

Capítulo 5 - La Conquista romana, entre el 400 y el 20 a. C.

La relación entre los etruscos y los romanos fue larga y compleja, y los arqueólogos e historiadores a veces tienen dificultades para distinguir entre los acontecimientos y determinar la exactitud de las fuentes antiguas. A principios del siglo V a. C., la rivalidad entre los dos estados se había hecho más grave a medida que luchaban por el territorio y los recursos. Aunque los romanos habían incorporado numerosos aspectos de la cultura etrusca a la suya, no había amor entre los dos pueblos. Livio, el historiador romano, expuso lo que consideraba una historia completa entre los etruscos y los romanos, comenzando con el mito fundacional original de Roma.

La versión romana temprana de los eventos

En este mito, el rey Mecencio llevó a los etruscos a aliarse con el rey Turno de los Rútulos, una de las ciudades-estado itálicas. Juntos, atacaron a los troyanos exiliados y a los pueblos latinos. Los lectores de este volumen notarán que los etruscos mismos eran itálicos, por lo que la historia escrita por Roma ya tiene algunos errores, ya que afirmaban que los etruscos eran una fuerza externa reclutada por los rútulos itálicos para luchar contra los romanos. En la guerra subsiguiente, los latinos y los troyanos ganaron mientras que Turno pereció en la batalla. Los etruscos, troyanos y latinos acordaron una paz y determinaron que el río Tíber sería el principal límite entre los grupos.

Alrededor del siglo VIII a. C., el primer rey de Roma apareció en escena. Este hombre, Rómulo, era lo suficientemente poderoso como para atraer la ira y la envidia de los etruscos, que veían a Roma como una creciente amenaza en la península. Una de las ciudades-estado etruscas, Fidenas, comenzó a diezmar el territorio romano y las tierras de cultivo circundantes, lo que llevó a Rómulo a marchar sobre la ciudad principal etrusca de Fidenas y a establecer un campamento aproximadamente a una milla de sus fronteras. Rómulo ordenó a parte de sus tropas que establecieran una emboscada en las afueras de la ciudad mientras él marchaba hacia las puertas con el resto. Provocó a los etruscos para que salieran y los emboscó cuando persiguieron a los romanos. Rómulo entonces tomó la ciudad.

En este punto, los ciudadanos de la ciudad-estado etrusca de Veyes se preocuparon por sus hermanos y hermanas consanguíneos en Fidenas y decidieron lanzar una incursión en territorio romano. Los veyentes tuvieron éxito en merodear el campo y devolvieron su recompensa a Veyes. Rómulo, sin embargo, siguió a los etruscos con su propio ejército y luchó contra los veyentes fuera de las murallas de la ciudad. Los romanos ganaron una vez más, y los veyentes se amurallaron de nuevo en Veyes. Después de que los romanos destruyeran gran parte de los alrededores, Veyes demandó la paz. Recibieron cien años de relaciones civiles, pero necesitaban ceder una porción de su territorio a los romanos a cambio. Fidenas, mientras tanto, supuestamente se convirtió en una colonia.[181]

---

[181] Livio, *Ab urbe condita.*

En el siglo VII a. C., varias de las ciudades-estado etruscas y Roma entraron en guerra una vez más. Roma estaba ahora en su tercer rey, Tulio Hostilio. Fidenas y Veyes rompieron los tratados que firmaron con Roma construyendo fortificaciones militares e invadiendo el territorio romano una vez más. Los romanos derrotaron a las dos ciudades-estado una vez más y tomaron aún más territorio. Una vez más, en el siglo VI a. C., Roma atacó a Veyes y al resto de los asentamientos etruscos. Livio escribió poco sobre esta guerra excepto que el rey romano de entonces, Servio Tulio, derrotó a un impresionante ejército etrusco que consolidó su posición como gobernante. Se desarrollaron más tratados de paz, y el sucesor de Servio, Tarquinio el Soberbio, renovaría los documentos más tarde.

En el 509 a. C., los aristócratas romanos derrocaron a la monarquía romana y la reemplazaron por la República romana. La república eligió a los primeros cónsules, y el rey romano depuesto, Tarquino, consiguió el apoyo de las ciudades-estado etruscas de Veyes y Tarquinii. El rey, que a su vez era descendiente de los etruscos, lideró las fuerzas de ambos asentamientos en la batalla. Los etruscos una vez más perdieron contra Roma en la batalla de Silva Arsia. Más tarde ese mismo año, la nueva República romana atacaría a Veyes una vez más en una nueva disputa. Se desconocen las razones exactas del ataque. Esta disputa terminó varios meses después, pero la insatisfactoria conclusión generaría más conflictos menos de medio año después.

En el 508 a. C., surgió otro conflicto, esta vez entre la ciudad etrusca de Clusium y Roma. El rey romano depuesto había ido a Clusium para conseguir apoyo, y la gente de la ciudad-estado accedió a ayudarle. Marcharon sobre Roma como uno de los ejércitos etruscos más poderosos que jamás haya existido. Temiendo que la población de Roma desertara y se uniera al enemigo, el Senado romano implementó una serie de decretos a corto plazo, incluyendo la concesión a las clases bajas del estatus de exención de impuestos y vales para la sal más cara. Cuando la fuerza de Clusium atacó a Roma, la población se había vuelto contra los invasores, y Roma volvió a salir victoriosa. El rey de Clusium, Lars Porsena, intentó establecer un bloqueo y asediar la ciudad a continuación. Sin embargo, los romanos atraparon a las fuerzas clusianas estableciendo el perímetro del bloqueo, terminando así con la medida. A pesar de esto, el asedio continuó según lo planeado. Durante el conflicto que siguió, un joven romano intentó asesinar a Porsena, pero fue capturado. Según Livio, impresionó a Porsena anunciando su nombre y metiendo la mano en el fuego para demostrar su lealtad a Roma, y Porsena lo dejó libre por su valentía. En algún momento, los romanos y los etruscos acordaron una tregua.

Alrededor del 507 a. C., Porsena envió embajadores al Senado romano para pedir que Tarquino fuera restaurado en el trono. Cuando se negaron, Porsena le pidió a Tarquino que dejara Clusium para siempre. Luego devolvió los rehenes capturados a Roma a cambio de parte del territorio que había sido tomado de la ciudad-estado de Veyes. Los autores romanos que discuten el asedio y la guerra creen que los eventos son verdaderos, pero también están convencidos de que otras secciones son completamente míticas, especialmente la historia de Porsena y el asesino que metió su mano en el fuego.

Los siguientes conflictos entre los etruscos y Roma ocurrieron entre el 505 y el 476 a. C. El principal agresor etrusco fue la ciudad-estado de Veyes, uno de los asentamientos etruscos más poderosos. En ambos casos, los etruscos se aliaron con varios de los pueblos itálicos que también intentaban resistir la expansión romana. Debido al rápido avance de su tecnología militar, el aumento de la población y la cultura agresiva, los romanos ganaron tanto las guerras contra los etruscos y los sabinos en 505 y 504 a. C. como la guerra de Fabián entre 483 y 476 a. C. Según Livio, los etruscos se unieron a tantos conflictos para intentar romper el creciente poder de Roma y con frecuencia se aprovecharon de la tensión política romana. Esto dio lugar a que ciudades-estado como Veyes se unieran a menudo a grupos aleatorios con la esperanza de obtener incluso un mínimo de ventaja sobre sus vecinos. Desafortunadamente, nunca resultó.

Entre el 475 y el 474 a. C., Veyes participó en la Alianza Veyes-Sabino. Este fue otro conflicto cuando los Veyentes se unieron a los Sabinos y reanudaron las hostilidades contra Roma. Veyes perdió una vez más y perdió aún más territorio. Las únicas otras acciones registradas entre las diversas facciones son las batallas entre Roma y las ciudades-estado etruscas de Sutrium, Nepete y Tarquinii entre el 389 a. C. y el 386 a. C.

Relaciones etrusco-romanas entre el 400 y el 360 a. C.

En 390 a. C., los galos volvieron a atacar a los romanos, tras haber saqueado por primera vez la ciudad de Roma en el siglo VI a. C., y lograron derrotarlos en la batalla de la Alia. Los galos saquearon Roma, arrasaron la ciudad, capturaron esclavos y se llevaron su oro, comida y otros recursos que se encontraban en los almacenes locales. En el 389 a. C., los etruscos intentaron aprovecharse de la debilidad temporal de Roma. Dos de sus ciudades-estado levantaron ejércitos, y los etruscos se aliaron con dos pueblos llamados los volscos y los ecuos. Todos marcharon sobre Roma, haciendo que la ciudad nombrara dictador a Marco Furio Camilo. Este dictador marchó sobre los otros itálicos primero antes de dirigir su atención a los etruscos.

Los etruscos se desmoronaron bajo las fuerzas romanas a pesar de haber logrado conquistar la ciudad principal de Sutrium, uno de los aliados de Roma. En una serie de tres guerras separadas, todas ellas mantenidas, los etruscos volvieron a perder gran parte de su territorio y su punto de apoyo en el norte de Italia. Roma tomó a muchos de los etruscos como rehenes y los subastó como esclavos hasta que los etruscos pagaron reparaciones a los romanos por los daños causados durante la guerra.

En el año 387 a. C., los etruscos volvieron a reunir fuerzas militares para intentar detener la expansión romana. Los romanos, al enterarse de esta información, llamaron a sus aliados y rechazaron a los etruscos cuando trataron de atacar varios asentamientos y fuerzas fronterizas. Unas miríadas de ciudades etruscas hicieron lo mejor que pudieron, pero las pérdidas fueron demasiado grandes. Varias de las ciudades del sur de Etruria se perdieron, y Roma ganó nuevas guarniciones y comenzó a reforzar sus fronteras, preparándose para el conflicto con Tarquinii, una de las últimas ciudades etruscas poderosas de la región.

Relaciones etrusco-romanas entre el 360 y el 350 a. C.

En el 358 a. C., Tarquinii envió una fuerza para asaltar los asentamientos fronterizos romanos y traer de vuelta recursos como alimentos, oro y esclavos. Un hombre llamado Cayo Fabio Ambusto fue asignado para manejar la situación, pero fue derrotado, resultando en el sacrificio de 307 prisioneros de guerra en manos de los etruscos. Al año siguiente, Roma decidió declarar la guerra a otra ciudad-estado etrusca, y ese asentamiento se alió con Tarquinii para intentar detener el asalto y el saqueo. La guerra fue de ida y vuelta durante cinco o seis años, resultando en un aumento de las tensiones.

En el año 352 a. C., los romanos creían que la Liga Etrusca, esa alianza de doce ciudades-estado principales, estaba tramando una severa acción contra la ciudad de Roma. En respuesta, la República romana decidió nombrar un dictador. En la cultura política romana, los políticos podían elegir a un gobernante que tuviera el máximo poder durante un año en un momento de crisis. Temiendo por la seguridad de su ciudad, la república nombró a Cayo Julio Julo como dictador. Después de dos años de batalla, los territorios de Roma, Tarquinii, y otra ciudad-estado etrusca cuyo nombre se desconoce fueron completamente devastados. Eventualmente, los etruscos pidieron una tregua. Los romanos, también cansados del combate, decidieron dar a cada una de las ciudades-estado etruscas un período de paz de cuarenta años para recuperarse de los daños.

Dado que muchos de estos eventos fueron registrados por los historiadores romanos, los estudiosos modernos discuten la autenticidad de varios hechos. En primer lugar, los romanos escriben con frecuencia que la agresión etrusca fue la causa de las guerras, pero la propia Roma era conocida por tener una política agresiva de expansión. También es difícil determinar la exactitud de los relatos romanos, ya que sus historiadores frecuentemente tergiversan los hechos para hacerse ver mejor, como lo han hecho la mayoría de las civilizaciones de la historia. También surgen otros problemas con sus explicaciones, especialmente relacionados con las víctimas de los conflictos. Algunos romanos afirman que más de 8.000 etruscos fueron asesinados en una sola batalla debido a su incompetencia, pero la población etrusca de las ciudades-estado no habría sido lo suficientemente grande como para apoyar un ejército de este tipo.

De cualquier manera, la relación etrusco-romana entre el 360 a. C. y el 350 a. C. no era buena. Las guerras frecuentes eran comunes, y los etruscos siempre estaban del lado perdedor de estas interacciones. Gran parte del territorio etrusco había desaparecido y ahora estaba en manos de los romanos, incluyendo gran parte de sus tierras agrícolas y rutas comerciales. No ayudó el hecho de que la población también estaba disminuyendo por las muertes en batalla y el hambre.

Las batallas del lago Vadimo

Las batallas del lago Vadimo, situadas a lo largo del río Tíber, fueron los conflictos que finalmente rompieron la resistencia etrusca contra Roma. La primera tuvo lugar en el 310 a. C. y sería la mayor batalla de la historia entre las dos civilizaciones. Comenzó cuando los etruscos atacaron la ciudad romana de Sutrium e intentaron causar estragos una vez más en los alrededores. En respuesta, los romanos se encontraron con las tropas etruscas e intentaron romper el asedio. A pesar de algunas victorias, los romanos inicialmente no tuvieron éxito. Un cónsul llamado Quinto Fabio Máximo Ruliano comenzó entonces a asaltar el corazón de los etruscos, causando destrucción y devastación. Como resultado, las ciudades-estado etruscas demandaron la paz una vez más.

Las tres ciudades-estado etruscas de Arretium, Cortona y Perusa recibieron un tratado que garantizaba una tregua de treinta años, pero muchas de las ciudades-estado restantes permanecieron hostiles y se negaron a ceder a la presión romana. Trabajaron juntos para asegurar las fuerzas necesarias para un ejército masivo y se reunieron con los romanos en el lago Vadimo. Este estrecho campo de batalla hizo difícil para los romanos luchar en su estilo habitual de varios batallones espaciados, lo que dio a los etruscos una breve ventaja. Ambos bandos agotaron sus recursos y fuerzas, enviando muchos soldados a morir. Después de una larga y sangrienta lucha, los etruscos se vieron obligados a huir de la caballería de reserva romana. Una campaña posterior de los romanos durante el año siguiente dio lugar a que todas las ciudades etruscas demandaran la paz. Los etruscos perdieron muchas de sus mejores tropas, territorios y recursos en la primera batalla del lago Vadimo, y nunca más volverían a su gloria anterior. Se podría argumentar que su destino contra los romanos se sellaría en el mismo campo de batalla en el año 283 a. C., cuando se libró la segunda batalla del lago

Vadimo.

Durante la segunda batalla del lago Vadimo, los etruscos se aliaron con varias tribus galas llamadas los boyos y los senones. Marcharon contra Roma y fueron recibidos por una fuerza masiva encabezada por el cónsul Publio Cornelio Dolabela. Los romanos ganaron, y los etruscos se vieron obligados a consentir muchas de sus tierras y recursos como castigo. Desafortunadamente para los estudiantes contemporáneos, queda poca información sobre esta batalla. Livio, que cubrió gran parte de la historia romana, escribió numerosos libros, pero los libros que contienen la historia de la segunda batalla del lago Vadimo no han sido descubiertos y se cree que han sido destruidos. Los historiadores deben contentarse con un texto de Polibio, que deja fuera muchos detalles y es más propenso a la exageración y a la incorporación de la mitología. La versión de los hechos de Polibio es la siguiente.

La segunda batalla del lago Vadimo comenzó cuando un grupo de galos asedió la ciudad de Arretium. Los romanos enviaron ayuda y fueron derrotados, resultando en la muerte de su líder. Esto ocurrió alrededor del 283 a. C. Cuando los romanos enviaron enviados para negociar el regreso de los rehenes de los galos, los enviados fueron sumariamente masacrados. En represalia, los romanos marcharon sobre la Galia y se encontraron con una tribu llamada los senones. Los senones, que habitaban una sección del norte de Italia, fueron derrotados y enviados a empacar lo que permitió a Roma fundar la colonia de Senigallia.[132]

Según Polibio, "en este momento los boyos, al ver a los senones expulsados de su territorio, y temiendo un destino similar para ellos y su propia tierra, imploraron la ayuda de los etruscos y marcharon con toda la fuerza".[133] Juntos, los senones y los etruscos marcharon sobre Roma, pero fueron derribados por el ejército romano, en cuyo momento enviaron una embajada para pedir la paz. La historia es continuada por otro historiador, el griego Apiano de Alejandría. Él poseía la ciudadanía romana y publicó varios volúmenes sobre la historia de los romanos, así como de varias de las civilizaciones a lo largo del Mediterráneo.

---

[132] Polibio, *Las historias*, 2.19.7-13.

[133] Polibio, *Las historias*, 2.20.1-5.

Apiano discutió las guerras entre los romanos y los galos en la península italiana, así como la conquista de Julio César del territorio galo que tuvo lugar en una serie de tres guerras. Desafortunadamente, gran parte de los escritos de Apiano solo sobrevivieron en fragmentos que no explican mucho sobre la serie de eventos entre los romanos y los galos. En su relato de la segunda batalla del lago Vadimo en 283 a. C., reitera el relato de Polibio que afirma que los etruscos y los galos se aliaron entre sí para intentar dominar a los romanos. Aunque sus obras no mencionan el lugar exacto de la batalla o el resultado final, afirma que los embajadores romanos se reunieron finalmente con los etruscos por la paz. En los relatos de Polibio y Apiano, está claro que los etruscos fracasaron en su segundo intento de detener la expansión de los romanos. Múltiples ciudades-estado perdieron su territorio y sus tierras de cultivo, así como el acceso independiente a las rutas comerciales con otras civilizaciones como Grecia.

Después de la segunda batalla del lago Vadimo, la resistencia etrusca estaba casi terminada. La mayoría de las ciudades-estado ya no eran independientes y se vieron obligadas a doblegarse ante los romanos mediante el pago de tributos y la desmilitarización. Finalmente, solo dos ciudades mantuvieron su independencia a finales del año 280 a. C.: Vulci y Velusna.

La conclusión de las guerras

El penúltimo reducto de los etruscos fue la ciudad estado de Vulci. Vulci era uno de los asentamientos más ricos y descansaba en el extremo norte de Etruria. Era una ciudad costera con fuertes redes comerciales que le permitían llenar sus arcas con dinero, tesoros y obras de arte de muchos otros estados, incluyendo Grecia y Cartago. Fueron uno de los doce miembros de la Liga Etrusca. Se las arreglaría para resistir hasta el 280 a. C. cuando fue asediada y tomada por Tiberio Coruncanio. La última resistencia fue Velusna, una ciudad-estado sobre la que se sabe poco. Los historiadores debaten su posición exacta en la península, pero la mayoría está de acuerdo en que era probable que estuviera en la región de Umbría. Tras siglos de guerra y conquista, los etruscos finalmente fueron derrotados en el año 264 a. C. cuando la resistencia final en Velusna fue aplastada.

Los etruscos, como pueblo y como cultura, no terminaron tan rápido, pero perdieron toda autonomía política. Los etruscos eran ahora uno de los muchos pueblos itálicos bajo el dominio de Roma, que siempre estaba expandiendo su esfera de influencia y territorio. Mientras estaban bajo la influencia romana, los etruscos se vieron obligados a pagar impuestos primero a la república y luego al imperio tras la Guerra Social y la caída de la república. Antes de estos acontecimientos, algunos etruscos lograron obtener la ciudadanía romana para sí mismos e incluso obtuvieron cierto nivel de poder, pero era poco lo que Etruria podía hacer de forma independiente. Esta situación continuó así durante siglos, hasta que decidió contraatacar a través de la guerra social.

La guerra social duró desde aproximadamente el 91 a. C. hasta el 89 a. C. y fue la rebelión de los diversos pueblos itálicos subyugados por los romanos. Los historiadores están desconcertados sobre cuáles eran los objetivos de los itálicos durante la guerra social. Algunos argumentan que querían la ciudadanía romana que habría dado derecho a sus aristócratas a participar en el gobierno y a los soldados y otros a recibir potencialmente otras concesiones de tierras. Otros creían que querían que Roma dejara de dar grandes extensiones de territorio a los romanos nativos, lo que estaba privando a los itálicos de sus propias tierras y medios de vida. Otros creen que los italianos querían la plena independencia, lo que no iba a suceder. La mayoría está de acuerdo en que la ciudadanía era el objetivo más probable, ya que resolvería el segundo problema y también aseguraría que los itálicos pudieran recibir una porción de la riqueza romana a medida que la república continuara expandiéndose.[134]

Aunque la Guerra Social tuvo algunos éxitos iniciales y se concedió la ciudadanía a algunas secciones de los itálicos, estos últimos finalmente salieron del lado equivocado del conflicto. Ganaron aproximadamente 50 años de paz y un poco de autonomía, pero fueron constantemente arrastrados a las complejidades de la política romana. Etruria, a pesar de tener algunas victorias, perdería la cultura que una vez poseyó al ser asimilada cada vez más a Roma. Roma, por su parte, conservaría algunos aspectos de la cultura etrusca y los difundiría por todo su territorio, pero el siglo I a. C. fue el momento en que sonó la última campana de Etruria.

---

[134] Christopher J. Dart, *La guerra social, del 91 al 88 a. C: Una historia de la insurgencia italiana contra la República romana*, Londres: Publicaciones Routledge, Inc., 2014.

Capítulo 6 - Mitología y religión

La religión etrusca comprendía un conglomerado de las prácticas y creencias religiosas de la cultura Villanoviana de la Edad de Hierro precedente y de los griegos y fenicios cercanos. La religión etrusca compartiría además similitudes con la mitología romana que se desarrolló simultáneamente y que también se tomó prestada en gran medida de los antiguos griegos. Con el tiempo, a medida que los etruscos se fueron asimilando a la República romana a finales del siglo IV a. C., su mitología pasó a formar parte de la cultura romana clásica, ya que los romanos tendían a absorber las costumbres locales y las deidades de los pueblos que conquistaban.

Los etruscos poseían un sistema de creencias llamado politeísmo inmanente. El politeísmo se refiere a la práctica de creer y adorar a más de un dios, mientras que la parte inmanente significa que se pensaba que los fenómenos visibles eran las manifestaciones del poder divino. Por ejemplo, el trueno y el rayo eran el dominio de un dios y causados directamente por esa deidad mientras que el crecimiento de las cosechas podía ser obra de otro. Los etruscos creían además que sus deidades podían influir en los asuntos humanos y en la gente y que podían ser persuadidas, enfadadas, disuadidas o complacidas por las acciones de los mortales. Esta capacidad de influir potencialmente en los dioses explica muchos de los rituales y supersticiones etruscas, ya que complacer a las deidades para convencerlas de que les concedan favores era una parte central de su cultura. Después de todo, una deidad enfadada podía causar guerras, conflictos, hambrunas, enfermedades y muerte.

Como de costumbre, los romanos tenían algo que decir sobre la religión etrusca. Livio los describió como el más religioso de los hombres, una cultura y sociedad basada en el culto firme y el control teocrático con una serie de sacerdotes eruditos responsables del bienestar de la población. Otros, como Séneca el Joven, un filósofo romano estoico, escribió en un momento dado que la diferencia entre los romanos y los etruscos era simple:

Mientras que nosotros creemos que los relámpagos son liberados como resultado de la colisión de las nubes, ellos creen que las nubes colisionan para liberar los relámpagos: ya que atribuyen todo a la deidad, se les hace creer no que las cosas tienen un significado en la medida en que ocurren, sino que ocurren porque deben tener un significado.[135]

Aquí, Séneca el Joven hace referencia a una parte crucial de la mitología etrusca, que era que todo ocurría por una razón. Nada en el mundo natural carecía de sentido, y todo era obra de los dioses. Cuando llegaba una tormenta, poseía un significado que debía ser interpretado por las autoridades competentes. Si los cultivos no crecían, entonces una deidad estaba disgustada y necesitaba ser pacificada a través de rituales. Además, esta lógica no se extendía solo a los grandes eventos, sino también a las minucias de la vida cotidiana. El viento sopla con un propósito y no solo porque una ligera brisa provenga del mar Mediterráneo.

---

[135] Séneca el Joven. "II.32.2". *Cuestiones naturales.*

Sin embargo, las interpretaciones romanas de la religión etrusca deben ser deben ser tomadas con cautela porque las dos culturas poseían sistemas de culto similares, aunque dispares y principios y creencias generales. Según las fuentes romanas, los etruscos estaban plagados de un fatalismo sombrío y malhumorado debido a su creencia en un panteón poderoso e inquebrantable cuyas acciones no podían detenerse. La sumisión era necesaria porque las decisiones de las deidades eran irrevocables e irreversibles. El problema es que esta interpretación no coincide con las pruebas descubiertas por las fuentes arqueológicas que parecen indicar que había menos un sistema de fatalismo y más una ideología realista que entendía que la muerte era inevitable y se centraba en el bienestar percibido de uno en el más allá. Este enfoque a menudo aparecía en las prácticas y el arte funerario y de entierro.

Deidades, espíritus y criaturas mitológicas - organización

El arte etrusco indica la presencia de tres capas separadas de deidades que poseían diferentes niveles de poder e importancia. La capa de dioses menores era la de origen indígena que podría haber sido adoptada y adaptada de los villanovianos y otros itálicos precedentes. Otros eran muy probablemente divinidades relacionadas con pequeños asentamientos y líneas ancestrales que se incorporaron a la sociedad etrusca más amplia. Algunas de las deidades conocidas en esta capa eran Catha y Usil, los dos dioses del sol; Tivr, la luna; Selyans, una especie de dios relacionado con los asuntos civiles; Turán, la diosa del amor; Laran, el dios de la guerra; Leinth, la diosa de la muerte; y las no identificadas Maris, Thalna, Turms y Fufluns. Fufluns guarda alguna conexión desconocida con la ciudad de Populonia y la población romana, pero los historiadores no han podido identificar características lingüísticas específicas que proporcionarían más información. Se creía que algunas de las muchas deidades eran esenciales para la adivinación de los signos o responsables de controlar regiones específicas del cielo. El cielo mismo estaba dividido en dieciséis secciones separadas, cada una de ellas controlada por un dios o diosa diferente.[136]

La siguiente capa consistía en deidades superiores que los eruditos creen que fueron adoptadas de los principales dioses del sistema cultural indoeuropeo. Estas deidades se pueden encontrar en múltiples sociedades con una base cultural indoeuropea con algunos ligeros cambios de nombre debido a la lingüística. Algunos ejemplos de otros suscriptores de esta mitología indoeuropea fueron los hititas, griegos, eslavos, bálticos y celtas. Pueblos como los romanos son considerados protoindoeuropeos, parte de las sociedades y culturas que adoptaron y luego cambiaron la mitología tradicional indoeuropea.

Como adherentes a algunos elementos de la mitología indoeuropea, los etruscos poseían una capa de deidades que consistía en el panteón estándar. Entre las deidades de este grupo están Tin o Tinia, el cielo; Uni o Juno, la esposa del cielo y diosa madre; y Cel, la diosa de la tierra. Estas fueron las deidades celestiales y los fundadores del universo conocido y la humanidad. El dios principal era siempre el dios del cielo mientras que la diosa del amanecer era típicamente su esposa con alguna variación. El papel de la diosa de la tierra variaba según la cultura, pero normalmente era la madre o la esposa del cielo. En algunos casos, era su hija. Los etruscos no se adhirieron a la mitología indoeuropea tan estrechamente como otros. Para ellos, Tinia era el dios del rayo asociado con el cielo. Los estudiantes de la mitología clásica griega y romana podrían hacer algunas comparaciones con Zeus aquí.

Por último, los etruscos adoptaron varios de los dioses griegos durante el período de orientación etrusca mencionado anteriormente. Tales dioses fueron mezclados en cada una de las capas religiosas etruscas, pero el más importante terminó en la

---

[136] Macnamara, *La vida cotidiana de los etruscos,* pág. 154.

tercera. Entre ellos estaban Aritimi (Artemisa o Diana), Menrva (Minerva o Atenea) y Pacha (Baco o Dionisio). A lo largo de los siglos, los etruscos comenzaron a mezclar las tres capas distintas de deidades, dando como resultado la todopoderosa trinidad de Tinia, Uni y Menrva. Estos dioses principales fueron objeto de mucho arte religioso, especialmente de formas y pinturas de terracota.

En el lenguaje etrusco, un dios o diosa se llamaba *ais*, que más tarde se transformaría en eis. La forma plural era *aisar*. Cada dominio u hogar de una deidad era conocido como *fanu* o *luth*, un lugar sagrado con significado religioso. Muchas de las moradas de las deidades eran en realidad tumbas o templos donde los fieles podían ir a adorar. En estas moradas, se requería que los fieles hicieran una *fler*, o múltiples *flerchva*, ofrendas. Las ofrendas solían ser bienes consumibles como carne asada, el sacrificio de un animal, vino, o a veces aceite de oliva. Se podían hacer ofrendas específicas para favores o peticiones, y algunos rituales se llevaban a cabo en momentos específicos del año para garantizar ciertos eventos como una cosecha exitosa o el paso seguro de un barco.

Los primeros etruscos no asignaban formas físicas a sus deidades y evitaban antropomorfizar su existencia. Los dioses y las diosas no parecían existir en ninguna forma humana, sino que eran más bien fenómenos naturales como rayos y truenos en el cielo. Las complejas relaciones y emociones que muchas civilizaciones politeístas asociaban a sus deidades no parecían desarrollarse hasta mucho más tarde, potencialmente durante la orientación etrusca. Los arqueólogos e historiadores creen que los griegos tuvieron una mano dura para instigar tales cambios. De los griegos, los etruscos tomaron las prácticas de antropomorfismo, así como la parafernalia de sacrificio y la representación artística, lo que dio lugar a deidades más distintivas y afines y a un mayor culto al sacrificio en los lugares religiosos.[137]

Había una categoría de espíritus con la que el etrusco medio estaría familiarizado. Estos eran el *hombre* o *mani*, las almas de los antepasados fallecidos que permanecían alrededor de sus *mun* o *muni*, las tumbas en las que eran enterrados. El público contemporáneo podría considerarlos similares a los fantasmas que frecuentan su lugar de descanso. Alrededor del siglo V a. C., la iconografía de las tumbas y necrópolis comenzó a mostrar las almas de los fallecidos dirigiéndose al inframundo en algún lugar debajo del mundo que habitaban los humanos vivos.[138] El mejor ejemplo del arte etrusco se encuentra en la tumba de Francisco en Vulci. Estos espíritus son conocidos como *hinthial*, o "el que está debajo".

Adivinación

Los etruscos se destacaron entre sus vecinos por su énfasis en la adivinación, la práctica de leer los signos de los dioses para entender el pasado, el presente y el futuro. La adivinación podía llevarse a cabo en múltiples escalas, con algunas figuras hábiles capaces de adivinar la voluntad de las deidades para el futuro de una ciudad-estado, mientras que otras se centraban más en los asuntos personales de los individuos. En la religión etrusca, había dos videntes famosos que les habían mostrado su religión y la práctica de la adivinación. Estos eran Tages, una figura joven e infantil que había surgido de un campo labrado con presciencia, y Vegoia, una mujer de la que se sabe poco.[139]

---

[137] Smith, *Los etruscos*, pág. 88.

[138] Krauskopf, I. 2006. "La tumba y más allá". *La religión de los etruscos*. Editado por N. de Grummond y E. Simon. Austin: Prensa de la Universidad de Texas. págs. 73 a 75.

[139] Macnamara, *La vida cotidiana de los etruscos,* pág. 153.

Tages era un sabio que tomó la forma de un joven que apareció en un campo recién arado. Enseñó a los etruscos el arte de la adivinación, y algunas fuentes etruscas afirman que podría haber sido el nieto de Júpiter. Cicerón describe el mito de su aparición de esta manera:

Nos cuentan que un día mientras se araba la tierra en el territorio de Tarquinii, y se hacía un surco más profundo de lo habitual, de repente el Tages salió de él y se dirigió al arador. El Tages, como está registrado en los trabajos de los etruscos (Libri Etruscorum), poseía el rostro de un niño, pero la prudencia de un sabio. Cuando el arador se sorprendió al verlo, y en su asombro hizo un gran alboroto, un número de personas se reunieron en torno a él, y en poco tiempo todos los etruscos se reunieron en el lugar. Tages entonces discutía en presencia de una inmensa multitud, que tomaba nota de su discurso y lo escribía. La información que obtuvieron de este Tages fue el fundamento de la ciencia de los adivinos (haruspicinae disciplina), y fue posteriormente mejorada por la adhesión de muchos nuevos hechos, todos los cuales confirmaron los mismos principios. Recibimos este registro de ellos. Este registro se conserva en sus libros sagrados, y de él se deduce la disciplina augurial.[140]

Esta versión de la leyenda de la aparición del Tages parece haberse basado en cuentos populares y documentos religiosos etruscos, lo que le da cierta credibilidad. Con el tiempo, las supuestas enseñanzas de Tages se convertirían en uno de los elementos más significativos de la sociedad etrusca, controlando cada acción que los individuos realizaban.

La adivinación, después de todo, era una parte esencial de la vida cotidiana. La sociedad etrusca se construyó sobre una base de creencias religiosas, con las deidades y sus portentos revelando la acción adecuada en el presente y los resultados

---

[140] Marco Tulio Cicerón, "II.50-51", *sobre la adivinación*.

potenciales para el futuro. No se tomaba ninguna decisión importante sin que las figuras de autoridad apropiadas consultaran a un vidente o a alguien capaz de adivinar la voluntad de los dioses. Esto condujo a una poderosa clase de sacerdotes y otros sirvientes religiosos.

Parece haber habido alguna forma de escritura religiosa, pero se desconoce la retórica exacta. Escritores romanos como Valerio Máximo y Marco Tulio Cicerón se refieren a un corpus llamado la *Disciplina Etrusca*, una supuesta escritura que reveló las cuestiones candentes de la religión etrusca. Según las fuentes, el corpus no se centraba en las profecías o en las historias y lecciones tradicionales que uno podría asociar con las escrituras. En su lugar, se concentró en determinar la voluntad de los dioses y una pregunta importante: Si los dioses crearon el universo y la humanidad y tenían un plan para su creación, ¿por qué no había un sistema claro de comunicación para asegurar que ese plan se llevara a cabo correctamente? Los etruscos aceptaron los inescrutables motivos y voluntades de sus deidades y no intentaron formar doctrinas para explicar la intención de los dioses. En su lugar, desarrollaron su elaborado sistema de interpretación. Ignorar los signos era abrazar la herejía y la muerte, y era importante interpretar la voluntad de los dioses incluso si los presagios eran desagradables. Existe la especulación de que los etruscos dejaron de luchar contra Roma porque los presagios revelaban que iban a ser asimilados de todas formas, pero las fuentes de esta idea son romanas y contienen un sesgo inherente.

Se han encontrado algunos restos de este sistema y se han adaptado en los resúmenes de Massimo Pallottino, quien se comprometió a redactar una versión corta de múltiples escrituras relacionadas con la adivinación. El primero fue el *Libri Haruspicini* que explicaba las teorías y las reglas detrás de la adivinación de las entrañas de los animales. La siguiente fue la *Libri Fulgurales*, que describía cómo adivinar los relámpagos que caen en los muchos dominios del cielo. La tercera fue la *Libri*

Rituales, un documento del que poco parece haber sobrevivido. Luego vino la *Libri Fatales*, un documento que detallaba el método correcto de fundar y construir ciudades y santuarios, drenar campos de cultivo, desarrollar leyes y ordenanzas dentro del territorio etrusco, y la forma adecuada de medir el espacio y dividir el tiempo en unidades comprensibles.[141] El quinto texto fue el *Libri Acherontici* o el texto que explicaba la vida después de la muerte y la forma adecuada de los entierros. Finalmente, estaba el *Libri Ostentaria* que explicaba cómo interpretar los prodigios. Las revelaciones del Tages se pueden encontrar en el *Libri Tagetici,* así como en el *Libri Haruspicini* y el *Acherontici.* Las revelaciones de la profetisa Vegoia existen en el *Libri Vegoici,* el *Libri Fulgurales* y el *Libri Rituales.*[142]

Un corpus importante para los etruscos era la *Disciplina Etrusca,* que era un conjunto de reglas que explicaban la conducta adecuada para todas las formas de adivinación. Este amplio conjunto de directrices ha sido llamado una constitución religiosa y política para los etruscos. Si bien no dicta leyes o ética, dice la manera apropiada para que los humanos hagan preguntas y reciban respuestas para las deidades de arriba.

Aunque algunos vecinos de los etruscos los respetaban por su devoción, otros se burlaban de su fe y de su dependencia casi paralizante de la adivinación. Los romanos, en particular, parecían especialmente despreciativos, ya que su estructura religiosa era más práctica y política en naturaleza, como se podía ver con su proceso de deificación de emperadores en siglos

---

[141] Esto puede sonar extremo, pero recuerde que numerosas civilizaciones a lo largo del tiempo recurrieron a la religión para crear un calendario comprensible, y que el moderno calendario gregoriano utilizado en todo el mundo occidental se basa en la religión cristiana, siendo el primer año el año siguiente a la crucifixión de Cristo.

[142] Pallottino, M. (1975). Ridgway, David, editor. *Los etruscos.* Traducido por Cremina, J. (Ed. revisada y ampliada). Bloomington & London: Prensa de la Universidad de Indiana, pág. 154.

posteriores. Una burla particular vino del famoso Cicerón que escribió:

Porque la aceptación apresurada de una opinión errónea es desacreditada, en cualquier caso, y especialmente en una investigación sobre el peso que debe darse a los auspicios, a los ritos sagrados y a las observancias religiosas; pues corremos el riesgo de cometer un crimen contra los dioses si los ignoramos, o de involucrarnos en la superstición de las ancianas si las aprobamos.

Luego bromeó, con respecto a la adivinación del canto de las ranas: "¿Quién podría suponer que las ranas tuvieran esta previsión? Y, sin embargo, tienen por naturaleza una facultad de premonición, lo suficientemente clara de sí misma, pero demasiado oscura para la comprensión humana".[143]

El Sacerdocio

Los miembros del sacerdocio eran responsables de todas las investigaciones adivinatorias, así como de muchos de los rituales y ritos relacionados con los templos. Los romanos poseían múltiples palabras para tales figuras, incluyendo los arúspices o sacerdotes. Los etruscos usaban varios términos diferentes en varias descripciones, incluyendo *capen, maru, eisnev, y hatrencu*, que son todos términos para una sacerdotisa. También había una categoría separada para el arte religioso que se asociaba con los auspicios llamada Arúspice. La mayoría de las fuentes modernas utilizan el término romano para ser conciso. Se rumoreaba que la gran ciudad de Tarquinii tenía un colegio de no menos de sesenta arúspices, tanto hombres como mujeres.[144] En siglos posteriores, las mujeres serían expulsadas de los roles religiosos a medida que su estatus en la sociedad etrusca se tornaba inferior al de sus contrapartes masculinas. Los miembros del sacerdocio

---

[143] De Divinatione, sección 4.

[144] Pallottino, *Los etruscos*, pág. 154.

eran casi siempre élites que habían sido entrenadas en el arte de la adivinación desde una edad temprana.

A pesar de la existencia de una clase específica de sacerdotes, se esperaba que cada individuo de la sociedad tuviera ciertas responsabilidades religiosas expresadas en un *alumnathe* o en los *slecaches*, lo que significaba una sociedad sagrada. Todos los eventos públicos debían realizarse con un *netsyis* o *nethsra*, un individuo masculino o femenino responsable de leer los bultos del hígado de una oveja sacrificada. Un magistrado llamado el *cechase* también sería elegido para cuidar de los objetos sagrados. Entre los etruscos, el hígado era el órgano interno más significativo, un rasgo similar al de los babilonios, otra cultura de la mitología indoeuropea. Uno de los artefactos más desconcertantes de la herencia etrusca es un modelo de bronce de un hígado. Debido a que los estudiosos no pueden leer lo que está escrito en él, nadie sabe el verdadero propósito del artefacto. Algunos especulan que es un modelo médico, mientras que otros piensan que los etruscos, como los babilonios, podrían haber considerado el hígado como el centro del cuerpo y le asignaron más importancia que a los otros órganos.

El hígado de Piacenza

La vida después de la muerte y las tradiciones funerarias

La vida después de la muerte era fundamental para la creencia etrusca y era un conglomerado de numerosas influencias de los alrededores. Había varias creencias ampliamente mediterráneas, incluida la idea de que la prosperidad de un alma en la vida después de la muerte estaba muy relacionada con el tratamiento de los restos de un individuo fallecido. Las tumbas etruscas eran similares a las estructuras domésticas, pero estaban hechas de materiales más duraderos como la piedra o estaban cortadas en robustas superficies rocosas. Esas tumbas tendían a ser espaciosas y podían albergar entierros múltiples, pero a menudo se reservaban para las élites y sus familias que podían permitirse ese tratamiento. Las pinturas se añadían a las paredes y a menudo representaban escenas fastuosas y potencialmente el ser querido en cuestión. Se añadían a las tumbas muebles y otros bienes funerarios, y los etruscos parecían creer que los fallecidos podían llevarse sus posesiones a la otra vida. Para los ricos, el sarcófago de un individuo estaba diseñado para parecerse al difunto en la flor de la vida y también podía llevar la imagen de su cónyuge. En otros casos, el difunto podía ser colocado en un banco de piedra que llevaba un reposacabezas relacionado con su género. No todo el mundo podía permitirse un sarcófago, y muchos individuos pobres eran enviados al más allá a través de una mezcla de inhumación y cremación. Estas cenizas y huesos se colocaban en una urna que representaba al difunto, y la urna a menudo se enterraba o se guardaba en una tumba comunitaria para su custodia.

Tumba etrusca de piedra cortada

Los primeros etruscos practicaban la cremación más que la inhumación, pero la inhumación en sí se hizo popular durante la orientación etrusca. Muchas prácticas de entierro también se basaban en prácticas locales y en el medio ambiente. Los territorios del norte, por ejemplo, favorecieron la cremación mucho después de que el sur abrazara la inhumación. Las cenizas y los huesos se almacenaban en urnas de cerámica hechas a mano y a veces en metal para los individuos más ricos. Dependiendo del estatus de la persona, también podían tener una urna tallada o de alabastro como la que se encontró en Volterra al norte. Para la élite, no era raro que las cenizas y los huesos se colocaran en un sarcófago de tamaño natural. Todos los fallecidos eran colocados en tumbas, y ninguno era enterrado o dejado al descubierto, ya que esto podía significar dificultad para llegar a la otra vida.

Las urnas funerarias etruscas con forma de cabaña

Mientras que los primeros etruscos creían que los espíritus de los difuntos permanecían alrededor de sus tumbas, la religión se desarrolló de manera que se creía que había una trasmigración a un mundo más allá para el alma. La vida después de la muerte fue modelada según Hades, la vida después de la muerte griega en lugar de la deidad del inframundo. El inframundo etrusco estaba controlado por la diosa de la muerte, Aita. Charun guiaba a los muertos a la otra vida y era una extraña figura azul que empuñaba un martillo y era imponente para todos los que lo veían. Los etruscos poblaron su vida después de la muerte con famosos héroes griegos, lo que implicaba cierto parentesco con la civilización.

El interior de las tumbas se asemejaba a una casa que proporciona información sobre cómo podría haber sido la arquitectura doméstica. Las tumbas tendían a tener techos a dos aguas para distinguirlas de otros edificios y poseían muchas habitaciones conectadas por marcos de puertas y ventanas. No había puertas reales en las tumbas, al menos según las pruebas que se conservan. Había porches y columnas, comedores separados y dormitorios fuera de la cámara de entierro para replicar una casa, e incluso tallas diseñadas para que parecieran utensilios de cocina y herramientas domésticas. Todo el efecto fue decididamente doméstico. Las cabezas de las camas de piedra tallada, junto con algunos de los sarcófagos que presentaban cabezas, tenían forma de semicírculos para los hombres y triángulos para las mujeres.

Capítulo 7 - Arte y música

Los artefactos que califican como etruscos fueron hechos entre los siglos IX y II a. C. Alrededor del 600 a. C., las técnicas y motivos griegos comenzaron a influir en el trabajo de los pintores, alfareros y metalúrgicos etruscos. A pesar de la afluencia de nuevos métodos, los etruscos mantuvieron varias características distintivas de la sensibilidad artística de la sociedad. Por ejemplo, en lugar de mármol, los artistas etruscos prefirieron desarrollar esculturas figurativas de terracota, una sustancia más accesible para las estatuas y sarcófagos. Las pinturas murales y la creación de frescos también siguieron siendo populares, y la mayor parte de la metalurgia se realizaba en bronce y podía incluir gemas grabadas. Las joyas de bronce a menudo se incrustaban con piedras semipreciosas y joyas en un ejemplo de metalistería fina.[145]

Los registros indican que las esculturas etruscas de bronce fueron una de las exportaciones más populares de la civilización, con muestras que cruzaban el mar Mediterráneo para llegar al Oriente Medio y al norte de África. Desafortunadamente, quedan pocas muestras grandes, ya que el bronce era un material

---

[145] Boardman, John ed., *La historia de Oxford del arte clásico*, 1993, OUP, pág. 350-351.

valioso. Las generaciones futuras fundirían las estatuas para reciclar el metal con diferentes propósitos. Cualquier obra de bronce que sobrevive tiende a provenir de tumbas que estaban llenas de bienes funerarios. Por lo demás, la escultura se hacía en terracota. A pesar de poseer grandes canteras de mármol, incluyendo algunas con elegante mármol de Carrara, su desarrollo y exportación no se haría hasta la época de los romanos. Las tumbas también contenían numerosos frescos que representaban fiestas, festejos y escenas mitológicas. A diferencia de las tumbas, los templos presentaban muchas de sus decoraciones en el exterior, incluyendo antefijas de terracota pintadas.

La otra forma común de arte etrusco eran las piezas de Bucchero. El Bucchero era una forma de cerámica fina hecha a mano reduciendo la cantidad de oxígeno en un horno mientras se cocinaba la cerámica. La cerámica etrusca también se distingue por sus finas pinturas que fueron adoptadas de los métodos griegos. Las pruebas demuestran que los etruscos realmente importaron más jarrones griegos que cualquier otro grupo en el Mediterráneo. Muchos jarrones representaban escenas religiosas de importancia, ya que la religión era una parte tan central de su cultura.

Un jarrón de Bucchero

Clasificación e historia

Las obras y técnicas etruscas se comprenden mejor cuando se clasifican por período de tiempo. Esto se debe a que la civilización duró varios siglos y experimentó cambios a lo largo del tiempo en lugar de todos a la vez. El primer período comenzó cuando los etruscos apenas comenzaban a diferenciarse de los villanovianos. Con el tiempo, surgirían otros períodos debido a la influencia de otras culturas antiguas como la griega, la fenicia, la asiria e incluso la egipcia. Aunque los etruscos adoptaron ciertas tendencias y tecnologías, aún se mantuvieron consistentes y únicos.

Los períodos del arte etrusco son los siguientes:

Entre el 900 y el 675 a. C. - Primeros villanovianos: Los mejores ejemplos del arte de los primeros villanovianos provienen de los ajuares y el arte funerarios como urnas con forma de casas y chozas. También era popular la cerámica de pasta cubierta con decoraciones geométricas, algunas de las formas más fáciles de crear para los alfareros en la superficie de arcilla húmeda. La alfarería de pasta en sí misma era áspera y no tan refinada como lo sería en siglos futuros, y muchas piezas contenían trozos de mica o piedra que no se quitaban antes de la cocción. También surgió la metalurgia del bronce, pero se hacía en pequeños trozos y se decoraba mediante moldeado o añadiendo líneas incisas en el metal antes de que se endureciera. Se podían crear estatuillas, pero eran típicamente mangos u otros accesorios para piezas más grandes.

Entre el 675 y el 575 a. C. - Oriental u Orientalizante: Los etruscos experimentaron un comercio exterior a gran escala en todo el Mediterráneo durante este período. Numerosas civilizaciones como la griega se interesaron por los minerales de metales preciosos disponibles en Etruria, y los etruscos comerciaron con esos recursos a cambio de piezas únicas de arte extranjero. Los griegos eran el socio comercial más influyente, y los etruscos experimentaron una afluencia de bienes, así como la inmigración de algunos artistas que permanecieron y produjeron piezas. Aparecieron jarrones pintados al estilo griego, y los leones entraron en escena también y se pueden encontrar en las pinturas a pesar de que la mayoría de los etruscos nunca han visto uno. Los estilos de los egipcios y del Cercano Oriente se desarrollaron con la popularidad de las palmetas y otros motivos. Surgió la cerámica de Bucchero, y también el torno de alfarero, haciendo la producción más fácil y hábil.

Entre el 575 y 480 a. C. – Arcaico: Después del período Orientalizante, la influencia griega continuó creciendo, ya que los etruscos y los griegos intentaron expandir su territorio a las mismas regiones. Los etruscos prosperaron, y sus éxitos económicos y culturales se extendieron a sus obras de arte. Aparecieron templos con brillantes decoraciones de terracota cubiertas con elaborados diseños y pinturas. También surgió el arte figurativo, que representaba a los seres humanos y las narraciones. Aunque estas también aparecieron en períodos anteriores, eran básicas y no estaban bien formadas. Los pintores crearon frescos en las tumbas, y las historias de la mitología griega eran temas populares. Los etruscos también recibieron la ventaja de tener numerosos refugiados griegos gracias a la conquista persa de Jonia alrededor del 546 a. C. Esto trajo muchos artistas y un período de decadencia, desarrollo y refinamiento en el arte.

Entre el 480 al 300 a. C. - Clásico: En muchos sentidos, el período Clásico fue de decadencia. Los Etruscos alcanzaron su pico durante el período Arcaico, y el volumen de arte producido se redujo durante el siglo V a. C., ya que la prosperidad se trasladó al interior y la sociedad se centró más en la lucha contra sus enemigos como Roma. Las tendencias anteriores continuaron en nuevas piezas sin nuevas innovaciones o tecnologías. La escultura en piedra se hizo más popular que la terracota, mientras que surgió un nuevo estilo de pintura en jarrón llamado figura roja. Este tipo de cerámica en particular se centró casi por completo en la pintura con pigmentos rojos, de ahí el nombre. Alrededor de la misma época en que surgió la figura roja, los etruscos también comenzaron a impulsar su comercio con otras culturas, aunque no duró mucho gracias a la guerra y las luchas. El bronce se exportó, y las principales ciudades se perdieron para los romanos, incluyendo la poderosa Veyes.

Jarrón de figura roja c. 330 a. C.

Entre el 300 al 50 a. C. - Helenístico: El período helenístico fue la caída de la civilización etrusca y por lo tanto de sus obras de arte, ya que las principales ciudades-estado fueron absorbidas por los romanos durante su expansión. En esta época, los arqueólogos e historiadores de arte luchan por distinguir entre las piezas etruscas y romanas desde que los romanos empezaron a imitar los estilos etruscos. La mayoría de las formas de arte etrusco basado en objetos desaparecieron, aunque hay algunos jarrones pintados y tumbas que surgieron durante el siglo II a. C. La influencia griega aquí es extensa, con algunas esculturas que diseñan exclusivamente estatuas de bronce de tamaño real de modelos griegos.

Durante cada período de tiempo, las formas más ubicuas de trabajo artístico fueron la escultura y la cerámica con la terracota como medio estándar. La terracota es una forma de cerámica desarrollada esculpiendo arcilla húmeda y luego horneándola para endurecer el material. Tanto las vasijas como las estatuas se hacían de terracota, y las piezas a veces eran grandes, aunque la mayoría eran lo suficientemente pequeñas como para caber en las tumbas con los sarcófagos y los muebles funerarios. Algunos ejemplos de estatuas de terracota se pueden ver abajo en las imágenes de dos jóvenes, uno con un casco y otro sin él. El de la derecha, aunque es difícil de ver, lleva un casco sobre su pelo rizado que termina donde su cuello se encontraría con los hombros. Estas fueron hechas entre los siglos III y II a. C. y muestran claras influencias griegas.

Metalistería

Aunque los etruscos no trabajaron con muchos metales en el arte, fueron maestros del bronce y construyeron o esculpieron numerosas estatuas y estatuillas a lo largo de los siglos. Muchas de estas piezas adornan los museos de toda Europa y se parecen mucho a las obras griegas. Los romanos eran especialmente aficionados a la metalistería etrusca y la cambiaban por piezas y las saqueaban, enviándolas de vuelta a sus hogares durante las guerras romanas y etruscas. Según Plinio, más de 2.000 estatuas de bronce fueron robadas solo de la ciudad de Volsinii una vez que fue capturada y arrasada.[146] El mejor ejemplo sobreviviente del trabajo en bronce de los etruscos es el gran y complejo carro de Monteleone hecho aproximadamente en el 530 a. C.

El Monteleone posee una extraña y vaga historia llena de controversias. Los historiadores se esfuerzan por determinar cómo llegó finalmente a descansar en el Museo Metropolitano de Arte de la ciudad de Nueva York; el distrito administrativo de Monteleone trató de devolverlo a Italia, pero fracasó. En su lugar, recibieron una réplica a gran escala. La carroza de Monteleone está probablemente basada en un modelo de equitación estándar y demuestra las técnicas de construcción y los diseños etruscos. El armazón original está hecho de madera y cubierto con láminas de bronce martillado para protegerlo. Hay incrustaciones de ámbar y marfil como decoración adicional, una representación de Aquiles recibiendo su armadura de su madre Tetis, e incluso nueve radios en las ruedas. El número de radios destaca porque los griegos solo usaron cuatro, mientras que otras civilizaciones del Mediterráneo usaron seis u ocho. Es evidente que los etruscos lograron distinguirse de las demás culturas que les rodeaban, al tiempo que incorporaron algunas técnicas, especialmente en lo que respecta al bronce.

---

[146] Plinio: Historia natural XXXIV.16.

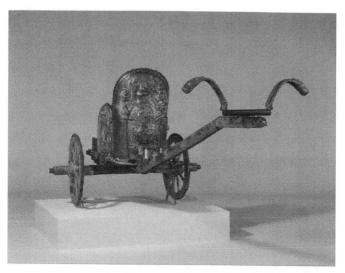

La Carroza Monteleone

Además de las estatuas, los etruscos fabricaron una variedad de otros objetos de bronce, incluyendo carcasas para espejos y los marcos de joyas y otros adornos. Una técnica particular consistía en grabar líneas en las piezas y luego rellenarlas con un material blanco líquido que endureciera y resaltara el diseño y su complejidad. Desafortunadamente, a muchas piezas que alguna vez habrían incluido la sustancia blanca les falta, y esto puede arruinar el efecto de las obras en los escenarios contemporáneos, ya que los diseños lineales son más difíciles de identificar.

Aparte del bronce, los etruscos trabajaban una pequeña cantidad con plata y oro que eran metales mucho más raros y se reservaban principalmente para la joyería de las élites ricas. Tales joyas podían ser anillos, collares, brazaletes, broches y adornos de pecho como el que se muestra a continuación.

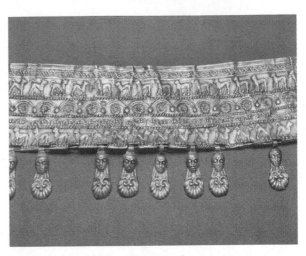

Pintura mural y frescos

La mayoría de las pinturas etruscas sobrevivientes provienen de los frescos de las paredes de las tumbas. Estos frescos, mientras estaban expuestos a los elementos como el aire y la humedad, evitaban los peligros de la luz del sol, la lluvia y otros factores ambientales severos. La fuente más común de pinturas de tumbas es Tarquinia que presenta piezas del 670 a. C. al 200 a. C. La mayoría de los supervivientes fueron pintados entre el 520 y el 440 a. C. Esta forma de arte etrusco tiene una importancia significativa para los estudiosos del mundo antiguo. Se sabe que los etruscos fueron fuertemente influenciados por los griegos en la época en que se hicieron las pinturas. Desafortunadamente, la tradición de la pintura mural griega había sido casi totalmente diezmada por el tiempo, lo que significa que quedan pocos restos. Examinando el trabajo de los etruscos, los estudiosos creen que pueden aprender sobre los equivalentes griegos identificando elementos que parecen fuera de lugar o inspirados en la mitología griega.[147]

---

[147] Steingräber, Stephan, *Abundancia de vida: Pintura mural etrusca*, 2006, Museo J. Paul Getty, Getty Publicaciones, pág. 9.

Los frescos etruscos se hacían enluciendo una pared y luego aplicando pintura fresca encima. El yeso y la pintura se dejaban secar juntos para que la pintura se convirtiera en parte del yeso y fuera menos probable que se desprendiera. Los colores se podían hacer moliendo minerales para crear diferentes colores que luego se añadían a una mezcla básica de pintura líquida. Los pinceles estaban hechos de madera y pelo de animales y a veces de piedra. El pelo animal siempre se usaba como cerdas, ya que era el material suave más abundante disponible. A mediados del siglo IV a. C., los etruscos aprendieron la práctica del modelado del claroscuro, que consiste en utilizar fuertes contrastes entre la luz y la oscuridad para dar una mejor definición a las figuras. Fueron capaces de retratar mejor la profundidad y el volumen, añadiendo una muy necesaria definición a sus piezas. Las escenas mitológicas se representaban más que las instancias de la vida cotidiana, y la proporción tendía a estar ausente en las obras de arte. Esto significa que las escenas mitológicas a menudo poseían figuras de tamaños irregulares que eran demasiado grandes para sus entornos.

Algunos de los mejores ejemplos de frescos etruscos son la Tumba de los Leopardos y la Tumba de las Bailarinas, también llamada la Tumba de las Mujeres que Bailan. Ambas son de cámaras funerarias y parecen datar del siglo V a. C., aunque la datación es difícil para la Tumba de las Bailarinas. En estas mismas tumbas, los arqueólogos encontraron hermosos ejemplos de cerámica que era un bien funerario común.

Un buque de cerámica de jabalí, entre el 600 y el 500 a. C.

Música

Los historiadores, arqueólogos y otros eruditos no pueden reconstruir las cepas líricas de la música etrusca a partir de artefactos, ilustraciones de tumbas o inscripciones, pero pueden interpretar las líneas dejadas en las fuentes romanas, descifrar los sonidos basándose en las formas de los instrumentos y reconstruir una imitación cercana de la música etrusca. Desafortunadamente, la información que postulan los estudiosos es muy teórica y debe ser tomada con mucha cautela. Esta cuestión no es exclusiva de los etruscos, ya que los estudiosos tienen problemas similares al tratar de reconstruir la música de otras civilizaciones antiguas como la griega y la egipcia.

En general, los etruscos poseían una tradición musical oral, lo que significaba que la educación musical y las canciones se transmitían muy probablemente entre individuos por medio de demostraciones y enseñanza audible, más que a través de notas escritas. Este es el escenario más probable, pero también uno basado en pruebas circunstanciales, ya que hay pocas piezas musicales o registros que sobrevivan. Las que existen tienden a ser talladas en arte funerario o estelas.

La música acompañaría al trabajo, al ocio e incluso a la guerra. A los músicos y bailarines profesionales no se les concedía mucho respeto, pero se les consideraba partes significativas e importantes de la cultura etrusca. Los eventos solemnes y ceremoniales como juegos, festivales, funerales y celebraciones como el *Fanum Voltumnae* a menudo iban acompañados de música y bailarines. Los simulacros militares poseían pistas y piezas musicales, al igual que las competiciones deportivas, las cacerías y, por supuesto, los banquetes, las fiestas y otras festividades. Aunque había bailarines profesionales, la población etrusca común era también aficionada a la danza, y podría haber figurado en algunos rituales. Los etruscos tocaban música no solo durante la porción de la comida de un banquete, sino también mientras se preparaba la comida y después, cuando los individuos se reunían durante las sesiones de bebida después de consumir la comida.

Los historiadores creen que los etruscos asignaron un significado religioso y espiritual a la música, ya que los etruscos parecen haber creído que ciertas canciones, letras y notas poseían poderes mágicos. Algunos libros sagrados presentan frases rítmicas repetitivas que podrían haber sido cruciales durante el proceso funerario. Eventos elaborados como los funerales podrían haber tenido partituras escritas para asegurar que todos permanecieran en el tiempo y afinados, pero ninguno sobrevivió, haciendo de esta teoría otra instancia de especulación educada.

Músico etrusco con Barbitón, tumba del triclinio

Durante la ceremonia funeraria, el dulce y acogedor sonido del aulós (flauta) y la lira iluminaba la atmósfera del banquete, persuadiendo a los participantes para que bailaran. Se conocen poco los nombres etruscos originales de sus instrumentos musicales, por lo que los historiadores y estudiosos utilizan los nombres latinos o griegos. Podemos clasificarlos en tres categorías: percusión, cuerda e instrumentos de viento.

Se han encontrado instrumentos de percusión como las campanas, campanella (tintinnabulum) y crótalos (castañuelas). Estos instrumentos podrían haber sido fácilmente transportados por jóvenes bailarines.

De la descripción de Plinio el Viejo de la tumba de Lars Porsena, podemos sacar algunas conclusiones interesantes. Como en muchos otros objetos con función apotropaica, se montaron campanas en la tumba con el objetivo de producir sonidos al ser movidos por el viento, repeliendo así las presencias malignas. La función apotropaica significa que se pensaba que el instrumento ahuyentaba a los espíritus malignos a través de sus sonidos. Un ejemplo moderno de algo que tiene una función apotropaica serían las campanas de viento, que algunos individuos espirituales piensan que pueden proteger los hogares de pensamientos y espíritus malignos.

Instrumentos de cuerda y viento

Los instrumentos de cuerda etruscos más comunes eran la lira y el Barbitón, también llamado cítara. Una lira consistía en siete cuerdas encadenadas a lo largo de una caja de resonancia. Esta caja de resonancia se fabricaba a partir del caparazón de una tortuga o de madera, dependiendo del lugar donde se fabricaba y de los materiales disponibles. El Barbitón era similar, pero más grande.

Los etruscos poseían numerosos instrumentos de viento para crear su música. Los cinco principales eran los Aulós, el Cornu, la tuba, el Lituus y el Tibia. El Aulós era una forma de flauta doble con una doble boquilla. Los músicos usaban un Capistrum para mantenerlo en su lugar, que era una correa que se enrollaba alrededor de la cabeza. Esta doble flauta es considerada la mascota de los instrumentos etruscos por su popularidad en la cultura. Aparentemente, los flautistas etruscos eran legendarios en todo el Mediterráneo, con los griegos y romanos escribiendo y alabando la habilidad de los músicos. Algunas leyendas afirman que los flautistas eran capaces de atraer a los jabalíes de los bosques con sus agradables melodías durante las cacerías.

El Cornu era un instrumento de metal enrollado con un diámetro masivo para la sonoridad. Probablemente se usaba enrollado alrededor de los hombros y posiblemente poseía beneficios prácticos para la caza e incluso la guerra. Con el tiempo, su versatilidad lo hizo popular para eventos ceremoniales. El Lituus, por su parte, era un instrumento de viento en forma de L hecho de bronce. Las piezas excavadas miden hasta 160 centímetros de largo. El propósito exacto y el sonido del Lituus son ambiguos, pero no parecía ser tan popular como otros instrumentos, especialmente la tuba.

La tuba etrusca era diferente del instrumento de bronce moderno. Se parecía a una trompeta recta y estaba hecha de cobre o hierro. El largo tubo terminaba en un lado en forma de campana mientras que el otro sostenía la boquilla. Esta tuba no fue diseñada para crear un sonido agradable, sino para ser lo más fuerte posible porque la tuba se usaba durante las batallas y los juegos atléticos. La intimidación a través del sonido era una táctica popular, y la tuba continuaría siendo utilizada por los romanos más tarde para señalar los movimientos durante las batallas, así como en los funerales y durante los sacrificios. La tibia era diferente, ya que era un tipo de flauta que se tocaba durante las ceremonias religiosas, así como en eventos tristes. Las notas eran mucho más matizadas y agradables, y las fuentes mencionan que la Tibia se tocaba para ahuyentar una plaga en Roma durante el siglo IV a. C.

Capítulo 8 - El lenguaje y la escritura etrusca

Los etruscos poseían su propio lenguaje escrito y hablado que existía en toda Etruria y sus colonias. Los lingüistas creen que la lengua etrusca influyó en el desarrollo del latín y se basó en el grupo de lenguas indoeuropeas junto con otras lenguas importantes como el español, el rumano y el francés. Es difícil determinar cómo podría haber sonado el etrusco cuando se habla, ya que es esencialmente una lengua muerta. Este problema se agrava por el hecho de que los eruditos luchan por descifrar lo poco que queda de texto. Hay aproximadamente 13.000 inscripciones sobrevivientes escritas en etrusco. La mayoría son cortas, pero están escritas en textos bilingües y a veces trilingües con la frase escrita primero en etrusco y luego otra vez en latín, griego o fenicio.

Los textos bilingües permiten a los estudiosos descifrar algunas palabras difíciles, ya que pueden emparejar la palabra etrusca con su equivalente en un idioma más conocido. Hay varias docenas de palabras prestadas de otros idiomas, pero el etrusco sigue siendo único y distinto. El estudio del etrusco como lengua es una fuente de numerosos enigmas. Algunos estudiosos creen que el etrusco era un aislado, o una lengua que se desarrolló por sí sola y no estaba relacionada con otras. Otros piensan que fue una de las lenguas tirianas, una hipotética lengua extinta que se desarrolló independientemente de otras lenguas mediterráneas. Sin más información, la lengua etrusca podría seguir siendo un misterio durante muchos años.

Hay algunos rasgos conocidos. La lengua etrusca es aglutinante, lo que significa que los sustantivos y verbos tienen terminaciones inflexionales que afectan a la forma en que se hablan. Los sustantivos también tienen formas masculinas y femeninas separadas según con quién estén relacionados, y hay números o formas singulares y plurales para sustantivos y verbos. Esto significa que hay sustantivos separados para un solo hombre, una sola mujer, múltiples hombres y múltiples mujeres. Los lingüistas han sido capaces de identificar los cambios en el lenguaje a lo largo del tiempo, especialmente cuando se trata del alfabeto.

La lengua etrusca poseía su propio alfabeto que se derivaba del alfabeto griego, y el etrusco pasaría a ser la fuente del alfabeto latino en los siglos posteriores. Los historiadores incluso piensan que la lengua etrusca viajó al norte y se convirtió en el alfabeto Elder Futhark que consiste en las runas más antiguas de la región germánica. Algunos piensan además que el etrusco influyó en palabras significativas de la cultura europea occidental, incluyendo "persona" y "militar". Estas palabras no tienen raíces indoeuropeas, que es donde los estudiosos infieren la conexión. El sistema de escritura etrusca se divide en dos fases históricas: la arcaica, de los siglos VII a V a. C., y la posterior, de los siglos IV a I a. C. La primera fase utilizó el alfabeto griego temprano, mientras que la segunda fase comenzó a ignorar o modificar las letras para crear un sistema de escritura más distintivo.

Alfabetización

Cuando se habla de la alfabetización en las civilizaciones antiguas, es importante recordar que la mayoría de la población habría sido analfabeta. El individuo medio no tenía motivos para saber leer o escribir y habría carecido de oportunidades educativas. En cambio, la alfabetización estaba reservada a los aristócratas y comerciantes que necesitaban llevar un registro y podían disfrutar de la historia y las historias desarrolladas por la élite. Los funcionarios religiosos, como los sacerdotes, también sabían leer y escribir, ya que necesitaban leer los libros de adivinación y rituales de las diferentes fiestas y celebraciones. Más tarde, las únicas personas alfabetizadas en la lengua etrusca fueron algunos romanos ricos que se enseñaron a sí mismos el idioma debido a su interés por la historia u otros temas de la antigüedad.

Los historiadores pueden decir que la alfabetización fundamental era común en todo el Mediterráneo, especialmente en las ciudades portuarias. Este alfabetismo fundamental significa que la gente podía identificar palabras basadas en su ortografía, pero no leerlas realmente. Algunos individuos también podrían reconocer sus nombres, pero no escribirlos realmente. Este fenómeno es como si una persona moderna supiera que las letras "vaca" se refieren a una "vaca", pero no pudiera leerlas. La palabra se conoce a simple vista sin mayor conocimiento y se convierte más en un símbolo que en una palabra escrita legítima.

Los etruscos dejaron numerosas inscripciones en los monumentos y en las tumbas, y las diferencias entre los estilos de escritura indican que hay varios escribas. La mayoría de las inscripciones son del 700 a. C., por lo que incluso los primeros etruscos poseían alguna forma de alfabetización más avanzada, aunque no era común. Al mismo tiempo, hay pruebas de que los etruscos poseían una rica cultura literaria en la que muchos no podían participar. Los romanos como Livio y Cicerón a menudo se referían a varios libros codificados sobre los ritos religiosos etruscos, incluyendo la mencionada *Disciplina Etrusca*, el *Libri Haruspicini*, el *Libri Rituales* y el *Libri Fulgurales*. Al mismo tiempo, había un cuarto conjunto no identificado de libros etruscos que hablaban de dioses animales. El único libro que sobrevivió completamente es el *Liber Linteus Zagrabiensis* que sobrevivió gracias a que alguien usó su lino como envoltorio de momia en el Egipto ptolemaico.

Los romanos parecían ser capaces de leer el etrusco durante unos pocos siglos después de que la cultura etrusca comenzara a ser asimilada en Roma. Con el tiempo, solo unos pocos estudiosos dedicados con interés en la historia pudieron leer etrusco. El último individuo conocido que poseía un conocimiento del lenguaje escrito fue el emperador Claudio, que vivió desde el 10 a. C. hasta el 54 d. C. Escribió un tratado de veinte volúmenes sobre los etruscos, así como un diccionario, ambos perdidos en el tiempo. Es una lástima, ya que compiló el diccionario entrevistando a los últimos ancianos sobrevivientes que hablaban etrusco nativamente.

Además de los pocos romanos fluidos, también había muchos individuos regulares que sin saberlo hablaban términos etruscos que habían sido absorbidos en el vocabulario romano estándar. Estas eran palabras como *columna* (columna), *populus* (gente) y *tuba* (trompeta). Quizás la más inusual es la que se usa en el inglés moderno y posee un contexto muy diferente - *vagina*, que originalmente significaba vaina y ahora se refiere a los genitales femeninos.

Fuera de Italia, la alfabetización etrusca se extinguió rápidamente después del 300 a. C. Debido a que los etruscos perdieron sus colonias y asentamientos mediterráneos rápidamente durante su declive en los siglos V y IV a. C., no es sorprendente que el etrusco fuera reemplazado por otros idiomas como el griego y el latín. Así, mientras que se han encontrado inscripciones en regiones como el mar Negro, los

Balcanes, Córcega, Elba y Grecia, el idioma en sí no se habría hablado mucho más allá del 300 a. C.

Escritura

Los estudiosos de las lenguas antiguas creen que la escritura latina se deriva del alfabeto etrusco. Este alfabeto utiliza una variante euboica del alfabeto griego que utiliza la letra digamma, que está ausente en algunas otras versiones del griego. La escritura griega probablemente llegó a Etruria a través de Cumas y Pitecusas. Estas dos ciudades eran colonias griegas en la península italiana cerca de Etruria y disputaban el territorio por el que etruscos y griegos lucharían. Estos asentamientos eran del griego eubea, lo que significa que eran el punto más probable de transferencia del alfabeto griego a los etruscos.

El alfabeto etrusco poseía veintiséis letras y sería adaptado al latín más tarde. Todo el alfabeto está presente en un jarrón de terracota Bucchero que actualmente se encuentra en el Museo Metropolitano de Arte de la ciudad de Nueva York. Fue construido entre 650 y 600 a. C., lo que significa que el alfabeto se desarrolló a principios de la historia de Etruria. Algunos ejemplos también se encuentran en el Hígado de Piacenza que se ve a continuación. A pesar de que el alfabeto tenía veintiséis letras, los etruscos no usaban cuatro de ellas, ya que no tenían un sonido silábico para la *b, d, g,* u *o.* La escritura se hacía de derecha a izquierda, lo cual es un retroceso para la mayoría de las personas que saben leer y escribir en las lenguas europeas. Sin embargo, algunas regiones de Etruria parecían escribir de izquierda a derecha. La escritura temprana no espaciaba las palabras, sino que ponía un punto o dos puntos entre los sustantivos y verbos individuales. Esto significa que las *oraciones.se.verían.así.* Toda la escritura se hacía fonéticamente, y no había una ortografía estandarizada, lo que significa que las ciudades-estado probablemente tenían diferentes pronunciaciones para las mismas palabras. Esto es comprensible, ya que se sabe que hay dialectos regionales.

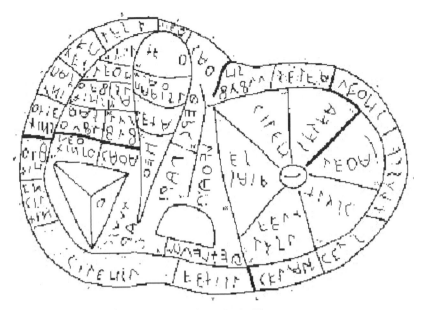

El texto sobre el hígado de Piacenza

El discurso escrito etrusco da más pistas sobre cómo sonaba el lenguaje cuando se hablaba. El discurso escrito puso mucho énfasis en la primera sílaba, pero luego ignoró muchas de las consonantes y vocales restantes, lo que hubiera hecho que las palabras sonaran como si se hubieran arrastrado. Se pueden ver ejemplos en la escritura que muestran esta práctica, uno de ellos es la escritura del nombre Heracles, el héroe mitológico griego. La mayoría de la gente podría reconocer su nombre como el Hércules romano. En etrusco, Heracles se escribe como *Hercle*, que ignora las sílabas después de la primera y borra la mayoría de las vocales habladas. En otros casos, los escritores doblarían las vocales y añadirían la primera vocal al final de las otras sílabas. Así que, en lugar de *Hercle*, un escriba podría escribir *Herecele*. Están reciclando la "e" para crear un fenómeno llamado "armonía de vocales", pero los historiadores aún luchan por interpretar los textos etruscos debido a la falta de conocimiento de la ortografía y los significados de las palabras.[148]

---

[148] Pallottino, Massimo (1955). Los etruscos. Penguin Books. Traducido del italiano por J. Cremona, pág. 261.

Capítulo 9 - Arquitectura

Los arqueólogos descubrieron numerosos ejemplos de la arquitectura etrusca construida entre el 700 a. C. y el 200 a. C. Estas ruinas registran la historia de la cultura etrusca mientras se separaba lentamente de los villanovianos, alcanzaba su edad de oro y luego declinaba antes de ser asimilada por el poder de Roma. Basándose en las pruebas disponibles, los estudiosos pueden deducir que los etruscos preferían construir edificios importantes con piedra tallada y madera, mientras que las estructuras más temporales se construían con ladrillos de barro y otros materiales más fáciles de fabricar. Los azulejos de terracota eran básicos para los templos, los palacios y las casas aristocráticas, y a medida que la tecnología avanzaba, se podían encontrar incluso en las casas normales.

Los arqueólogos especializados en edificaciones han podido determinar que hubo varios períodos de significativa influencia artística a lo largo de los siglos. Por ejemplo, los etruscos adoraron la arquitectura griega a partir de finales del siglo VII a. C. y comenzaron a incorporar elementos como columnas en sus edificios. Como se mencionó anteriormente, los griegos fueron uno de los mayores socios comerciales de los etruscos, por lo que era natural que tales elementos culturales y artísticos fueran compartidos. La arquitectura etrusca pasaría entonces a influir en los romanos, que podrían considerarse una copia de los etruscos durante siglos, hasta que los romanos consiguieron desarrollar su propio diseño.

La mayor fuente de información sobre la arquitectura etrusca proviene de las tumbas, que ya han sido discutidas con cierto detalle. Estas tumbas existían en necrópolis masivas en las afueras de las ciudades etruscas. Las necrópolis eran cementerios gigantescos en los que los etruscos enterraban a sus seres queridos para preservar sus cuerpos y almas, pero también para evitar que la putrefacción de los cadáveres en descomposición afectara a las ciudades. Otras fuentes de arquitectura que sobreviven son los templos, las casas, las murallas e incluso los caminos tallados en piedra. No todo fue preservado en buenas condiciones, pero las conjeturas cuidadosas y educadas pueden llenar muchos de los vacíos.

Templos

Los templos, tal y como los entiende el público moderno, no existían durante los primeros siglos de la civilización etrusca. En su lugar, los etruscos adoraron en recintos al aire libre hasta aproximadamente el 600 a. C. En ese momento, los etruscos comenzaron a imitar a los griegos y construyeron edificios y monumentos impresionantes. Los arqueólogos debaten si los templos eran esencialmente casas glorificadas construidas según los mismos diseños de la morada noble estándar o si eran realmente únicos por derecho propio.[149]

En estos templos, la plataforma base o el podio donde el sacerdote estaba de pie sería de piedra. El resto del templo podía ser hecho de ladrillo de barro, madera y otros materiales más perecederos. Estos materiales no podían soportar la prueba del tiempo y reducían lo que los arqueólogos podían descubrir. Es posible que hubiera columnas de pórtico de inspiración griega

---

[149] Vedia, Izzet, *La arqueología de la sociedad etrusca*, 2007, Prensa de la Universidad de Cambridge, pág. 19-21.

hechas de piedra en algunas de las estructuras más grandes, pero estas desaparecieron. Sin embargo, en Veyes quedan pruebas de arquitectura de inspiración griega, y escritores romanos como Vitruvio a menudo mencionan elementos griegos en los templos etruscos que ya no sobreviven.

Vitruvio, un autor romano que murió en el 15 a. C., escribió acerca de cómo los templos romanos fueron construidos a veces en el estilo etrusco, pero no está claro cuándo Vitruvio habría visto realmente un templo etrusco o si estaba tratando de hacer conjeturas educadas. Por un lado, las descripciones ofrecidas por Vitruvio coinciden con los bosquejos desarrollados por los arqueólogos en algunos aspectos. Por otro lado, también hay numerosas diferencias. A fin de cuentas, los arqueólogos se contentan con racionalizar que los templos sin duda poseían numerosas formas, ya que hubo un período de 400 años en que fueron construidos. Intentar encajarlos en un molde sería como intentar que todas las iglesias católicas francesas construidas entre el 1400 y el 1800 d. C. se vean iguales.

Basándose en las ruinas y en las descripciones de Vitruvio, los templos etruscos tenían tres puertas y tres cellae para cada una de las principales deidades. Cellae es el plural de cella (cela), que es un área oculta dentro de los templos griegos y romanos donde se guardaba la imagen de culto de una deidad. Una imagen de culto es un objeto hecho por el hombre que a menudo se adora en homenaje a la deidad que representa, similar a un ídolo. La orientación de los templos podía decidirse por el movimiento de los pájaros, que se creía que eran un presagio de los dioses, y las decoraciones de terracota eran comunes. Los templos eran incluso más coloridos entre los etruscos que entre los griegos y romanos, que eran bastante extravagantes en su trabajo. La terracota pintada era popular para las tejas de los tejados y la base de las columnas, mientras que las piezas más pintadas se usaban para formar estatuas de dioses y héroes mitológicos.

Los etruscos influenciaron a los romanos en la estructura general de los templos. Los arqueólogos saben que ambas culturas se centraron en el frente del edificio mientras descuidaban los lados y la parte trasera. Así que, el frente era típicamente elevado, solo se podía entrar en el templo por la parte delantera, y a menudo había columnas que sostenían el techo a lo largo del pórtico, que es la pequeña sección del techo sostenida por columnas y abierta por tres lados. En los templos etruscos, el pórtico era mucho más profundo que en sus equivalentes romanos. En años posteriores, los etruscos comenzaron a modelar sus estructuras en los estilos griego eólico, jónico y corintio. El dórico también se usaba a veces, y las columnas estriadas se hicieron populares alrededor del siglo V a. C. Más tarde, los etruscos también imitarían a los egipcios incorporando molduras de caveto y palmetas. Es posible que los comerciantes hayan traído estos estilos de vuelta con ellos después de haber parado en los puertos egipcios.

Una Palmeta

Templo de Júpiter Óptimo Máximo

Algunos individuos que leen este volumen podrían haber oído hablar del Templo de Júpiter Óptimo Máximo, que era el templo más antiguo de Roma de su prodigioso tamaño. El templo fue dedicado a Júpiter, Juno y Minerva, y los historiadores y arqueólogos creen que fue dedicado alrededor del 509 a. C. Sin embargo, un incendio destruyó la estructura en el 83 a. C., por lo que fue reconstruida según la tradición griega en el 69 a. C. Se arruinó y reconstruyó dos veces más antes de que apareciera su forma moderna. Cuando se construyó originalmente el Templo de Júpiter Óptimo Máximo, especialistas etruscos fueron traídos a Roma para proporcionar información sobre las técnicas requeridas para construir un templo tan grande. Dejaron sus huellas digitales en el diseño original, que incluía el desarrollo y la pintura de características únicas de terracota como antefijas.

En la historia del Templo de Júpiter Optimo Máximo se puede ver el significado de los etruscos para los romanos. Sus diseños y habilidades eran tan grandes que fueron llamados a Roma para ayudar a los constructores de allí. Las descripciones del templo original también son importantes para ayudar a los especialistas contemporáneos a entender algunas de las complejidades de los diseños de los templos etruscos. Saben que el templo original tenía un área de 61 metros por 61 metros y que el edificio estaba tan bien construido que sobrevivió 400 años de uso diario por la población de Roma. La presencia de la terracota pintada también es omnipresente, una opción favorita tanto para el arte como para la arquitectura. Algunas otras características eran amplios aleros, amplias columnatas y un techo altamente decorado que habría llamado la atención de los transeúntes.[150]

---

[150] Denario del año 78 a. C.

Carreteras y redes de transporte

Los caminos etruscos son difíciles de estudiar. Varias importantes calzadas romanas, incluida la Vía Cassia, se construyeron sobre predecesores etruscos, lo que dio lugar a la pérdida de valiosa información sobre la tecnología de las calzadas etruscas. Otros sitios fueron lo suficientemente descuidados como para proporcionar una imagen rudimentaria de cómo podrían haber sido las carreteras. La mayoría eran de tierra compactada, pero algunos también tenían grava y bloques de toba. Los bloques de toba son intrigantes porque se construyeron con ceniza volcánica solidificada y parecen haber sido transportados a grandes distancias para construir los caminos. Las carreteras más grandes, que se recorrían con mayor frecuencia, también tenían canales centrales de drenaje para evitar inundaciones. Si bien los caminos etruscos discurrían entre los principales asentamientos, también se construyeron en el campo, donde los campos y los huertos podrían haber estado para que los productos pudieran llegar más fácilmente a las ciudades. Algunos de los caminos más grandes tenían un ancho de 10 metros y una longitud de 12 kilómetros.

Los arqueólogos descubrieron otra forma de camino en la Vía Cava. Aquí se pueden ver estrechos pasadizos cortados en los lados de las colinas que han cambiado poco a lo largo de miles de años. Los historiadores creen que las ruedas con llantas de hierro de los etruscos cortaron el lecho de roca suave de las colinas, dejando surcos que necesitaban ser alisados. Este proceso eventualmente creó los caminos. Como otras formas de arquitectura y planificación urbana, la construcción de carreteras etruscas evolucionó con el tiempo. Durante los siglos VII y VI, la mayoría de las carreteras eran asuntos básicos diseñados para peatones y algunos animales como las mulas. Con el paso del tiempo, las ciudades-estado hicieron un esfuerzo concertado para desarrollar caminos diseñados que pudieran manejar las ruedas de carros cargados de gente, cultivos y bienes para el comercio. La mayoría de los puentes estaban hechos de largas vigas de madera, aunque hay pruebas de que se usaba piedra debajo de la madera para dar un soporte extra.

Muros y Fortificaciones

Los etruscos tendían a desarrollar sus ciudades en lugares que requerían pocas murallas y fortificaciones, por lo que muchos de los primeros asentamientos carecían de tales elementos hasta el siglo VIII a. C. En esta época, empezaron a aparecer muros de ladrillo de barro. Pronto serían reemplazados por piedras gruesas. La península italiana era objeto frecuente de guerras y ataques externos, así que era natural que los etruscos empezaran a proteger su territorio. La mayoría de los muros poseían una muralla de fácil acceso, así como una zanja cavada frente a ellos. Se construyeron puertas dentro de la muralla para que los viajeros y los agricultores pudieran entrar en la ciudad. Los asentamientos más ricos diseñaron las puertas con arcos, mientras que las áreas más pobres se conformaron con plazas toscas. La mejor muralla etrusca que ha sobrevivido es la Porta Marzia de Perugia que fue construida poco antes de que Roma tomara el territorio. La mayoría de los asentamientos solo sobrevivieron a una pared, pero Volterra demostró ser diferente. Volterra es única entre los hallazgos arqueológicos porque el asentamiento tiene dos muros sobrevivientes en lugar de uno.[151] Con el tiempo, las murallas y fortificaciones avanzaron en su diseño. Mientras que las primeras murallas eran toscas y desordenadas, los siguientes modelos exhibían un trabajo en piedra de gran calidad. Muchas fueron hechas usando rectángulos de sillares mientras que otras eran claramente ciclópeas.

[151]

La Porta Marzia

Tumbas físicas

Muchas de las características de la arquitectura de las tumbas ya han sido cubiertas, pero las de los ricos poseían algunas diferencias distintivas en su ubicación y tipos de bienes funerarios. Los etruscos ricos construyeron sus tumbas lejos de las ciudades, normalmente en el corazón de grandes necrópolis. La cerámica era el bien funerario más popular, así como los artículos de lujo que el resto de la población no podía permitirse, como joyas y artículos hechos de metales preciosos y con incrustaciones de piedras y gemas de colores. Múltiples generaciones de la misma familia fueron enterradas en estas tumbas, que a menudo eran cortadas en grandes paredes de rocas. Otras fueron construidas de piedra cortada y con forma.

Las tumbas sobre el suelo fueron construidas en filas que se asemejaban a las modernas casas de vecindad. Otras eran túmulos (el plural de túmulo, que es un antiguo túmulo funerario típicamente hecho de tierra compactada) con entradas que conducían a las cámaras de abajo. Casi todas las tumbas se asemejaban a casas en su interior con numerosos pasillos, dormitorios y grandes cámaras de entrada llenas de muebles funerarios. Las columnas eran populares entre los ricos, y los arquitectos incluso diseñaban vigas de piedra innecesarias en la parte superior para imitar varios pisos o un techo. La mayoría de las tumbas poseían pinturas al fresco como decoración.

Capítulo 10 - Los textos y la literatura que sobrevivieron

Aunque son pocos y muy frecuentes, algunos textos etruscos sobrevivieron a los estragos del tiempo y revelan información sobre esta cultura que abarcó siete siglos.[152] Estos textos utilizan una forma del alfabeto griego debido al estrecho contacto entre los griegos y los etruscos en el espacio geográfico para las colonias, así como a través del comercio general y el intercambio cultural. Otros textos utilizan el alfabeto etrusco, que está más relacionado con el alfabeto griego de Eubea y suelen ser las inscripciones de las tumbas descubiertas en el continente de la península itálica.[153] De los textos que quedan, muchos son textos religiosos y funerarios que fueron inscritos en piedra, y la mayoría son de aproximadamente el siglo IV a. C. Además de los documentos y textos originales legítimos, también se conservan citas y alusiones escritas por autores clásicos de otras culturas, incluyendo a los frecuentemente mencionados romanos.

---

[152] Mientras que los etruscos estuvieron alrededor de nueve siglos, su cultura solo fue prominente durante unos siete.

[153] Bonfante, Giuliano y Bonfante Larissa. *La lengua etrusca: Una introducción.* Manchester: Prensa de la Universidad de Manchester, 2002.

Algunas de las citas y referencias incluyen notas de Diodoro Sículo en el siglo I a. C., quien describió a los etruscos como poseedores de una cultura literaria verdaderamente asombrosa que se destacaba como uno de los principales logros de la cultura. A pesar de ser un logro brillante, los historiadores y los eruditos saben poco sobre el lenguaje escrito porque todo lo que queda de los textos funerarios es la repetición de las mismas frases que se encuentran en las inscripciones de los sarcófagos. Incluso estas se entendieron solo porque alguna alma emprendedora decidió repetir las mismas frases en púnico y latín también, creando un epitafio trilingüe. Otras se pueden encontrar de individuos famosos como Livio, que escribió extensamente durante el siglo I a. C. sobre la temprana relación entre los etruscos y los romanos.

Cuando no miran los textos funerarios, los eruditos pueden estudiar las inscripciones dejadas en los monumentos. El gobierno italiano tiene leyes estrictas sobre la preservación de tales monumentos y artefactos y se asegura de que no sean manipulados por vándalos y peligros ambientales. Sin embargo, el gobierno intervino demasiado tarde, ya que muchos monumentos y muros fueron derribados, destruidos o reutilizados como materiales de construcción durante los dos últimos milenios. Lo que queda está en proceso de ser catalogado, pero revela una visión esencial de lo que los etruscos consideraban importante y digno de mención.

Los textos y monumentos funerarios son importantes, pero otra fuente de información son las inscripciones hechas en objetos portátiles que a menudo se dejaban en las tumbas. Estos pueden ser monedas, cistas, anillos y sus gemas, y artefactos llamados espéculos. Las monedas son las favoritas de los historiadores debido a su abundancia y capacidad para sobrevivir a los elementos. Después de todo, casi todos los pueblos antiguos protegían las monedas y otras formas de moneda. Todas las monedas acuñadas por los etruscos descubiertas provienen de entre los siglos V y III, lo que puede indicar que el uso de la moneda de metal, que era exclusivo de la civilización etrusca, se desarrolló alrededor del punto medio de su civilización. Estas monedas estaban hechas de oro, plata y bronce y típicamente presentaban una denominación, quienquiera que fuera la autoridad de acuñación, y un camafeo. Los eruditos pueden aprender sobre la escritura etrusca viendo los nombres completos y abreviados de las ciudades visibles en la moneda, lo que es útil para descifrar el alfabeto. Naturalmente, también hay información cultural significativa incrustada en las monedas, ya que a menudo aparecen imágenes mitológicas y bestias. Estas podrían ser el hipocampo, la esfinge, Apolo, Zeus y las gorgonas.

Una simple moneda etrusca

Las cistas, por su parte, eran recipientes de bronce en los que las mujeres almacenaban artículos diversos, maquillaje, perfumes y otras pequeñas posesiones. Algunos historiadores los comparan con maquillaje moderno o cajas de joyas. Estos tendían a tener una variedad de formas geométricas, particularmente círculos y rectángulos. Tenían pies y tapas, figuritas adjuntas, tallas y a menudo escenas pintadas de la mitología griega y etrusca. Son importantes para la comprensión del lenguaje y el texto escrito porque muchos llevan inscripciones sobre el fabricante, el propietario y algunas descripciones sobre las imágenes y figuras. Imagine que posee una joya o un neceser con una escena de una película o una obra de teatro favorita, la escritura explicaría esa escena. Más de 118 cistas fueron descubiertas en un solo lugar, proporcionando una gran cantidad de información.

Una cista etrusca, entre el 600 y el 500 a. C.

Los anillos y sus gemas son una fuente inusual de textos etruscos. Estos fueron algunos de los bienes más saqueados descubiertos en las tumbas de toda Etruria. Muchos tenían diseños de oro y materiales como ágata, cornalina e incluso sardios incrustados en los anillos. Sin embargo, algunas eran simples con escenarios huecos y grabados que representaban escarabajos y escenas de la mitología griega. Ocasionalmente, estas piezas de joyería tenían escritura, que a veces incluía los nombres de héroes míticos.

Finalmente, estaban los espéculos. El singular de espéculos es espéculo y se refiere a un espejo de mano circular u ovalado. Se fabricaron entre el 530 y el 100 a. C., y fueron usados casi exclusivamente por mujeres y se llamaban *malena* o *malstria* en etrusco. Se conocen 2.300 de estos espejos en todo el mundo, y se sospecha que muchos más han sido saqueados y guardados en colecciones privadas. Estos espejos solían tener mangos de hueso, marfil y madera, así como un respaldo de latón para el espejo. Muchos tienen intrincadas tallas y escenas de camafeo de la mitología que una vez más tienen inscripciones que explican lo que está sucediendo en las imágenes. Un comité creado por el historiador Massimo Pallottino resolvió publicar las inscripciones e imágenes de cada *malstria* conocida en 1979. Sin embargo, el esfuerzo no dio frutos, y no se creó ningún documento oficial.

Un espéculo etrusco, alrededor del 300 a. C.

El *Liber Linteus Zagrabiensis*

Cuando no miran los fragmentos de escritura, los historiadores de los etruscos solo poseen dos fuentes más largas y definidas: El *Liber Linteus Zagrabiensis* y el *Corpus Inscriptionum Etruscarum*. El *Liber Linteus Zagrabiensis*, que en latín significa "Libro de Lino de Zagreb", es el único libro de lino existente de la escritura etrusca y puede ser fechado alrededor del 300 a. C. Permanece casi totalmente sin traducir debido a la falta de conocimiento sobre la lengua etrusca escrita y hablada. Lo que se sabe ha apuntado hacia el Libro de Lino de Zagreb como una especie de calendario ritual para ser usado con fines religiosos. En un extraño giro de los acontecimientos, el lino del libro fue preservado en el Egipto Ptolemaico cuando alguien decidió usar la tela como envoltorio de momia. El lino y el texto se conservan ahora en Zagreb, Croacia, de ahí el nombre.

El *Liber Linteus Zagrabiensis* fue escrito alrededor del 250 a. C. La mención de los dioses locales lleva a los especialistas en paleografía a pensar que el texto fue producido en algún lugar del sureste de la Toscana cerca de cuatro grandes ciudades etruscas llamadas Arezzo, Chiusi, Cortona y Perugia. Cuando se abre, el texto está dispuesto en doce columnas que deben ser leídas de derecha a izquierda, y cada una de estas columnas representa una página. Las tres primeras están en ruinas, y nadie ha podido aún determinar cómo podría haber empezado el texto una vez. Los etruscos escribieron el libro usando tinta negra para el texto y tinta roja para las líneas y los diacríticos. El texto habría sido doblado de manera similar a un acordeón, de modo que las páginas se superponían como un códice. En total, hay aproximadamente 230 líneas y 1.200 palabras legibles.

Después de un cuidadoso estudio, los eruditos creen que este texto es un documento o calendario religioso porque menciona fechas junto a los nombres de deidades influyentes. También hay fechas para procesiones y ceremonias, así como frases repetidas cruciales que suenan como liturgias. También aparecen las palabras "sacerdocio" y "fraternidad sagrada".

El *Corpus Inscriptionum Etruscarum*

El otro texto existente para los etruscos no es, de hecho, algo compilado por los etruscos por sí mismos. El *Corpus Inscriptionum Etruscarum* (Cuerpo de inscripciones etruscas) es un corpus creado por Karl Pauli y sus seguidores y finalmente donado a la Biblioteca de la Universidad de Uppsala en 1933. Este texto puede utilizarse como índice de referencia debido a su organización mediante un sencillo sistema numérico, y contiene numerosos textos obtenidos de tabletas y otras fuentes pertinentes. El *Liber Linteus Zagrabiensis* es uno de esos documentos considerados parte de esta colección. Otros textos importantes son:

- *La Tabula Capuana (El Azulejo Inscrito de Capua) del siglo V a. C.*
- Las láminas de plomo de Punta della Vipera del 500 a. C.
- El Cippus Perusinus, una tablilla de piedra de 46 líneas en el idioma etrusco
- El hígado de Piacenza (mencionado anteriormente)
- La Tabula Cortonensis, una tablilla de bronce de Cortona
- Una estela, de un santuario en Poggio Colla, potencialmente sobre la diosa Uni

Este trabajo permite a los estudiosos entender más sobre los etruscos de lo que se puede deducir de los recursos materiales disponibles. Sin embargo, los historiadores deben recordar que muchos ciudadanos de Etruria eran analfabetos e incultos, y la mayoría no serían capaces de registrar sus pensamientos e ideas. A pesar de ese contratiempo, y aunque no hay muchas fuentes, el texto y la literatura pueden proporcionar información valiosa sobre lo que los etruscos consideraban suficientemente importante para registrar. También aseguran que los etruscos no murieron cuando su civilización fue asimilada por los romanos.